Zu diesem Buch

«Von meiner Kindheit an bis zu meinem dreißigsten Lebensjahr war ich eine multiple Persönlichkeit. Mein Identitätsgefühl veränderte sich drastisch, als ich diese Diagnose akzeptierte und die Therapie Fortschritte machte. Sogar meine Fähigkeit, *Ich* zu sagen und mich tatsächlich auf mich selbst zu beziehen, ist eine relativ neue Erfahrung für mich. Vor meiner Heilung bedeutete das Wort *Ich* zeitenweise eine von vierundzwanzig Persönlichkeiten.»

Joan Frances Casey

«Dieses Buch ist vieles in einem. Es ist die Geschichte eines Kindes, das sehr schwer verletzt wurde und überlebte. Es ist die Geschichte einer therapeutischen Beziehung. Vor allem aber ist es die Geschichte zweier Menschen, die sich zum richtigen Zeitpunkt in ihrem Leben trafen und gemeinsam ein Wunder vollbrachten.»

Lynn Wilson

Joan Frances Casey
und Lynn Wilson

Ich bin viele

Eine ungewöhnliche
Heilungsgeschichte

Mit einem Nachwort von
Dr. Frances Howland

Deutsch von
Cornelia Holfelder-von der Tann
und Adelheid Zöfel

rororo

Rowohlt

Die Namen einiger Personen, Orte und Institutionen sind geändert – die Privatsphäre der Beteiligten soll geschützt bleiben. Joan Frances Casey und Lynn Wilson sind Pseudonyme.

16.–20. Tausend Februar 1995

Veröffentlicht im Rowohlt Taschenbuch Verlag GmbH,
Reinbek bei Hamburg, Dezember 1993

Die Originalausgabe erschien 1991 unter dem Titel
«The Flock» bei Alfred A. Knopf, Inc., New York

Umschlaggestaltung Susanne Müller
Gesamtherstellung Clausen & Bosse, Leck
Printed in Germany
1690-ISBN 3 499 19566 6

Prolog

Dieses Buch ist vieles in einem. Es ist die Geschichte eines Kindes, das sehr schwer verletzt wurde und überlebte. Es ist die Geschichte einer jungen Frau, die in viele Persönlichkeiten zersplittert war und zu einer Person wurde. Es ist auch die Geschichte einer Therapie, der Beziehung zwischen einer Therapeutin und einer Patientin. Vor allem aber ist es die Geschichte zweier Menschen, die sich zum richtigen Zeitpunkt trafen und gemeinsam ein Wunder vollbrachten. Es erzählt von zwei Frauen, die sich gegenseitig verändert haben, und von drei Menschen, die eine Familie wurden.

Es soll weder ein Handbuch sein noch eine definitive Anweisung, wie man MPD (Multiple Personality Disorder – Multiple Persönlichkeit als Krankheit) behandelt. Vielmehr ist es ein Bericht darüber, was Joan und ich getan haben und zu welchen Ergebnissen es führte. Ein Therapeut mit mehr Erfahrung in der Behandlung multipler Persönlichkeiten wäre vielleicht anders und effizienter an Joans Fall herangegangen. Aber andererseits – und das habe ich zu meinem Bedauern feststellen müssen – hätten vermutlich viele Kliniker gar nicht erkannt, was es hier zu behandeln gab, auch wenn sie noch so unübersehbar damit konfrontiert worden wären.

Was zwischen Joan und mir geschah, hat damit zu tun, daß wir uns an einem ganz bestimmten Punkt unseres Lebens begegnet sind. Ein oder zwei Jahre später oder früher wäre ich vielleicht gar nicht fähig gewesen, auf Joans Bedürfnisse einzugehen. Und Joan hätte vielleicht nicht mehr gelebt, oder sie wäre stark genug gewesen, mich so zu funktionalisieren, wie sie das bei anderen Therapeuten gemacht hat – und hätte damit ihre Probleme nur noch tiefer verschüttet.

Als ich Joan an einem verschneiten Märztag 1981 kennenlernte, stand ich gerade vor einer entscheidenden Veränderung in meinem Leben. Meine Tochter Lisa, die jüngste von fünf Kindern, hatte vor, von zu Hause auszuziehen. Zum erstenmal in dreißig Jahren würde ich nicht mehr mit Kindern zusammenleben. Zum erstenmal in den siebzehn Jahren unserer Ehe würden Gordon, mein zweiter Mann, und ich allein miteinander sein.

Ich wußte, daß ich Lisa vermissen würde. Als sie geboren wurde – fünf Jahre nach ihrem Bruder Victor –, war ich, was das Muttersein anbelangte, so entspannt, daß ich mich an ihr freuen konnte, ohne mir allzu große Sorgen darüber zu machen, was wohl aus ihr werden würde. Lisa hatte keine Schwierigkeiten, sich mir anzuvertrauen, und es machte uns beiden Spaß, in der Nähe unseres Ferienhauses lange Spaziergänge am Seeufer zu machen und über Politik und ihre Vorstellungen von der Zukunft zu reden. Es gab keine jüngeren Geschwister, die meine Aufmerksamkeit beansprucht hätten, also hatte ich die Zeit und die Energie, eine intensive Beziehung zu ihr – nicht nur als meiner Tochter, sondern als einer sehr liebenswerten Person – aufzubauen. Ich wollte zwar, daß Lisa erwachsen würde und ihr eigenes Leben lebte, aber ich wußte, daß ihr Weggehen eine Lücke hinterlassen würde.

Aber insgeheim war ich auch glücklich bei der Vorstellung, sie *nicht* im Haus zu haben. Ich freute mich, daß ich nun vor allem eine Frau und nicht mehr allein eine Mutter sein würde und daß ich Pläne machen konnte, die nur Gordon und mich betrafen. Jetzt konnten wir Stunden oder sogar Tage auf dem Segelboot verbringen. Gordon liebte das Wasser und seine beiden Boote. Ein paar meiner Kinder lernten die Schönheit und die Ruhe dort draußen auf dem Wasser auch genießen. Aber ich selbst war oft zu sehr mit irgendwelchen familiären oder beruflichen Krisensituationen beschäftigt, um wirklich die Zeit fürs Segeln zu haben, und wenn ich es trotzdem tat, konnte ich es oft nicht richtig auskosten. Jetzt würde ich Zeit haben.

Der Stapel Bücher, die ich gern lesen wollte, wurde immer

höher. Im Gedanken an die Mußestunden, die wir am Lake Michigan verbringen würden, hatte ich den Stapel schon in zwei Kategorien aufgeteilt: Bücher fürs Bett und Bücher fürs Wasser.

Außerdem wollte ich auch Dinge am Haus machen. So viele Jahre war es von Kindern, Katzen und Hunden bewohnt gewesen. Ich dachte sogar daran, wieder in einem Chor zu singen.

Meine Arbeit als Therapeutin war ebenfalls sehr wichtig und befriedigend für mich. Zu meiner Freude zeichneten sich neue Entwicklungsmöglichkeiten ab. Nach sechzehn Jahren Feldforschung und Psychotherapie war ich Mitglied einer neuen «ganzheitlichen» Abteilung geworden, die der Universitätsklinik angeschlossen war. Es war eine Art «Ambulanz», die zudem als übergreifende Ausbildungsstätte für Mitglieder der ärztlichen und sozialpsychologischen Berufssparten dienen sollte.

Ich arbeitete sehr gern mit den Studenten und den anderen Patienten, und ich freute mich über die Möglichkeit zu unterrichten. Meine Kollegen waren begeistert von dem Konzept, den «ganzen» Menschen zu behandeln und sich mehr auf Gesundheit als auf Krankheit zu konzentrieren. Die Zusammenarbeit mit den Ärzten und Psychologen brachte neue und produktive Ideen und Vorstellungen. Aber das Programm kam nur langsam in Schwung. Nicht alle Ärzte waren von der interdisziplinären Behandlung begeistert, und manche verweigerten die Mitarbeit. Viel zu selten wurde jemand an uns überwiesen und dann oft fälschlicherweise.

Ich gab mir alle Mühe, den Ärzten zu beweisen, daß die Funktion eines Psychologen bei der Behandlung eines Patienten wichtig und hilfreich sein könne, aber ich hatte nicht so viel Arbeit, wie ich gern gehabt hätte. Als Joan mich das erste Mal anrief, konnte ich ohne Schwierigkeiten auf ihre sichtlich komplizierte Situation eingehen und ihr sofort einen Termin geben. Es war auch kein Problem, zusätzliche Stunden anzusetzen, als ihre Problematik deutlich wurde. Das ist für die meisten Kliniker nicht möglich.

In den Jahren, die seit meiner Begegnung mit Joan vergangen sind, hat sich vieles verändert. Ich weiß, wenn Joan jetzt an mich herantreten würde, müßte ich anders auf sie reagieren. Die bürokratische Struktur hat sich verfestigt, und ich habe mehr Verwaltungspflichten zu erfüllen. Außerdem behandle ich andere Multiple und mache Supervision bei einem Kollegen, der ebenfalls mit multiplen Patienten arbeitet. Wir leiten gemeinsam therapeutische Gruppen für Erwachsene, die als Kinder mißbraucht wurden. Die meisten von ihnen leiden an MPD. Allein schon die große Zahl der Fälle zwingt mich, die Störung anders zu behandeln, als ich es bei Joan gemacht habe. Seit ich die Krankheit besser verstehe und mich kompetenter fühle, was die Behandlungsmethode anbelangt, erscheint mir MPD zwar immer noch als sehr gravierende Störung, aber doch weniger einzigartig und eher nachvollziehbar – und dadurch fällt mir der Umgang damit leichter.

Vor sechs Jahren war es sehr nervenaufreibend für mich, eine einzige multiple Patientin zu behandeln. Jetzt kann ich mit mehreren gleichzeitig arbeiten – auf Grund der Erfahrungen, die ich mit Joan machte. Ich habe herausgefunden, daß es sowohl dem Therapeuten als auch den Patienten hilft, die mysteriöse Aura aufzuheben, die diese Krankheit umgibt, und so die Gefühle von Anderssein und Isolation zu reduzieren, die meist mit dieser Störung einhergehen.

Ich will mich keineswegs dafür entschuldigen, wie ich Joan therapiert habe. Obwohl das hier im Buch beschriebene «Reparenting» bei der Therapie im Vordergrund stand, war ich dennoch nicht «überinvolviert», und ich bin auch keine «messianische Gegenübertragung» eingegangen, wie manche klinischen Veröffentlichungen meinen. Ich habe mir oft überlegt, was ich hätte anders machen können. Und jedesmal komme ich zum gleichen Ergebnis. Für uns war es zum damaligen Zeitpunkt die einzig mögliche Methode. Bei der Behandlung meiner ersten multiplen Patientin mußte ich mich ganz auf diese Erfahrung einlassen, um die Ungewißheit, die Angst, den Schmerz und die Intensität ertragen zu lernen – ganz ähnlich wie bei meinem ersten Kind. Immer wieder war ich der Erschöpfung nahe, aber jedesmal rettete mich meine starke innere Motivation.

Die Arbeit mit Joan hat mich und mein Leben verändert. Tief verwurzelte Werte und Überzeugungen haben sich bestätigt, mein Bewußtsein wurde geschärft, meine Wahrnehmungsfähigkeit verbesserte sich, und ich habe in bezug auf mein Können und meine Begabungen ein neues Selbstbewußtsein entwickelt, das sich auf meine Arbeit und auf mein ganzes Leben ausgewirkt hat. Das ist und bleibt ein unschätzbares Geschenk.

Während ich dies niederschreibe, denke ich, wie bemerkenswert es ist, daß ich so klar zu der Verbindung stehe, die Joan und ich eingegangen sind – zu dieser Verbindung, die sich wie ein leuchtender Faden durch den Schmerz und die Verwirrung zieht, die so lange unsere Arbeit bestimmten. Es ist diese ehrliche menschliche Beziehung, die das, was wir gemeinsam durchgemacht haben, letztlich verständlich und sinnvoll macht.

Für mich ist das entscheidende Ziel einer Therapie das gleiche wie das des Lebens überhaupt – unsere Menschlichkeit zu erkennen, zu erfahren und zu bejahen, während wir uns der Integration nähern: im eigenen Innern, miteinander und als Teile des kosmischen Ganzen.

LYNN WILSON
Juni 1988

Anmerkung der Verfasserin

Von meiner Kindheit an bis zu meinem dreißigsten Lebensjahr war ich eine multiple Persönlichkeit. Mein Identitätsgefühl veränderte sich drastisch als ich diese Diagnose akzeptierte und die Therapie Fortschritte machte. Sogar meine Fähigkeit, «ich» zu sagen und mich tatsächlich auf mich selbst zu beziehen, ist eine relativ neue Erfahrung für mich. Ich bin nun seit sechs Jahren integriert – das heißt geheilt.

Vor meiner Heilung bedeutete das Wort «Ich» zeitweise eine von vierundzwanzig Persönlichkeiten. Es war ein verwirrendes Leben und es ist, auf Grund der vierundzwanzig verschiedenen Perspektiven, schwer zu vermitteln. Meine Geschichte wird hier aus dem Blickwinkel einer der wichtigen Persönlichkeiten erzählt, die im Laufe des Prozesses wächst und sich verändert – der Persönlichkeit, die sich Renee nannte.

TeiL I

I

Jeder kann auf einem Hochseil balancieren. Man braucht nur Übung und Glück.

Übung hatte ich. Soweit ich zurückdenken konnte, war ich immer vorsichtig durchs Leben balanciert, sorgsam darauf bedacht, allen zu gefallen. Ich war so geschickt darin, daß kaum je jemand merkte, daß ich keine eigenen Gefühle oder Gedanken hatte.

Übung und Glück. Glück hatte ich auch reichlich gehabt. Die Schule war mir leichtgefallen; ich hatte nie einen Job gehabt, mit dem ich nicht klarkam. Es war immer so gewesen, daß alle mich gemocht hatten.

Jetzt war es anders. Keith fand, daß wir uns trennen sollten. Vielleicht wollte er überhaupt nicht verheiratet sein, auf jeden Fall aber nicht mit mir.

Ich dachte, daß es ihm nicht ernst sei. Es war sicher nur eine Warnung, daß ich mich zusammenreißen solle. Manchmal vergaß ich, mich zu bemühen.

Als er mir zum erstenmal sagte, wir sollten für eine Weile auseinanderziehen, versuchte ich, alles zu tun, um ihm zu gefallen. Ich überließ ihm unser Haus und suchte mir ein Appartement, damit er es möglichst bequem hätte. Ich dachte, das würde ihn umstimmen, aber nach drei Monaten, als ich ihn gerade fragen wollte, ob ich wieder nach Hause kommen könne, sagte er, er wolle sich scheiden lassen.

Es mußte doch eine Lösung geben! Wenn ich nur das richtige Knöpfchen fände, würde er mich wieder mögen. Aber wenn ich anfing, darüber nachzudenken, bekam ich Angst, solche Angst, daß das Seil unter mir ins Schwanken geriet und ich Gefahr lief abzustürzen.

Ich lehnte mich zurück und wiegte meinen Oberkörper, um mich wieder zu fangen. Der Schreck ließ mich plötzlich hochfahren. Ich saß nicht mehr an meinem Schreibtisch. Die Schreibmaschine, an der ich gearbeitet hatte, summte noch, aber ich war jetzt drei Meter weit weg von ihr und saß auf der breiten Fensterbank.

Ich konnte mich nicht erinnern, vom Schreibtisch aufgestanden, durchs Zimmer gegangen und auf die Fensterbank geklettert zu sein. Aber jetzt saß ich hier, an das alte, zweiflüglige Fenster gelehnt, und fror von der Märzkälte, die durch die Scheibe drang.

«Verdammt», murmelte ich, «was geht hier vor?» In mir pulste die Leere, also sah ich hinaus auf das graue Häusermeer. Das hier war der Mittelpunkt meines Lebens, die Universität von Chicago.

Ich schrieb an meiner Magisterarbeit in Politologie. Mein Liebhaber war Biologieprofessor; ich arbeitete als Sekretärin in seiner Abteilung. Ich konnte meine Wohnung sehen, klar erkennbar in der Nachmittagssonne. Und wenn ich nach Norden schaute und die Augen fest genug zusammenkniff, konnte ich das Gebäude von United Way ausmachen, wo Keith für die Finanzbeschaffung zuständig war.

Dann sah ich hinunter.

«Spring!» Ich hörte die Stimme, spürte den leisen Stoß. «Spring!»

Als ginge ich im Geist meine Rolle in einem Stück durch, sah ich mich das große Fenster aufstoßen, auf die Füße springen, einen Augenblick freudig erregt innehalten und mich dann kraftvoll und mit Schwung hinunterstürzen, auf die geparkten Autos fünf Stockwerke tiefer.

Ich schüttelte den Kopf, um die innere Szene zu verscheuchen, und glitt rasch von der Fensterbank, als könne schon allein sie mich zum Sprung zwingen.

Ich setzte mich wieder an die Schreibmaschine, atmete kurz tief durch, um mich zu entspannen, und legte meine zitternden Finger auf die Tasten.

«Spring!»

Wo war das hergekommen? Ich wollte nicht sterben. Ich wollte meine Ehe retten.

Es war egal, wo es hergekommen war. Ich wußte, daß so etwas gefährlich war.

Es geschah nicht zum erstenmal. Ich wollte mich nicht umbringen, aber der Gedanke an Selbstmord hatte mich schon des öfteren beschäftigt.

«Ich habe doch so schon genügend Probleme», sagte ich. Ich ließ das Tippen sein und stützte das Kinn in die Hand.

Es mußte an den Drogen liegen. Meine High-School-Zeit war eine Serie psychedelischer Experimente gewesen, ein bißchen LSD, ein bißchen Meskalin, mehr als ein bißchen Haschisch und Marihuana, genug jedenfalls, daß ich mich praktisch an nichts erinnern konnte, was vor dem Sommer lag, in dem ich fünfzehn wurde.

Auch jetzt noch, zehn Jahre später, war mein Gedächtnis lückenhaft. Meistens kümmerte mich das nicht weiter. Ein reeller Preis für den Spaß, den ich gehabt hatte, sagte ich mir. Zum Problem wurde es nur, wenn jemand dahinterkam, daß ich etwas nicht wußte, was ich eigentlich hätte wissen müssen. Aber das geschah nicht oft. Wenn ich nur vorsichtig auf meinem Seil balancierte, schien niemand zu merken, daß mir manchmal der Faden riß.

Aber Selbstmord war eine andere Sache. Ich hatte es auch früher schon mit der Angst bekommen: Einmal hatte ich ein ganzes Depot versteckter Tabletten in meiner Frisierkommode entdeckt, dann ein Sortiment Rasierklingen; und das war jetzt das zweite Mal, daß ich mich dabei ertappte, wie ich sehnsüchtig von einer Fensterbank hinunterschaute und gegen den Drang zum Springen ankämpfte.

Auf dem College, nach der Sache mit den gehorteten Tabletten, hatte ich bei der psychologischen Beratungsstelle für Studenten zufällig eine Methode entdeckt, wie ich den Druck reduzieren konnte.

Ich erzählte dem Psychologen nichts von den Tabletten oder

dem Gefühl, die Kontrolle über mich zu verlieren. Ich spielte einfach nur ein Spiel, von dem ich merkte, daß es mich erleichterte.

Ich entspannte mich und ließ es aus mir heraus.

Manchmal konnte ich mir dabei selbst über die Schulter sehen. Ich beobachtete, teils mit Interesse, teils gleichgültig, wie ein Teil von mir, mit dem ich nichts zu tun hatte, mit dem Therapeuten sprach. Und manchmal vergaß ich ganz zuzuschauen.

Es hatte Ähnlichkeit mit dem, was mit mir passierte, wenn ich Drogen genommen hatte. Was immer es war, es half, und das Gefühl, die Kontrolle zu verlieren, ließ nach. Nach drei Sitzungen in der Beratungsstelle konnte ich dieses «Rauslaß»-spiel nicht mehr durchhalten. Ich ging nicht mehr hin, aber für eine Weile war alles bestens.

Diese Schnelltherapie funktionierte so gut, daß ich anschließend noch zu acht weiteren Beratern, Therapeuten und Psychologen ging. Ich suchte mir immer wieder jemand anderen und blieb nur drei oder vier Sitzungen. Manchmal hatte ich einen Anflug von schlechtem Gewissen, weil sie ihre Zeit mit mir vergeudeten, aber dann sagte ich mir, daß sie ja dafür bezahlt wurden.

Eine Therapeutin erklärte mir, ich sei passiv-aggressiv. Ich ging einfach.

Den letzten Therapeuten hatte ich mir gesucht, nachdem ich aus unserem Haus ausgezogen war und mich in dem Appartement einquartiert hatte. Ich dachte, er könne mir helfen, einen Weg zu finden, wie ich Keith halten könnte. Er tat es aber nicht und jagte mir Angst ein, weil er mir Fragen stellte, die mir unangenehm waren. Ich hatte in meiner «Rauslaß»haltung dagesessen und vor mich hin geträumt, als ich plötzlich aufwachte und merkte, daß er mich neugierig musterte. «Ich habe Sie gefragt, ob Sie manchmal Dinge vergessen?» sagte er.

Das saß.

«Tja, ab und zu schon», sagte ich neckisch, wobei ich mir mit der Zunge über die Lippen fuhr. «Sie nicht?»

«Ich bin hier der, der die Fragen stellt», sagte er leichthin.

«Und wann passiert es, daß Sie Dinge vergessen? Bei der Arbeit, im Bett, hier?»

«Ach, manchmal bin ich etwas abwesend, und dann stelle ich fest, daß ich irgendwo gelandet bin, ohne daß ich es eigentlich vorhatte.» Ich grinste und ließ meine Augen sagen, daß ich ihn sexy fand.

«Wo ist Ihnen das schon passiert?»

«Zum Beispiel im Einkaufszentrum oder bei der Arbeit.»

«Sie meinen, Sie fahren irgendwohin, ohne dabei groß zu denken?»

«So etwa», sagte ich.

Das schien ihn zu befriedigen, und er erklärte mir, daß viele Leute etwas abwesend seien, wenn sie unter Streß stünden.

Ich erzählte ihm nicht, daß ich mich manchmal in weit entfernten Städten wiederfand, wenn ich *wirklich* abwesend war. Ich wollte mich nicht darauf einlassen, mit ihm über die Drogengeschichten zu reden. Aber er machte keinen Versuch, weitere Sitzungen mit mir zu verabreden, obgleich ich ihm deutlich zeigte, daß ich an ihm interessiert war, und so ging ich nicht mehr hin.

Ich stellte die Schreibmaschine ab und ging in Steves Büro. «Ich mache heute ein bißchen früher Schluß», sagte ich.

Er sah von seinem Buch auf und lächelte mich an. «Hat dir heute schon jemand gesagt, wie hübsch du aussiehst?» fragte er. «Wie wär's, wenn ich dich zum Essen ausführen würde?»

«Nicht heute – ich bin müde und will nur nach Hause.» Aber ich gab ihm noch einen Kuß, damit er es nicht als Zurückweisung empfand.

Ich fuhr heim, zog mir Jogginghosen und Laufschuhe an und lief mit meinen beiden Spaniels los. Sie sprangen vor mir her, schwarzweiß der eine, weißgescheckt der andere. Es war leicht, in Phantasien davonzudriften, während sich mein Körper dehnte und bewegte und die Hunde meine Energieausbrüche mit Kläffen quittierten: Nachher, nach dem Laufen, würde ich mich in unserem Haus wiederfinden, dort, wo ich hingehörte. Ich würde etwas Ausgefallenes kochen. Thailändisch. Mit viel Zitronengras. Das mochte Keith.

Die Phantasie zerrann, und ich stand vor der Tür meines Appartements. Ich duschte, zündete mir eine Zigarette an und rief die Ärztin an, bei der ich vor ein paar Monaten gewesen war, als ich einen Virusinfekt gehabt hatte. «Ich fühle mich im Moment ziemlich down», sagte ich. «Wissen Sie vielleicht jemanden, mit dem ich einmal reden könnte?»

Sie nannte mir eine gewisse Lynn Wilson, Psychologin in einer Beratungsstelle. Ich hatte die Therapeutin nicht gemocht, die gemeint hatte, ich sei passiv-aggressiv, und überhaupt hatte ich lieber mit Männern zu tun, aber ich sagte mir, daß es für diesen Zweck keine Rolle spiele, ob es eine Frau oder ein Mann sei. Außerdem brauchte ich ja nur ein paarmal hinzugehen. In einem Monat würde alles wieder in Ordnung sein: keine beängstigenden Selbstmordgedanken mehr, und wahrscheinlich würde ich wieder zu Hause sein, bei Keith.

2

Am Freitagmorgen, kaum im Büro angekommen, verließ ich meinen Schreibtisch, um mich in einen nicht besetzten Büroraum zurückzuziehen. Freitags war es bei den Biologen ruhig. Keiner würde es bemerken, wenn die Sekretärin kurz nicht an ihrem Platz war. Ich mußte allein sein, um diesen Anruf zu tätigen.

«Lynn Wilson, Psychotherapeutische Ambulanz». Ich konnte mir kein Gesicht zu diesem Namen vorstellen, hatte aber keine Mühe, die psychotherapeutische Ambulanz vor mir zu sehen. Viele kleine Sprechzimmer und ein Raum voller angespannt wartender Studenten, die konzentriert in ihren Lehrbüchern zu lesen vorgaben, bis der jeweilige Therapeut, der wie immer zu spät dran war, sie zu empfangen geruhte. Wer aufgerufen wurde, sprang nervös auf und folgte einer sich betont kühl und gelassen gebenden Person in eins der Zimmer, um dann, exakt fünfzig Minuten später, auf Grund irgendeines schlimmen Kindheitstraumas bitterlich schluchzend wieder herauszukommen. Später, wenn alle Studenten wieder weg waren, würden die Therapeuten zusammensitzen und über die albernen Geschichten lachen, die sie zu hören bekommen hatten.

Ich schüttelte die Szene ab und wählte die Nummer. Ich würde nie so sein wie diese Studenten. Ich würde lächelnd und beschwingt hineinmarschieren und genauso wieder herauskommen. Ich hatte ja gar kein echtes Problem, keines dieser quälenden Gefühle, die es nötig machten, mich in eine therapeutische Ambulanz zu begeben. Ich ging ja nur hin, damit ich wieder besser ins Lot kam und diese Selbstmordanwandlungen abstellen konnte.

Während ich darauf wartete, daß Lynn Wilson abnahm, probte ich, was ich sagen würde. Ich wußte, was Therapeuten hören wollten.

«Mein Name ist Joan Frances Casey, und ich stecke im Moment in einer ziemlich belastenden Situation», begann ich. «Ich bin mitten in einer Scheidung, die ich nicht gewollt habe. Ich arbeite als Sekretärin am biologischen Seminar und habe ein Verhältnis mit einem der Professoren dort. Außerdem mache ich auch noch mein Graduiertenstudium in Politologie, und ich habe das Gefühl, daß mir das alles ein bißchen über den Kopf wächst.»

Ich holte tief Luft. «Genau richtig», dachte ich. «Das klingt ernst, aber nicht nach Panik.»

Die Therapeutin schwieg einen Moment. «Mal sehen. Könnten Sie am Mittwoch nachmittag kommen?» fragte sie. Meine Hände fühlten sich feuchtkalt an, während ich nach einer Antwort suchte. Noch fünf Tage bis Mittwoch. So lange würde ich es nicht schaffen. Das Drahtseil schwankte.

«Hmmm, schon», antwortete ich vage, «aber können Sie mir vielleicht sagen, wie ich das Wochenende überstehen soll?»

Ich wartete, während sie die neue Dringlichkeit in meiner Stimme auf sich wirken ließ. «Sie können heute kommen», sagte sie.

Der Warteraum sah genauso aus, wie ich ihn mir vorgestellt hatte. Ein halbes Dutzend junger Frauen, einige davon mit kleinen Kindern, blätterten in Büchern oder starrten zum Fenster hinaus in das Schneegestöber. Ich lächelte und stellte Blickkontakt her, wo immer es möglich war. Man darf sich von seinen Problemen nicht unterkriegen lassen.

«Ms. Casey?» Ich stand lässig auf und lächelte der großen, dunkelhaarigen Frau zu. Dann folgte ich ihr den Flur entlang. Es gefiel mir, daß sie mich Casey genannt hatte. Ich mochte diesen Namen, so sehr, daß ich ihn auch nach meiner Heirat beibehalten hatte. «Casey» war für mich nicht nur ein bloßer Familienname, er sagte einfach mehr. Jedenfalls gefiel mir

«Ms. Casey» eindeutig besser als «Jo» oder «Joan Frances» oder «Josie» oder «Missie» oder sonst irgendeiner der Namen, mit denen ich genannt wurde.

Ich für mich nannte mich Renee. Wie eine von T. S. Eliots Katzen ging ich davon aus, daß jeder Mensch einen Privatnamen hatte. «Renee» fühlte sich gut an, angenehm auf der Zunge, passend, auch wenn ich diesen Namen kaum je laut aussprach.

Wir setzten uns. Die Therapeutin holte ein Notizbuch und einen Stift aus ihrem Schreibtisch. Ich lächelte, weil ich den Vorgang so gut kannte und weil ich sah, daß sie ihre Rolle genausogut beherrschte wie ich meine. Sie saß abwartend da.

Ich fühlte mich entspannt und ein bißchen schläfrig. Das war ein Zustand der Ruhe, der mir vertraut war. Ich wußte, was passieren würde, und die Worte flossen, ohne daß ich viel dazu tun mußte. Ich ließ es aus mir heraus.

«Ich heiße Joan Frances Casey», hörte ich mich sagen, «aber es ist mir lieber, wenn man mich Jo nennt.» Wie seltsam, dachte ich, als ich mich das sagen hörte. Das entsprach doch gar nicht der Wahrheit. *Ich* mochte es ganz und gar nicht, wenn man mich Jo nannte.

Ich hörte zu, wie ich die Fragen der Therapeutin beantwortete. Die meisten hätte ich vorhersagen können. Dieses Spiel kannte ich schon.

Ich hörte mich sagen, daß ich das jüngere von zwei Kindern sei und mich weder mit meiner Mutter noch meiner Schwester Carol je besonders gut verstanden hätte. Ich hatte nicht die Energie, ihr klarzumachen, daß mir schleierhaft war, was ich mit alldem zu tun hatte.

Aber es gab mir einen Stich, als ich auf Carols Sohn John zu sprechen kam. Erst drei Jahre und schon so gehemmt in all seinen Bewegungen, so unsicher. Der Satz, den er am häufigsten sagte, war: «Tut mir leid.» John hatte oft genug gehört, daß «Mommy dich nicht liebhat, wenn du so etwas tust». Er spürte, daß Mommys Liebe davon abhing, daß er ihre Wünsche erriet.

Das Ziehen wich einem heftigeren Schmerz, als wir über meinen Vater sprachen. «Zu meinem Vater hatte ich immer ein sehr enges Verhältnis», hörte ich mich sagen. «Meine Kindheitserinnerungen drehen sich praktisch alle um Situationen mit ihm.»

Die Therapeutin lauschte aufmerksam der Schilderung einer besonders engen Vater-Tochter-Beziehung, einer Nähe, der der Tod ein Ende gesetzt hatte. «Im Frühjahr 1977 wußte mein Vater, daß er Krebs im Endstadium hatte, und er sagte mir, daß er mich bei sich haben wolle, wenn es soweit sei. Ich glaube, ich habe ihn dafür gehaßt, daß er das sagte. Ich wußte, daß ich nicht stark genug war, es auszuhalten, ihn sterben zu sehen. Ein paar Wochen später rief mich meine Mutter an. Ich solle kommen. Ich lebte damals in Chicago, und sie wohnten in Richmond. Ich buchte den Flug, aber ich hoffte, er würde sterben, ehe ich ankam. Aber er starb nicht.

Ich trat in das Krankenhauszimmer, und er starrte mich mit glitzrigen gelben Augen an. Der Tumor in seinem Bauch war inzwischen so groß, daß es aussah, als sei er schwanger. «Die Geburt des Todes», dachte ich.

Die Therapeutin legte den Stift und ihr Notizbuch beiseite. Ich unterbrach meinen Monolog, weil ich das Gefühl hatte, daß sie aus ihrer Rolle herausgetreten war. Sie beantwortete meine unausgesprochene Frage mit einem Lächeln und nickte mir ermunternd zu. Ich entspannte mich wieder und ließ den ungeprobten Monolog weiterfließen. Das hier hatte ich noch nie gehört.

«Ich hatte Angst vor seinem Sterben, Angst vor der Endgültigkeit und Häßlichkeit des Todes. Ich klammerte mich an den Türpfosten, wäre am liebsten aus dem Zimmer gerannt. Dann fing er an zu sprechen. Er wollte mich bei sich haben. Er hatte Angst. Solche Worte hatte ich noch nie aus seinem Mund gehört.

Er brauchte zehn Tage, bis er schließlich starb. Er hat sich in den meisten Dingen an seinen eigenen Rhythmus gehalten. Zum erstenmal in meinem Leben war ich die Gebende. Ich gab ihm schluckweise Wasser zu trinken, rieb ihn ein. Als er starb, hielt ich seine Hand.

Da begriff ich, daß mein Vater weiser war, als ich gedacht hatte. Er hatte gewußt, daß es wichtig für mich war, ihn sterben zu sehen. Ich hatte ihn immer wie einen Gott verehrt. Als er starb, liebte ich ihn als der Mensch, der er war.»

Ich schüttelte mich. Ich fühlte mich wie ausgewrungen. Da war eine Kraft, eine Intensität, wie ich sie noch nie vorher erlebt hatte, wenn ich es aus mir herausgelassen hatte.

Lynn Wilson schien gerührt, ihre Augen wirkten feucht. «Hm», sagte sie, «das ist ja wirklich eine Geschichte.»

Das Wort «Geschichte» traf mich. «Meint sie vielleicht, ich denke mir das nur aus? Tue ich das?» Ich hatte nicht gewußt, was ich sagen würde, bis ich es gehört hatte. War es wahr, was ich über den Tod meines Vaters erzählt hatte? Ich merkte plötzlich, daß es mich eigentlich ziemlich kalt ließ, ob er nun lebte oder tot war.

Ich schob meine Verwirrung beiseite. Ich fühlte mich zu sehr bedroht, um mich wieder zu entspannen, wußte aber auch nicht, was ich sagen sollte, falls sie mir eine direkte Frage stellte. Die Sitzung war ohnehin fast vorbei.

«Bis zum nächsten Mal», sagte ich, als ich aufstand. Ich streckte mich, lächelte und versuchte, möglichst lässig zu wirken, während ich in Richtung Tür strebte.

«Moment, was ist mit dem Problem des Wochenendes?» fragte sie mich.

«Ach ja, richtig», sagte ich, ohne Anstalten zu machen, wieder zu meinem Sessel zurückzukehren.

«Es klingt so, als wäre es wichtig, daß Sie etwas für sich selbst tun, irgend etwas, was Ihnen guttut», sagte sie.

Ich lächelte, nickte und sagte: «Gute Idee. Warum bin ich da nicht drauf gekommen?»

Ich war nicht mehr besorgt; der Druck ließ schon nach. Ich wußte, daß ich an diesem Wochenende nichts zu befürchten hatte. Keine Selbstmordgedanken, keine Selbstgefährdung. Das war alles, was ich wirklich an Hilfe brauchte.

Ms. Casey bat mich auf Empfehlung der Medizinerin unseres Teams telefonisch um einen Termin. Wegen ihrer offenbar hochgradigen und akuten Angstzustände gab ich ihr noch am selben Tag einen Termin.

Ms. Casey ist eine schmale, große, zerbrechlich wirkende junge Frau mit großen Augen und Brille und ohne Make-up. Sie hat langes, braunes, lockiges Haar, wirkt gepflegt und ist elegant und unaufdringlich gekleidet.

Beim Eintreten drückte sie mir fest die Hand. Sie sah mir direkt in die Augen und sprach sehr klar und überlegt. Aber vom Beginn unseres Gesprächs an wirkte sie schlaff. Sie ließ die Schultern hängen und sah entweder weg oder auf ihre ineinander verschränkten Hände.

Ms. Casey ging sehr rasch auf das Angebot ein, von sich zu erzählen.

Am Ende unseres Gesprächs wirkte sie jedoch verunsichert. Was sie mir – genau und mit wenig Affekt – mitgeteilt hatte, schien ihr Unbehagen zu bereiten, und ich sagte ihr, sie habe ihre Sache «hervorragend» gemacht. Ich erklärte ihr, sie habe ein Recht darauf, sich am Wochenende Zeit für sich selbst zu nehmen, und gab ihr die ausdrückliche Erlaubnis dazu.

Ms. Casey ist eine intelligente, redegewandte junge Frau, mit der Fähigkeit zur Introspektion und einer gewissen Einsicht. Sie verfügt in vielen Bereichen über Ich-Stärke und Selbstbehauptungsfähigkeit, fühlt sich im Moment jedoch von einer besonders schwierigen Lebenssituation überfordert, in der sie über keine konfliktfreien stützenden Beziehungen verfügt. Es fällt ihr schwer, Wut zuzulassen und auszudrücken, und sie neigt dazu, sie nach innen zu kehren, die Schuld bei sich zu suchen und sich selbstzerstörerisch zu verhalten – neigt zur Abspaltung des Intellekts vom Gefühl.

Würde vermutlich von einer längerfristigen Therapie profitieren.

PLAN: 1. Mindestens eine Sitzung pro Woche vereinbaren, um die Patientin zu stützen. 2. Entwicklung einer korrektiven emotionalen Beziehung fördern. 3. Einsicht erweitern.

3

In der folgenden Woche hatte ich wieder einen Termin. Mein «Schuß», das war alles, was ich wollte. Es ging darum, daß ich wieder einigermaßen funktionierte, aber gleichzeitig merkte ich, daß mich bei der Aussicht, Lynn wiederzusehen, ein elektrisierendes Gefühl durchzuckte. Es gehörte mir, dieses Gefühl, aber doch nicht ganz.

«So erstaunlich ist das nun auch wieder nicht», dachte ich. Es war so ähnlich, wie wenn ich meine Gedanken auf irgendeine Büroarbeit konzentrierte, während ich mich gleichzeitig darauf freute, zum Essen auszugehen. Es war ganz normal, zwei Gefühle gleichzeitig zu haben. Und ich mußte zugeben, daß diese Lynn Wilson etwas Faszinierendes hatte.

Ich wußte, daß Lynn ein «Profi» war. Genau wie all die anderen Therapeuten, bei denen ich vorher gewesen war, sprach sie mit mir, weil sie dafür bezahlt wurde. Aber sie verstand es besser, so zu tun, als interessiere es sie. Ihre Körpersprache und ihr mitfühlendes «Hmm» vermittelten den Eindruck, daß sie wirklich zuhörte. Ich beschloß, in dieser Sitzung direkt mit Lynn zu reden, statt mich der Schläfrigkeit zu überlassen, die bewirkte, daß ich gar nicht mehr aufpaßte, was geredet wurde.

«Ich möchte so gern einen Weg finden, meinen Mann wieder zurückzugewinnen», sagte ich zu Beginn der Stunde. Lynn fragte mich, warum ich das wolle und wie ich es mir vorstelle.

Mit Lynn konnte man gut reden, so gut, daß ich mich irgendwann dabei wiederfand, wie ich ihr von dem inneren Drang zum Springen erzählte. «Ich will nicht sterben», versicherte ich ihr, «aber ich glaube, ich hätte nichts dagegen, wenn ich mich ein bißchen verletzen würde. Damit Keith begreift, wie sehr ich ihn brauche.»

«Das wird nicht funktionieren!» sagte Lynn scharf. Dann wurde ihre Stimme weicher. «Ich will nicht, daß Sie sich verletzen, aus welchem Grund auch immer», sagte sie.

Ich fühlte mich gedemütigt und auf hinterhältige Weise dazu gebracht einzugestehen, was wirklich in mir vorging, und ich entwich wieder in die Schläfrigkeit, weil ich mich dem nicht noch einmal aussetzen wollte.

Ich hörte mich verwirrt stottern und stammeln und verließ ihr Sprechzimmer in diesem Zustand. «Was soll's», dachte ich.

BEHANDLUNGSNOTIZEN *9. März 1981*

Als Ms. Casey hereinkam, erzählte sie, daß das Wochenende gut verlaufen sei. Sie sprach über ihre Ehe und ihre Gefühle ihrem Mann Keith gegenüber. Sie gestand, daß sie denke, wenn sie sich etwas antue und sich verletze, würde er begreifen, wie schlimm diese Scheidung für sie sei. Als ich ihr sagte, das würde nicht funktionieren, reagierte sie mit extremem Rückzug. Sie schloß die Augen. Sie schwieg. Sie schien benommen, als sie ging, und fragte nicht nach einem neuen Termin.

In Anbetracht ihrer offensichtlichen Verwirrung werde ich die Sekretärin bitten, sie anzurufen und den nächsten Termin festzumachen. Mir scheint außer Zweifel, daß diese Patientin unter großem Leidensdruck steht (s. ihre andeutungsweisen Bemerkungen über selbstzerstörerisches Verhalten und ihre plötzlichen Verwirrtheitszustände). Ich werde zwei Termine wöchentlich vorschlagen.

• • •

Später am selben Nachmittag rief mich die Sekretärin der Ambulanz an, um mir mitzuteilen, meine Therapeutin halte es für richtig, daß ich für diese Woche noch einen zweiten Termin wahrnehme. Ich war viel zu überrascht, um etwas anderes tun zu können, als mich zu fügen. Das war nicht die Art, wie Profis zu reagieren hatten. Eigentlich hätte es Lynn egal sein sollen, ob ich wiederkam oder nicht.

Aber wie auch immer, dieser Extratermin erschien mir als eine Art Geschenk. Und Geschenke muß man huldvoll annehmen. Ich hatte jedenfalls nicht vor, sie durch eine Zurückweisung zu kränken.

BEHANDLUNGSNOTIZEN *12. März 1981*

Schien in sehr guter Verfassung – weniger ängstlich, nicht mehr so mißtrauisch. Unterliegt aber immer noch heftigen Stimmungsschwankungen während der Sitzung und äußerte sich sehr widersprüchlich zu derzeitigen und früheren Beziehungen. Sagte z. B.: «Meine Mutter sagt, meine Schwester sei genau wie mein Vater» – negative Konnotation. Erzählte mir aber andererseits stolz, sie sei wie ihr Vater. Erklärte mir, sie fühle sich von ihrer Mutter manipuliert, sprach aber zwischendurch auch von ihrer «engen, positiven Beziehung... Wie zwei Freundinnen».

Sie brüstete sich, sie sei «gut im Umgang mit Menschen», weil sie wisse, «wie man sich beliebt macht», erklärte aber auf der anderen Seite: «Irgendwann mögen mich die Leute immer nicht mehr. Sie hören auf, mich zu lieben» – bezogen auf Keith, ihre Mutter, High-School- und College-Freundinnen. Ms. Casey scheint diese Widersprüche überhaupt nicht zu bemerken.

PLAN: *Patientin ermutigen, Ambivalenzen zu identifizieren und sie sich genauer anzusehen, als Hilfestellung für die Auseinandersetzung mit solchen widersprüchlichen Gefühlen.*

• • •

Es war mir peinlich, wie offensichtlich die Widersprüche gewesen sein mußten. Ehe mich die Schläfrigkeit überkam, erzählte ich Lynn, wie phantastisch Keith sei und wie sehr mir daran liege, die Scheidung abzuwenden, und später in der Sitzung hörte ich mich dann sagen, daß es in unserer Ehe nie wirklich gestimmt habe. Keith wollte eine Frau, die gern ihren Spaß hatte, und machte sich über mich lustig, wenn ich sagte, daß es im Leben doch noch um anderes ginge und daß man anderer Leute Gefühle ernst nehmen müsse.

Ich hörte mich Lynn von meiner derzeitigen Beziehung zu Steve erzählen und von meinen Unzulänglichkeitsgefühlen im Vergleich zu seiner schönen, klugen Frau, die vor kurzem an einer chronischen Herzkrankheit gestorben war. Ich konnte es nicht verhindern, daß ich das sagte, weil ich gegen meine tranceartige Trägheit nicht ankam. Aber zu Beginn einer der nächsten Sitzungen erzählte ich Lynn die Wahrheit: Steve war ein alter Langweiler. Er wollte nie ausgehen, in eine Kneipe oder zum Tanzen. Ich konnte nicht die sein, die er wollte, und was mich anbelangte, so war Steve nur jemand, mit dem ich die Zeit ausfüllte, bis Keith begreifen würde, daß er mich wiederhaben wollte.

Lynn verlor kein Wort über die Widersprüche – offenbar paßte sie nicht gut genug auf. Egal, noch ein paar Wochen, dann würde ich aufhören, zu ihr zu gehen.

Der Gedanke, Lynn nicht mehr zu sehen, löste zuerst einen zuckenden Schmerz aus und dann die vertraute Panik, das Gefühl, ins Schwanken zu geraten, das Gleichgewicht zu verlieren. «Verdammt. Immer das gleiche», dachte ich. «Ich hänge mich an Menschen, aber sie haben ihr eigenes Leben, ihre eigenen Probleme und scheren sich einen Dreck darum, was mit jemand anderem ist.» Ich wußte, daß das so war, aber die meiste Zeit kümmerte es mich nicht. Ich hatte gelernt, eine Freundin zu sein, ohne etwas dafür zu erwarten. Ich hatte gelernt, nicht überrascht zu sein, wenn andere befanden, daß ich nicht mehr in ihr Leben paßte.

Ich war wütend auf mich, weil ich diese Lynn Wilson an mich herangelassen hatte. «Sie tut doch nicht mal so, als ob sie deine Freundin wäre», hielt ich mir vor Augen. «Sie ist ein Profi. Sie hört dir zu, weil das nun mal ihr Job ist.»

4

Ich ging weiterhin zweimal in der Woche zu Lynn. Die Selbstmordimpulse waren verschwunden, aber je länger ich zuhörte, wie dieser innere Teil redete, desto verwirrter wurde ich. Der Teil von mir, der da ohne mein Zutun sprach, fühlte sich als etwas Besonderes und wurde durch Lynns Aufmerksamkeit noch aufgewertet. Lynns Fragen hatten oft die Wirkung, daß dieser innere Teil sich unbehaglich fühlte, weil es so vieles gab, woran er sich gar nicht richtig erinnern konnte. Aber ich hörte das erste Mal, daß dieser Teil von mir sich sicher genug fühlte, um sagen zu können: «Ich weiß nicht.» Lynn nannte mich deswegen keine Lügnerin wie so viele andere Leute, und sie lachte auch nicht, als dieser Teil, der gern Jo genannt werden wollte, zugab, daß er nicht wußte, was ich anhatte, ohne sich erst einmal durch einen prüfenden Blick zu vergewissern.

Ich hörte aufmerksam zu, blieb aber irgendwie teilnahmslos – es interessierte mich, aber ich hatte keine Lust einzugreifen –, und ich fand, daß Lynn unglaublich naiv sein müsse: allem Anschein nach glaubte sie mir. Und das brachte mich ganz durcheinander. Wenn ich aus Lynns Sprechzimmer herauskam, hatte ich immer ein schlechtes Gewissen, weil ich das, was ich gesagt, nicht besser gesteuert hatte.

Es bestand kein Zweifel – ich spielte Lynn ein raffiniertes Theater vor. Natürlich glaubte ich, jederzeit fähig zu sein, damit aufzuhören, wenn ich nur wollte, aber in Lynns Sprechzimmer fühlte ich mich oft so benommen, daß ich nicht aufhören konnte.

Mühelos präsentierte ich Lynn verschiedene Charaktere, die nicht mein eigentliches Ich waren und die ich als «die anderen» empfand, nicht als mich selbst. Bei anderen Therapeuten war ich mir immer sehr schnell so albern vorgekommen, daß ich mein Inneres nicht weiter herauslassen konnte. Jetzt merkte ich – allerdings erst nach den Sitzungen –, daß Lynn immer wieder an andere Nerven in mir rührte und ganz unterschiedliche Reaktionen hervorlockte, während ich desinteressiert von meiner inneren Warte aus zuschaute.

Manchmal sah ich mich wie ein kleines Mädchen reagieren, das unter halbgeschlossenen Lidern hervorlinste. Und wenn Lynn sagte: «Es tut sehr weh, stimmt's?», war die einzig mögliche Antwort, sich in den großen Stuhl zu verkriechen.

Manchmal hörte ich, wie ich die Mutter verteidigte, bei der ich doch nie das Gefühl gehabt hatte, sie sei meine eigene.

«Ihre Mutter macht auf mich keinen besonders einfühlsamen und hilfsbereiten Eindruck», meinte Lynn eines Tages.

Ich hörte mich selbst aufrichtig versichern: «Meine Mutter weiß, daß mit mir alles in Ordnung ist. Immer schon. Ich habe sehr, sehr viel Glück gehabt im Leben, und ich darf nicht in Selbstmitleid verfallen. Meine Mutter ist technische Assistentin in einem Labor. Sie hilft kranken Menschen, die sie wirklich brauchen. Sie weiß, was für mich das Beste ist.»

Aber auch wenn ich mitten in der Sitzung oft in einen ziemlichen Strudel geriet, gelang es mir doch meistens gegen Ende, die Verwirrung abzuschütteln und mich wieder in die Hand zu bekommen. Dann lächelte ich, reckte und streckte mich und gab Lynn durch mein entspanntes Verhalten zu verstehen, daß ich dem Quatsch, den sie da in der letzten Stunde miterlebt hatte, keinerlei Bedeutung beimaß. Das hatte alles absolut nichts mit mir zu tun.

Lynn erwiderte mein Lächeln immer und fragte: «Fühlen Sie sich besser?»

«Viel», antwortete ich dann vergnügt und machte mich auf den Weg.

Ms. Casey hat eindeutig dissoziative Phasen. Aus den letzten sechs Monaten hat sie zwei Vorfälle dieser Art beschrieben. An einem Abend rief ihre Schwiegermutter, die Ms. Casey angeblich nie besonders gut leiden konnte, bei ihr an, um ihr zu sagen, sie sei froh, daß Keith sich scheiden lasse. Die Schwiegermutter sagte: «Du hast das Leben meines Sohnes zerstört.» Danach «erwachte» Ms. Casey in einem Shoppingcenter, ohne die leiseste Ahnung zu haben, wie sie dort hingekommen oder was in der Zwischenzeit passiert war.

Das andere Mal rief ihre eigene Mutter an, um einen Besuch in Chicago abzusagen. Seit zwei Jahren hatte ihre Mutter sie nicht mehr besucht, und Ms. Casey zählte eigentlich auf diesen Besuch, weil sie hoffte, ihre Mutter könne ihr helfen, mit der Scheidung besser fertig zu werden. Ms. Casey berichtete, sie sei in ihrem Auto vor dem Haus einer Freundin «aufgewacht» und habe nicht gewußt, ob sie diese Freundin gerade besuchen wolle oder ob sie schon auf dem Heimweg sei.

Da ich den Verdacht habe, daß Ms. Casey auch in ihren Sitzungen bei mir dissoziiert, werde ich sie dazu ermutigen, noch mehr über solche Vorfälle zu erzählen. Die Patientin, die mit einer «Alles kein Problem»-Haltung in mein Sprechzimmer kommt und sich auch so von mir verabschiedet, ist sehr verschieden von dem Persönlichkeitsaspekt, mit dem ich während des größten Teils der Sitzung zu tun habe. Und dieser Aspekt unterscheidet sich wiederum stark von dem «verängstigten Kind» und von der «Advokatin der Mutter». Ich mache mich langsam mit dem Gedanken vertraut, daß Ms. Casey möglicherweise eine multiple Persönlichkeit ist. Aber diese Vorstellung beunruhigt mich sehr. Ich habe noch nie einen solchen Fall miterlebt, und meine Kollegen auch nicht.

PLAN: *1. «Die drei Gesichter Evas» und «Sibyl» noch einmal lesen und überprüfen, ob ich auf der richtigen Spur bin. 2. Nach einem erfahrenen Berater suchen. 3. Die Möglichkeit mit Ms. Casey besprechen und weiterhin alle Teile dieser sehr komplexen Patientin unterstützen.*

• • •

Zu Beginn meiner ersten Sitzung im April erzählte mir Lynn, sie vermute, daß ich eine multiple Persönlichkeit sei. «Du lieber Gott», dachte ich, «was ist denn in die gefahren?» Sie hätte mir genausogut sagen können, ich sei von Dämonen besessen. Ich machte mir im Moment größere Sorgen um *ihren* geistigen Zustand als um meinen eigenen, aber ich hielt mich zurück und sagte nichts. Ärzte und Therapeuten haben es nicht besonders gern, wenn man ihre Diagnosen in Frage stellt.

Den Abend verbrachte ich damit, mir Argumente zu überlegen, warum ich keine multiple Persönlichkeit sein könne. Klar, es kam schon mal vor, daß ich etwas vergaß oder daß ich nicht genau aufpaßte, was ich gerade tat. Aber das war bei allen Leuten so. Manchmal hörte ich mich selbst etwas sagen, was ich nicht so recht glaubte, etwas, was aus dem Nichts auftauchen schien. Eric Bernes Transaktionsanalyse erklärte das einwandfrei: Wir haben alle verschiedene Seiten in uns – Eltern, Erwachsener, Kind.

Manche Leute sagten, ich hätte einen Hang zum Dramatischen, aber das, was Lynn da behauptete, war schlicht verrückt. Eine multiple Persönlichkeit war eine Art Geisteskrankheit. Ich brauchte jedenfalls keine psychiatrische Behandlung.

Es ging mir gut, aber vielleicht brachte mich die Belastung, zu viel tun zu müssen oder zurückgewiesen zu werden, aus dem Gleichgewicht. Und ich hatte tatsächlich sehr viel gearbeitet. Ich hatte meinen B. A. an der Universität von Virginia in dreieinhalb Jahren gemacht – länger, als ich erwartet hatte, weil Keith und ich nicht genug Geld hatten, um jedes Semester die ganzen Kurse zu bezahlen, die ich gern belegt hätte – und ich arbeitete ganztags. Ich hatte bei der Staatsgesetzgebung ein Praktikum absolviert, außerdem hier in Chicago mein Lehrerzertifikat erworben, zur Zeit absolvierte ich mein Graduiertenstudium und arbeitete wieder ganztags – und daneben ging ich noch meinem Hobby nach: Ich züchtete und trainierte Springerspaniels und führte sie bei Ausstellungen vor. Außerdem bewarb ich mich gerade für einen Job als High-School-Lehrerin.

Manche Leute bezeichneten mich als zwanghaft, als Workaholic, als Energiebündel, als übermäßig leistungsorientiert, als zu intensiv und angespannt – aber niemand hatte je behauptet, ich sei verrückt.

5

BEHANDLUNGSNOTIZEN *9. April 1981*

Ms. Casey entsetzt die Vorstellung, sie könne eine multiple Persönlichkeit sein. Ich habe beschlossen, die Diskussion über die Diagnose nicht zu forcieren, bis ich selbst besser weiß, wie ich mit dieser ganzen Sache umgehen möchte. Meine Patientin braucht im Moment vor allem bedingungslose Unterstützung – das ist sehr viel dringlicher als eine Debatte über psychiatrische Kategorien. Aber sobald ich diese Entscheidung getroffen hatte, zeigte Ms. Casey ihre Multiplizität sehr viel deutlicher.

Ms. Casey arbeitet derzeit an der Planung der jährlichen Veranstaltung von United Way mit, mit der die Finanzen dieser Organisation aufgebessert werden sollen. Ihr Ehemann ist bei United Way angestellt. Während der Sitzung sprach sie davon, daß sie Angst habe, so eng mit Keith und mit den Leuten, die bisher ihre gemeinsamen Freunde waren, zusammenzuarbeiten. Aber sie fühle sich dennoch verpflichtet, ihrer Verantwortung nachzukommen.

Obwohl sie zu Beginn unserer letzten Sitzung von ihrer Angst sprach, beschrieb sie anschließend die geplante Veranstaltung in leuchtenden Farben. Sie meinte, die Sache werde ihr viel Spaß machen. Da ich wußte, daß ich an dem betreffenden Wochenende nicht hier sein würde, schlug ich Ms. Casey vor, eventuell den Notdienst anzurufen, weil da immer jemand sei, mit dem sie sprechen könne, und ich betonte, daß wir uns dann am Montag nach dem Wochenende zur nächsten Sitzung sehen würden. Sie meinte, sie werde vermutlich keine Hilfe brauchen.

Weil die Wetterlage sehr schlecht war und Flüge abgesagt wurden, schaffte ich es nicht, am Montag rechtzeitig zu unserer Sitzung wieder zurück zu sein. Ich mußte die Sprechstundenhilfe bitten, Ms. Casey einen neuen Termin zu geben.

Als ich sie dann heute endlich sah, schien sie wie ausgewechselt. Strahlend, vergnügt und gutgelaunt versicherte sie mir, es habe ihr nichts ausgemacht, daß unser Termin geplatzt sei. Sie erkundigte sich, ob ich ein schönes Wochenende verlebt hätte, und sagte, sie habe sich bei United Way köstlich amüsiert. Ihren Freunden hatte sie erklärt, sie und Keith hätten Probleme, aber sie sei optimistisch, daß sich alles wieder einrenken werde.

Ich machte eine Bemerkung über ihre Veränderung, und Ms. Casey beharrte darauf, Keith sei einfach nur wütend, und dazu habe er ja schließlich allen Grund – «sie hat auch wirklich alles vermasselt». Als ich fragte, wer «sie» sei, antwortete Ms. Casey: «Jo natürlich.» Als ich ihren Namen wissen wollte, erwiderte sie: «Renee.»

• • •

Ich fühlte mich stärker, souveräner als vor den Sitzungen mit Lynn, und die Selbstmordimpulse waren verschwunden. Aber dieser innere Teil von mir war ebenfalls stärker. So war das eigentlich nicht gedacht gewesen – sonst war es innen nur einfach ruhig geworden.

Jetzt merkte ich, daß zumindest eine Stimme aktiv dachte – die Stimme, die am häufigsten redete, wenn ich in Lynns Sprechzimmer mein Inneres herausließ. Die Stimme murmelte: «Es ist besser ohne Keith. Ich brauche im Augenblick wirklich sehr viel Zeit für mich.» Das störte mich bei meinen Überlegungen, wie ich Keith klarmachen könne, daß er mich doch eigentlich liebe. Die Stimme sagte leise: «Ich bin schlecht. Niemand kann mich wirklich mögen», als Lynn den Termin verlegen mußte. Das gab mir das sichere Gefühl, daß es höchste Zeit sei, die Therapie abzubrechen.

Aber die Vorstellung, Lynn nicht mehr zu sehen, machte mich traurig. Viel stärker als alle meine bisherigen Therapeuten kam sie mir wie ein realer Mensch vor, und ich hatte ein schlechtes Gewissen darüber, was ich in den Sitzungen mit ihr alles aus mir herausließ. Ich hatte das Spiel doch nur gespielt, um den Druck loszuwerden. Ich hatte sie getäuscht, und jetzt glaubte sie, ich sei eine multiple Persönlichkeit.

Es sollte meine letzte Sitzung sein. Wenn ich Lynn erklärte, was gespielt wurde, würde sie verstehen, daß ich eigentlich gar keine Therapie brauchte. Sie konnte sich dann jemandem widmen, der es wirklich nötig hatte.

Ich sagte ihr, wie ich eigentlich hieß, um ihr zu helfen, das Spiel zu verstehen.

«Heute ist mein letzter Tag», sagte ich, «und ich möchte mit Ihnen nur als der Mensch reden, der ich wirklich bin.» Ich versuchte, so ernst zu sein, daß sie begriff, daß ich es wirklich meinte, aber andererseits auch wieder so locker, daß sie keine Hemmungen zu haben brauchte, mir einfach zu sagen, ich solle mit dem Quatsch aufhören.

«Sie sollten sich geehrt fühlen», sagte ich mit großer Geste. «Ich erzähle eigentlich nie jemandem, daß ich Renee heiße. Aber wenn Sie verstehen sollen, was für ein Spiel ich spiele, dann müssen Sie mich von der Stimme unterscheiden, die ich erfunden habe und die gesagt hat, sie heiße Jo.»

Lynn nickte, aber sie wirkte irgendwie vorsichtiger als sonst. «Ja, ich fühle mich geschmeichelt, daß Sie mir Ihren Namen gesagt haben, Renee», meinte sie und lächelte nicht einmal dabei. «Könnten Sie mit mir in der Jo-Stimme reden, damit ich den Unterschied erkenne?»

Ich seufzte. Das war alles etwas schwierig zu erklären. «Ich habe diese Stimme sagen hören, daß niemand sie leiden könne», sagte ich. «So, als ob es ihr etwas ausgemacht hätte, daß Sie den Termin abgesagt haben, und als wäre sie sauer, weil sie sich schlecht fühlte, und deshalb kann ich das jetzt nicht so einfach vorführen. Aber es ist ja sowieso nur ein Spiel.»

«Renee», sagte Lynn sanft, «das ist alles ein bißchen verwirrend, aber ich glaube, was Sie da beschreiben, ist wesentlich mehr als eine Stimme.»

Ich stöhnte. Da versuchte ich nun zuzugeben, daß ich ein Spiel gespielt hatte, und Lynn sah darin nur wieder einen Beweis für ihre Diagnose.

«Wie kann sich denn eine Stimme unwohl fühlen oder sauer werden?» fragte Lynn.

«Das war einfach nur ich, und ich habe so getan, als würde ich mich so fühlen», erklärte ich. Ich war durcheinander. Warum machte Lynn sich die Mühe, darüber eine Diskussion anzufangen? Was ging es sie überhaupt an? «Ich weiß alles, was hier im Raum passiert ist, aber manchmal war ich einfach zu träge, es zu stoppen.» Je mehr ich versuchte, mich verständlich zu machen, desto verwirrter und gedemütigter fühlte ich mich. «Es ist so eine Art Angewohnheit», sagte ich schließlich. Ich fühlte mich genauso gelähmt, wie ich klang. Das war eigentlich nicht das, was ich meinte, aber ich wußte einfach nicht, was ich sagen sollte. «Ich habe Mist gebaut!» sagte ich. «Tut mir leid.»

«Das ist völlig okay, Renee, Sie haben nichts Falsches gemacht», erwiderte Lynn. «Egal, was es ist, gemeinsam können wir damit umgehen, aber ich glaube, es dauert ein bißchen länger als nur diese Sitzung. Für den Augenblick würde ich vorschlagen, daß Sie sich keine Gedanken mehr darüber machen, ob Sie mit der Therapie aufhören sollen – erzählen Sie mir einfach ein bißchen mehr von den Stimmen. Es ist völlig in Ordnung, wenn Sie mir davon erzählen.»

«Es ist nur ein Spiel», sagte ich wieder, aber ich hatte jetzt weniger Angst. Lynn wollte mir wirklich helfen, und sie war nicht wütend auf mich, weil ich ihre Zeit vergeudet hatte. «Ich entspanne mich irgendwie und lasse mein Inneres aus mir heraus.»

«Und wenn Ihr Inneres herauskommt, spricht es mit einer anderen Stimme, und Sie haben diese Stimme erfunden?»

Ich nickte zerknirscht. Ich war dankbar, daß Lynn anfing zu

verstehen, aber ich hatte immer noch Angst, sie könne wütend werden und mich hinauswerfen.

«Zu diesen Stimmen gehören doch bestimmt auch Personen», sagte Lynn. «Machen Sie sich keine Gedanken darüber, wie es klingt. Erzählen Sie mir einfach von den Personen, die Sie mir vorgeführt haben.»

«Also – da ist die eine, die sich am ersten Tag vorgestellt hat und Ihnen vom Tod ihres Vaters erzählt hat. Das ist Jo. Dieser Teil ist immer furchtbar ernst! Jo mag Steve sehr gern und ist froh, daß Keith sich scheiden lassen möchte.

Und dann gibt es noch ein kleines Mädchen, das heißt Missy. Sie weiß, daß es ungezogen ist, wenn sie herauskommt, aber hier passiert das irgendwie manchmal. Sie mag es gern, wenn Sie sie anfassen, aber sie sagt nichts, weil sie Angst hat.

Außerdem gibt es noch eine. Sie haben sich noch mit einer anderen Stimme unterhalten, mit Joan Frances. Sie glaubt, daß ihre Mutter ganz wunderbar ist. Wenn Jo sagt, ihr Vater sei phantastisch, dann hat Joan Frances das Gefühl, daß sie sich für ihre Mutter stark machen muß.

Ich weiß nicht, warum ich solche Sachen sage, denn wenn ich es mache, fühle ich mich ganz unwohl, aber ich sage Ihnen die Wahrheit: Ich liebe Keith, nicht Steve. Bei Nancy und Ray habe ich nie das Gefühl gehabt, daß sie meine Eltern sind.»

Lynn lächelte mich an. «Deswegen klingt vieles, was ich hier gesagt habe, so widersprüchlich», fügte ich mit einem kleinen Lächeln hinzu. «Ich wollte wirklich nicht lügen.»

«Ich weiß», sagte Lynn. «Ich glaube nicht, daß das, was Sie hier gemacht haben, unter die Kategorie ‹Lügen› fällt.» Ihre Augen waren freundlich und sanft, aber ihr Körper schaukelte vor und zurück, angespannt vor Konzentration.

«Helfen Sie mir verstehen, wie das Spiel funktioniert», sagte Lynn. «Wohin geht Renee, wenn Missy herauskommt?»

«Ich gehe nach innen, aber ich bleibe in der Nähe», erklärte ich. «Es ist, wie wenn ich im Theater im Hintergrund stehen würde und mir ein Stück ansehe. Aber wenn es mir zu langweilig wird, dann verlasse ich das Theater, ohne es so richtig zu wollen, und gehe in einen anderen Raum in meinem Kopf. Manchmal holt mich dann irgendeine Frage oder ein Warnsignal wieder heraus. Wenn ich zurückkomme, weiß ich zwar, was vorgefallen ist, aber ich habe nicht das Gefühl, irgend etwas gemacht zu haben.»

Lynn hörte nachdenklich zu. Sie verhielt sich so, als würde sie mir glauben. «Diese Stimme, die Sie Jo nennen – warum kann sie sich nicht genauso an alles erinnern wie Sie? Warum scheint sie so verwirrt und unsicher?»

Ich triumphierte innerlich. Endlich konnte ich mich klar verständlich machen. «Das kommt daher, weil sie nur eine Stimme ist. Oder wie eine Figur in einem Theaterstück. Ich bin die wirkliche Person.»

«Sehen denn die Stimmen in Ihrem Spiel irgendwie aus?» wollte Lynn wissen.

«Missy ist ein häßliches kleines Mädchen, etwa fünf Jahre alt. Sie hat wuschelige braune Haare und dünne Arme und Beine. Jo ist auch häßlich und fünfundzwanzig. Sie hat braune, strähnige Haare und ein langes Gesicht. So», sagte ich und ahmte Jos Gesichtsausdruck nach. «Meistens trägt sie Hemden und Jeans, außer wenn ich morgens herauskomme und mich anziehe. Joan Frances möchte wie ihre hübsche Mutter und ihre hübsche Schwester aussehen, deshalb verwendet sie gern Make-up und sitzt immer ganz gerade.

Und mich können Sie natürlich auch sehen. Ich bin hübsch und jünger als Jo und Joan Frances – ich bin erst neunzehn –, und meine Haare sind weich und lockig. Sie sehen doch bestimmt den Unterschied.»

«Okay, Renee, ich will Ihnen sagen, was ich denke», erklärte Lynn. «Ich weiß, Sie glauben, daß Sie das alles unter Kontrolle haben, aber ich denke nicht, daß das stimmt. Sie bekommen Angst vor dem, was die anderen machen, weil Sie sich manchmal gezwungen sehen zuzugeben, daß Sie nicht die Kontrolle haben.

Ich empfinde es als ein großes Privileg, daß Sie mir gestatten, Ihnen zu helfen. Und ich muß Sie bitten, mir sogar noch ein bißchen mehr zu vertrauen. Was Sie möchten, ist doch, daß Sie sich nie mehr Sorgen darüber machen müssen, daß Sie die Kontrolle über eine dieser Stimmen verlieren könnten, stimmt's?»

«Ja», antwortete ich, aber ich zitterte innerlich und hatte Angst davor, was Lynn nun, da sie die Wahrheit kannte, tun würde.

«Sie haben mir von dem Spiel erzählt», sagte sie. «Lassen Sie mich jetzt spielen. Für heute ist unsere Zeit abgelaufen, aber das nächste Mal entspannen Sie sich einfach und lassen ‹es aus sich heraus›, wenn Sie können. Und versuchen Sie, in der Nähe zu bleiben, damit Sie alles mitkriegen, ohne irgendwie einzugreifen. Ich glaube, Sie werden ziemlich überrascht sein über das, was Sie da erfahren.»

«Ich muß es mir überlegen», sagte ich und stand auf, um mich zu verabschieden.

«Aber Sie kommen wieder?» fragte Lynn.

«Klar – ich denke schon», antwortete ich.

«Ich glaube, Sie sind eine sehr bemerkenswerte Frau», sagte Lynn.

Als ich an diesem Tag aus Lynns Sprechzimmer kam, war ich unfähig, alles richtig zu sortieren. Ich wußte, daß Lynn vermutlich sehr wütend werden würde, wenn sie das Spiel so richtig begriff, aber ich war auch irgendwie neugierig. Ich hatte noch nie die Möglichkeit gehabt zu begreifen, warum der Druck in meinem Inneren sich manchmal so ins Unerträgliche steigerte oder warum ich diese Selbstmordimpulse hatte, obwohl ich doch gar nicht sterben wollte. Lynn schien zuversichtlich. Ich hatte wohl tatsächlich ein bißchen Vertrauen zu ihr.

Zu Beginn der nächsten Sitzung kam mir Lynn ins Wartezimmer entgegen. Sie legte mir den Arm um die Schulter, als wir in ihr Sprechzimmer gingen. Dort sagte sie dann: «Ich bin sehr stolz darauf, daß Sie den Versuch wagen wollen. Meinen Sie, Sie können sich entspannen und Jo herauslassen?»

«Ich glaube schon», sagte ich, holte tief Luft und glitt nach innen.

Jo sah sich einer wohlwollenden, aber entschlossenen Therapeutin gegenüber. «Es tut mir leid, daß wir eine Sitzung verpaßt haben, Jo», meinte Lynn, «aber ich freue mich, Sie zu sehen.»

Jo antwortete nicht. Lynns neue Form der Direktheit war ihr unbehaglich.

«Hat jemand Sie je Missy genannt?» fragte Lynn.

«Mein Vater», erwiderte Jo erstaunt.

«Und Joan Frances?»

«So nennt mich meine Mutter», antwortete Jo. Sie fragte sich, ob Lynn womöglich mit ihrer Mutter gesprochen hatte.

«Sagt Ihnen der Name Renee etwas?» wollte Lynn wissen.

Jo wurde rot und überlegte, woher Lynn diesen Namen kannte. Sie hatte ihrer Mutter nie von Renee Montecalm erzählt. «Das ist ein Name, den ich selbst erfunden habe», sagte Jo.

Als Jo neun Jahre alt war, hatte sie beschlossen, daß sie später ein zurückgezogenes Leben führen und Bücher schreiben wollte. «Ich wußte, daß meine Bücher nur eine begrenzte Leserschaft finden würden und daß ich nicht genug mit ihnen verdienen könnte, um davon zu leben, deshalb habe ich damals den Entschluß gefaßt, auch für Geld zu schreiben, aber diese Sachen wollte ich nicht unter meinem eigenen Namen veröffentlichen. Renee Montecalm ist mein Pseudonym, aber eigentlich bedeutete der Name für mich noch mehr.

Heute kommt mir das natürlich kindisch vor», erklärte Jo, «aber damals dachte ich, daß kommerzielles Schreiben meine Glaubwürdigkeit als Wissenschaftlerin beeinträchtigen würde. Die ‹Renee›, die ich mir da erträumt habe, war klug, geistreich, umgänglich. Eine Art strahlende Fassade, um mein eigentliches Ich davor zu bewahren, mit der Öffentlichkeit verhandeln zu müssen.»

«Das ist überhaupt nicht kindisch», meinte Lynn. «Was Sie gerade beschrieben haben, ist genau das, was passiert ist.»

Jo schaute sie an, schweigend, aber verängstigt.

«Sie haben Renee und Missy und Joan Frances, die alle helfen, Sie zu beschützen», sagte Lynn beruhigend. «Sie sind sich

Ihrer Sache oft so unsicher, weil diese Persönlichkeiten vieles in Ihrem Leben regeln, wenn Sie gerade nicht hinschauen.»

Jo blickte Lynn direkt in die Augen. «Das ist verrückt», sagte sie.

«Nein, gar nicht», erwiderte Lynn, «es ist sehr kreativ. Ich werde es Ihnen beweisen. Erzählen Sie mir, was in der letzten Stunde passiert ist, bevor Sie hierhergekommen sind.»

Jo spürte plötzlich den stechenden Schmerz der Leere, dieses vertraute Gefühl, daß sie keine Antwort wußte, und die damit verbundene Panik. Das Zimmer verschwamm, und sie schloß die Augen.

Joan Frances, die nicht unter Jos Amnesie litt, polte die Panik in eisige Wut um. Sie warf Lynn einen verärgerten Blick zu und antwortete dann mit einem spöttischen Lächeln:

«Ich habe die letzte Stunde vor der Sitzung damit verbracht, für das Biologische Institut Material zu bestellen. Es war Bestellnummer vier-null-null-sieben. Die Bestellung bestand aus einem Dutzend Seziersets, verschiedenen Röhren und Schläuchen und so vielen Tieren, daß ich sie hier lieber gar nicht aufzählen will. Dann bin ich aus dem Büro gegangen, habe meinen Wagen vom Parkplatz geholt und bin hierhergefahren. Mein Auto habe ich bei einer Parkuhr direkt vor dem Gebäude abgestellt. Und wenn ich nicht rechtzeitig gehe, bekomme ich einen Strafzettel.»

«Ich bin beeindruckt», sagte Lynn. «Sie haben ein gutes Gedächtnis, Joan Frances.»

Joan Frances reagierte mit einem verkniffenen Lächeln. Ich ging Joan Frances' Wut aus dem Weg, als ich versuchte, wieder herauszukommen. Ich mußte noch einmal kurz mit Lynn sprechen, ehe ich mich verabschiedete.

«Nicht schlecht», meinte ich und grinste verlegen.

«Renee», sagte Lynn, «was denken Sie jetzt?»

«Vielleicht haben Sie recht», antwortete ich. «Vielleicht denken sie unabhängig von mir, aber ich glaube, das ist so, weil Sie es zulassen. Wenn Sie sagen würden, Schluß damit, dann würde es aufhören.»

«Nein, das stimmt nicht», erklärte Lynn. «Diese Kontrolle haben Sie nicht und ich auch nicht, aber gemeinsam werden wir schon dahinterkommen.»

«Das weiß ich nicht so genau», sagte ich aus einer plötzlichen Erkenntnis heraus. «Joan Frances hat noch nicht einmal so viel Kontrolle wie ich, aber sie ist sich ziemlich sicher, daß ihre Mutter dem Ganzen ein Ende setzen kann.»

Joan Frances kam zu ihrem Auto, ehe ihr ein Strafzettel aufgebrummt worden war, und fuhr rasch nach Hause. Sie hatte Angst. Ihre Mutter würde rasend werden, wenn sie das erfahren würde. Aber selbst wenn Joan Frances versuchte, es vor ihr zu verbergen – sie würde es trotzdem merken. So war es immer. Und außerdem würde ihre Mutter sie sowieso verstoßen.

Abends rief Joan Frances ihre Mutter an. Ganz nebenbei erwähnte sie, daß sie eine Therapie mache, und ihre Mutter reagierte genauso, wie sie befürchtet hatte.

«Das ist doch reine Zeitverschwendung», erklärte Nancy. Selbst übers Telefon war zu spüren, wie wütend sie war. «Schau mich an. Ich renne ja auch nicht wegen jeder kleinen Krise gleich zu einem Therapeuten. Mein Stiefvater hat mich mißhandelt – du hast die Narben der Schläge auf meinem Rükken gesehen –, und ich habe das ohne Therapeuten überwunden.

Dein Vater hat mich behandelt wie den letzten Dreck, aber ich habe ihn trotzdem versorgt, als er im Sterben lag. Jeden Tag habe ich mit Leuten zu tun, die wirklich schwer krank sind, und von ihnen habe ich gelernt, daß ich nicht dauernd mit mir selbst Mitleid haben darf. Du hast im Leben sehr viel Glück gehabt, und es wird langsam Zeit, daß du das begreifst. Es wird Zeit, daß du auf eigenen Füßen stehst.»

Joan Frances sagte zu ihrer Mutter, sie habe recht, und rief dann etwas zittrig den Notdienst in der Klinik an. Sie hinterließ eine Botschaft für Lynn mit der Bitte, sie zurückzurufen. «Ich kann nicht mehr kommen», sagte Joan Frances, als Lynn sie anrief. «Mir fehlt nichts. Ich muß aufhören, mich selbst zu bemitleiden.»

Lynn sagte: «Ich bin hier. Ich möchte Sie sehen. Ich kann Ihnen helfen. Ich glaube, daß Sie Ihren Termin einhalten sollten.»

BEHANDLUNGSNOTIZEN *1. Mai 1981*

Ms. Casey ist seit einiger Zeit sehr darauf angewiesen, abends mit mir zu telefonieren. «Missy», die Angst hat zu sprechen, wenn sie in meinem Sprechzimmer ist, ist diejenige, die am häufigsten anruft. Allerdings endet die Unterhaltung meistens damit, daß ich mit «Jo» spreche, und manchmal rede ich während eines einzigen Telefongesprächs außerdem noch mit «Renee» und «Joan Frances». Ich bin immer wieder überrascht, daß es mir nicht schwerfällt zu unterscheiden, mit wem ich gerade spreche.

Es ist allerdings nicht ganz einfach, mich über den Notdienst der Klinik zu erreichen. Vor allem mache ich mir Sorgen wegen meiner geplanten Reise nach New Orleans. Ich habe dem Krankenhaus mitgeteilt, wo ich mich jeweils abends aufhalte, damit man jederzeit mit mir Kontakt aufnehmen kann, falls ein Anruf kommt. Man hat mir allerdings gesagt, wenn Ms. Casey den Notdienst anrufe, sage sie immer, man solle mich nicht stören. Es ist, als erwarte sie, daß ich am anderen Ende der Leitung bin, und wenn ich dann nicht da bin, ist sie ganz durcheinander.

Ich habe das starke Gefühl, daß ich unbedingt erreichbar sein muß, auch während meiner Reise. Das erscheint mir sehr wichtig. Ich bin nicht sicher, ob sie wirklich begreift, wann ich weg bin und wann ich hier bin.

«Missy» hat keinen Bezug zur äußeren Wirklichkeit. Sie scheint nicht über die Mittel zu verfügen, der Frau, die das Telefon beantwortet, mehr zu sagen als ihren Vornamen. Ich erfahre am nächsten Tag nur, «Missy» habe angerufen und diese «sehr verwirrte Person» habe aufgelegt, als man sie um mehr Information gebeten habe, wie etwa ihren

Nachnamen oder ob es sich um einen Notfall handle. Das Problem mit der Telefonistin wird noch dadurch verstärkt, daß Missy von sich selbst nicht in der ersten Person spricht, sondern immer nur als «du», so, als hätte sie kein Identitätsgefühl außer in der Spiegelung durch andere. Sie sagt zum Beispiel zur Telefonistin: «Du möchtest mit deiner Freundin reden, mit Lynn.»

Wenn sie aber doch bis zu mir durchkommt (ich vermute, mit Hilfe des Eingreifens einer anderen Persönlichkeit) und ich sie zurückrufe, dann erzählt mir Missy Geheimnisse, über die sie in meinem Sprechzimmer nie reden würde. Sie hat mir zum Beispiel erzählt, sie hätte nicht eine Frau wie ihre Mutter werden wollen, deshalb habe sie «jeden Abend zu Gott gebetet, daß er dich in einen Jungen verwandelt. Bis Gott dich zu einem Jungen macht, wirst du nicht größer.»

Missy gibt mir Informationen, die für mein Verständnis dieser Patientin von entscheidender Bedeutung sind. Zum Beispiel sollte sie eigentlich ein Junge werden, und ihre Mama und ihr Papa sagen ihr, daß sie sich immer ganz falsch an alles erinnert. Sie erzählt mir, daß sie nicht direkt mit anderen Menschen sprechen darf (verbieten es ihr die anderen Persönlichkeiten?). Außerdem deutet sie immer wieder an, daß sie viele Dinge weiß, die die «anderen Mädchen drinnen» für zu gefährlich halten, um sie mitzuteilen. Wenn sie mich nicht erreichen kann, zieht sie sich vielleicht völlig zurück.

• • •

Ich konnte nicht verstehen, warum Lynn sich ihren Urlaub verdarb, indem sie mit mir in Kontakt blieb, aber sie tat es trotzdem und telefonierte dreimal von New Orleans mit mir. In unserer ersten Sitzung nach ihrer Rückkehr sagte ich zu ihr, sie begehe einen Fehler. Sie würde Jo und Missy das Gefühl geben, sie hätten jemanden, auf den sie sich verlassen könnten. Ich wußte, sie mußten lernen, daß andere Leute nicht immer zur Verfügung standen – die anderen hatten ihr eigenes Leben und ihre eigenen Probleme. Wenn Jo und Missy das noch nicht begriffen hatten, dann war es höchste Zeit.

Selbst Jo sagte zu Lynn, sie dürfe nicht so nett sein. «Die anderen Leute können doch nicht einfach dasein, nur weil ich sie brauche», sagte Jo. «Das hat mir mein Vater beigebracht! Meine Eltern haben sich getrennt, als ich auf die High School ging. Mein Vater bestand darauf, daß ich bei meiner Mutter lebe, und hat sich geweigert, mir seine Telefonnummer zu geben oder mir zu sagen, wo er wohnt. Niemand war je ständig für mich da. Ich weiß nicht, warum Sie das machen.»

6

TAGEBUCHEINTRAG *7. Mai 1981*

Ich werde auch weiterhin offizielle Berichte über Ms. Caseys Fortschritte erstellen, wie es von der Abteilung verlangt wird, aber ich kann meine persönlichen und klinischen Reaktionen ungehemmter ausloten, wenn das, was ich aufschreibe, nicht von anderen überprüft wird. Ich glaube nicht, daß ich da paranoid bin. Ich komme mir vor wie ein Pionier, aber gleichzeitig fühle ich mich zunehmend mißverstanden.

Manche meiner Kollegen und sogar mein Supervisor äußern Besorgnis darüber, daß ich Jo soviel Aufmerksamkeit schenke. Gestern gab Harry bei der Fallbesprechung zu verstehen, daß er vermutet, Jo manipuliere mich, indem sie mir telefonisch Geheimnisse mitteilt. Ich glaube, er war überrascht, daß ich mich zur Wehr setzte. Ich sagte, ich wisse genau, daß sie dabei sei, von mir abhängig zu werden. Und ich erklärte (etwas unwirsch, muß ich leider zugeben), daß Jo mit dieser pathologischen Tendenz, sich abhängig zu machen, zu mir in die Behandlung gekommen sei und daß nicht ich diese Tendenz erzeugt habe. Es sei nur natürlich, daß diese Abhängigkeit zum Ausdruck komme, wenn ich die richtige Behandlung anbiete.

Später, unter vier Augen, entschuldigte ich mich bei ihm; ich hatte in der Sitzung sehr defensiv reagiert, weil ich erfahren hatte, daß einige unter den Mitarbeitern «nicht an multiple Persönlichkeiten glaubten». Ich bat Harry, mir seine Billigung und Unterstützung zuzusichern, auch wenn ich zu irgendwelchen unorthodoxen Behandlungsmethoden grei-

fen würde, und erklärte ihm, daß ich den Fall mit ihm besprechen wolle, nicht aber mit den Kollegen. Ich muß die Möglichkeit haben, verschiedene Methoden auszuprobieren, ohne meine Diagnose dauernd verteidigen zu müssen.

Ich bin mir durchaus bewußt, daß mich Jo mit all ihren verschiedenen Aspekten darauf testet, ob ich das, was ich versprochen habe, auch halte. Entgegen Harrys Bedenken bin ich sehr vorsichtig und passe auf, daß ich nicht mehr verspreche, als ich geben kann.

Ich spüre genau, daß es für manche der Persönlichkeiten leichter wäre, mit einer Zurückweisung fertig zu werden, als damit, daß ich bereitwillig und ehrlich auf ihre Bedürfnisse eingehe. Wenn ich die kleine Missy in den Arm nehme und tröste, zuckt sie zusammen, als würde sie erwarten, dafür bestraft zu werden, daß sie Wünsche und Bedürfnisse äußert. Sowohl Renee als auch Joan Frances haben mich – was offensichtlich auf die Eltern zurückgeht – gewarnt, ich würde «ja gar nicht wissen, worauf ich mich einlasse», wenn ich auf die Bedürfnisse der Persönlichkeiten reagierte. Die Jo-Persönlichkeit weigert sich, offen zuzugeben, daß sie überhaupt irgendwelche Wünsche hat.

Ich denke, daß das Ernstnehmen der Pathologie, Abhängigkeit, Bedürftigkeit und der Angst vor Zurückweisung, sehr viel einleuchtender ist als das Gerede von Simulieren und Manipulation, wenn man die Diagnose akzeptiert, daß es sich um ein Bündel von Persönlichkeiten handelt. Für meine Kollegen ist das jedoch ein sehr großes «Wenn»! Ihre Zweifel zwingen mich dazu, meine eigene Psyche und meine professionelle Intuition genau zu überprüfen.

Während der Sitzungen bin ich mir meiner Diagnose absolut sicher. Die Transformationen sind unleugbar. Ich sehe in der Regel während einer Sitzung mindestens Renee und Jo, und ich kann genau sagen, wann ein Wechsel von einer Persönlichkeit zur anderen stattfindet. Jedesmal tritt eine Pause ein, und sie senkt die Augenlider. Dann erscheint plötzlich Renee – klug, heiter und hellwach, ohne irgend-

welche Orientierungsschwierigkeiten. Jo kommt langsam, sie wirkt benommen, verwirrt, fast so, als stünde sie unter Drogen – sie weiß nicht, wo sie ist und wieviel Zeit ihr entglitten ist. Diese Transformationsphase dauert nie länger als eine halbe Minute, und manchmal taucht auch noch eine andere Persönlichkeit auf. Dieselben Augen, die bei Jo so flehend und schmerzerfüllt dreinschauen und bei Renee so munter blitzen, werden plötzlich eiskalt und ablehnend. Das ist Joan Frances, die sich selbst verachtet, weil sie «Theater spielt», und die mich haßt, weil ich «zulasse, daß das weitergeht». Renee hat es inzwischen zumindest stillschweigend aufgegeben, das Ganze als «Spiel» darzustellen, aber Joan Frances scheint an dieser Idee eisern festzuhalten.

Ich beachte sogar körperliche Unterschiede bei den verschiedenen Persönlichkeiten. Renees Hände sind zart, mit langen Fingern, aber wenn Jo die Kontrolle übernimmt, werden sie grob und spatelförmig. Der ganze Körper scheint zusammenzuschrumpfen, wenn Missy da ist. Ich muß zugeben, daß mich diese Patientin einerseits fasziniert, gleichzeitig aber auch überfordert. Ich arbeite seit zwanzig Jahren mit Patienten, aber einer solchen Herausforderung bin ich noch nie begegnet. Trotz der allgemeinen Skepsis in unserer Abteilung freue ich mich, daß ich die Chance habe, eine offensichtlich so seltene Störung zu behandeln.

Die Arbeit mit einer multiplen Persönlichkeit stellt mich vor viele neue Fragen. Zum Beispiel stehe ich dem juristischen und ethischen Grundsatz der Schweigepflicht, der normalerweise so klar ist, diesmal ziemlich ratlos gegenüber. Ich würde nie einem Patienten gegenüber wiederholen, was mir ein anderer Patient anvertraut hat, aber ich bin mir nicht sicher, ob das auch für die Informationen gilt, die mir eine der Persönlichkeiten mitteilt.

Soll ich Missys Geheimnisse für mich behalten, als wäre sie allein in ihrem Körper? Auf alle Fälle würde ich mich daran halten, wenn mich eine Persönlichkeit explizit darum bitten würde, ihr zu versprechen, etwas, was sie mir erzählt, keiner der anderen Persönlichkeiten weiterzusagen. Aber abgesehen davon glaube ich, daß es meine eigene Entscheidung ist, was ich weitergebe. Es ist wichtig, daß Jo, Joan Frances und Renee Missys Geheimnisse erfahren. Ich spreche mit Jo darüber, weil ich glaube, daß sie sich mit der Tatsache auseinandersetzen muß, daß sie als Kind höchstwahrscheinlich mißbraucht wurde. Bisher habe ich den Eindruck, daß Missy meine Gespräche mit Jo entweder gar nicht bemerkt oder daß es ihr egal ist, wenn ich mit Jo darüber rede. Sollte Missy in irgendeiner Weise negativ reagieren, muß ich die Situation neu überdenken.

Die Tatsache, daß ich von meinen Kollegen so wenig Unterstützung bekomme, nimmt mir jede Lust, mit ihnen über diesen Fall zu sprechen. Aber ich habe etwas getan, was vermutlich ein noch viel größerer Bruch der Schweigepflicht ist – ich habe meine Unsicherheit und meine innere Problematik nach Hause getragen.

Seit wir verheiratet sind, haben Gordon und ich viele klinische Erfahrungen miteinander besprochen. An seiner Schule mitten in der Innenstadt hat Gordon sehr oft mit mißhandelten und gestörten Kindern zu tun. Und er wurde immer wieder zur Zielscheibe fehlgeleiteter Aggressionen. Er meint, daß Jo (in all ihren verschiedenen Persönlichkeiten) genau wie seine mißbrauchten Schüler agiert und reagiert. Manchmal war Gordon am Telefon, wenn die Persönlichkeiten angerufen haben, und er hat gelernt, die verschiedenen Stimmen und Sprechweisen zu unterscheiden. Er ist bereit, die Störung als real zu akzeptieren – obwohl er das meiste ja nur aus zweiter Hand weiß –, und aus seiner zwanzigjährigen Lehrerfahrung kann er viele Erkenntnisse beisteuern. Das macht ihn zu einem sehr wertvollen Kollegen und Vertrauten. Ganz im Gegensatz zu meinen Erfahrungen mit meinen Kollegen kann ich bei ihm meine Probleme und Zweifel zum Ausdruck bringen, ohne daß er mich unterbricht und fragt, weshalb ich mir denn so sicher sei, daß Jo eine multiple Persönlichkeit ist.

Ms. Casey ist mir wirklich wichtig, und ich möchte, daß es ihr gutgeht. Ich weiß, daß sie mehr Zeit, Energie und Engagement in Anspruch nehmen wird als meine anderen Patienten, aber ich bin bereit zu tun, was nötig ist. Es ist ein gutes Gefühl für mich zu wissen, daß Gordon mich unterstützt und daß er Jo Verständnis entgegenbringt – das hilft mir, den Prozeß durchzustehen.

• • •

Wer ist diese Lynn Wilson, und was will sie beweisen?

Die Behandlung lief schon zwei Monate. Ich hatte gedacht, Lynn würde bald genug von mir haben, aber statt dessen ging sie immer mehr auf mich ein. Lynn hatte jeder der Persönlichkeiten ihre Privatnummer gegeben und sich einen Anrufbeantworter gekauft, um immer zu wissen, wenn jemand angerufen hatte.

Ich kam zu dem Schluß, daß sie unter anderem deshalb so ohne weiteres bereit war, mir mehr Zeit zur Verfügung zu stellen, weil Geld keine Rolle spielte. Lynn arbeitete für die Ambulanz der Universitätsklinik und bezog ein festes Gehalt. Sie war nicht von dem Geld der einzelnen Patienten abhängig wie die Therapeuten, die eine Privatpraxis haben. Meine Studentenkrankenversicherung zahlte für eine Psychotherapie, solange ich die Universitätsklinik in Anspruch nahm.

Es gefiel mir, daß Lynn mich mochte, und sie hatte mich davon überzeugt, daß die «Stimmen» ihre eigenen Gedanken und ihre eigenen Erfahrungen hatten.

«Jo» erzählte Lynn zum Beispiel, sie habe immer schon das Gefühl gehabt, nicht ganz so zu sein wie die anderen, aber sie sei nie auf die Idee gekommen, daß sie ein Problem haben könne, das zu beheben sei. Und jetzt, da sie eine Diagnose an der Hand habe, mit der sie ihre Wahrnehmung der Realität erklären könne, sei sie fähig, den chaotischen Wirrwarr von Gedanken und Erinnerungen ein bißchen auszusortieren.

«Es kommt mir komisch vor, daß ich immer wieder lange Phasen mit ‹Tagträumen› verbringe», erzählte sie, «aber dann habe ich oft gehört, wie die Leute sagen: ‹Die Zeit vergeht ja wie im Flug› oder ‹Wie kann es denn sein, daß es schon drei Uhr ist?›, und dann habe ich gedacht, daß es allen so geht wie mir.

Trotzdem denke ich irgendwie, daß ich doch nie so ganz davon überzeugt war, denn ich habe solche Angst vor Leuten. Es ist ein Gefühl, als würde ich ein riesiges Geheimnis mit mir herumtragen, das ich nie erzählen darf. Aber weil ich nicht weiß, was ich eigentlich geheimhalten soll, habe ich Angst, ich könnte mich aus Versehen verplappern.»

«Ach – Sie haben jede Menge Geheimnisse», sagte Lynn. «Missy hat angefangen, mir ein paar davon zu erzählen.»

«Sagen Sie bitte diesen Namen nicht», bat Jo. «Ich komme mir so albern vor, wenn Sie von Missy sprechen, als wäre sie jemand anders. Ich möchte nicht hören, was ich im Schlaf erzähle.»

Während der Sitzungen merkte Lynn immer, wenn Missy erschien, und sie sagte ihr, sie könne ruhig sprechen, sie sei hier in Sicherheit. Missy weigerte sich, etwas zu sagen. Aber wenn Lynn von ihrem Stuhl aufstand und sich auf den Teppich setzte und zu ihr sagte: «Komm, Kleines, du kannst hier bei mir sitzen», kletterte sie eilig von ihrem Stuhl herunter und ließ sich von Lynn in die Arme nehmen. Lynns Wärme, ihre wiegenden Bewegungen und ihre sanfte Stimme lullten sie ein.

«Es ist deine Hand», flüsterte sie eines Abends, als sie mit Lynn telefonierte.

«Was ist mit deiner Hand, Kleines?» fragte Lynn.

«Sie ist schlecht. Schlechte Hand.»

«Nein, Missy, deine Hände sind gut», erwiderte Lynn. «Ich halte deine Hände gern in den meinen, wenn du im Sprechzimmer bei mir sitzt.»

«Schlechte Hand», beharrte Missy. «Schwester Mary hat das gesagt. ‹Rechte Hand gute Hand, linke Hand schlechte Hand.›»

Man hatte Missy nicht erlaubt, ihre von Natur aus dominante linke Hand zu benutzen. Die Nonnen, die sie unterrichteten, hatten ihr mit einem Lineal auf die Hand geschlagen oder sie gezwungen, auf der linken Hand zu sitzen, wenn sie sie dabei erwischten, daß sie den Stift damit hielt.

«Mama sagt, du bist böse. Papa sagt, du bist böse. Papa sagt, du bist dumm. Mama sagt, du bist faul.»

«Du bist ein sehr liebes Mädchen», versicherte ihr Lynn. «Ich möchte, daß du zu mir in die Sprechstunde kommst, und dann kannst du etwas anmalen, und zwar mit welcher Hand du willst.»

Solche Gespräche beruhigten Missy, und sie konnte dann wieder nach innen gehen. Oft war es so, daß Jo «aufwachte» und Lynns tröstliche Stimme durch den Hörer vernahm.

«Es tut mir leid, daß ich Sie gestört habe», sagte Jo, «aber ich habe nicht gewußt, daß ich Sie heute abend angerufen habe.»

«Kein Problem, Jo», erklärte Lynn. «Nicht Sie haben mich angerufen, sondern Missy. Alles ist okay. Wir können darüber sprechen, wenn wir uns das nächste Mal sehen.»

Und in der Sitzung meinte Lynn dann: «Missy verhält sich wie ein mißhandeltes Kind.»

«Aber das stimmt nicht», erwiderte Jo. «Es kann nicht sein, daß ich mißhandelt worden bin.»

«Woher wissen Sie denn so genau, Jo, daß Ihre Eltern Sie nicht mißhandelt haben?» fragte Lynn.

«Das ist ganz einfach», gab Jo zurück. «Ich kann mich nicht daran erinnern, daß meine Eltern je böse zu mir gewesen wären.»

Jo hielt inne. Ihr war auf einmal etwas eingefallen. «Wissen Sie, ich habe überhaupt keine frühen Erinnerungen an Situationen mit meiner Mutter allein.» Wenn sie sich das jetzt richtig überlegte, kam ihr das sehr eigentümlich vor. Zwar hatten ihre Eltern beide ganztags gearbeitet, seit sie drei Jahre alt gewesen war, und doch hatte sie sehr frühe Erinnerungen daran, daß sie mit ihrem Vater allein war. Aber sie konnte sich nicht daran erinnern, je mit ihrer Mutter allein gewesen zu sein. Sie erinnerte sich an irgendwelche Babysitter, jedoch nicht an ihre Mutter.

Jo schob diese neue Erkenntnis beiseite. Ihr Vater hätte nie zugelassen, daß jemand ihr weh tat. Jo erinnerte sich an einen Vorfall, als sie drei oder vier war: Ihr Vater wollte wissen, woher ein neuer blauer Fleck an ihrem Bein stammte. Die Erklärung ihrer Mutter klang auch heute noch sehr einleuchtend: «Joan Frances ist ein sehr ungeschicktes Kind.»

Jo wußte, daß sie absolut ehrlich sein mußte, selbst wenn ihre Version der Wahrheit in Widerspruch zu dem stand, was Lynn hören wollte. Die Wahrheit war für Jo extrem wichtig, weil sie ohnehin alle Mühe hatte, bei ihrer lückenhaften Wahrnehmung der Wirklichkeit den Überblick nicht zu verlieren. Jo war sich darüber im klaren, daß sie gar nicht genau genug wußte, was tatsächlich passierte, um je überzeugend lügen zu können.

Jo versuchte, über ihren Verdacht nachzudenken, daß Lynn sie mochte. Sie kam zu dem Schluß, daß Lynn so nett zu ihr war, weil sie ihre Patientin war. Jos Mutter hatte ihr beigebracht, was es hieß, eine berufliche Maske zu tragen. Wenn Jo ihrer Mutter bei der Arbeit im Labor zugesehen hatte, wie sie Blut abnahm oder Reagenzgläschen kennzeichnete, hatte Nancy ihren Patienten immer freundlich zugelächelt, stets eine aufmunternde Bemerkung auf den Lippen. Jedesmal, wenn ein Arzt oder ein Patient zu Hause anrief, verwandelte sich Nancy augenblicklich in die fürsorgliche Assistentin – gleichgültig, was sonst gerade los gewesen war. Wenn Lynn nach einem von Missys abendlichen Anrufen den Hörer auflegte, schrie sie wahrscheinlich sofort wieder ihren Mann oder ihre Kinder an, vermutete Jo.

Lynn versicherte Jo, daß sie ihr wirklich wichtig sei, aber Jo konnte das nicht so recht glauben. Ihre Eltern hatten das auch gesagt, aber sie hatte immer das Gefühl gehabt, daß sie sie nicht besonders mochten. Wahrscheinlich *mußten* sie sich einfach um sie kümmern. Sie hatten keine andere Wahl.

Andere Leute hatten kurze Zeit Interesse an ihr gezeigt – ein paar Leute in der High School, Keith –, aber sie waren alle wieder gegangen, gleichgültig, wie abhängig Jo von ihnen geworden war.

Jo nahm an, daß sie einsam war, aber ihr Alleinsein war ein

integraler Bestandteil ihres Lebens. Manchmal überlegte sie sich, wie es wohl wäre, wenn sie einen Freund oder eine Freundin hätte, wenn sie eine wirklich intime Beziehung zu einem anderen Menschen eingehen würde.

Jo wußte, daß Lynns Interesse – ob echt oder nicht – ein wertvolles, aber vorübergehendes Geschenk war. Immer wieder entschuldigte sie sich für die Telefonanrufe, an die sie sich gar nicht erinnern konnte. Lynn sagte, sie werde nicht zulassen, daß Jo sich auf eine Art einmische, die zu einer Zurückweisung führen würde. «Es wäre für uns beide nicht gut, Jo, wenn ich zulassen würde, daß Sie mehr nehmen, als ich geben kann. Machen Sie sich keine Sorgen. Ich kann mich schon um mich selbst kümmern.»

Jo reagierte gedemütigt auf Lynns Versicherungen. «Natürlich kümmern Sie sich um sich selbst», sagte Jo. Sie schützen sich, damit ich mich nicht aufdrängen kann. Ich weiß, Sie müssen sich vor mir schützen. Aber ich fühle mich so schlecht, so schuldig, wenn Sie mich daran erinnern – wie könnte ich mich je so wichtig fühlen, daß ich mich aufdränge.»

Während Jo Angst davor hatte, ihre Abhängigkeit von Lynn könne dazu führen, daß ihre Therapeutin sie ablehne, befürchtete die Joan-Frances-Persönlichkeit, daß eben diese Abhängigkeit dazu führen könnte, daß ihre Mutter sie im Stich ließ.

Joan Frances wußte, daß ihre Mutter nicht damit einverstanden sein würde, daß sie zu Lynn ging, aber sosehr sie sich auch vornahm, die Therapie abzubrechen – immer wieder befand sie sich plötzlich in Lynns Sprechzimmer, oder sie verließ gerade das Gebäude, nach einer Sitzung, an die sie sich nur vage erinnern konnte. Joan Frances bat Lynn inständig, ihr zu helfen. «Bitte, machen Sie, daß es mir bessergeht, ehe meine Mutter mir verbietet hierherzukommen. Bitte, machen Sie einen besseren Menschen aus mir, damit sie mich liebt.»

Es ist offensichtlich, daß sich die verschiedenen Persönlichkeiten, die ich sehe, stark voneinander unterscheiden.

Die körperlichen Veränderungen sind verblüffend. Ich kenne inzwischen Missy, Jo, Renee und Joan Frances sehr gut, und der Wechsel von einer Persönlichkeit zur anderen versetzt mich nicht mehr in Erstaunen. Für mich unterscheiden sie sich genauso stark voneinander wie meine anderen Patienten. Sie haben zwar denselben Körper, aber sie sind nicht dieselbe Person und bewegen sich in ihrem Körper nicht auf dieselbe Art. Vielleicht trifft es eher den Kern, wenn man sagt, daß verschiedene Persönlichkeiten abwechselnd denselben Körper benutzen.

Die Aussagen über die Eltern stimmen absolut nicht überein. Renee leugnet sogar, daß Ray und Nancy überhaupt ihre Eltern sind. Sie behauptet nicht, daß sie andere Eltern hat – sie beansprucht gar keine Eltern –, sondern sagt, sie sei «einzig und allein eine Schöpfung dieser Einheit».

Jo betet ihren Vater an und beschreibt ihn als weise, sanft und liebevoll. Er hatte nur einen Mangel, und den begriff sie als ihr eigenes Problem – sie mußte sich damit abfinden, ihn nie wirklich zufriedenstellen zu können, weil sie als seine Tochter geboren wurde und nicht als sein Sohn.

Jo bedauert ihre Mutter, weil sie nicht so «rational» ist wie Jo selbst und wie ihr Vater, aber sie leugnet, daß Nancy sie je mißhandelt haben könnte.

Joan Frances sagt, ihre Mutter sei vollkommen, und sie eifert ihr nach. Es quält sie entsetzlich, daß sie gegen ihre Mutter ungehorsam ist, weil sie hierherkommt. Nancy sagte angeblich neulich zu ihrer Tochter: «Zum Muttertag wünsche ich mir ein Mädchen, das glücklich und zufrieden ist und begreift, wieviel Glück es im Leben hat.» Da es nur noch eine Woche bis zum Muttertag ist, müßte ein Wunder geschehen, damit dieser Wunsch in Erfüllung gehen könnte. Also nehmen der Druck und die Schuldgefühle immer mehr zu. Aber Joan Frances ruft regelmäßig zu Hause an, und das zeigt mir, daß Nancy doch ein gewisses Maß an Unterstützung und Akzeptanz gibt, neben ihrer Dosis an unrealistischen Erwartungen.

Ihr Vater, so versichert Joan Frances, war «ein kaltes, gefühlloses Schwein und hat meiner Mutter das Leben zur Hölle gemacht».

Missy sieht Daddy als eine Zuflucht vor ihrer bedrohlichen Mutter. Sie erinnert sich daran, daß sie oft stundenlang in einer Ecke saß, die sie «das Dunkle» nennt. Dort wartete sie, bis Daddy nach Hause kam. Ich bin nicht sicher, ob Missy sich dort versteckt hat oder ob sie dort eingesperrt wurde.

Im Augenblick laufen meine Vermutungen darauf hinaus, daß beide Eltern positive elterliche Qualitäten zeigten, das Kind aber auch mißhandelten. Ich glaube, daß Nancy und Ray Casey selbst erheblich gestört waren.

7

TAGEBUCHEINTRAG *25. Mai 1981*

Ich erwarte nicht, daß ich folgerichtig und wahrheitsgemäß erfahre, wie sich Jos Persönlichkeitsstörung entwickelt hat, aber ebenso wichtig wie die historischen Fakten ist in meinen Augen das, was ich die «emotionale Wahrheit» nenne. Verschiedene Menschen messen den gleichen Geschehnissen verschiedene Bedeutung bei. Ein und dasselbe Ereignis wird zwei Beteiligten niemals völlig gleich in Erinnerung bleiben. So kann es beispielsweise sein, daß ein gebrochenes unter tausend gehaltenen Versprechen den Eltern bald völlig entfallen ist, während das enttäuschte Kind es nie vergißt.

Das heißt für mich: Wenn mir Jo oder Joan Frances erklärt, daß irgend etwas, woran sich eine der anderen Persönlichkeiten erinnert, gar nicht passiert sein kann, dann versuche ich, diese Verdrängung aufzufangen, indem ich sage, daß diese Erinnerung für die betreffende Persönlichkeit in jedem Fall eine bedeutsame «emotionale Wahrheit» sei. Wichtig ist nicht die historische Korrektheit der Erinnerung, sondern ihre Bedeutung für die erzählende Person.

Aber bei aller Amnesie und Verdrängung, die typisch für multiple Persönlichkeiten sind, erstaunt mich doch die Vollständigkeit mancher Erinnerungen aus der frühen Kindheit. Ich denke inzwischen, daß der multiplen Psyche offenbar die üblichen Filter fehlen, die echte Verdrängung ermöglichen. Was eine Persönlichkeit verdrängt hat, hat eine andere vollständig gespeichert. Die Erinnerungen umfassen Bilder, Geräusche und taktile Empfindungen. Sie sind sehr plastisch.

Ob nun historisch korrekt oder nicht – jedenfalls konnte ich mir ein Bild von der Familiengeschichte zusammenstükkeln. Viele Einzelheiten erfuhr ich problemlos von Renee und von Reagan und Robin (zwei Persönlichkeiten, deren einziger Daseinszweck es offenbar ist, als Speicher für wichtige Informationen zu dienen, die in der frühen Kindheit aufgeschnappt wurden).

Reagan stellte sich mir eines Tages vor, als ich gerade versuchte, bestimmte Kindheitserinnerungen aus Jo herauszubekommen. Das erste, was ich von ihr hörte, waren die ruhigen Worte: «Vielleicht kann ich Ihnen behilflich sein.» Sie erklärte mir, sie und Robin seien immer dagewesen, um «zuzuhören, ohne irgendwem in die Quere zu kommen».

Mit Hilfe dieser Persönlichkeiten und dank Missys Bedürfnis, mir «Geheimnisse» anzuvertrauen, gewann ich allmählich ein Bild von den familiären Hintergründen. Die Übermittlung dieser Informationen erfolgte ohne affektive Reaktion, ohne daß das Traumatische sichtbar wurde. Ich nehme an, das kommt daher, daß Renee, Reagan und Robin sich nicht im biologischen Sinn als Familienmitglieder begreifen. Sie haben sich bisher all meinen Bemühungen widersetzt, sie darauf zu stoßen, daß auch sie an diesen frühkindlichen Erlebnissen beteiligt gewesen sein könnten.

Missy scheint ebenfalls nicht besonders betroffen von den Erinnerungen, die sie mir mitteilt. Ich denke, sie hat lange darauf gewartet, jemandem ihre Geheimnisse anvertrauen zu können. Und die anderen Persönlichkeiten lassen sie jetzt in meinem Sprechzimmer ganz frei mit mir reden. Missy hat mir einiges aus der frühen Kindheit berichtet und mir sogar erzählt, daß sie sich an die erste Persönlichkeitsspaltung erinnern kann – als, wie sie es ausdrückt, «die anderen Mädchen gekommen sind». Ihrer Darstellung nach kam es zu dieser Spaltung, noch ehe sie ein Jahr alt war.

Missy spürte offenbar (oder aber eine der anderen Persönlichkeiten aus der Gruppe sagte es ihr), daß ich ihr nicht recht glauben könne, daß sie sich so weit zurückerinnere. Sie erklärte mir diese vorsprachlichen Erinnerungen durch einen Vergleich mit einem Tonband oder einer Schallplatte. «Die Sachen, die passieren und die die Leute sagen, machen kleine Kratzer im Kopf», sagte Missy. «Du weißt zwar noch nicht, was die Kratzer bedeuten, aber sie sind trotzdem da. Und eines Tages weißt du dann, was die Geräusche und Sachen bedeuten. Du kannst sprechen und weißt, was Wörter sind. Dann kannst du das, was vorher passiert ist, noch mal ablaufen lassen, und jetzt weißt du, was es war.» Der Nachdruck, mit dem sie das vorbringt, zeigt deutlich, daß es für sie selbst eine befriedigende Erklärung ist.

Im Grunde kümmert es mich wenig, ob Missys Erklärung sich mit den gültigen Theorien über die Entwicklung von Sprache und Gedächtnis vereinbaren läßt. Ich habe ohnehin den Verdacht, daß von den allgemein akzeptierten Theorien über menschliche Fähigkeiten sehr wenige multiplen Persönlichkeiten gerecht werden. Ich bin mir sicher, daß in Missys Erinnerungen eine Menge an «emotionaler Wahrheit» steckt. Ich bin fest davon überzeugt, daß der Keim zu dieser Störung lange vor der Geburt meiner Patientin gelegt wurde.

Wenn ich die Geschichte so niederschreibe, wie sie sich mir darstellt, kann mir das vielleicht helfen, mir selbst zu verdeutlichen, was ich über Jos Entwicklung zu wissen glaube. Entscheidend – für mich und für Jo – ist es, nicht aus den Augen zu verlieren, daß das das Szenario ist, an das meine Patientin glaubt, *denn das ist das einzige, was zählt. Was wirklich passiert ist – wer was fühlte, wer was mit wem machte –, ist nicht so wichtig wie die Art und Weise, wie die Persönlichkeiten auf das, was sie glauben, reagieren.*

Raymond Casey wurde zu Hause geboren, in einem kleinen Industriestädtchen bei Syracuse, New York, im Januar 1925. Der kränkliche Säugling, das letzte von zwölf Geschwistern, wurde während der ersten Monate seines Lebens von seinen älteren Schwestern verhätschelt.

Die Familie war, gemessen am lokalen Standard, nicht

arm. Wie Ray später seinen Kindern erzählte, gab es immer «Essen auf dem Tisch und Liebe im Haus». Die strengen irisch-katholischen Traditionen wurden den Kindern nicht nur durch die Erziehung ihrer neueingewanderten Eltern eingeimpft, sondern auch durch das Leben im Schatten der Kirche, die neben dem Caseyschen Haus emporragte. Rays Vater arbeitete, ebenso wie die älteren Brüder, in der örtlichen Textilfabrik.

Als Ray die High School beendet hatte, war die Familie auf den Verdienst der verbliebenen Kinder angewiesen. Rays Vater war bei einem Arbeitsunfall ums Leben gekommen, und zwei seiner älteren Brüder waren im Zweiten Weltkrieg gefallen. Ein Bruder hatte das Elternhaus verlassen, um Priester zu werden, eine Schwester war ins Kloster gegangen. Zwei weitere Brüder zogen nach Richmond in Virginia. Ray war jetzt der einzige Mann im Haus.

Rays Schwestern Christine, Cathy und Marie, die ebenfalls noch zu Hause wohnten, arbeiteten als Verkäuferinnen im Kaufhaus und warteten darauf, geheiratet zu werden. Ray fand in der Eisenwarenhandlung seines Onkels Arbeit und gab den größten Teil seines Lohns seiner Mutter.

Aber daneben lebte er noch ein anderes Leben. «Ich und Tom Clancy», pflegte er sich später zu brüsten, «sind immer in die Schuppen eingebrochen, in denen ich die Flipper repariert hatte. Ich kannte die Dinger in- und auswendig. Wir haben einfach nur an den Schlitzen rumgefummelt und das ganze Geld rausgeholt.»

Ray erzählte auch gern, wie er und Tom in den Kneipen Wetten provoziert hatten, bei denen von vornherein klar war, daß es Streit geben würde. Während die anderen sich dann prügelten, machten Ray und Tom sich mit dem Geld aus dem Staub. Und außerdem gab es da noch die Geschichten von wilden Autorennen und nicht weniger wilden Weibern.

Ray stellte immer klar, daß Frauen für ihn Objekte waren. Freundschaft verband ihn mit Männern, vor allem mit Tom. Mit Anfang Zwanzig litt Ray unter Rastlosigkeit und Lange-

weile. Er wäre gern für eine Weile aus der Stadt weggegangen, konnte aber nicht einfach alles stehen- und liegenlassen. Ray beschloß zu heiraten und zur Marine zu gehen.

Er entschied sich für Nancy Fitzgerald, die Schwester seines Freundes John. Nancy war eine Farmerstochter von jenseits der Bahnlinie. Sie war jung, hübsch und scheu.

Nancys Eltern waren ebenfalls eingewandert, und auch sie war streng katholisch erzogen worden. Aber darin erschöpften sich die Gemeinsamkeiten zwischen ihrem Elternhaus und Rays großer, eng zusammenhaltender Familie auch schon. Nancy hatte den größten Teil ihrer Kindheit damit zugebracht, zuzusehen, wie ihre Mutter immer neue Stiefväter anschleppte. Ihren leiblichen Vater hatte Nancy nie gekannt. Die Männer, die – nie länger als ein paar Jahre – mit ihrer Mutter das Bett teilten, hatten Nancy entweder mißbraucht oder ignoriert.

Nancy suchte Trost im örtlichen Kloster, wo sie die Liebe und Geborgenheit fand, die ihr zu Hause fehlten. An ihrem dreizehnten Geburtstag bat sie, dem Orden beitreten zu dürfen. Obgleich es vorkam, daß Mädchen schon in diesem Alter aufgenommen wurden, wurde Nancy doch mit dem Rat weggeschickt, in fünf Jahren noch einmal vorzusprechen. Sie hatte das Gefühl, im Kloster genausowenig erwünscht zu sein wie zu Hause.

Sie konzentrierte sich von da an ganz auf die Schule, und hier fand sie mit ihrem hellen Köpfchen tatsächlich Anerkennung. Sie schloß die High School vorzeitig ab und begann, am örtlichen College Hämochemie zu studieren. Schon während des Studiums arbeitete sie als Laborassistentin in einem nahegelegenen Krankenhaus.

An ihrem achtzehnten Geburtstag, mit einem Jahr Biologie am College im Rücken, heiratete sie Ray, ohne sich weiter Gedanken über eventuelle Alternativen zu machen. Nancy hatte die Armut ihrer Familie immer als eine aussichtslose Situation gesehen. Sie war diesem Mann dankbar, daß er sie, wie sie es ausdrückte, «aus der Gosse holte».

«Sie war eine richtige Baby Doll», pflegte Ray über Nancy zu sagen. Mit ihrem ersten Kind schwanger, blieb Nancy in Syracuse, während Ray das Abenteuer auf See suchte. Es machte ihr nichts aus: als Mrs. Ray Casey war sie angesehener als früher. Sie zog zu ihrer Schwiegermutter, arbeitete weiter im Labor und lieferte ihr Gehalt freudig bei ihrer neuen Familie ab. Sie schloß sich mit der Zeit immer enger an Rays Schwester Marie an, deren Mann ebenfalls beim Militär war.

Ray genoß die drei Jahre bei der Marine. «Einmal hab ich so ein Araberpferd geklaut», gestand er später, «und später stellte sich dann raus, daß es irgendeinem verdammten Scheich oder so jemand gehörte, und ich und mein Kumpel wurden zu zwanzig Jahren Zwangsarbeit verknackt. Wir können wirklich von Glück sagen, daß uns die Regierung da rausgeholt hat.»

«Ich hab alle Länder auf dieser Welt gesehen, außer Rußland», schwelgte er in der Erinnerung. Ray behauptete, es gebe keinen Hafen, in dem er sich nicht schon mindestens einmal besoffen habe. Argentinien, so meinte er, sei das schönste Land, Australien das freundlichste. Er hatte diese Jahre in so guter Erinnerung, daß er, sooft er sich besonders in der Falle fühlte, seine Matrosenpapiere hervorholte und seufzte: «Vielleicht gehe ich ja einfach wieder zur See.»

Die «familiären Verpflichtungen» waren für Ray schließlich der Grund, den Dienst bei der Marine zu quittieren. Er kehrte nach Syracuse zurück, packte Nancy und sein dreijähriges Töchterchen Carol ein und machte sich auf nach Richmond, wo ihm sein älterer Bruder einen Job in einer Textilfabrik beschafft hatte. Ray kaufte ein kleines Haus am Stadtrand und schickte sich darein, fortan «ein guter Familienvater zu sein». Nancy hatte schreckliches Heimweh nach Syracuse und nach dem Leben, das sie dort geführt hatte, aber schließlich war die Einsamkeit stärker als die Schüchternheit, und sie freundete sich mit den anderen jungen Müttern in der Nachbarschaft an.

Schon bald merkte Nancy, daß ihr neues Leben auch seine Vorzüge hatte. Hier wußte niemand von ihrer Vergangenheit. Ihr kluger, weitgereister Mann brachte ihr städtische Manieren bei. Da Ray erklärte, er könne seine Familie allein ernähren, blieb Nancy daheim, um sich um Carol zu kümmern und auf den kleinen Sohn zu warten, der die Familie vervollständigen sollte.

1955 war Nancy wieder schwanger, zum drittenmal seit sie und Ray nach Richmond gezogen waren; sie hatte zwei Fehlgeburten gehabt. Diesmal fühlte Nancy eine enge Bindung an das Wesen in ihrem Bauch, es war anders als die beiden letzten Male. Diesmal, so wußte sie, würde sie das Kind austragen. Ray würde seinen Sohn bekommen.

Im Juli brachte Ray Nancy und Carol heim nach Syracuse, wo sich die Familie vor und nach der Geburt des Kindes um Nancy kümmern sollte. Sobald sie wieder kräftig genug sein würde, wollte sie mit ihrer Tochter und dem langersehnten Sohn nach Virginia zurückkehren.

Die Zeit daheim im Staat New York erschien Nancy als der Gipfel der Verwöhnung. Es war zwar eine strapaziöse Schwangerschaft – «Neun Monate Kotzerei», wie sie sagte –, doch ihr dicker Bauch verlieh ihr einen besonderen Status, den sie mit ihrer Schwägerin Christine teilte. Christine und Nancy, deren Kinder am selben Tag geboren werden sollten, wohnten beide bei Rays Mutter. Am Morgen des 22. August 1955 wurden sie beide im Abstand von wenigen Stunden in die Klinik gebracht. Am Abend gebar Christine einen Sohn, und Nancy wurde nach Hause zurückgeschickt, weil die Wehen wieder aufgehört hatten. Als Nancy ein paar Tage später den neugeborenen Matthew besuchen ging, strahlte sie Christine über ihren gewölbten Bauch hinweg an. «Das wird so lustig für unsere Söhne, miteinander groß zu werden», sagte sie.

Nancy zweifelte nie auch nur im geringsten daran, daß sie Rays Sohn unter dem Herzen trug. Sie hatte sich zurechtgelegt, daß die beiden Fehlgeburten Mädchen gewesen seien und daß ihr Körper alles abstoße, was nicht geeignet sei, den Namen zu tragen, den sie schon vor Jahren ausgesucht hatte – Joseph Raymond Casey.

Am 31. August, einen Tag vor ihrem achtundzwanzigsten Geburtstag, erwachte Nancy unter quälenden Schmerzen. Die sporadischen Wehen, die sie schon seit zehn Tagen gehabt hatte, waren nichts dagegen gewesen. Schwager Jack brachte sie ins Krankenhaus und rief Ray an, der immer noch in Richmond war. «Du kommst wohl jetzt besser her», sagte Jack, «die Ärzte sagen, diesmal geht's wirklich los.»

Der Arzt und die Schwestern blieben die ganze Zeit an Nancys Seite, überprüften die Herztöne des Kindes und versuchten, sie zu beruhigen. Obgleich sie schon ein Kind geboren hatte, war Nancy ängstlicher als die meisten Erstgebärenden, und die Angst lähmte ihren Körper. Als sich die Wehen bereits vierundzwanzig Stunden hingezogen hatten und der Herzschlag des Kindes merklich schwächer wurde, entschied sich der Arzt für einen Kaiserschnitt. Er löste vorsichtig die Nabelschnur, die sich um den Hals des Kindes gewickelt hatte, und brachte das leicht bläuliche Baby fort zum Beatmungsgerät.

«Sie haben ein hübsches Töchterchen», teilte der Arzt Ray mit. «Sie tut sich noch ein bißchen schwer, aber ich denke, sie wird es schaffen.» Nancy erfuhr die Sachlage auf der Wachstation. Sie wollte protestieren, merkte dann aber, daß sie nicht die Kraft dazu hatte. Ein Mädchen. Das konnte nicht sein. «Da muß sich jemand geirrt haben», sagte Nancy, ehe sie wieder einschlief.

Am nächsten Tag mußte sich Nancy der Wahrheit stellen. Kein anderes Kind war an diesem ersten September geboren worden. Kein Irrtum, keine Verwechslung war möglich. Sie hatte ein Mädchen zur Welt gebracht. Es fiel Nancy schwer, das zu glauben, zumal sie das Kind noch gar nicht gesehen hatte. Das Baby war klein, nur fünf Pfund schwer, und atmete nicht richtig. Nancy hoffte, es würde sterben. Sie wollte nicht noch ein Mädchen.

Nancy litt unter den Schmerzen der Operationswunde, den Nachwirkungen der Strapazen und dem Bewußtsein, daß sie Ray enttäuscht hatte. Er tat zwar so, als freue er sich über das Kind, aber sie kannte ihren Mann gut genug, um den bitteren Unterton herauszuhören.

Nancy hatte keine Lust, einen Namen für das Kind auszusuchen, also entschied Ray allein. Er nannte es Joan – weil das noch am nächsten bei dem von Nancy ausgewählten «Joseph» lag – und Frances, weil Franz von Assisi sein Lieblingsheiliger war. Joan Frances Casey. Und obwohl er nur zusehen konnte, wie das Baby um Atem rang, erkannte Ray doch durch die Glaswand der Neugeborenenstation eine Ähnlichkeit mit sich selbst, wie sie bei Carol nicht dagewesen war.

Ray setzte seine ganze Willenskraft daran, etwas von seiner eigenen Stärke in den Brutkasten hinüberströmen zu lassen. «Komm, Hänfling, los, mach, daß du groß und stark wirst», murmelte er, während er die Nacht hindurch darüber wachte, daß sie auch genau das tat. Dieses Kind, so fand Ray, war auf ganz besondere Weise sein *Kind. Vielleicht war ja gegen ein Mädchen, eine Tochter, die nur ihm gehörte, auch nichts einzuwenden.*

Nach ein paar Tagen war das Kind außer Gefahr, aber Nancy erholte sich nur sehr langsam.

Drei Wochen nach der Niederkunft brachte Nancy ihr neues Töchterchen heim nach Richmond.

Sie mußte zugeben, daß die Schwestern im Krankenhaus recht gehabt hatten, als sie meinten, es sei ein pflegeleichtes Kind. Es schlief nachts durch, trank nach Plan und schrie kaum. Manchmal, wenn sie ihm die Flasche gab, tat sie so, als sei es ein Junge. Dann empfand sie so etwas wie Liebe für das Kind. «Joey, mein kleiner Joey», gurrte sie, während die Hand des Babys mit ihrem langen braunen Haar spielte, «bist du mein großer kleiner Junge?»

Aber manchmal empfand Nancy gar nichts für das Kind. Sie starrte es an, wie es still dalag, nicht schrie, sich nicht bewegte, nicht schlief. Das Baby schien ganz zufrieden damit, stundenlang irgendwelche Gegenstände oder das Spiel von Licht und Schatten auf der Wand zu betrachten. Dieses anormale Verhalten ging Nancy auf die Nerven.

Sobald Ray in der Nähe war, horchte das Baby auf. Wenn Ray von der Arbeit nach Hause kam, steuerte er geradewegs auf das Bettchen zu. Er hob das Baby hoch in die Luft und erzählte ihm lebhaft von seinem Tag. Die Kleine lauschte gebannt und antwortete mit leisen Lauten. Ihr erstes Lächeln galt Daddy.

Je intensiver die Kleine auf ihren Vater reagierte, desto distanzierter wurde Nancys Verhältnis zu ihr. «Das ist ungerecht. Ich bin ihre Mutter. Eigentlich sollte sie doch mich am liebsten mögen.» Nancy erkannte nicht, daß das Kind die Enttäuschung seiner Mutter genauso sicher erspürte, wie es die Zuneigung seines Vaters fühlte.

Nancy nahm das Baby nur hoch, wenn es gefüttert oder gewickelt werden mußte. Und sie wies auch Carol an, dem Bettchen fernzubleiben. «Laß das Baby in Frieden. Es fängt sonst nur an zu schreien», erklärte sie der Achtjährigen.

Nancy mußte zugeben, daß Ray das Baby gern hatte, obwohl es kein Junge war. Wenn er von dem Kind sprach, nannte er es, wie sie selbst auch, Jo oder Joan Frances, aber zu der Kleinen selbst sagte er auch Missy oder Pixie oder erfand andere alberne Kosenamen. Nancy fand, daß Ray sehr unmännlich aussah, wenn er mit dem Baby spielte. Es ging ihr gegen den Strich, mit ansehen zu müssen, wie er in einer Art Babysprache mit der Kleinen redete oder sie in den Schlaf wiegte. Sie wünschte sich, er würde ihr und Carol auch einmal Beachtung schenken. «Du hast zwei Töchter, vergißt du das?» fuhr sie ihn an.

Nancy sah unzählige Unterschiede zwischen Joan Frances und Carol. Carol war in diesem Alter ein kolikgeplagtes Schreikind gewesen. Dieses Baby war still, zu still. Carols ständiges Gebrüll hatte Nancy fast wahnsinnig gemacht, aber wenigstens hatte man doch gemerkt, daß da ein Baby im Haus war. Dieses Kind schien nichts zu interessieren außer seinem Vater. Es wollte nicht einmal krabbeln.

Eines Morgens, als Ray bei der Arbeit und Carol in der Schule war, legte Nancy das inzwischen fast sechs Monate alte Kind mitten auf eine gelbe Decke, die sie auf dem Küchenfußboden ausgebreitet hatte. Sie plazierte ein Sortiment Spielsachen auf der Decke, gerade außerhalb der Reichweite des Babys, griff sich dann das Schachtelmännchen heraus und zog es auf. Das Baby reagierte auf das Geräusch und sah hinüber zu seiner Mutter, die mit über die Schulter herabhängendem Haar auf dem Boden hockte.

«So ist's gut, Joan Frances», sagte Nancy, «komm her, hol dir dein Spielzeug. Komm her zu Mommy.» Das Baby gluckste und streckte die Ärmchen aus. Es sah die Haarwolke, seine Fingerchen erinnerten sich an ihre Weichheit. Es streckte die Hand aus und griff ins Leere. Mommy und das Spielzeug waren zu weit weg. Es machte keine Anstalten zu krabbeln.

Mommy nahm den Lieblingsstoffaffen der Kleinen und schüttelte ihn so, daß der Kopf hin und her wackelte. Die Kleine mochte den Affen. Das Fell kitzelte an der Haut, und der harte Plastikhut und das Affengesicht fühlten sich im Mund schön an. Sie streckte den Arm aus, konnte den Affen aber nicht erreichen. Sie fing an zu weinen. Aber krabbeln wollte sie immer noch nicht.

«Na komm, du kannst es.» Hände hoben sie hoch. Als die Kleine die Augen öffnete, kauerte sie auf allen vieren.

Sie erstarrte. Immer wenn sie sich in ihrem Bettchen auf die Hände und Knie hochrichtete und vor und zurück schaukelte, so daß das Bettchen an die Wand bummerte, kam Mommy oder Dad, um sie wieder auf den Rücken zu legen. Jetzt wartete sie reglos darauf, daß Mommy etwas unternahm. Als nichts passierte, zog sie die Beine unter sich, während sie sich gleichzeitig mit den Händen abstieß, bis sie wieder saß.

«Schau her, ich schiebe dir das Schachtelmännchen näher

heran.» Mommys Stimme troff vor Süße und war darunter scharf von Ärger. Die Spieldose gab ihre Melodie von sich, und das Baby streckte die Hand danach aus. Diesmal reckte es sich zu sehr, so daß es das Gleichgewicht verlor. Die Händchen landeten auf dem Rand der Decke. Es hockte jetzt auf allen vieren da.

Das klebrige, kalte Linoleum erregte die Aufmerksamkeit des Babys, und es patschte mit einer Hand auf den Boden. Das machte ein lustiges Geräusch. Es patschte wieder und gluckste vor Vergnügen über seine neue Entdeckung. Ein brauner Schuh mit einem dünnen, spitzen Absatz quetschte seine Hand auf den Boden, und Schmerz zerriß sein Inneres.

In der Kleinen spielte sich der erste innere Kampf ab. Der Teil, der Jo werden sollte, wollte über diese Wendung der Dinge nachdenken und feststellen, was den Schmerz verursacht hatte. War es der Fußboden? War es der Schuh? Das Schachtelmännchen? Am besten mied sie alle drei, bis sie es herausgefunden hatte …

Der Teil, der Joan Frances wurde, heulte vor Zorn und Schmerz auf. Es tat weh. Mommy sollte es wiedergutmachen …

Der Teil, der Missy wurde, sehnte sich nach der Geborgenheit des Bettchens mit den pastellfarbenen Kügelchen, die sie unterscheiden, aber noch nicht benennen konnte. Sie konnte die Kügelchen anschauen und sich sicher fühlen …

Die drei Wünsche, die drei im Entstehen begriffenen Persönlichkeiten rangen heftig miteinander, und das Kräfteverhältnis war ausgewogen. Dann, plötzlich, setzte sich Missy durch. Sie packte die beiden neuen Persönlichkeiten in zwei sichere Taschen im Inneren ihrer Psyche, wandte sich dann wieder der Erinnerung an ihr Bettchen zu und folgte dieser immer weiter in die Tiefe ihres Denkens.

Nancy legte das erschlaffte Kind in sein Bettchen zurück und fragte sich, warum Gott sie damit gestraft hatte.

8

Ich half Lynn und den anderen Persönlichkeiten, indem ich zu den Sitzungen erschien. Dafür half mir Lynn auf unbeabsichtigte Weise, indem sie es mir ermöglichte, mein Leben unter einem neuen Blickwinkel zu sehen. Ich litt an verschiedenen irrationalen Ängsten. Jetzt zeigte sich, daß diese Phobien Gründe hatten, handfeste Ursachen, die mir Lynns Diagnose plausibler erscheinen ließen: vielleicht war doch etwas dran an dieser Sache mit der multiplen Persönlichkeit.

Angenommen, Nancy war wirklich auf die Hand ihres Babys getreten, dann war es kein Wunder, wenn ich auf den Anblick hochhackiger Schuhe mit Widerwillen und irrationaler Angst reagierte. Ich erklärte immer, ich trüge deshalb keine hohen Absätze, weil ich es mit meinen einsfünfundsiebzig nicht nötig hätte. Aber in Wahrheit verabscheute ich Absätze.

Wenn Missy das Gefühl erlebt hatte, in engen dunklen Räumen eingesperrt zu sein – sei es, weil sie sich aus Angst dort verkrochen hatte oder weil sie wirklich eingesperrt worden war –, dann war meine Angst vor Aufzügen verständlich. Auch wenn ich mir heftige Vorwürfe machte und ewig vor der Aufzugtür auf und ab wanderte, ich konnte mich einfach nicht überwinden, in das kleine, kastenartige Gehäuse zu treten, wenn nicht noch jemand mitfuhr. Oft erschien ich zu spät zu einem Termin, weil ich drunten in der Eingangshalle warten mußte, bis jemand kam und mit mir hinauffuhr. Ich wechselte nie ein Wort mit diesen fremden Beschützern im Fahrstuhl, ihre schlichte Anwesenheit genügte, um mir ein Gefühl der Sicherheit zu geben. Aber mir brach der kalte Schweiß aus, wenn mein ahnungsloser Begleiter den Knopf für ein Stockwerk unter meinem drückte.

Bisher hatte ich nicht groß über meine Phobien nachgedacht. Jetzt kam ich mir vor wie ein Wissenschaftler auf der Suche nach den Ursachen bekannter Wirkungen. Dadurch, daß es mir gelang, die Phobien in Zusammenhang mit frühen Kindheitserinnerungen zu bringen, verschwanden die irrationalen Ängste zwar nicht, aber mein Respekt vor Lynn wuchs. Kein Therapeut hatte das mit den Stimmen auch nur andeutungsweise verstanden, und Lynn zeigte mir jetzt, wie wichtig sie waren. Der Einfluß der Stimmen umfaßte viel mehr als nur gelegentliche selbstmörderische Anwandlungen. Ich erkannte, daß sie mein Leben auch an guten Tagen bestimmten. Ich war bereit, diese Geister der Vergangenheit auszutreiben, ein für allemal. Es beunruhigte mich, wenn Lynn diesem Jo-Teil immer wieder erklärte, eines Tages würde ihre – Jos – Verwirrung nachlassen.

Lynn wies mich oft auf die widersprüchlichen Gefühle hin, die die verschiedenen Persönlichkeiten zum Ausdruck brachten. Ich konnte nicht umhin zu registrieren, daß Lynn sich selbst widersprüchlich verhielt. Wie wollte sie mir denn – wie sie es versprach – helfen, mich besser zu fühlen, wenn sie gleichzeitig diesem Jo-Teil helfen wollte? Vielleicht lag das ja einfach an ihrer fehlenden Erfahrung mit Multiplen.

Wenn Fachleute sagen, daß sie nicht wissen, was sie tun sollen, heißt das gewöhnlich, daß sie gar nichts tun werden. Nancy sagte oft: «Man hilft den Patienten, denen man helfen kann, und zerbricht sich nicht weiter den Kopf über die, denen man nicht helfen kann.» Aber Lynn machte den Fehler, mich zu dem Glauben zu verleiten, ihr liege wirklich etwas an mir und an den anderen Persönlichkeiten. Sie konnte nicht plötzlich kalt und formell werden oder mich einfach für geheilt erklären. Ihr blieb nur der eine Ausweg, sich an jemanden zu wenden, der ihr mit aller Bestimmtheit erklärte, ich sei gar keine multiple Persönlichkeit. Wenn eine echte Autorität ihr sagen würde, sie hätte sich getäuscht, dann konnte sie kurzerhand alles vergessen oder uminterpretieren, was sie gesehen hatte. Dann konnte sie guten Gewissens die Therapie beenden.

9

TAGEBUCHEINTRAG *8. Juni 1981*

Ich behandle Ms. Casey jetzt seit drei Monaten und habe ihr gesagt, daß es fachlich nicht zu verantworten wäre, keinen qualifizierten Rat einzuholen.

Jo, die das zu sein scheint, was die Fachliteratur als Primärpersönlichkeit bezeichnet, funktionalisiert meine offen eingestandene Unerfahrenheit im Umgang mit Multiplen für ihre Zwecke, sobald ich ihr klarzumachen versuche, daß sie mißbraucht worden ist.

Renee schwankt, bezieht aber letztlich meist die Position ihres Partners Steve: sie behauptet, daß eine Störung, wie ich sie sähe, nicht vorliege. Sie erkennt zwar an, daß sie kein «Spiel spielt», mag es aber nicht hören, wenn ich ihren Zustand als multiple Störung bezeichne.

Für Joan Frances wäre es ein Verrat an ihrer Mutter, die Diagnose zu akzeptieren. Diese Persönlichkeit hört noch nicht einmal zu, wenn ich mit ihr darüber spreche.

Missy ist es egal, wie ich es nenne, solange sie sich nur geborgen und geliebt fühlt.

Robin und Reagan sind vermutlich die einzigen Persönlichkeiten, die die Diagnose problemlos akzeptieren würden, aber ich habe sie seit Wochen nicht mehr zu Gesicht bekommen!

Ich habe keinen Zweifel daran, daß es sich um echte Persönlichkeiten handelt. Jede von ihnen zeigt ein konsistentes Verhalten, egal, wie viele Tage zwischen den Sitzungen vergehen, in denen sie erscheinen. Ich habe auch keinen Anlaß, Jos Behauptung in Zweifel zu ziehen, daß sie oft nichts von der Zeit mitbekomme, die zwischen unseren Sitzungen liegt. Ich sehe ja, wie sie in meinem Sprechzimmer «zu sich kommt» und das Gespräch vom letztenmal wiederaufnimmt, ohne zu realisieren, daß das Tage her ist. Mehr als einmal habe ich miterlebt, wie Jo nahtlos einen Gedanken weiterspinnt, der vor Wochen im Raum stehenblieb. Ich war dann ganz verdutzt und mußte schließlich aufgeben, weil ich den Faden nicht mehr zurückverfolgen konnte. Wenn Jo dann merkt, daß inzwischen Zeit vergangen ist, ist ihr dieser Fauxpas zwar peinlich, aber sie ist willens und bereit, mir auf die Sprünge zu helfen, damit auch ich wieder dort anknüpfen kann, wo wir das letzte Mal stehengeblieben sind.

Einmal davon abgesehen, ob es meiner Patientin helfen würde oder nicht, wäre es für mich gewiß eine Beruhigung, den Rat eines Experten einzuholen. Ich bin die erste hier in der Ambulanz, die mit einer multiplen Persönlichkeit arbeitet. Ich bin mir zwar meiner Diagnose sicher, aber ich bin unsicher, was die Behandlung anbelangt. Gordon unterstützt mich zwar, weiß aber auch nicht mehr als ich über diese Störung. Das Problem besteht darin, jemanden zu finden, der in dieser Sache kompetent ist.

Die theoretische Literatur hilft mir nicht viel weiter. Ich habe die vergleichsweise spärlichen klinischen Aufsätze über multiple Persönlichkeiten gelesen und mit Erstaunen festgestellt, daß Flora Schreibers Buch Sybil *für mich die beste Informationsquelle ist. Ich habe* Sybil *gelesen, als es gerade erschienen war, und es damals als übertrieben dramatisch und literarisiert ad acta gelegt. Und jetzt ist es meine Bibel. Diese Geschichte spiegelt viel von dem wider, was ich zu sehen bekomme, aber es gibt da doch irritierende Unterschiede zwischen Jo und Sybil. So wird beispielsweise Sybils Vicky-Persönlichkeit als ein Erinnerungsträger geschildert, der nach eigener Aussage «alles über alle weiß». Dagegen ist Renee (die offenbar in Jos Gruppe eine ähnliche «Managerfunktion» innehat wie*

Vicky in Sybils Gruppe) aufrichtig überrascht von dem, was die anderen Persönlichkeiten über ihre Kindheit erzählt haben.

. . . .

«Aber sehen Sie doch mal, Lynn», sagte ich, «mein Freund hat gestern abend gesagt, wenn da noch andere Persönlichkeiten wären, müßte er es doch wissen. Du lieber Himmel, wir leben doch praktisch zusammen.» Lynn und ich stritten wieder einmal über die Diagnose.

«Renee, Sie haben mir doch selbst schon gesagt, daß Sie Ihre Probleme vor Steve verbergen, genau wie Sie es Keith gegenüber getan haben», konterte Lynn kopfschüttelnd und ein bißchen ärgerlich. Ganz offensichtlich wurde sie diese Debatten langsam leid. Plötzlich sah sie mich an, ein entschlossenes Funkeln in den Augen. «Hören Sie, ich kann hier in der Gegend nirgendwo einen Therapeuten finden, der schon mit Multiplen gearbeitet hat. Ich werde mich mit Cornelia Wilbur in Verbindung setzen.»

«Sybils Ärztin?» fragte ich erstaunt und erschrocken. Ich wußte, wie sehr dieses Buch es ihr angetan hatte. Manchmal fing sie eine unserer Diskussionen damit an, daß sie mir irgend etwas erzählte, was Sybil oder eine ihrer Persönlichkeiten gedacht hatte. Wenn ich ihr klarzumachen versuchte, daß sie sich wohl doch irre und ich KEINE Multiple sei, sagte sie des öfteren: «Ach, wissen Sie, das hat Sybil auch gemeint.»

Mich beängstigte der Gedanke, daß Lynn meinetwegen eine weithin bekannte Expertin konsultieren wollte. Wieso sollte Frau Dr. Wilbur mit irgendeiner kleinen Psychologin aus Chicago reden wollen? Und wenn sie es tat – was würde passieren, wenn sie Lynn ihrer Naivität und ihrer Fehldiagnose wegen auslachte? Ich hatte wirklich das Gefühl, daß Lynn mich mochte. Es war mir gleichgültig, ob dieses Interesse darauf beruhte, daß die Sache mit der multiplen Persönlichkeit sie faszinierte, aber ich hatte Angst vor ihrer Reaktion, wenn sie herausfinden würde, daß ich gar keine war.

Ich bemühte mich, mir weiter keine Gedanken deswegen zu machen und gleichzeitig darauf gefaßt zu sein, daß meine Zeit mit Lynn demnächst zu Ende sein würde. Ich hatte ein Stipendium für ein zweiwöchiges Seminar bekommen, in dem Lehrer lernen sollten, Schülern politische Systeme begreiflich zu machen. Während ich an dem Seminar in den Smoky Mountains teilnehmen würde, wollte Lynn einen Monat Urlaub machen. Sie wollte in dieser Zeit mit Frau Dr. Wilbur sprechen.

Lynn und ich schieden als Freundinnen. Ich umarmte sie und sagte, in einem Monat würden wir uns wiedersehen. Aber ich wußte, daß das nicht sehr wahrscheinlich war. Ein Monat ohne Lynn würde ausreichen, um über das Bedürfnis hinwegzukommen, sie zu sehen. Ich war mir sehr sicher, daß sie mich, wenn sie erst mit dieser «Multiplen-Expertin» geredet hatte, nicht mehr würde sehen wollen.

TAGEBUCHEINTRAG *13. Juli 1981*

Jetzt, nach einer zweistündigen Unterredung mit Frau Dr. Wilbur, ist mir klar, daß wir beide, Renee und ich, den Fehler gemacht haben, sie uns als eine Art «übermenschliches Wesen» vorzustellen. Schon als ich sie in ihrer Praxis telefonisch erreicht hatte, hätte ich wissen können, daß sie eher wie eine Kollegin reagieren würde und nicht wie eine berühmte Kapazität. Aber trotz ihrer unkomplizierten Art am Telefon und der Tatsache, daß es sie gar nicht weiter erstaunte, als ich sagte, ich hätte vielleicht eine zweite «Sybil» entdeckt, sah ich unserem Treffen doch mit ziemlicher Nervosität entgegen. Ich fragte mich, wie mein Therapiestil wohl auf jemanden wirken mochte, der weder mich noch meine Patientin kannte. Ich dachte, Frau Dr. Wilbur würde das, was ich zu sagen hatte, womöglich beiseite wischen, wenn sie erst wüßte, daß ich in einer einzigen Sitzung mit Renee lachte, die zitternde Missy in den Armen hielt und Jo erlaubte, ihre intellektuelle Distanz zu wahren.

In den beiden Wochen vor dem vereinbarten Termin faßte ich die drei Monate unserer gemeinsamen Arbeit in einem fünfundzwanzigseitigen Resümee zusammen. Letztlich schickte ich Frau Dr. Wilbur diese Unterlagen dann doch nicht (aus Angst, sie könne mich an der Tür mit den Worten empfangen: «Ich habe Ihren Bericht gelesen, und die ganze Sache ist für mich nur Zeitverschwendung»). Aber allein schon das Schreiben des Briefs half mir, meine eigenen Ängste im Hinblick auf diese Besprechung besser in den Griff zu bekommen.

Liebe Frau Dr. Wilbur,

irgendwie habe ich das Gefühl, daß diese Besprechung zu früh stattfindet, daß ich zuviel Material mitbringe und gleichzeitig zuwenig. Ich wäre so gern in der Lage, Ihnen ein klares Bild davon zu vermitteln, wie Jo, Joan Frances, Renee, Missy, Robin, Reagan und ich bislang diese einzigartige und wunderbare Person erfahren haben, die sie alle zusammen sind.

Ich fühle mich für sie verantwortlich und möchte sie beschützen, sie alle, mich und unsere Beziehung. Jo, Renee und Missy befürchten, daß sich durch Sie etwas verändern wird, und das gilt auch für mich. Jo fürchtet, Sie werden meinen, sie sei eine Lügnerin. Renee ist sich sicher, daß Sie sagen werden, sie sei gar keine multiple Persönlichkeit und ich sei «viel zu nett» zu ihnen allen gewesen. Missy glaubt, Sie würden mir klarmachen, daß sie böse sei, und dafür sorgen, daß ich sie nicht mehr gern habe.

Ich habe Angst, daß Sie womöglich sagen werden, daß ich nicht genug wisse, daß ich überinvolviert sei, daß ich mehr Schaden anrichten als helfen könne, daß ich viel zu optimistisch sei und daß ich keine Ahnung hätte, was ich mir da aufgeladen habe. Aber gleichzeitig sage ich mir, daß Ihnen bestimmt klar sein wird, daß ich diejenige bin, die diese Therapie durchführen muß, und daß es nur eines gibt: dazuzulernen, wenn ich nicht genug wissen sollte – und nicht die ganze Sache an jemand anderen abzugeben. Bestimmt werden Sie sagen, daß eine solche Behandlung ein hohes Maß an Engagement erfordere und daß es für Jo wichtiger sei, daß ich ein wirkliches Interesse und echte Freude an ihr und ihrer Entwicklung habe, als daß ich alles wisse und könne.

Ich habe versucht, eine Zusammenfassung dieses Falls zu erstellen, damit Sie sich einlesen können, soweit Sie es möchten oder für nötig erachten. Für mich ist natürlich jedes kleinste Detail enorm interessant. Gleichzeitig ist mir klar, daß das für Sie nicht unbedingt so sein wird – zumindest verstandesmäßig ist mir das klar. Emotional gesehen ist es so, daß ich Ihnen das alles unterbreite, weil ich denke, daß mit großer Wahrscheinlichkeit gerade Sie in gleichem Maße von Jo entzückt sein und ebenso mit ihr fühlen werden wie ich und daß Sie daher vielleicht wirklich willens und in der Lage sein werden, mir zu helfen, ihr zu helfen.

Meine Ängste erwiesen sich als unbegründet. Frau Dr. Wilbur sah diese Konsultation als eine Möglichkeit an, mir zu helfen, den besten Weg zur Behandlung dieser Art von Störung zu finden. Sie versicherte mir, daß meine Bereitschaft, Jo durch diese Therapie zu begleiten, tatsächlich das Wichtigste sei.

Dr. Wilbur stellte einige Prognosen auf der Grundlage ihrer Erfahrung mit Sybil und anderen Multiplen auf. Sie meinte, die Behandlung werde langwierig und sowohl für Jo wie für mich schwierig sein und sich vermutlich über drei bis fünf Jahre erstrecken. Sie sagte, zweifellos gebe es noch mehr Persönlichkeiten als die, die ich schon kennengelernt hätte. Alle diejenigen, von denen Renee behauptete, sie seien «früher mal dagewesen» und «inzwischen tot», seien immer noch präsent und nur noch nicht bereit, sich zu zeigen. Sie meinte auch, Missys Weigerung, eine erwachsene Frau zu werden, deute darauf hin, daß die Patientin sexuell mißbraucht worden sei. Ich weiß nicht genau, wieweit ich Jo das alles mitteilen und wie bald ich ihr davon erzählen soll.

Aber ich habe ihr versprochen, sie nach meinem Gespräch mit Dr. Wilbur anzurufen.

• • •

Während Lynn Frau Dr. Wilbur konsultierte, war ich bei meinem Seminar in den Smoky Mountains, bemüht, die Veranstalter durch meine Energie und mein Talent zu beeindrucken. Sie bezahlten mir den Aufenthalt hier, und ich war entschlossen, ihnen für ihr Geld auch etwas zu liefern.

Ich freundete mich rasch mit den anderen Teilnehmern an. Die isolierte Lage in den Bergen, die Intensität unserer zehn Stunden täglich dauernden Arbeitssitzungen und die nicht minder angeregten nächtlichen Gesprächsrunden förderten die Entstehung einer locker-kameradschaftlichen Atmosphäre. Ich hatte die Begabung, schnell freundschaftliche Kontakte herzustellen, vor allem in fremder Umgebung. Ich wußte, bei der Abreise würden meine neuen Freunde mich für eine erstaunliche Person halten, weil ich mich so gut einfühlen konnte und weil ich jederzeit alles mitmachte, von mitternächtlichen Kiffereien über Raubzüge durch die Küche bis hin zu theoretischen Diskussionen (und oft ging die Initiative sogar von mir aus). Sie waren nicht lange genug mit mir zusammen, um mitzubekommen, wie die anderen Persönlichkeiten für Brüche in meinem umgänglichen und einfühlsamen Verhalten sorgten.

Ich nutzte die Bestätigung durch die Gruppe, um mir selbst zu versichern, daß ich Lynn nicht brauchte. Ich war ja auch ganz gut zurechtgekommen, ehe ich sie gekannt hatte. Diese vier Monate mit ihr waren die längste Therapiephase, auf die ich mich je eingelassen hatte. Ich hatte eine Menge über mich gelernt. Und wenn ich die Dinge auch noch nicht ganz so im Griff hatte, wie ich es mir gewünscht hätte, lief das Leben jetzt doch ganz eindeutig besser. Ich war Lynn dankbar für ihre Hilfe und doch auch froh, daß ich sie nicht mehr benötigte. Es konnte mir gleichgültig sein, welche schrecklichen Dinge Frau Dr. Wilbur über mich sagen würde. Ich brauchte keine Therapie mehr.

Missy tröstete sich damit, daß ihr, auch wenn sie Lynn nie mehr wiedersehen sollte, doch all die Erinnerungen an die Zeit mit ihr bleiben würden.

Jo stapfte frühmorgens die Bergpfade entlang und fragte sich, wie sie je wieder allein mit ihrer Verwirrung fertig werden sollte.

Joan Frances war froh, daß sie ihre Mutter nicht mehr länger zu belügen brauchte.

Lynn rief mich gleich nach ihrem Besuch bei Dr. Wilbur an. Ihre einfache Mitteilung hallte in mir weiter und erreichte sämtliche Persönlichkeiten. Die Botschaft war eindeutig: «Diagnose bestätigt.»

10

TAGEBUCHEINTRAG *23. Juli 1981*

Heute war unser erster Termin nach dem Urlaub. Ich war mir sicher, daß die Persönlichkeiten voller widersprüchlicher Gefühle stecken würden, nachdem Dr. Wilbur meine Diagnose bestätigt hatte. Ich wußte, sie würden um die Fortsetzung unserer Arbeit bangen. Daher rechnete ich damit, nur Renee zu Gesicht zu bekommen. Ich dachte, sie würde erscheinen, um für die Gruppe die Situation auszukundschaften, indem sie die Sitzung darauf verwandte, mit mir über unsere jeweiligen Ferien zu plaudern. Ich war auf eine eher lockere Wiederanknüpfungsphase gefaßt und freute mich darauf. Nach meinem Gespräch mit Dr. Wilbur war ich von neuer Zuversicht erfüllt, und außerdem hatte ich Jo und ihre verschiedenen Erscheinungsformen aufrichtig vermißt. Also wartete ich schon an meiner Tür, als sie anmutig in den Warteraum geschwebt kam und der Assistentin an der Aufnahme verhalten zulächelte.

Ich lief rasch auf sie zu, um sie zu begrüßen, verlangsamte dann aber verunsichert meinen Schritt, als ich diese grazile, reservierte junge Frau aus der Nähe sah. Sie sah anders aus – sonnengebräunt und elegant in ihrem Trägerhemd mit Wikkelrock und dem Haarknoten im Nacken. Aber der größte Unterschied lag nicht in ihrer Aufmachung, sondern in ihrem Gesichtsausdruck. Sie wirkte distanziert und ein ganz klein wenig amüsiert. Ich vermied es, sie mit Namen anzusprechen, und sagte nur, auf mein Sprechzimmer weisend: «Möchten Sie nicht hereinkommen?» Ich deutete einladend auf einen Stuhl, schloß die Tür und hörte sie, als ich mich wieder umwandte, in vollendet höflichem Ton sagen: «Hallo. Ich weiß, Sie sind Lynn, aber wir haben uns noch nicht offiziell kennengelernt. Ich bin Isis.»

Mir fiel ein, daß Renee diese Isis erwähnt hatte – als eine Persönlichkeit, die sehr viel Distanz zu allem hatte, was irgendwie traumatisch war.

Ich registrierte all die seltsamen, widerstreitenden Empfindungen, von denen ich inzwischen weiß, daß sie die Situationen begleiten, in denen ich erlebe, wie gründlich sich Jo zu verwandeln vermag. Gesichtsausdruck, Muskeltonus, Stimme, Vokabular – alles deutete darauf hin, daß ich es hier mit jemandem zu tun hatte, den ich noch nicht kannte. Isis' gewählte Umgangsformen waren so anders als die Verhaltensweisen der übrigen Persönlichkeiten, daß ich mir sicher war, sie sofort wiederzuerkennen, wenn ich sie noch einmal sehen würde.

«Erzählen Sie mir doch ein bißchen von sich», forderte ich sie auf, wobei ich meinen Impuls unterdrückte, die Schuhe abzustreifen und es mir mit untergeschlagenen Beinen in meinem Sessel bequem zu machen, wie ich es in Renees oder Missys Gegenwart getan hätte. Solch zwangloses Benehmen erschien mir in diesem Fall deplaziert.

«Da gibt es nicht sonderlich viel zu erzählen. Ich bin heute nur deshalb hierhergekommen, um mit Ihnen zu reden, weil die anderen zu große Angst hatten», sagte sie. Als ich sah, wie Isis trotzig das Kinn vorschob, ehe sie sprach, mußte ich an all die pseudo-coolen und doch so verängstigten Teenager denken, die ich im Lauf der Jahre behandelt hatte. Ich beugte mich vor, um mehr zu hören.

• • •

Ich beobachtete von meinem inneren Zuschauerplatz aus interessiert, wie Isis ihre Worte wählte. Ich mochte zwar die Persönlichkeit sein, die am meisten dazu beitrug, daß dieses Persönlichkeitssystem reibungslos funktionierte, aber Isis kannte ich eigentlich nicht besonders gut. Ich hatte Lynn sogar erklärt, sie gehöre zu den Persönlichkeiten, die schon lange wieder verschwunden seien. Eine Stunde vor dem Termin, als ich mich einfach nicht entscheiden konnte, was ich anziehen solle, merkte ich, daß ich genausoviel Angst davor hatte wie Jo, Lynn nach dieser langen Unterbrechung wiederzusehen. Da sprach Isis mit mir, zum erstenmal seit vielen Jahren. Sie sagte leise, aber bestimmt: «Renee, laß mich hingehen. Ich möchte diese Frau gern von Angesicht zu Angesicht kennenlernen.» Sie suchte die Kleidung aus.

Jetzt sprach Isis mit Lynn, und sie wählte ihre Worte so bedachtsam, als sei jedes einzelne kostbar und bedeutungsvoll. «Ich liebe Schönheit, aber sie ist nicht immer leicht zu finden. Innerhalb dieser Gruppe von Persönlichkeiten bin ich selten diejenige, die ins Rampenlicht tritt. Meistens lasse ich nur einen Abglanz von mir in das einfließen, was die anderen nach außen hin tun. Wenn einmal etwas passiert, was mich interessiert, dann übernehme ich. Aber das kommt selten vor.

Die anderen sind so ängstlich. Ihre Angst schmälert die Freude, die es mir andernfalls vielleicht bedeuten könnte, an ihrem Leben teilzuhaben. Aber ansonsten sind sie bedeutungslos. Ich werde immer sein, egal, was mit ihnen oder mit diesem Körper geschieht. Ich bin ein freischwebender kosmischer Geist. Ich werde noch dasein, wenn die anderen längst nicht mehr sind.»

«Ewig jung und schön», murmelte Lynn.

«Oder auch alt und schön», entgegnete Isis. «Alter und physische Existenz bedeuten mir wenig.»

Ich erinnerte aus früheren Jahren, daß Isis glaubte, die banale Sphäre der Sterblichen transzendiert zu haben, und mir fiel wieder ein, wie sie eine ganze Clique von High-School-Freundinnen mit ihrem Gerede über das kosmische Sein fasziniert hatte. Ich fragte mich, ob Lynn sie wohl ermutigen würde, sich in einen längeren Monolog über das Leben jenseits des Todes zu stürzen.

Lynn schien jedoch selbstbewußter und resoluter, als ich sie bisher erlebt hatte. Sie blieb diesmal am Ball. «Wenn Sie immer schon da waren», sagte sie, «müssen Sie doch eine Menge über die anderen Persönlichkeiten wissen. Was können Sie mir erzählen?»

Isis zögerte. «In einem spirituellen Sinn bin ich immer schon da, aber in diesen konkreten Körper bin ich erst eingetreten, als Jo dreizehn war. Ich habe es mir immer offengelassen, mich wieder von ihm zu trennen, falls er mir nicht mehr paßt.»

«Warum sind Sie damals in diesen Körper eingetreten, Isis?» bohrte Lynn weiter.

Isis schwieg einen Moment und versuchte sich zu erinnern. Ich spürte, wie diese Frage sie für einen Moment irritierte. «Es war Sommer», sagte Isis. «Ich fand mich an einer großen Glastür, wie ich nach draußen schaute, auf herrliche Blumen, die dort wuchsen, und mir, der Schönheit der Jahreszeit wegen, ganz friedlich zumute war. Ich war froh, daß meine temporäre physische Wohnstatt schlank war. Ich lehrte den Körper tanzen und sich anmutig zu bewegen.»

Lynn nickte. «Renee sagt, sie kann sich an nichts erinnern, was vor dem Sommer lag, als sie fünfzehn wurde. Es ist doch interessant, daß Sie beide zu existieren begonnen haben, als Jo in der Pubertät war. Wissen Sie denn, was zuletzt geschehen war, ehe Sie sich in diesem Körper wiederfanden?»

«Gut gemacht!» lobte ich Lynn im stillen für ihre Zielstrebigkeit. Ich hörte genau hin, da ich die Antwort nicht kannte, und mir schien, daß jetzt auch Isis mit ihren mühelos abrufbaren Antworten am Ende war. Diese Unsicherheit war etwas, was sie kaum kannte und was ihr zusetzte. Isis stieß auf einen Erinnerungsfaden und verfolgte ihn stumm und verdrossen. Die Richtung, in die er sie führte, gefiel ihr nicht.

«Da war er, Rusty», sagte Isis tonlos. «Den kennen Sie noch nicht. Der Junge.»

«Der Junge?» fragte Lynn.

«Rusty», wiederholte Isis.

«Missy erzählte von einem Freund namens ‹Rusty›», erwiderte Lynn, «aber ich wußte nicht, daß er auch eine von den Persönlichkeiten ist.»

«Ist es denn nicht logisch, daß Missys Freund auch zu den Persönlichkeiten gehört?» fragte Isis mit einem leisen Hauch von Spott.

«Aber Sie brauchen sich keine Gedanken zu machen. Mit Rusty werden Sie nichts zu tun bekommen», sagte sie beruhigend. «Er wird sich hier bestimmt nicht zeigen. Sein Vater hat ihm einen Haß gegen Frauen eingeimpft.»

Ohne Lynn Zeit für eine Antwort zu lassen, fuhr Isis fort: «Rusty ging, und ich kam. So einfach ist das.»

«Was hatte Rusty mit Ihrem Eintritt in den Körper zu tun?» drängte Lynn sie weiter.

Isis zog sich schaudernd in sich zusammen und riß sich dann mit einem Ruck von den Gefühlen los, die mit der in ihrem Kopf aufkeimenden Erinnerung einhergingen. «Es war der Vater. Der Vater hatte Rusty erschaffen und konnte sich nicht entscheiden, ob er eine Tochter wollte oder einen Sohn. Er freute sich über den Sohn, aber er wollte die Tochter.» Ihre Stimme verlor sich.

«Wie wollte er sie, Schätzchen?» ermutigte Lynn sie sanft.

Aus Isis' Stimme wich alle Emotion; ihre Augen und ihre Worte waren jetzt völlig ausdruckslos. «Er wollte sie sexuell. Der Vater bekam eine Erektion, wenn er Rusty an sich drückte. Das verwirrte und ängstigte Rusty. Dann war ich da.» Ihre Stimme wurde hart. «Ich habe den Vater von mir weggestoßen und nie mehr zugelassen, daß er mich anfaßte. Ich hasse Männer!»

Sie fand ihre Distanziertheit wieder. «Aber das ist ja im Grunde nicht mein Problem. Ich bin damals nur zufällig in diesem Körper gelandet. Und ich werde ihn bald endgültig verlassen.»

«Armes Kind», sagte Lynn. Sie streckte den Arm aus, um Isis die Hand zu tätscheln, wie sie es mit Missy zu tun pflegte. «Da müssen Sie ja ganz verstört gewesen sein.»

Isis lächelte überrascht und entzog Lynn flink ihre Hand. «Verstört?» fragte sie ungläubig. «Aber nein, gar nicht. Heftige Gefühle haben etwas Majestätisches. Im Haß steckt

Schönheit – lauter Grellrot und Dunkelrot. Aber seither verlasse ich den Körper jedesmal, sobald ein Mann Anstalten macht, ihn zu berühren. Ich gebe mich meinem Haß aus der Entfernung hin.

Da sind viel zu viele Männer, die es auf diesen Körper abgesehen haben», setzte Isis beiläufig hinzu. «Renee steht darauf.»

Lynn nickte. «Renee hat mir erzählt, daß es eine promiskuitive Phase gab.»

«Ich bin da anders», sagte Isis stolz. «Ich liebe Frauen. Mich begeistert die Anmut des weiblichen Körpers, in der Ruhe und in der Bewegung. Ich habe über die Frauen, die ich geliebt habe, geschrieben; ich habe sie gezeichnet; ich habe mit ihnen getanzt.» Nachdem sie ihre sexuelle Präferenz so klar kundgetan hatte, schien Isis jetzt zu entschwinden.

«Isis», sagte Lynn rasch, «ich denke, daß Sie sehr wichtig sind, und ich hoffe, Sie werden recht oft herauskommen und mit mir reden.» Aber noch ehe sie ihren Satz ganz beendet hatte, war Isis weg.

Mit angespannten Muskeln und ineinandergekrallten Händen kam Jo zu sich. Lynn bemerkte die Veränderung. «Hi, Jo», sagte sie fröhlich, während sie zusah, wie sich die Persönlichkeit durch den Nebel des Vergessens kämpfte. «Schön, Sie wiederzusehen.»

Lynn berichtete von ihrem Besuch bei Dr. Wilbur, und Jo horchte aufmerksam auf irgendein Signal, daß ihre Beziehung zu Lynn bedroht sein könne. Als nichts Beängstigendes kam und Lynns ganze Reaktion darauf hindeutete, daß ihr Verhältnis noch immer intakt war, konzentrierte sich Jo auf die Frage, die sie am meisten beschäftigte. «Hat Frau Dr. Wilbur etwas dazu gesagt, wann ich gesund sein werde?» Gesundsein bedeutete für Jo, keine Gedächtnislücken mehr zu haben. Sie wußte nichts von Isis' halbstündigem Gespräch mit Lynn.

Wie lange würde es dauern, bis ihr Leben normal wäre? Lynn sagte, das könne Dr. Wilbur auch nicht genau sagen.

Jo erzählte Lynn, daß ihr bei ihren Spaziergängen in den Bergen klargeworden sei, wie viel von ihrer Vergangenheit ihr schlicht fehle. Sie hatte sich darangemacht, während dieser Wanderungen die fünfundzwanzig Jahre ihres Lebens zu rekonstruieren, und dabei gemerkt, daß es in ihrer Erinnerung Lücken gab, die zum Teil mehrere Monate umfaßten. Jo meinte, es würde sie nicht weiter erstaunen, wenn sich herausstelle, daß ihr sogar ganze Jahre fehlten. Endlich verstehe sie, warum sie nicht einmal einfachste mathematische Operationen beherrsche – sie konnte sich an keine einzige Mathematikstunde nach der vierten Klasse erinnern.

Jetzt versuchte sie erneut, eine Antwort aus Lynn herauszuholen. «Und wie werden wir jetzt vorgehen?» fragte sie. «Hat Dr. Wilbur Ihnen gesagt, was Sie tun müssen, um mich zu heilen?»

«Nein», erwiderte Lynn. «Sie hat gesagt, daß wir alles ganz richtig machen. Wir müssen uns gemeinsam voranarbeiten, Stück für Stück.»

Jo fühlte sich betrogen. Sie hatte sich bemüht, eine «gute Patientin» zu sein und das Zweitgutachten ohne Diskussion hinzunehmen. Im Gegenzug erwartete sie Ehrlichkeit. Aber Lynn schien sie hinzuhalten, zu taktieren. Sie wußte, sie brauchte Lynn und würde deshalb nicht wütend auf sie sein. Ihre Eltern hatten Jo vor langer Zeit schon beigebracht, daß es gefährlich war, wütend auf jemanden zu sein, von dem man abhängig war.

11

Im August sah uns Lynn an jedem Nachmittag. Unsere Sitzungen verliefen inzwischen nach einem bestimmten Muster. Ich kam ins Sprechzimmer, unterhielt mich ein paar Minuten mit ihr über das, was bisher am Tag passiert war, und dann zog ich mich schnell nach innen zurück, damit Lynn mit den Persönlichkeiten arbeiten konnte, die wirklich ihre Hilfe brauchten. Meistens erschien ich dann am Ende der Sitzung wieder, um den Körper nach Hause zu bringen.

Ich merkte, daß es mir nichts ausmachte, den anderen Persönlichkeiten Therapiezeit abzugeben. Es fiel mir sogar leichter, den Tag über die Kontrolle zu behalten, wenn die anderen Gelegenheit hatten, mit Lynn in Beziehung zu treten. Es war keine geringe Leistung von mir, meinen Stundenplan so zu organisieren, daß ich sie jeden Tag zu Lynn bringen konnte. Aber Lynn ließ nicht zu, daß ich mich heraushielt.

«Renee», fragte sie, «wie viele seid ihr denn da drin?»

Ich wußte es wirklich nicht, und diese Unsicherheit paßte mir nicht. Ich glaubte, nur überleben zu können, wenn Lynn begriff, daß ich die wichtigste Persönlichkeit in der Gruppe war. Sonst würde sie Jo oder die anderen so sehr fördern, daß ich die Kontrolle über mein Leben verlor.

Im Laufe der Monate war ich jedoch immer wieder verblüfft über die neuen Informationen, die ich bekam, während ich mir anhörte, was die anderen in den Sitzungen zu berichten hatten. Es interessierte mich, was ich da alles über die Gruppe erfuhr, und doch befürchtete ich, Lynn könne mich wegschieben. Deshalb fiel meine Antwort selbstsicherer aus, als ich mich eigentlich fühlte.

«Ich weiß, daß früher viel mehr Persönlichkeiten da waren»,

sagte ich, «aber sie haben ihre Funktion erfüllt und sind verschwunden, zum Beispiel Robin und Reagan. Viele von ihnen sind einfach nur Reminiszenzen an die Vergangenheit. Ich bin mir sicher, daß sie für immer weg sind. Die fünf, die jetzt noch da sind, haben Sie ja schon kennengelernt – Jo, Missy, Joan Frances, Isis und mich. Ich glaube, das sind alle.»

Damit gab sich Lynn jedoch nicht zufrieden. Sie wollte die Namen und die Funktionen aller Persönlichkeiten erfahren, die je zum Vorschein gekommen waren. Ich gab mir alle Mühe, ihre Fragen zu beantworten, und hörte weiterhin aufmerksam den Informationsbrocken zu, die die anderen Persönlichkeiten beisteuerten. So wuchs auch meine Bereitschaft, Lynn von meinen Wissenslücken zu erzählen, und ich begriff, daß die Gruppe der Persönlichkeiten gar nicht so chaotisch war, wie ich anfangs gedacht hatte. Die Gruppe schien ihre ganz eigene Struktur zu haben. Ich merkte, daß sie aus völlig unterschiedlichen Persönlichkeiten bestand und daß jede von diesen Persönlichkeiten ihr eigenes Identitätsgefühl besaß.

Joan Frances, Isis, Jo und Missy glaubten alle, daß sie genauso wie ich die Fähigkeit hatten, ein Leben als unabhängiges Individuum zu führen. Wie ich fühlten sie sich in ihrer Einzelexistenz durch das Dazwischenfunken der anderen behindert. Aber es fiel mir immer leichter, mir vorzustellen, wie jede der verschiedenen Persönlichkeiten ihr Leben leben würde, wenn sie allein im Körper wäre.

Die Joan-Frances-Persönlichkeit wäre neurotisch und würde verzweifelt an ihrem Bedürfnis festhalten, von der Mutter Bestätigung zu bekommen. Dieses Verlangen nach Anerkennung würde sie ehrgeizig und erfolgreich machen. Joan Frances wäre so produktiv und unglücklich wie jeder Mensch, der von einem enormen inneren Erfolgsstreben angetrieben wird, den Erfolg dann aber nicht genießen kann.

Isis wäre Tänzerin. Der Ballettunterricht hatte zwar erst begonnen, als Isis im Alter von dreizehn Jahren entstand, aber sie hatte an der Ballettschule unterrichtet und war bei Veranstaltungen aufgetreten, als sie kaum ein Jahr Ballettstunden gehabt hatte. Wenn ihr die anderen Persönlichkeiten nicht in die Quere kommen würden, wäre sie eine gefeierte Künstlerin, unnahbar, aber von ihren Kollegen hoch geschätzt.

Wenn Jo allein im Körper wäre, würde sie Einsiedlerin. Da sie sich mit ihren Büchern, ihren Ideen und Tagträumen zufriedengab und sich in Gesellschaft nicht wohl fühlte, würde sie ein ruhiges, aber produktives Leben in irgendeinem akademischen Elfenbeinturm führen. Sie wäre eine von den vielen Intellektuellen, die zwar hochbegabte Wissenschaftler sein mögen, aber nicht mit Menschen umgehen können.

Selbst Missy würde für sich allein funktionieren, wenn sie sich entschließen könnte, erwachsen zu werden. Sie verfügte über eine breite Skala von Empfindungen und Ausdrucksformen, die sie zu einer ausgeprägten, selbständigen Persönlichkeit machten.

Wenn ich allein im Körper wäre, hätte ich viele Freunde und wäre zufrieden mit meinem Leben, solange ich das Gefühl hätte, daß die anderen Leute mich brauchten. Wenn ich allein im Körper wäre, wäre ich glücklich.

Ich hatte die Therapie bei Lynn begonnen, weil ich vollständige Kontrolle über mein Leben haben wollte. Jetzt war ich schon fast sechs Monate in Behandlung, und ich war mir gar nicht mehr so sicher, ob ich dieses Ziel überhaupt erreichen konnte. Die anderen Persönlichkeiten wurden stärker. Ich sah meine eigenen Schwächen deutlicher. Und ich bekam Zweifel daran, ob die anderen je ganz aus meinem Leben verschwinden würden. Aber ich arbeitete weiter mit Lynn zusammen, ich wollte, daß sie mich mochte. Und obwohl vieles, worum Lynn mich bat, mir angst um meine eigene Zukunft machte, unterdrückte ich diese Gefühle, so wie ich das in anderen Beziehungen auch immer getan hatte.

Lynn wollte mehr über die Kindheit erfahren, aber die Informationen, die die verschiedenen Persönlichkeiten beitragen konnten, waren lückenhaft.

Missy erzählte ihre Geschichte immer aus der Perspektive einer Fünfjährigen.

In Jos Leben gab es mehr weiße Flecken als konkrete Erinnerungen.

Joan Frances gestand nie irgendwelche Lücken ein und wollte auch nichts von einer multiplen Persönlichkeit wissen; sie redete immer nur sehr vage von einer idealen Kindheit, die sie nach Aussagen ihrer Mutter gehabt hätte.

Robin und Reagan waren schon vor Monaten verschwunden, nachdem sie Lynn freundlich, aber bestimmt versichert hatten, daß sie ihr keine weiteren Informationen geben konnten.

Isis war das Ganze schlicht egal.

Und meine Erinnerungen setzten erst im Alter von fünfzehn Jahren ein. Lynn und ich hatten beide den Verdacht, daß diese fehlenden Kindheitserinnerungen mehr mit meiner späten Geburt zu tun hatten als mit der Nachwirkung von Drogen.

Aber ich hatte eine Idee. «Lynn, glauben Sie, daß die Krankheitsgeschichte der Gruppe irgend etwas beitragen könnte?» Die medizinischen Unterlagen könnten mit Sicherheit belegen, welche Schulen besucht worden waren und wo die Familie in den verschiedenen Phasen der Kindheit gewohnt hatte. Die Vermerke über ärztliche Behandlungen und Krankenhauseinweisungen würden eventuell sogar den Verdacht des Mißbrauchs bestätigen können.

Es gab da allerdings etwas, was es erschwerte, an die Papiere heranzukommen. Nancy arbeitete in der kleinen Gruppenpraxis, in der Jo die meiste Zeit ärztlich behandelt worden war. Ich konnte die Unterlagen nicht anfordern, ohne daß Nancy es erfuhr. Also beschloß ich, ihre Hilfe in Anspruch zu nehmen.

Ich rief Nancy noch am selben Abend an und erzählte ihr, meine Ärztin in Chicago habe mich gebeten, meine medizinischen Unterlagen für sie anzufordern. Nancy meinte, sie könne sich nicht vorstellen, wozu das nötig sein solle. Da ich schon vermutet hatte, daß sie so reagieren würde, erklärte ich, der unterschriebene Antrag sei schon unterwegs. Nancy versprach, sich um die Sache zu kümmern.

Als die Unterlagen einen Monat später immer noch nicht

eingetroffen waren, rief ich Nancy an, um mich nach ihrem Verbleib zu erkundigen. «Ach, deine Ärztin hat sie noch nicht erhalten?» fragte sie, scheinbar überrascht. «Dann müssen sie bei der Post verlorengegangen sein.»

Ich schlug vor, sie solle doch Kopien schicken. «Wir haben keine Kopien gemacht.»

Die Frustration ließ meine Stimme scharf werden. «Macht ihr denn nicht routinemäßig Kopien von den Unterlagen, die ihr wegschickt?» Natürlich machten sie das normalerweise, aber Nancy hatte der Sekretärin mitgeteilt, in diesem Fall könne sie sich die Mühe sparen.

Verlorengegangen oder vernichtet – auf jeden Fall waren die Unterlagen weg. Daß es plötzlich keine überprüfbaren historischen Fakten mehr gab, ängstigte mich und die anderen Persönlichkeiten auch. Selbst Joan Frances fiel es schwer, diese Nachlässigkeit ihrer Mutter – wie sie es nannte – zu akzeptieren. Wir anderen hatten den Verdacht, daß Nancy die Unterlagen vernichtet hatte. Lynn schien keinen Augenblick daran zu zweifeln. Sie hatte einen Mißbrauch nie in Frage gestellt und meinte, dieser Vorfall zeige, daß Nancy Angst davor habe, daß etwas aus der Vergangenheit ans Tageslicht kommen könne.

Es störte mich jetzt mehr denn je, daß ich keine Erinnerungen hatte. Ich akzeptierte es, daß die anderen Persönlichkeiten fünfzehn Jahre lang ohne mich gelebt hatten, aber ich traute ihren Erinnerungen nicht. Ich wollte die Richtigkeit ihrer Aussagen überprüfen. Handelte es sich wirklich um Mißbrauch, wie die anderen Persönlichkeiten behaupteten, oder waren harmlose Handlungen von Ray und Nancy aus der kindlichen Perspektive fehlinterpretiert worden? In den Unterlagen hätte vielleicht etwas gestanden, was die Sache hätte aufklären können.

Die Jo-Persönlichkeit war ebenfalls beunruhigt darüber, daß die Unterlagen verschwunden waren. Sie weigerte sich zu glauben, daß ihr Vater ihr weh getan haben könne; sie konnte sich nicht vorstellen, daß ihr Vater je zugelassen hätte, daß ihre Mutter ihr weh tat. Sie hatte keine andere Wahl, als zu glauben, daß Missy und die anderen Persönlichkeiten in diesem Punkt logen. Jo hatte fest darauf gezählt, daß die medizinischen Unterlagen bestätigen würden, daß ihr nichts widerfahren war.

Lynn schien überzeugt, daß Jo mißbraucht worden war, und jetzt konnte ihr Jo nicht das Gegenteil beweisen. Mehr denn je wünschte sich Jo, daß die anderen Persönlichkeiten verschwinden und sie in Ruhe lassen würden.

TAGEBUCHEINTRAG *16. August 1981*

Ich versuche, die Kommunikation zwischen den Persönlichkeiten zu intensivieren. Ich mache mir Sorgen, weil sie sich im Augenblick eher voneinander zu entfernen als zusammenzuwachsen scheinen, und ich fürchte, meine Bemühungen haben den Widerstand noch verstärkt. Außerdem bin ich unfähig, die Persönlichkeit zu finden, die als «Erinnerungsträger» oder als «innere Selbsthilfe-Instanz» dient und von der Dr. Wilbur sagte, sie sei mit Sicherheit da. Renee scheint sich durch ihre Wissenslücken bedroht zu fühlen und hat Angst, daß ich sie und ihre Bedeutung für die Gruppe geringer schätzen würde, wenn ich weiß, wie groß diese Lücken manchmal sind. Jo ist offensichtlich völlig hilflos und weiß überhaupt nicht, wie sie mit dem Ganzen umgehen soll.

Es ist mir klar, daß seit meiner Unterhaltung mit Dr. Wilbur meine Patientin es als bedrohlich empfindet, wenn ich in der Sitzung irgend etwas anders mache als sonst oder eine neue Richtung einschlage. Irgendwie empfindet sie Fehler, die ich aus eigenem Ungeschick mache, weniger beängstigend als solche, die auf den Rat einer Expertin zurückgehen! Allem Anschein nach tragen mehrere Faktoren zu ihrer Angst bei.

Jo ist isoliert, weil diese Störung eine solche Seltenheit ist. Es gibt nicht viele Leute, die etwas über multiple Persönlichkeiten wissen. Sie kann ihre Probleme nicht mit Kollegen oder Freunden besprechen, ohne auf Unglauben oder man-

gelndes Verständnis zu stoßen. Dadurch wird sie extrem abhängig von mir und davon, wie ich sie sehe. Weil sie so viel auf Treu und Glauben hinnehmen muß, kommt sie in eine Situation, die sie sehr verletzlich macht, ohne daß sie irgendeine Art von Unterstützung von außen hat.

Die Tatsache, daß Jos Mutter im medizinischen Bereich arbeitet, macht Vertrauen – was ein wichtiges Moment jeder Behandlung ist – ungeheuer schwierig. Die Beratung mit Dr. Wilbur hat diese Probleme nur noch verschärft, weil in Jos Kindheit jede Kommunikation zwischen ihrer Mutter und den Ärzten für sie alles nur noch schlimmer machte. Alles Vertrauen, zu dem dieses Mädchen fähig war, wurde mißbraucht.

Jo weiß außerdem, daß ich noch nie eine multiple Patientin behandelt habe, und muß sich dauernd mit ihrer Angst auseinandersetzen, ich könne einerseits nicht wissen, was ich mache, oder ich hätte womöglich von Dr. Wilbur einen Behandlungsplan bekommen, in den ich sie zu pressen versuche.

Ich glaube, ich muß mich auf einen Kurs zurückziehen, der weniger auf Konfrontation angelegt ist, und mich ganz darauf konzentrieren, zwischen mir und den verschiedenen Persönlichkeiten eine Vertrauensbasis zu schaffen und auszubauen.

12

TAGEBUCHEINTRAG *28. August 1981*

Ich verlasse mich bei der Behandlung von Jo und den anderen Persönlichkeiten immer stärker auf meine Intuition. Ich merke, daß bei ihr wie auch bei meinen anderen Patienten die Therapie nur dann effektiv ist, wenn ich an das, was ich mache, auch wirklich glaube.

Ich mag alle Persönlichkeiten, die ich kennengelernt habe. Ich reagiere auf jede von ihnen sehr offen und ehrlich und behandle sie als Individuen. Dabei spüre ich genau, daß jede Persönlichkeit auf ihre spezifische Art mühsam versucht, mir zu vertrauen.

Die kleine Missy schmiegt sich an mich und flüstert manchmal: «Du magst deine neue Freundin.» (Sie weigert sich immer noch, von sich in der ersten Person zu sprechen.) Gelegentlich hat sie allerdings Angst, ich könne ihrer Mama von ihren Geheimnissen erzählen.

Mit Renee habe ich eine freundschaftliche Beziehung aufgebaut. Renee schützt sich dagegen, sich näher auf mich einzulassen, indem sie den therapeutischen Aspekt betont. Renee sagte zu mir: «Wenn Ihre Arbeit getan sein wird, werden Sie Ihr Leben weiterleben und nie mehr an mich denken. Aber das ist völlig okay. So soll es ja schließlich auch sein.»

Joan Frances ist völlig gefangen darin, ihrer Mutter zu gefallen. Deshalb ist sie nach wie vor nicht bereit, auch nur die Möglichkeit in Betracht zu ziehen, sie könne eine multiple Persönlichkeit sein.

Am meisten frustriert mich allerdings die Jo-Persönlichkeit. Obwohl sie zunehmend von mir abhängig wird, nimmt sie sich immer zurück; sie hat Angst davor zuzugeben, daß ich ihr in irgendeiner Weise wichtig sein könne.

Wie immer trage ich mein Problem zu meinem liebsten Mitarbeiter. In den vergangenen Wochen hat Gordon sich geduldig angehört, wie ich nach Möglichkeiten suche, die Persönlichkeiten wissen zu lassen, daß meine Gefühle für sie echt sind.

Letztes Wochenende waren Gordon und ich in unserem Landhaus, und ich habe über die Persönlichkeiten gesprochen. «Hier draußen würde es ihnen bestimmt gefallen. Es ist so schön hier», sagte ich. Dann habe ich ganz spontan ein paar Trockenblumen und Gräser gepflückt und sie in einer alten Bierflasche zu einem Strauß arrangiert.

In der nächsten Sitzung überreichte ich Missy mein Geschenk. Ich sagte, wenn sie nachts Angst habe, könne sie sich die Blumen anschauen und an mich denken. Missy mußte sich erst rückversichern, daß ich trotzdem noch wolle, daß sie zu mir in die Sprechstunde komme, ehe sie sich richtig über das Geschenk freuen konnte. Jo und Renee waren beide erstaunt darüber, daß ich so etwas mache. Am nächsten Tag bekam ich eine sorgfältig formulierte Dankeskarte von Joan Frances.

Die Therapie dauert nun schon fünf Monate, aber ich habe immer noch das Gefühl, daß ich, was den Aufbau eines Vertrauensverhältnisses anbelangt, im Anfangsstadium stecke. Und doch geht für die Persönlichkeiten das Leben weiter. Letzte Woche erfüllte sich für Renee ein wichtiger Traum: Nachdem sie ein ganzes Jahr darauf gewartet hatte, eine Stelle im Schuldienst zu bekommen, hat sie jetzt ihre Arbeit als Sozialkundelehrerin an einer High School begonnen. Renee und ich glauben beide, daß dieser Jobwechsel ihrem Selbstbewußtsein guttut. Ich bin fest von ihren Qualitäten als Lehrerin überzeugt. Obwohl ich weiß, daß sie sehr krank ist.

Vermutlich habe ich noch nie einen Patienten gehabt, der einerseits so gut funktioniert und andererseits so bedürftig ist. An ein und demselben Tag, an dem Missy, zusammengerollt wie ein Embryo, in meinem Sprechzimmer auf dem Fußboden liegt und schluchzt, hat Renee bereits ihre volle Stundenzahl unterrichtet, und Jo hat ein Seminar für ihren Magister in Politik besucht.

Nach der Sitzung wird eine von den Persönlichkeiten Abendessen kochen und angemessen auf ihren Freund Steve eingehen. Ich bin entschlossen, diese Fähigkeit, ihr Leben zu meistern, zu erhalten und gleichzeitig dafür zu sorgen, daß sie sich wirklich auf die Therapie einlassen. Ich mache mir allerdings Gedanken darüber, was ist, wenn diese beiden therapeutischen Ziele in Konflikt geraten. Renee ist fähig, zu ihren Schülern gute und förderliche, wenn auch begrenzte Beziehungen einzugehen. Aber abgesehen von ihrem Verhältnis zu Steve ist sie nicht imstande, zu irgendeinem Erwachsenen eine enge Verbindung aufrechtzuerhalten. Und selbst die Beziehung zu Steve scheint darauf zu beruhen, daß er die Realität der Störung leugnet.

Die anderen Persönlichkeiten haben offenbar an zwischenmenschlichen Beziehungen weniger Interesse. Jo macht ihr Studium, um die Möglichkeit zu haben, ihre hochentwickelte Intelligenz einzusetzen; es ist ihr gleichgültig, daß sie unter ihren Kommilitonen keine Freunde hat.

Insgesamt ist sie eindeutig fähig, anderen etwas zu geben, aber genauso offensichtlich ist ihr unwohl, wenn sie spürt, daß auch die anderen ihr gern etwas geben würden. Deshalb werde ich weiterhin Mittel und Wege suchen, um ihr meine Zuneigung zu zeigen, und zwar auf eine Art, die sie als nicht bedrohlich empfindet. Jo hat in ein paar Tagen Geburtstag. Zur Feier des Tages will ich ihr einen selbstgebackenen Kuchen mitbringen.

• • •

Der 1. September 1981, Jos sechsundzwanzigster Geburtstag, war für mich in der Schule ein guter Tag. Ich konnte es immer noch nicht so ganz fassen, daß ich in einem der besten Schuldistrikte im Umkreis von Chicago eine Stelle bekommen hatte. Seit ich bei der Staatsgesetzgebung für eine Kinderhilfsorganisation mein Praktikum gemacht hatte, war mir klar, daß ich mit Kindern arbeiten wollte. Ihre Rechte wurden so oft mit Füßen getreten, und ich hatte das Gefühl, sie brauchten mich als Fürstreiterin. Meine Lehrberechtigung hatte ich in dem Jahr bevor ich zu Lynn ging, in Abend- und Sommerkursen erworben, aber meine Hoffnung, je eine Stelle zu bekommen, war eigentlich sehr gering gewesen.

Daher war ich überrascht, als mir gleich mehrere Jobs angeboten wurden, obwohl es jede Menge arbeitslose Sozialkundelehrer gab. Bei den Vorstellungsgesprächen war ich überzeugend, und da ich keine Lehrerfahrung hatte, kam ich in eine niedrige Gehaltsstufe, das heißt, ich war eine billige Arbeitskraft.

Da ich die «umgängliche» Persönlichkeit bin, bedeutete das, daß ich die Vorstellungsgespräche führen mußte. Die anderen Persönlichkeiten schienen damit einverstanden, daß ich auch den Job mache. Das war mir recht. Ich unterrichtete gern, und es gefiel mir, daß ich meine Nische gefunden hatte. Die Jo-Persönlichkeit besuchte am späten Nachmittag Kurse an der Universität von Chicago, um sich auf ihren Magister vorzubereiten. Außerdem beanspruchte sie während der Woche noch etwas Zeit, um etwas für ihre Kurse zu tun und um zu lesen. Während der täglichen Sitzungen bei Lynn konnte sich jede Persönlichkeit melden, die Lust hatte, aber das Unterrichten und die Vorbereitungszeit für die Schule gehörten ausschließlich mir. Das war zwar ein ziemlich hektisches Leben, aber ich war glücklicher als je zuvor.

Ich mochte meine Schüler sehr. «In meinem Unterricht», sagte ich, «könnt ihr lernen, verantwortungsbewußt und selbständig zu denken.» Und das taten sie auch. Ganz besonders stolz war ich darauf, daß ich mit meiner Klasse von «schlechten Schülern» solche Fortschritte machte.

Während der ersten Schulwoche hatte ich alles darangesetzt, diese zynischen Kinder in meiner «schlechten» Klasse davon zu überzeugen, daß es ein Fehler des Schulsystems war, sie als «schlecht» abzustempeln. Ihr einziges Problem war im Grunde, daß sie sich selbst für Versager hielten. Ich versuchte ihnen klarzumachen, was passiert, wenn die Gesellschaft bestimmte Gruppen von Menschen (Kinder, Farbige und Frauen) glauben macht, sie könnten zum gesellschaftlichen Leben nichts beisteuern. Ich erklärte meinen Schülern, daß sie sehr wichtige Beiträge leisten könnten. Ich glaubte an sie und respektierte sie. Bald schon, das versprach ich ihnen, würden sie auch an sich selbst glauben können.

«Acht Uhr ist nicht gerade die beste Zeit, um sich mit dem Bürgerkrieg zu beschäftigen», überlegte ich mir eines Morgens. Mein Unterricht lief am besten, wenn ich die Schüler für ein bestimmtes Thema begeisterte und dann selbst in den Hintergrund trat, um eine angeregte Gruppendiskussion in Gang kommen zu lassen. Aber obwohl ich zu Beginn der Stunde Orangensaft verteilt und bewußt provokative Thesen über die Sklaverei und über das Nützlichkeitsprinzip in den Raum gestellt hatte, starrten mich zweiundzwanzig Schüler gelangweilt an und beobachteten teilnahmslos meine Versuche, eine Diskussion zustande zu bringen.

Ich entfernte mich kurz aus dem Kreis der Schüler, dachte einen Augenblick nach und schloß dann die Tür des Klassenzimmers. «Also gut, Leute», verkündete ich, «dann legen wir mal die Karten auf den Tisch.» Ein paar der Schüler blickten interessiert hoch; vielleicht waren sie erleichtert, daß ich es aufgegeben hatte, über einen Krieg aus grauer Vorzeit zu reden.

«Erinnert ihr euch daran, daß ich neulich gesagt habe, unsere Klasse müsse eine Gemeinschaft werden?» begann ich. «Gemeinschaft – das bedeutet, daß wir einander vertrauen lernen und es wagen, Dinge anzusprechen, die wir in anderen Situationen nicht unbedingt sagen würden. Und genau dieses Wagnis möchte ich jetzt mit euch eingehen.»

Ich merkte, daß ich ihre Aufmerksamkeit gewonnen hatte. Also redete ich weiter: «Ich habe eine ganz bestimmte Vermutung, warum unsere Diskussionen alles andere als anregend sind. Diesen Verdacht würde ich gerne überprüfen. Könnten bitte all diejenigen die Hand heben, die seit gestern abend zehn Uhr Shit geraucht haben?»

Wie erwartet meldete sich niemand. Aber ich beobachtete amüsiert die Reaktionen. Ein paar Schüler machten finstere Gesichter. Sie überlegten sich vermutlich, ob ich sie melden würde; andere grinsten, da sie annahmen, daß ich selber Erfahrungen mit Drogen hätte.

Ich lächelte vieldeutig – jedenfalls hoffte ich, daß es so wirkte. «Okay», sagte ich, «ihr müßt mir nicht antworten. Ich will euch sagen, was ich denke. Ich glaube, daß viele von euch bekifft sind, wenn sie hier reinkommen. Meine Vermutung beruht zum Teil darauf, daß ich sehe, wie vor diesem Klassenzimmerfenster Joints herumgereicht werden. Aber ich denke es auch deswegen, weil unsere Diskussionen so schlecht laufen. Wir wissen alle, daß Gras die Fähigkeit behindert, logische Verbindungen herzustellen, aber ich frage mich, ob ihr wißt, daß diese Wirkung ganze acht Stunden anhält, nachdem man geraucht hat. Ich habe nicht die Absicht, irgend jemanden zu melden. Ich überprüfe nur eine Theorie – das ist es übrigens, worum es beim Lernen geht. Also, wie viele von euch haben heute morgen gekifft?»

Eine Hand ging hoch, am nächsten Tisch meldete sich ebenfalls einer. Ein Junge stieß grinsend seinen Nachbarn an, der mir zustimmend zunickte. So ging es durch den ganzen Raum, bis mich schließlich zehn Schüler verlegen angrinsten.

«Und was ist mit gestern abend?» fragte ich. Die meisten der anderen nickten nun auch oder meldeten sich. Ich nickte ebenfalls, mit gespielter Empörung – ich freute mich über ihre verschwörerische Offenheit und über ihr Vertrauen.

«Also. Es geht um folgendes», fuhr ich nun in ernsterem Ton fort. «Wenn ihr unter der Wirkung von Marihuana hierherkommt, dann können wir uns nicht gemeinsam weiterentwikkeln und so miteinander reden, daß das Lernen Spaß macht. Das läuft dann letzten Endes darauf hinaus, daß ich den Rest des Halbjahrs damit verbringe, euch etwas vorzutragen, und wir schließlich alle frustriert und gelangweilt sind.

Ich will euch nicht weismachen, daß einem von Marihuana die Augen herausfallen, aber ich möchte euch bitten, in den acht Stunden bevor ihr in meinen Unterricht kommt, nichts zu rauchen. Eure Hausaufgabe ist diesmal, daß ihr euch heute abend und morgen früh zurückhaltet. Was ihr morgen nach dem Unterricht macht, ist eure Sache. Übrigens – ich werde überprüfen, ob ihr eure Hausaufgaben gemacht habt.»

Wie bestellt klingelte es genau in diesem Augenblick. Die Schüler verließen langsam das Klassenzimmer. Sie lachten über die komische Hausaufgabe und flüsterten untereinander über mein so wenig lehrermäßiges Verhalten. Mir war klar, daß sie nicht so recht wußten, was sie von mir halten sollten, aber am nächsten Morgen würde ich mit Sicherheit eine wachere und aufmerksamere Gruppe vor mir haben. Als der letzte Schüler den Raum verlassen hatte, warf ich den Joint, den jemand freundlicherweise auf meinem Schreibtisch deponiert hatte, in den Papierkorb. Niemand würde je erfahren, was aus dem Geschenk geworden war. Ich mußte nicht wissen, wer der Spender war, um zu verstehen, wie es gemeint war. Jemand hatte begriffen, was ich der Klasse gab – mein Vertrauen, mein Verständnis, meinen Respekt. Ich akzeptierte dieses ungewöhnliche Geschenk als Zeichen der Anerkennung und der Verbundenheit, obwohl ich genau wußte, daß mein Vorgesetzter es nicht so interpretiert hätte.

Ich konnte es kaum erwarten, Lynn von meinem neuesten Sieg zu erzählen. Das Zusammensein mit den Schülern gab mir ein gutes Selbstgefühl, und es war sehr wichtig für mich geworden, Lynn meine Erfahrungen mitzuteilen. Sie schätzte meine Motivation, applaudierte meinen Bemühungen und schlug Alternativen vor, wenn mir ein Problem unüberwindbar erschien. Das Wichtigste war mir jedoch, daß Lynn, genau wie ich, der Überzeugung war, daß selbst der schwierigste Teenager, der keinerlei Illusionen mehr hat, nur darauf wartet, endlich ernst genommen zu werden, und auf alle Angebote, ihn wirklich als Person zu sehen, positiv reagiert. Lynn glaubte wie ich, daß ich die geborene Lehrerin war und mein Können unbedingt unter Beweis stellen wollte.

Ich betrat an diesem Nachmittag gutgelaunt die Ambulanz und machte mir keine weiteren Gedanken über die bevorstehende Sitzung. Wenn ich mit Lynn über die Schule gesprochen hatte, ging mich der Rest der Stunde nichts mehr an. Ich wollte anschließend meinen Geburtstag feiern und überlegte mir, in welchem Restaurant Steve und ich essen gehen würden. Während ich wartete, tauschte ich mit der Sekretärin Informationen über unsere Lieblingsrestaurants aus.

«Herzlichen Glückwunsch zum Geburtstag!» rief Lynn und schloß mich in die Arme. Ich erwiderte die Umarmung und bedankte mich, erinnerte sie aber daran, daß es ja eigentlich nicht *mein* Geburtstag sei. Jo wurde heute sechsundzwanzig. Ich war völlig damit zufrieden, neunzehn oder zwanzig zu bleiben, danke schön. Das war das Angenehme, wenn man mehrere Persönlichkeiten hatte; niemand da drinnen schien sich besonders viel um Fragen des Alters zu scheren. Missy war fünf, gleichgültig, wie alt der Körper wurde, und ich war immer so um die Zwanzig.

Als ich in Lynns Sprechzimmer kam, erstarb mein Lächeln. Auf dem kleinen Tisch neben dem Patientensessel prangte ein Geburtstagskuchen. Ich wußte, daß Lynn das für eine nette Geste hielt, wie den Strauß getrockneter Blumen, den sie Missy überreicht hatte. Ich wollte sie nicht kränken, aber mir war klar, Jo würde nicht besonders gut damit umgehen können.

«Lynn», sagte ich, «ich möchte nicht undankbar erscheinen. Es ist wirklich sehr lieb von Ihnen, daß Sie einen Kuchen gebacken haben. Aber Jo haßt Geburtstage. Seit Jahren feiere ich für sie.»

Mit diesen Worten schlüpfte ich nach innen, damit Jo herauskommen und ihr Geschenk entgegennehmen konnte. Es dauerte nur ein paar Sekunden, bis sie auftauchte. Sie registrierte, wo sie war, sah den Kuchen, begriff, daß Lynn ihn für sie gebacken hatte, wurde feuerrot und verschwand blitzschnell wieder tief in unserem kollektiven Inneren. Ich kam zurück und zuckte die Achseln: «Ich hab Sie gewarnt.» Freundlich akzeptierte ich Lynns Angebot, und wir tranken gemeinsam Tee und verspeisten den Geburtstagskuchen.

Wie nicht anders zu erwarten war, wollte Lynn über Jos Probleme mit Geburtstagen reden. «Ja, wissen Sie – Jo haßt es, im Mittelpunkt zu stehen», begann ich, «ich bin sicher, daß das einer der Gründe ist. Aber da ist noch etwas. Jo hatte immer das Gefühl, daß ihre Eltern sie nur aus Pflichtgefühl geliebt und ihr auch nur deshalb etwas geschenkt haben. Sie konnten sie ja nicht einfach abschieben und hatten deshalb keine andere Wahl. Wenn andere Leute nett zu ihr sind, bekommt sie Schuldgefühle, weil sie denkt, daß sie sie irgendwie manipuliert hat. Sie kann sich nicht vorstellen, daß jemand sie lieben oder ihr aus echter Zuneigung etwas schenken könnte.»

Lynn wurde nachdenklich. «Die getrockneten Blumen hatten nichts mit irgendeinem besonderen Tag zu tun, sondern nur mit einem Impuls, den Jo unmöglich durch irgendwelche Manipulationen hervorgerufen haben konnte», meinte sie, «aber Geburtstage sind etwas anderes. Bei Geburtstagen glaubt Jo, daß die Leute darauf eingehen MÜSSEN?»

«Bingo», sagte ich.

Lynn seufzte und lächelte erschöpft. «O Renee, wie soll ich denn Jos Abwehrmechanismus je durchbrechen?»

«Ach, darüber brauchen Sie sich jetzt keine Gedanken zu machen», versicherte ich ihr, «Jo kommt heute nachmittag nicht mehr zum Vorschein. Ich erzähle Ihnen jetzt erst mal, was heute in der Schule passiert ist.»

Jo tauchte während der ganzen Sitzung nicht auf, aber Missy meldete sich, wie so oft, um ein paar Minuten mit ihrer Freundin zu verbringen. Sie entdeckte den Kuchen, sprang von ihrem Stuhl auf und floh in eine Ecke des Zimmers, als sie begriff, daß es ihr Geburtstag war. Sie kauerte sich zusammen und weigerte sich zu sprechen. Am Daumen lutschend wiegte sie sich mit geschlossenen Augen hin und her, entzog sich jeder Berührung.

Geburtstage bereiteten uns allen Unbehagen. Wenn es nicht

gewisse gesellschaftliche Erwartungen gegeben hätte, wären Geburtstage von mir gänzlich abgeschafft worden, aber ich wußte, daß es leichter war, meinen Bekannten gegenüber so zu tun, als hätte der Tag für mich eine besondere Bedeutung, als ihnen zu erklären, daß dem nicht so war.

In der nächsten Sitzung, als alle Spuren des Geburtstagsfiaskos verschwunden waren, kam Jo wieder heraus. Es war absehbar, daß Lynn in Jos Flucht nach innen mehr sehen würde als nur einen kleinen Fauxpas.

«Jo, wir müssen über die Sache reden», erklärte Lynn bestimmt. Jo spürte, daß sie recht hatte. «Ich würde gern über die Geburtstage reden, an die Sie sich erinnern.»

Jo holte tief Luft. Vermutlich war es einfacher, über vergangene Geburtstage zu reden, als herauszufinden, wie sie Lynn dazu gebracht hatte, etwas Nettes für sie zu tun.

«Als ich noch klein war», begann Jo, «habe ich mit Geburtstagen immerhin einen positiven Gedanken verbunden. Jeder Geburtstag brachte mich dem Erwachsensein ein Stück näher. Ich war als Kind für alle eine schreckliche Enttäuschung, weil ich nie die Art von Kind sein konnte, wie man es von mir erwartete. Ich war zu empfindlich, zu gescheit für irgendwas. Ich habe nie die Hoffnung aufgegeben, daß das besser würde, wenn ich erst mal erwachsen sei.»

«Erinnern Sie sich an irgendeinen bestimmten Geburtstag?» hakte Lynn nach. Jo bejahte die Frage und schwieg. «Jo?» fragte Lynn sanft. Aber in ihrer Stimme lag doch ein Hauch von Ermahnung.

Oft war es so, daß Jo verschwand und eine andere Persönlichkeit erschien, wenn die Erinnerungen so schmerzlich für sie wurden, daß sie nicht darüber sprechen wollte. «Ich bin noch da», antwortete Jo. «Ich habe nur Angst, daß Sie mich auslachen, wenn ich Ihnen die Wahrheit sage.»

«Warum sollte ich lachen?» fragte Lynn.

«Manchmal –» Jo konnte nicht weitersprechen. Sie biß sich auf die Unterlippe und nahm noch einmal Anlauf. «Manchmal erinnere ich mich *zu* gut. Ich kann nichts dafür. Vielleicht kommt es daher, daß ich so viel Zeit in meinem Leben verloren habe – aber ich habe ein paar sehr frühe Erinnerungen.»

«Ich werde nicht lachen», versprach Lynn. «Welches ist der erste Geburtstag, an den Sie sich erinnern?»

Lynn schien nicht überrascht, als Jo sagte: «Mein erster.»

Jo erinnerte sich an das kratzende Kleid und an die weißen Stiefelchen, die ihre Mutter ihr für das erste Geburtstagsfest angezogen hatte. Sie erinnerte sich daran, was für ein Gefühl es war, von all den Leuten – Tanten, Onkeln, Cousins, Freunden der Familie – angestarrt zu werden. «Meine Mutter – sie hatte damals lange braune Haare – hielt einen Kuchen mit einer Kerze. Ihr Mund lächelte für alle Leute, aber ihre Augen warnten mich, ich solle mich nur ja gut benehmen. Ich schrie und weinte und wand mich in meinem Hochstuhl – ich wollte nur eines: weg und mich verstecken.»

«Wovor wollten Sie sich verstecken?» fragte Lynn.

«Vor den Leuten, vor all diesen Leuten», murmelte Jo, tief in ihren Erinnerungen versunken. Dann schaute sie Lynn an. «Ich bin einfach nicht fähig, die Bilder und Emotionen zu sortieren, die auf mich einstürmen, wenn ich mich in einer Menschenmenge befinde. Je mehr Leute zusammen sind, desto stärkere Energieströme und Schwingungen gehen von ihren Gedanken und Gefühlen aus. An diesem ersten Geburtstag wollte ich nur noch weg von den Leuten. Und da meine Mutter mein Gezappel und Genörgel nicht ertragen konnte, ging mein Wunsch ziemlich schnell in Erfüllung.»

«Erzählen Sie weiter», sagte Lynn.

«An meinen zweiten Geburtstag erinnere ich mich auch noch – nicht an die Feier, nur an den Unfall. Sie haben ja sicher schon meine Narbe bemerkt.» Jo berührte ihre linke Augenbraue, die durch eine kleine Narbe gespalten war. «Die habe ich mir an dem Tag, als ich zwei wurde, zugezogen. Das lag an diesen gräßlichen kleinen Plastikglöckchen, die man kleinen Kindern an die Schuhe bindet. Ich wußte natürlich nicht, was das war, aber ich haßte das Geräusch, das die Glöckchen bei jedem Schritt machten.

Meine Mutter band mir diese Glöckchen an die Füße, und dann entfernte sie sich von mir. Sie ging neben einem Stuhl in die Hocke und rief mich zu sich. Ich bewegte die Füße, und die Glöckchen klingelten. Ich stampfte, weil ich dachte, daß das Geklingle dann vielleicht aufhöre. Ich weiß noch genau, daß meine Mutter und meine Schwester meine Bemühungen ziemlich erheiternd fanden. Aber ich konzentrierte mich so darauf, das Geräusch loszuwerden und gleichzeitig zu laufen, daß ich das Gleichgewicht verlor und gegen die scharfe Holzkante eines Stuhlbeins prallte. Meinen zweiten Geburtstag habe ich somit damit verbracht, mir die Stirn nähen zu lassen.

An meinen dritten Geburtstag kann ich mich nicht erinnern», sagte Jo und grinste, was sie nur selten tat. «Ein ganz perfektes Gedächtnis habe ich nicht», fügte sie scherzhaft hinzu. Lynn erwiderte ihr Lächeln. «Aber meinen vierten habe ich nicht vergessen.»

Lynn lachte leise über Jos verspieltes Benehmen. «Bitte, fahren Sie fort», forderte sie Jo auf.

«An meinem vierten Geburtstag gingen meine Eltern mit meiner Schwester und mir in ein Restaurant. Sie sagten, ich könne mir bestellen, was ich wolle, es war ja mein Geburtstag. Ich wollte ein Würstchen mit Brot. Aber aus irgendeinem Grunde ging das in diesem Restaurant nicht. Ich fühlte mich betrogen und muß eine ziemliche Szene gemacht haben.

Auf der Heimfahrt saß ich auf dem Rücksitz in der Ecke und mußte mir anhören, wie meine Mutter mir einen Vortrag hielt, daß ich ein egoistisches, habgieriges kleines Mädchen sei und allen den Abend verdorben hätte. Das Geschimpfe meiner Mutter machte mir aber eigentlich nicht viel aus, ich wollte nur verstehen, was schiefgelaufen war.

Ich dachte gründlich über die Ereignisse des Abends nach und kam zu dem Schluß, daß Wünsche ihre Grenzen haben. Es stimmte nicht, daß ich haben konnte, was ich wollte. Nicht alle Restaurants hatten Würstchen mit Brot. Diese Erkenntnis erleichterte mich, aber ich begriff trotzdem nicht, wie die Leute herausfanden, was man sich ohne Risiko wünschen konnte.

Den Vorwürfen meiner Mutter entnahm ich allerdings, daß ‹Wollen› ein Problem war. Wenn meine Wünsche nicht erfüllt werden konnten, war ich habgierig und egoistisch. Da mir nicht klar war, wie man wissen konnte, ob ein Wunsch erfüllbar war oder nicht, beschloß ich an meinem vierten Geburtstag, daß es besser sei, gar nichts zu wollen.»

Jo hielt inne. «Schauen Sie, ich wollte, ich hätte damals die Zusammenhänge besser verstanden. Mit vier konnte ich fast schon ein ganzes Jahr lang lesen. Wenn ich ein bißchen schlauer gewesen wäre, hätte ich begreifen müssen, daß es in Restaurants Speisekarten gibt, auf denen steht, was man sich wünschen kann und was nicht.

Mein sechster Geburtstag war wichtig, weil ich da zum erstenmal begriff, warum meine Mutter an meinem Geburtstag auch immer Geschenke auspackte. Sie hatte am gleichen Tag Geburtstag wie ich.

Etwa eine Woche vor meinem sechsten Geburtstag zeigte mir mein Vater das Geschenk, das ich meiner Mutter geben sollte. Das war neu für mich, und ich kam mir sehr erwachsen vor. Ich schaute zu, wie er das Geschenk einpackte. Ich dachte dann nicht weiter daran, bis zu dem Abend, als meine Mutter und ich unsere Geschenke auspackten.

Mein Vater überreichte ihr das Päckchen und sagte: ‹Das ist von Jo.› Ich lächelte stolz und fühlte mich sehr überlegen. Ich wußte, was in der Schachtel steckte, also war das Geschenk *wirklich* von mir.

Meine Mutter tastete das Päckchen ab und begann es auszuwickeln. Sie sagte: ‹Ich wette, ich weiß, was da drin ist. Bestimmt ist es eine Schallplatte.› Ich nickte begeistert, weil ich mich freute, daß sie *mein* Geschenk erraten hatte.

Meine Schwester Carol, die damals schon vierzehn war, rief entsetzt: ‹Du hast es verraten! Du darfst es doch nicht verraten, du kleines Monster!› und rannte aus dem Zimmer.

‹Was hast du nur wieder angerichtet›, sagte meine Mutter und ging hinter meiner Schwester her, um sie zu trösten. Die schöne Schallplatte lag vergessen auf dem Fußboden. Mit Tränen in den Augen schaute ich meinen Vater an. ‹Du hast die Überraschung verdorben›, sagte er seufzend und nahm mich in die Arme. Er selbst wußte ebensowenig, wie er meiner Mutter eine Freude machen sollte», fügte Jo hinzu.

«Mein siebter Geburtstag war etwas ganz Besonderes», erzählte sie weiter. «Und ich begreife erst allmählich, was daran so wichtig war. Ich habe es damals nicht wirklich verstanden, aber irgendwie ging mir so um diesen Geburtstag herum auf, daß Zeit für mich etwas anderes war.»

«Zeit?» Lynn schüttelte verwirrt den Kopf. «Was meinen Sie damit, daß Zeit für Sie etwas anderes war?»

«Seit ich fünf war, wünschte ich mir eine Armbanduhr, aber mein Vater sagte zwei Jahre lang, ich sei noch zu klein dafür. Uhren seien kein Spielzeug.» Jo blickte auf. Ihr Gesicht zeigte den Verdruß des kleinen Mädchens. «Ich wußte genau, daß Uhren kein Spielzeug sind. Irgendwie hatte ich das Gefühl, daß mein Vater mich demütigen wollte, wenn er so tat, als wisse ich das nicht. Mir war völlig klar, daß Uhren etwas ganz Wichtiges waren. Deswegen wollte ich ja eine.

Mein Vater hatte recht, wenn er sagte, ich könne mit meinen fünf Jahren ‹noch gar nicht die Uhr lesen›. Also lernte ich es. Und als ich es dann konnte, fingen die Uhren an, mir mitzuteilen, wieviel leere Stunden vergangen waren. Quälend langsam zählten sie die Minuten, bis mein Vater von der Arbeit nach Hause kam. Zwei Jahre später, an meinem siebten Geburtstag, hat mir mein Vater dann endlich eine Armbanduhr geschenkt.

Ich weiß noch, wie überwältigend es für mich war, daß ich nun auf einmal so viel Macht hatte. Ich weiß, es klingt albern, aber ich habe das ganze Konzept der Zeit völlig falsch interpretiert. Mit sieben war ich der festen Überzeugung, daß ich mit meiner Uhr bestimmen könne, wie langsam oder wie schnell die Zeit vergehe.»

Lynn schüttelte wieder den Kopf. «Einen Augenblick, Jo – ich verstehe das nicht so ganz.»

«Okay», sagte Jo langsam. «ich versuch es mal mit einer Analogie.» Sie wollte nichts übereilen, denn es hatte ja keinen

Sinn, wenn Lynn ihr nicht folgen konnte, aber sie zitterte vor Erregung, als sie versuchte, diese Kindheitserinnerung in den Griff zu bekommen.

«Sagen wir mal, Sie arbeiten an einem Fließband. Die Bewegung des Bandes bestimmt, wie schnell Sie voranmachen müssen. Wenn Sie jetzt plötzlich den Hebel hätten, mit dem man das Band beschleunigen oder verlangsamen kann, dann hätten Sie die Kontrolle über das Tempo, stimmt's?» Lynn nickte. «Also, so ein Gefühl hatte ich in bezug auf die Zeit!» sagte Jo. «Ich dachte, wenn ich eine Armbanduhr habe, kann ich bestimmen, wie schnell die Zeit vergeht. Wenn ich will, daß sie langsam vergeht, kann ich meine Uhr zurückstellen. Und wenn ich will, daß sie schneller vergeht, dann muß ich sie nur einfach vorstellen.»

Lynn schwieg, also kehrte Jo zu ihren Erinnerungen zurück. «Ich setzte meine neue Macht sehr behutsam ein. Wenn ich es nicht erwarten konnte, bis mein Vater nach Hause kam, stellte ich die Uhr ein bißchen vor – fünfzehn Minuten höchstens. Wenn ich vor dem Einschlafen mehr Zeit zum Lesen haben wollte, gab ich mir nicht mehr als dreißig Minuten zusätzlich. Es machte mir nichts aus, daß meine Eltern sich ärgerten, wenn ich noch nicht schlief. Wenn sie mich fragten, schaute ich auf meine Uhr und gab brav die Zeit an.»

Jo grinste. «Es dauerte Wochen, bis mein Vater endlich dahinterkam, daß die Uhr nicht von selbst nach- oder vorging. Wütend nahm er sie mir wieder weg. Er war empört darüber, daß ich sie wie ein ‹Spielzeug› behandelt hatte. Ich versuchte immer wieder zu erklären, wie subtil und vorsichtig ich die Zeit kontrollierte. Ich drehte ja nie aus einem plötzlichen Impuls heraus an den Zeigern. Er wurde immer verwirrter, bis ich schließlich aufhörte – und mir dämmerte eine neue Erkenntnis. Ich kam mir dumm vor und fühlte mich durch meine Unkenntnis gedemütigt.»

Lynn machte ein verblüfftes Gesicht und wartete. «Inzwischen weiß ich es natürlich besser», sagte Jo, «aber während dieses schrecklichen Gesprächs mit meinem Vater habe ich begriffen, daß es ein Irrtum war zu glauben, daß die Menschen die Zeit manipulieren können. Dadurch, daß sie eine Uhr besaßen, kontrollierten sie die Zeit genausowenig, wie sie die jahreszeitlich bedingten Veränderungen der Blätter kontrollierten, wenn sie einen Baum besaßen. Ich wußte auf einmal, daß ich mir eine völlig falsche Vorstellung gemacht hatte.

Also fing ich an zu denken, daß die Zeit die Leute kontrolliere. Die Zeit kam mir vor wie ein ungezähmtes Wildpferd – sie galoppierte wie verrückt davon, wenn sie Lust dazu hatte, und dann wieder graste sie fröhlich vor sich hin. Manchmal verging sie ganz schnell und dann wieder extrem langsam. Als ich mir so sehnlich eine Uhr gewünscht hatte, war ich der Überzeugung gewesen, daß Zeitmesser wie Zügel waren, mit deren Hilfe man die Zeit unter Kontrolle habe. Und dann kam ich dahinter, daß Uhren nur kleine Tupfer auf dem Rücken der Zeit sind, die ihre erratischen Bewegungen registrieren.»

Jo schaute Lynn an. Sie war überrascht, wie vernünftig das alles klang, und empfand einen gewissen Triumph, daß sie die Bedeutung dieser Ereignisse schneller begriffen hatte als ihre Therapeutin. «Ich glaube, ich habe schon damals gewußt, daß ich das Konzept noch nicht so ganz verstanden hatte», meinte Jo, «und vielleicht verwirrt mich dieser scheinbar relative Charakter der Zeit immer noch. Wenn man es sich richtig überlegt, dann ist ja Zeit für ein Kind wirklich länger als für einen Erwachsenen.»

«Langsam, langsam, Jo, ich komme nicht mit!» bremste Lynn wieder.

«Im Leben eines Kindes ist ein Tag doch ein wesentlich höherer prozentualer Anteil des Ganzen als im Leben eines Erwachsenen, stimmt's?» sagte Jo. Lynn nickte. «Wir haben ein Gefühl von Zeit nur in Beziehung zu der Zeitmenge, die wir bereits erlebt haben, also ist es immer relativ», meinte Jo abschließend. Sie lachte leise, weil sie das alles verstand und Lynn so verwirrt schien. «Ich glaube, ich muß mal ein Seminar über Physik und Philosophie belegen. Vielleicht kann ich das Konzept der Zeit dann besser erklären.»

«Erzählen Sie mir dann davon?» sagte Lynn. «Ich habe bisher noch nie darüber nachgedacht, daß Zeit ein so komplexes Phänomen ist.»

«Da ist noch etwas.» Aufgeregt schaute Jo Lynn an. «Ich erinnere mich nur noch an einen weiteren Geburtstag aus meiner Kindheit, aber ich glaube, diese Erinnerung beweist, daß ich schon als kleines Kind Zeit verloren habe.»

«Erzählen Sie», forderte Lynn sie mit neuerwachtem Interesse auf.

«An meinem zehnten Geburtstag bin ich plötzlich in unserem Wohnzimmer ‹aufgewacht›. Es waren ganz viele Mädchen da. Ich kannte sie aus der Schule – es waren lauter Mädchen, die mich haßten. Sie verspotteten mich, sie bedrohten mich, sie erpreßten mich sogar – wenn ich ihnen mein Pausengeld gäbe, würden sie es der Lehrerin nicht erzählen, daß ich geschwatzt hatte, als sie aus dem Zimmer war. Sie terrorisierten mich so sehr, daß ich selbst dann zahlte, wenn ich gar nichts getan hatte.

Da waren die Mädchen, die den Ball extra stark warfen, um mir weh zu tun, wenn ich es wagte, in der Pause mit ihnen zu spielen. Da waren die Mädchen, die mich auslachten, wenn ich nicht mitspielte. Selbst Courtney Myers, die Rädelsführerin, war da – sie kommandierte die anderen Mädchen herum, mit ihrem unschuldigen Lächeln und ihren wirbelnden langen blonden Zöpfen.»

Jo war ganz in dieser schmerzlichen und überwältigenden Erinnerung versunken. «Als ich endlich begriff, daß ich mir die ganze Szene nicht einbildete, ging ich nach oben zu meiner Mutter. Sie war in der Küche. ‹Was machen denn all diese Mädchen hier?› fragte ich sie.

‹Du weißt ganz genau, daß sie zu deinem Geburtstag gekommen sind›, sagte sie. Und da kapierte ich. Sie waren hier, um eine Erfahrung, die ohnehin schon schrecklich genug war, noch zu verschlimmern.»

Jos Gesicht hellte sich auf. «Aber mit diesem Geburtstag verbindet sich auch eine sehr tröstliche Erkenntnis. Als ich später allein war, wurde mir klar, daß ich jetzt ein ganzes Jahrzehnt alt war. Ein Jahrzehnt war eine ganz schön lange Zeitspanne. Für mich hieß es, daß die Hälfte meiner Wartezeit vorüber war. Wenn ich noch einmal zehn Jahre hinter mich gebracht hätte, würde ich kein Kind mehr sein. Ich wollte unbedingt erwachsen sein, damit ich alles verstehen und allen Leuten aus dem Weg gehen konnte.

Ich glaube, Geburtstage waren für mich nie etwas Unverkrampftes. Das hatte zum größten Teil mit meiner Mutter zu tun. Mein Vater hat mir immer schrecklich leid getan, da er Jahr für Jahr versuchte, ihr zu ihrem Geburtstag eine Freude zu machen. Einmal kaufte er ihr einen Pelzmantel, und wir beide waren sicher, daß er diesmal das Richtige getroffen habe. Aber meine Mutter brach in Tränen aus, als sie das Geschenk auspackte – sie konnte Nerz nicht leiden.»

«Kein Wunder, daß Sie Geburtstage nicht mögen», begann Lynn, aber Jo unterbrach sie.

«Ich hasse Geburtstage vor allem deswegen, weil ich weiß, daß ich ein Geburtstagsgeschenk für meine Mutter sein sollte. Meine Mutter hat das immer gesagt. Carol wurde am 22. Dezember geboren, sie war ihr Weihnachtsgeschenk, und ich sollte ihr Geburtstagsgeschenk sein. Ich glaube, ich habe immer das Gefühl gehabt, daß ich das mißlungenste Geburtstagsgeschenk war, das meine Mutter je bekommen hat. Ich war noch viel schlimmer als der falsche Pelzmantel. Den Pelz konnte sie umtauschen, mich nicht.»

Jo sah Lynn an. Ihr Gesicht wirkte verhärmt und bitter. «Meine Mutter konnte noch nie besonders gut mit Enttäuschungen umgehen.»

Sie sprach nicht weiter. Zum erstenmal fing sie in Lynns Gegenwart an zu weinen. Sie weinte aus ihren Schuldgefühlen heraus und aus Wut darüber, daß sie nie fähig gewesen war, ihre eigene Geburt zu feiern. Jo weinte über all diese Ungerechtigkeiten, und sie ließ sich von Lynn trösten.

Als ich wieder die Kontrolle übernahm, um den Körper nach Hause zu bringen, merkte ich, daß Lynn erschöpft aussah.

«Tja, Renee», meinte sie, «die Sache mit Jos Geburtstagskuchen hat zwar nicht geklappt, aber es hat sehr viel gebracht, Jos Aufmerksamkeit auf die Geburtstage zu lenken.»

Dem konnte ich nur zustimmen.

Ein paar Monate später hielten Missy, Isis und ich – was nur selten vorkam – eine kleine Konferenz darüber ab, was wir Lynn zu Weihnachten schenken sollten. Jo wußte nichts von uns, Joan Frances drehte uns den Rücken zu, aber Missy, Isis und ich konnten miteinander reden, wenn wir es wollten. Weihnachtsgeschenke waren für Jo und die anderen fast genauso beängstigend wie Geburtstage.

Die Jo-Persönlichkeit war damit beschäftigt, das perfekte Geschenk für Lynn zu finden, auch wenn sie es nicht mit uns besprechen konnte. Joan Frances wollte gar nicht darüber nachdenken. Missy, Isis und ich beschlossen, uns Jo anzuschließen, aber noch irgend etwas Persönliches hinzuzufügen.

«Irgend etwas Lebendiges, etwas, was wächst», überlegte Jo.

«Ihr ganzes Büro steht voll mit Pflanzen», brummelte ich, aber ich griff nicht ein, als Jo durch eine Baumschule ging, um eine kleine Norfolktanne zu erstehen.

«Du kannst Sachen machen, die du daran hängen kannst. Dann ist es wie ein geschmückter Weihnachtsbaum», meinte Missy begeistert.

«Der Schmuck muß eine Bedeutung haben», fügte Isis hinzu.

Während der nächsten Woche arbeitete Missy fleißig daran, mit einem Bastelmesser in der linken Hand komplizierte Papierschneeflocken auszuschneiden. Isis half ihr, so daß jede der winzigen Flocken anders aussah als die vorige, aber alle waren sehr hübsch. Ich befestigte die Papierschneeflocken mit rotem Band an den Zweigen, während Jo einfach nur zusah, verlegen, aber auch erfreut darüber, wie ihre «unsichtbaren Helfer» ihr Geschenk für Lynn gestalteten.

Lynn bewunderte den schönen Baum. Die tiefe Bedeutung

des Geschenks war ihr klar. «Ich möchte euch alle umarmen», sagte sie, aber als sie die Arme ausstreckte, merkte sie, daß der Körper zusammenzuckte. Sie trat einen Schritt zurück. «Ich möchte aber auch niemanden erschrecken.»

Nachdenklich betrachtete sie den Baum. «Renee», sagte sie dann langsam, «auf dem Baum sind sehr viele Schneeflocken.»

Ich zuckte die Achseln. Isis hatte die Zahl der Schneeflocken bestimmt. (Ich war diejenige, die Lynn den Baum überreichte, von den anderen Persönlichkeiten traute sich keine heraus.) Lynn hatte recht. Ich zählte nach: Es waren vierundzwanzig Schneeflocken. Isis' Botschaft war unmißverständlich: Es gab noch mehr Persönlichkeiten. Jede von ihnen war einzigartig – und wichtig für das Ganze.

Teil II

13

TAGEBUCHEINTRAG *14. Januar 1982*

Seit den Feiertagen habe ich in jeder Sitzung weitere Persönlichkeiten kennengelernt oder von ihnen gehört. Die neue Vertrauensebene hat Persönlichkeiten hervortreten lassen, die während der Erwachsenenjahre die meiste Zeit geschlummert hatten. Renee scheint jetzt eher fasziniert als erschreckt, wenn sich Persönlichkeiten zeigen, von deren Existenz sie nichts wußte. Sie denkt aktiv über sie nach und benutzt ihre intellektuellen Fähigkeiten, um hinter die Logik dieses Systems zu kommen, das sie zuerst völlig geleugnet und dann als chaotisch und beängstigend empfunden hat.

Die erste Gruppe sind die Primärpersönlichkeiten oder – wie Renee sie nennt – die autonomen Persönlichkeiten: Jo, Missy, Joan Frances, Isis und Renee. Sie sind als Individuen vollständig und konturiert genug, um eigenständig und ohne die Hilfe der anderen funktionieren zu können. Jede von ihnen scheint ein ebenso breites Spektrum an Neigungen und Fähigkeiten mitzubringen wie irgendeine normale Person. Für mein Empfinden konkurrieren sie auch untereinander. Jede hat Angst, die anderen (oder ich!) könnten irgendwann endgültig darüber befinden, wer von ihnen nun «die alleinige Kontrolle über den Körper» erhalten soll.

Daneben gibt es noch die Nebenpersönlichkeiten, die jeweils eine klar umrissene Aufgabe haben – etwa Papierkram ordnen, kochen oder putzen – und die anscheinend kein Interesse daran haben, das Außenbewußtsein länger zu behalten, als sie brauchen, um ihre Pflichten zu erledigen.

Außerdem haben sie wohl auch nicht wie die Primärpersönlichkeiten die Fähigkeit, sich weiterzuentwickeln.

Die dritte Gruppe der Nebenpersönlichkeiten bezeichnet Renee als die «Vergangenheitsbewahrer» – Persönlichkeiten, die Wissen oder Erfahrungen aus früheren Zeiten speichern. Renee meint, ihre Aufgabe innerhalb des Systems sei es, Erinnerungen verborgen zu halten, die die Funktionstüchtigkeit der Primärpersönlichkeiten gefährden könnten.

Robin und Reagan, die beiden Persönlichkeiten, die mir Informationen über die familiären Hintergründe oder die frühe Kindheit lieferten, waren nur Vorläufer der zahlreichen Vergangenheitsbewahrer, die ich in den letzten Wochen kennengelernt habe. Sie sind insofern speziell, als sie ihre Entstehung nicht auf ein einmaliges traumatisches Ereignis zurückführen, sondern darauf, daß die Gruppe eine konfliktfreie, nichtreaktive Erinnerungsspur brauchte.

Die anderen Vergangenheitsbewahrer sind sowohl reaktive Persönlichkeiten als auch Informationslieferanten. Sie kommen während der Sitzung hervor, um mir die Informationen zu übermitteln, von denen das System offenbar glaubt, daß ich sie benötige. Oder aber ich provoziere ihr Erscheinen, indem ich an einen empfindlichen Nerv bei Jo, Missy, Joan Frances oder Renee rühre. Renee sagt, sie tauchten auch manchmal außerhalb meines Sprechzimmers auf, wenn durch irgend etwas die Erinnerungen an Mißbrauch oder Mißhandlung geweckt wird.

Die Vergangenheitsbewahrer scheinen in der Zeit «eingefroren» zu sein. Wenn eine von diesen Persönlichkeiten erscheint, ist es gewöhnlich so, daß sie die betreffende Situation vor meinen Augen noch einmal durchlebt oder ausagiert. Dabei ist es kein Problem, wenn ich die äußeren Geschehnisse nicht immer so ganz begreife, sondern nur den emotionalen Gehalt mitbekomme. Renee kann nämlich aus sicherer Distanz die aufsteigenden Erinnerungen der betreffenden Persönlichkeit beobachten. «Es ist so, als sitze ich im Kino und vorne läuft ein spannender Film», sagt sie.

Nach jeder dieser emotional strapaziösen Szenen erscheint Renee zumindest für einen kurzen Moment, um mir detailliert zu schildern, was die Vergangenheitsbewahrer-Persönlichkeit durchlebt hat. Interessanterweise steuert Renee inzwischen von ihrer geschützten Position als «Außenstehende» auch gleich ein paar analytische Kommentare bei. Es ermutigt mich, wenn ich sie mitleidig sagen höre: «Das arme Kind» oder «Kein Wunder, daß es ihr so dreckig ging».

Einige Persönlichkeiten sind schwer einzuordnen. So zum Beispiel Little Joe. Renee meint, er sei ein Vergangenheitsbewahrer, aber er scheint keinerlei Interesse daran zu haben, das, was er bewahrt hat, mitzuteilen. Er ist letzte Woche zum erstenmal erschienen.

Missy war gerade herausgekommen, und statt sich mit mir zu unterhalten, erklärte sie: «Du willst in dein Eckchen.» Ich sagte ihr, daß sie hier draußen auch sicher sei, ließ dann aber zu, daß sie sich an ihr – wie sie es nannte – «Innenplätzchen» zurückzog.

Ich streichelte ihr den Rücken, während sie sich tief in sich selbst verkroch. Nach ein paar Minuten bemerkte ich, daß sie gebannt auf meine Haare starrte.

«Was ist, Schätzchen?» fragte ich.

«Haare», sagte eine Stimme, die nicht Missy gehörte. Es war der zweijährige Little Joe, und seine Finger spielten mit meinem taillenlangen Haar, genau wie ich es von meinen eigenen Babies kannte.

Mich überlief ein Kribbeln, als ich merkte, wie voll und ganz ich das Gefühl hatte, von einem Kleinkind berührt zu werden.

Little Joe erzählte mir nichts, wollte aber auch nicht viel von mir. Auf sein klagendes «Auto?» hin habe ich einen rotgelben Spielzeug-Kipplaster mitgebracht, der seither auf dem untersten Bord für seine Besuche bereitsteht.

Little Joe rollt den Laster mit tapsigen, unkoordinierten Händen auf dem Teppich hin und her oder berührt mein

Haar und schaut mir ins Gesicht. Renee sagt, Little Joe hält mich für seine Mommy, die vor fünfundzwanzig Jahren auch lange, dunkle Haare hatte. Ich gebe dem kleinen Kerl gern die liebevolle Aufmerksamkeit, die er braucht.

• • •

Die Jo-Persönlichkeit hatte keine frühen Erinnerungen an ihre Mutter, konnte sich aber sehr wohl an glückliche Stunden erinnern, die sie als kleines Kind mit ihrem Vater verbracht hatte. Ray hatte sich gern mit ihr beschäftigt, und sie hatte seine Zuwendung dankbar angenommen.

Angesichts dieser Abhängigkeit des kleinen Mädchens von seinem Vater waren Rays sexuelle Übergriffe noch perfider. Als sie drei war, begann Ray, sie im Auto mitzunehmen, wenn er Besorgungen machen mußte. Sobald sie ein Stück von zu Hause weg waren, hob er sie auf seinen Schoß, damit sie das Steuerrad halten und «Auto fahren» konnte. Daddys hartes Ding unter ihrem Popo und der harte Kunststoff des Steuerrads gehörten eins wie das andere zu diesem Spiel.

Aber dennoch gab Ray Sicherheit und Halt. Die Persönlichkeiten wußten meist genau, was Daddy von den Dingen hielt, und konnten seine Reaktionen in der Regel vorhersehen. Mutters Erwartungen waren dagegen nie so klar artikuliert oder durchschaubar. Mehr als eine Persönlichkeit wurde in der Hoffnung geschaffen, daß sie die Tochter sein würde, die Nancy wirklich lieben könnte. Mehr als eine Persönlichkeit entstand als Reaktion auf Nancys unerwartete Wutausbrüche.

Nach der ersten Aufspaltung der ursprünglichen Persönlichkeit im Alter von sechs Monaten hatte Missy keinerlei Interesse mehr daran, es ihrer Mutter recht zu machen. Wenn Missy nicht tun konnte, was ihr Freude machte – malen, im Freien spielen oder mit ihrem Vater zusammensein –, pflegte sie sich an ihr «Innenplätzchen» zurückzuziehen und das Außenbewußtsein «dem anderen Mädchen», wie sie die meisten anderen Persönlichkeiten nannte, zu überlassen.

Jo war ebensowenig daran gelegen, Nancy Freude zu machen. Ray sprach nur abfällig von Nancy, und Jo lernte, mitleidig auf sie herabzusehen und stolz darauf zu sein, daß sie, wie ihr Vater immer sagte, «gar nicht nach ihrer Mutter und dieser Seite der Familie kam». Die Joan-Frances-Persönlichkeit wollte dagegen verzweifelt von ihrer Mutter geliebt werden und fühlte sich immer nur schuldig und wertlos.

Nancy war, was ihre jüngere Tochter anbelangte, einerseits stolz, gleichzeitig aber hyperkritisch. Sie schwärmte in den höchsten Tönen von der frühreifen Kleinen, die schon mit sieben Monaten den ersten Satz gesprochen hatte und mit zehn Monaten laufen konnte. Sie prahlte damit, daß Joan Frances sich mit drei selbst das Lesen beigebracht und mit fünf Noten gelernt und Klavier gespielt hatte. Aber leider tat Jo – die Persönlichkeit, die diese Leistungen vollbrachte – das alles nur zu ihrem eigenen Vergnügen. Jo verschwand jedesmal nach drinnen, wenn Nancy sie ihren Bekannten vorführen wollte.

Die Joan-Frances-Persönlichkeit wäre am liebsten im Erdboden versunken, wenn Mutter etwas von ihr verlangte, was sie gar nicht konnte. Joan Frances hatte in diesen frühen Kindheitsjahren keinen Zugang zu dem, was Jo wußte und konnte, und kein mütterlicher Zorn vermochte diese Fähigkeiten hervorzurufen. Die einzig mögliche Lösung war es, noch eine neue Persönlichkeit zu erschaffen – eine, die sich gern vor Mutters Freundinnen produzierte und zugleich die Fähigkeit besaß, Jos Wissen anzuzapfen.

Dear, die kleine «Star»-Persönlichkeit, saß an dem Tag, als Lynn sie kennenlernte, artig auf ihrem Sessel im Sprechzimmer, die Hände im Schoß gefaltet. Lynn sah die Beine kürzer werden, als Dear das Bewußtsein übernahm. Gleich darauf berührten gerade noch die Zehenspitzen den Teppich. Als Dear aufzählte, was sie alles konnte, entstand vor Lynn ein so plastisches Bild, daß sie, wie sie später sagte, förmlich die weißen Söckchen und schwarzen Lackschuhe vor sich sah. «Ich bin eine richtige kleine Dame», erklärte Dear mit dem Selbstvertrauen der Fünfjährigen. «Ich mache alles, was man mir sagt, damit meine Mommy stolz auf mich ist.»

Joan Frances, die Nancy oft die Tugenden der Heiligen Schwestern preisen hörte, wünschte, sie wäre auch «berufen», weil ihre Mutter sie dann vielleicht lieben könnte. Und so entstand Theresa, die Persönlichkeit, die ins Kloster gehen wollte.

Nancy lächelte stolz und ehrfürchtig, wenn sie am Zimmer ihrer Tochter vorüberging und die Siebenjährige auf den Knien fand, mit geschlossenen Augen ins Gebet vertieft. Jo dagegen war sauer, wenn sie feststellen mußte, daß ihr Taschengeld in Heiligenbildchen und -figuren umgesetzt worden war, die den Altar zierten, den *sie* in der Ecke ihres Zimmers errichtet haben sollte. Schon in diesem frühen Alter gingen ihr die Dogmen der katholischen Kirche und die strenge Disziplin der konfessionellen Schule, die sie besuchte, gegen den Strich. Jo fand es albern, wenn eine Religion behauptete, daß das Tragen von Hüten beim Gottesdienst etwas damit zu tun hatte, ob man in den Himmel kam. Die religiöse Inbrunst klang bald wieder ab, aber Theresa blieb, mitsamt dem schlechten Gewissen ihrer Sünden wegen.

Karen wurde geschaffen, als Jo neun war und ihre Mutter einmal zu oft sagte: «Warum kannst du nicht so sein wie deine Cousine Karen?» Jos innere Karen war das exakte Abbild der Cousine und erfüllte Nancys Anspruch, ein Mädchen müsse sauber, ordentlich und praktisch sein. Anders als die Vergangenheitsbewahrer Little Joe und Dear, die für immer in der Zeit ihrer spezifischen Kindheitserfahrung eingefroren blieben, konnte Karen weiterwachsen und sich zu einer Persönlichkeit entwickeln, die eine Funktion hatte. Die Gruppe brauchte ihr Organisationstalent.

Mutter schien nie zufrieden. Tracy wurde im Alter von zehn geschaffen. Sie tat Nancy den Gefallen, immer in Sichtweite zu bleiben. Im Gegensatz zu Jo und Missy, die sich gern verdrückten, war Tracy ganz zufrieden damit, in der Nähe ihrer Mutter zu lesen oder ruhig irgend etwas zu spielen.

Tracy machte es nichts aus, beobachtet zu werden, weil sie eine magische, unsichtbare Schutzglocke um sich hatte. Sobald Nancy nahe genug an sie herankam, um sie zu berühren, verschwand Tracy, und eine der anderen Persönlichkeiten mußte hinaus und sich mit Mutter auseinandersetzen.

Andere Vergangenheitsbewahrer waren bei weitem nicht so nett wie Little Joe, Dear, Theresa oder Tracy: sie waren nicht entstanden, um das zu sein, was Nancy wollte. Sie waren die Geschöpfe ihrer Wut.

Eines Tages, als Nancy wieder einmal vor Wut über ihre zweijährige Tochter tobte, fand sich Josie auf eine Wand zu geschleudert. Josie, in der instinktiven Gewißheit geboren, daß sie dabei war zu sterben, erinnerte die Todesangst und dann, gleich darauf, das köstliche Dunkel, das Erlösung brachte. Es war Jo, die in der Notambulanz aufwachte und deren Kopf geröntgt wurde, weil sie «aus dem Bett gefallen» war, aber von nun an gab es eine Persönlichkeit, die auf den Plan gerufen wurde, sobald Panik das System überflutete. Als Josie in der Therapie wieder herauskam, erschien sie Lynn extrem verängstigt und von selbstzerstörerischen Impulsen beherrscht. Aber alles, was Josie wollte, war Frieden, jene köstliche, schwarze Bewußtlosigkeit, die kam, wenn sie heftig genug mit dem Kopf gegen die Wand schlug.

Sissy war ebenfalls aus Angst und Zorn geboren. Aber anders als Josie suchte sie nicht die Bewußtlosigkeit, sondern vielmehr die Hilfe anderer Menschen. Sie wollte, daß die Leute von ihrem Zorn und Schmerz wissen sollten. Sie erschien zum erstenmal, als die dreijährige Missy gerade Malen übte. Missy liebte es, wenn ihre große Schwester Carol ihr Malunterricht gab. Aber an diesem Samstagvormittag war Carol mit Freundinnen unterwegs, und Daddy war bei der Arbeit. Also begann Missy, ein Bild zu malen, um es ihrer Schwester später zu zeigen.

Missy malte ihre Katze ganz sorgfältig mit ihrem Buntstift, in kurzen, zielsicheren Strichen. Carol gab ihrer kleinen Schwester den Stift immer in die rechte Hand, aber Missy wußte, daß die linke besser war, wenn etwas ganz genau werden sollte. Sie war so völlig in ihr Tun versunken, daß sie nicht hörte, wie Nancy ins Zimmer kam.

Plötzlich war Mommy neben ihr. Sie packte Missys linke Hand, und ein langer, krakeliger Strich zog sich der Länge nach über ihr fast vollendetes Bild. «Wie oft muß ich dir noch sagen, du sollst die rechte Hand nehmen?» schrie Mommy. «Das da ist die schlechte Hand, du böses Kind!»

Missy entschlüpfte rasch an ihr Innenplätzchen. «Jetzt reicht es mir aber», schnaubte Nancy, als ihre Tochter wieder ihren «leeren» Blick bekam. Sie stürmte aus dem Zimmer und kam mit einem Krug voll kaltem Wasser zurück, das sie dem noch immer ausdruckslos vor sich hin starrenden Kind über den Kopf schüttete.

Das wirkte. Das Kind sah sie jetzt aus weiten, haßerfüllten Augen an. «Raus!» schrie es und rannte auf das Fenster zu, die kleinen Fäuste geballt, um die Scheibe zu zerschlagen. «Ich will Leute! Leute!» Nancy drehte ihrer Tochter die Arme auf den Rücken und trug das schreiende und um sich tretende Bündel vom Fenster weg. Der Jähzornsanfall legte sich, aber Sissy blieb und bewahrte ihre Wut, in dem sicheren Bewußtsein, daß sie es eines Tages schaffen würde, den Leuten Bescheid zu sagen.

• • •

Die Schule war, wie Lynn und ich lernten, für Jo ein Zufluchtsort und zunächst auch eine positive Erfahrung. Jo wurde ein Jahr früher eingeschult. Sie war gerade fünf geworden. Da sie schon lesen konnte, fiel es ihr leicht, die Anforderungen zu erfüllen. Sie war so still und höflich, daß sich die Nonne, die die vierzig Schulanfänger unterrichtete, niemals gezwungen sah, ihr negative Beachtung zukommen zu lassen. Tatsächlich hatte Jo in dieser großen Klasse die meiste Zeit ihre Ruhe.

Jo war die beste Schülerin ihrer Klasse. Sie empfand die selbständige Arbeit, die die Schwester ihr zusätzlich auftrug, als Herausforderung und arbeitete sich, nachdem sie die Erstkläßleraufgaben im Eiltempo erledigt hatte, still und leise durch das Rechenbuch der dritten und das Lesebuch der fünften Klasse.

Eines Tages kamen ein paar Fremde in die erste Klasse, um die Kinder einem Intelligenztest zu unterziehen. Jo löste freudig all die kleinen Testaufgaben, wobei sie sorgsam darauf achtete, daß sie sich genau an die Anweisungen hielt. Aber dann bemerkte sie, wie die Leute, die die Tests ausgeteilt hatten, einander leise anstießen und sie beobachteten, weil sie Blatt für Blatt alles doppelt so schnell erledigte wie die anderen Kinder. Jo, die jede Art von Aufmerksamkeit fürchtete, begann, ihr Tempo dem des kleinen Jungen anzupassen, der neben ihr saß. Und mit der Zeit lernte sie, daß sie sogar noch weniger Aufmerksamkeit auf sich lenkte, wenn sie hie und da ein paar Fehler einstreute.

An dieser strengen katholischen Schule wurden alle Kinder angehalten, die rechte Hand zu benutzen, und das brachte für Jo als Linkshänderin natürlich einige Probleme mit sich. Aber sie war gehorsam, auch wenn sie die Vorschriften dumm fand, und so bemühte sie sich bei den Schreibübungen ganz konzentriert, die Buchstaben mit der rechten Hand zu malen. Es wunderte sie nicht, daß ihre Schrift häßlicher war als die der anderen Kinder, und auch die schlechte Zeugnisnote in Schönschreiben machte ihr nicht viel aus. Jo hatte in allen anderen Fächern hervorragende Noten, und die Nonnen lobten in ihren Bemerkungen Jos schulische Leistungen in den höchsten Tönen.

Aber wenn es Zeit für den Zeichenunterricht war, übernahm Missy. Malen war ihre Lieblingsbeschäftigung, auch wenn ihre Mutter meinte, sie sei nicht so begabt wie ihre große Schwester. Bilder herzustellen erforderte eine ruhige Hand, egal, ob man zeichnete, mit Wasserfarben malte oder Formen aus Papier ausschnitt, und Missy wußte, daß ihre linke Hand dafür besser war. Warum sollten die Nonnen darauf achten, welche Hand sie benutzte, wenn am Ende ein schönes Bild dabei herauskam? Aber die Nonnen achteten darauf, und nachdem Missy einen Schlag mit dem Lineal auf die linke Hand bekommen hatte, beschloß sie, ihre künstlerischen Fähigkeiten einzupacken und sicher zu verstecken, an ihrem Innenplätzchen, wo niemand ihre Hand schlug oder als schlecht beschimpfte.

Zu Hause hätte Missys Frustration womöglich Sissy auf den

Plan gerufen, die versucht hätte, die Scheibe einzuschlagen, oder Josie, die auf die Wand zugestürzt wäre. Aber hier waren die Persönlichkeiten durch die strengen Nonnen mit ihren wallenden Gewändern und ihren schweren Kreuzen eingeschüchtert. Und so entstand eine neue Persönlichkeit, ein kleines Mädchen namens Veronica, das die Fähigkeit besaß, Frustrationen nach außen zu wenden, ohne aufzufallen. Brav daran denkend, nur die rechte Hand zu benutzen, malte Veronica eine Krakelborte um ein Blatt Papier, und die Schlingen und Bögen standen für die Haken, die sie schlug, während sie im Geist davonrannte. Den Mittelteil der Seite füllte sie mit den Wörtern: «rennen und rennen und rennen und rennen...», so lange, bis die Frustrationen ausgetobt waren und eine der anderen Persönlichkeiten die Kontrolle übernehmen konnte.

Aber nicht alle Kindheitserinnerungen waren negativ. Die Kleine erhielt eine Menge Liebe von ihrer Verwandtschaft – Rays Geschwistern und deren Kindern.

Zwei von Rays Schwestern, Marie und Christine, wohnten mit ihren Familien ganz in der Nähe. Ray hing sehr an seiner Familie und nutzte jede Gelegenheit, alle um sich zu versammeln. In Jos Kindheit bedeutete Wochenende gewöhnlich einen Samstags- oder Sonntagsbesuch ihrer Vettern und Cousinen, der sich meist bis spät in die Nacht erstreckte, weil die sechs Erwachsenen noch lange zusammensaßen und Karten spielten. Die Cousins und Cousinen waren Jos Spielgefährten und verschworene Vertraute. Sie waren die einzigen Kinder, mit denen Jo wirklich gern zusammen war. Von den neun Kindern, die zum Spielen kamen, mochte sie zwei besonders gern: Christines Sohn Matthew, der nur zehn Tage älter war als sie, und Maries Tochter Karen, die ihr ein halbes Jahr voraus hatte.

Nach einem solchen langen Tag gemütlichen Beisammenseins mit ihren Tanten, Onkeln, Vettern und Cousinen hatte Jo manchmal die Phantasie, daß das Krankenhaus anrufen würde, in dem sie alle zur Welt gekommen waren. Sie würden sagen, es sei ein Irrtum passiert, und Matthew würde zu ihren Eltern kommen, die sich so sehr einen Sohn wünschten, und sie käme zu Tante Christine, ihrer richtigen Mutter, der es nichts ausmachte, wenn Kinder unordentlich und laut waren.

Jo und ihre Cousine Karen sahen sich häufiger als nur bei den großen Familientreffen. Als beide fünf Jahre alt waren, schlossen sie einen Pakt, daß sie für immer beste Freundinnen bleiben würden. Von da an bis zum Ende der High-School-Zeit telefonierten sie zwei- bis dreimal die Woche miteinander, und sie besuchten sich auch oft über Nacht und verbrachten einen Großteil der Sommerferien miteinander.

Manchmal kam Karen für einige Zeit zu Jo, aber das gefiel keinem der beiden Mädchen so richtig gut. Karen fühlte sich unwohl bei Tante Nancy und Onkel Ray, die darauf bestanden, mit «Ma'am» und «Sir» angeredet zu werden, und immer erwarteten, daß Kinder vollkommen waren. Und sie mochte es nicht, wenn Tante Nancy sie Jo als Vorbild hinstellte. Sie fand Jo ganz in Ordnung, so, wie sie war. Und besonders gräßlich fand sie es, wenn Jo anfing, sich wie sie zu benehmen, um Nancy einen Gefallen zu tun. Zuerst war es ja ganz lustig, aber dann merkte Karen, daß Jo manchmal gar nicht mehr damit aufhören konnte, auch wenn ihre Mutter längst wieder aus dem Zimmer gegangen war.

Bei Tante Marie war es schöner. In Gegenwart von Karens Eltern konnten die beiden Mädchen viel lockerer sein. Bei Tante Marie und Onkel Jack hatte Jo das Gefühl, zu einer richtigen Familie zu gehören. Zu Hause empfand sie das nie so. Mom und Dad und Carol und sie waren einfach nur vier Menschen, die ein zufälliges Schicksal zusammengewürfelt hatte. Es lag immer irgendeine Spannung in der Luft, sobald mehr als zwei von ihnen in einem Raum zusammen waren.

Bei Tante Marie war alles ganz anders. Auch wenn die Kinder, Ann, Karen und Bob, sich manchmal anbrüllten oder sauer auf ihre Eltern waren, war doch ganz klar, daß sie sich alle liebten.

Bei Tante Marie hatte jedes Kind seine täglichen Pflichten, und Jo freute sich, wenn sie ihren Namen neben den Namen der anderen Kinder auf dem Haushaltsplan fand, so, als gehöre sie wirklich dazu. Bei Tante Marie machte es Spaß mitzuhelfen. Es gab immer viel zu tun – Unkrautjäten im Garten oder Obstpflücken –, aber alle packten mit an. Und bei Tante Marie wußten die Kinder, daß sie entlassen waren, wenn sie die Pflichten auf dem Plan erledigt hatten. Bei Jo zu Hause hatten sich die Kinder ständig bereitzuhalten. Es wurde von ihnen erwartet, daß sie alles stehen- und liegenließen, um irgendwelchen elterlichen Forderungen nachzukommen.

Tante Marie wurde auch nicht böse, wenn etwas nicht perfekt war. Im Gegensatz zu Jos Mutter sagte sie nie: «Du wirst jetzt alle Möbel im Haus noch einmal abstauben, weil du das Tischbein ausgelassen hast.» Bei Tante Marie bekam man nie für eine ganze Woche Leseverbot, weil man vergessen hatte, den Müll hinauszubringen. Tante Marie sagte einfach nur: «Jetzt laßt uns mal alle etwas dafür tun, daß dieser Haushalt nicht völlig zusammenbricht», und alle halfen mit, ohne Angst vor Strafe.

Tante Marie und Onkel Jack schien ihre Anwesenheit nicht zu stören, egal, wie lange sie blieb, und Jo wußte, daß es ihrer Mutter lieber war, wenn sie weg war. Aber als sie ihren Vater fragte, ob sie nicht ganz dortbleiben könne, nur für ein Jahr oder so, schüttelte er traurig den Kopf: «Du würdest mir viel zu sehr fehlen, Kleines. Ich brauche dich doch hier. Wie kannst du deinen alten Dad ganz allein lassen wollen?» Von da an war es nicht mehr so schlimm, wenn Jo wieder von Tante Marie weggehen mußte, weil sie wußte, daß sie ihrem Vater etwas bedeutete.

Alle Persönlichkeiten, die ein Stückchen Kindheit wiedererlebten, steuerten ihr Teil zu dem Flickenteppich der Erinnerung bei. Tracy, Veronica, Dear und noch etliche andere lieferten plastische Bilder. Nur ich hatte nichts beizutragen.

Ich konnte Revue passieren lassen, was nach dem Alter von fünfzehn Jahren passiert war, aber aus der Zeit vorher bekam ich nichts zu fassen. Wie die Kinderzeit für Jo und die anderen gewesen war, erfuhr ich durch das, was sie Lynn erzählten. Manchmal hatte ich Schuldgefühle, weil ich Lynn keine Informationen geben konnte, aber ansonsten war ich froh, daß sie da war.

Ich war zehn Jahre lang ganz passabel zurechtgekommen, aber jetzt tat es mir gut, Lynn und ihre Sicht der Dinge zur Seite zu haben. Sie half mir, die Endgültigkeit der Scheidung zu akzeptieren. Als Keith' nach Kalifornien zog, mußte ich die Hoffnung aufgeben, daß wir wieder zusammenkommen würden. Lynn half mir zu erkennen, daß diese Zurückweisung ebenso viel mit Keith' Problemen zu tun hatte wie mit meinen eigenen. Das war für mich ein völlig neuer Gedanke, und für die anderen Persönlichkeiten ebenfalls.

Weder Nancy noch Ray hätten jemals zugegeben, daß sie Probleme haben könnten. Wenn sie wütend oder frustriert oder deprimiert gewesen waren, hatte es an Jo oder Carol gelegen oder an ihren Vorgesetzten bei der Arbeit. Ich war nie auf die Idee gekommen, daß jemand in meiner Umgebung Schwierigkeiten haben könnte, die nicht von mir verursacht waren. Ich war geboren worden, um es den Leuten recht zu machen. Wenn die Menschen um mich herum nicht zufrieden waren, mußte ich etwas falsch gemacht haben. Lynn half mir einzusehen, daß ich gar nicht die Macht hatte, über die Gefühle anderer Leute zu bestimmen.

Obgleich ich wußte, daß die Einsichten und Erkenntnisse, die Lynn mir vermittelte, wichtig waren, hatte ich doch auch den Drang, davor zu fliehen. Ich war froh, daß ich mit Steve zusammenlebte. Die Tatsache, daß er die Multiplizität leugnete, gab mir ein Gefühl der Freiheit. Ich wollte außerhalb von Lynns Sprechzimmer nicht an meine multiple Persönlichkeit denken, und ich wollte nicht, daß Steve dachte, ich sei verrückt. Von den anderen schoß auch niemand quer. Die Persönlichkeiten waren alle daran gewöhnt, als eine Person behandelt zu werden.

Wir akzeptierten Steves Einstellung, daß Jo einfach nur «launisch» war, und er nahm stillschweigend die Amnesien und Verhaltensschwankungen hin. Obgleich er uns alle Jo nannte, mochte er doch mich am liebsten, weil ich umgänglich und aufmerksam war. Aber er stand Jo als Mentor zur Seite, während sie auf ihren Magister hinarbeitete. Und er tolerierte sogar Joan Frances, wenn sie mit ihrer Mutter telefonierte und vor ihr kroch, um endlich Anerkennung von ihr zu bekommen.

14

Jo hatte nicht mehr als drei oder vier Stunden Bewußtsein am Tag. Wenn sie nicht für ihr Graduiertenstudium arbeitete, dann dachte sie, manchmal auch schriftlich, über das Gesundwerden nach. Jos Ziel war es, keine Amnesiephasen mehr zu haben. Sie wollte alle Zeit für sich.

Jo besaß nicht wie ich die Fähigkeit zu beobachten, was vor sich ging, wenn sie «drinnen» war. Ihr Leben war eine Diashow, eine Aneinanderreihung flüchtiger Momente. Sie war sich zwar nicht ganz darüber im klaren, was sie tun würde, wenn sie vierundzwanzig Stunden am Tag zu ihrer Verfügung hätte, aber sie wußte immerhin, daß sie nicht den ganzen Nachmittag damit zubringen würde, Malbücher auszumalen, so wie Missy es manchmal tat. Sie würde gewiß keine kostbaren Minuten in Lynns Sprechzimmer darauf verwenden, mit einem Mini-Kipplaster herumzuspielen wie Little Joe. Lynn gestand sie eines Tages: «Ich würde vielleicht sogar Renees Lehrerjob aufgeben.»

Jo wollte gesund sein. Sie hatte keine Ahnung, wie sie das erreichen sollte, war aber überzeugt, daß es ohne harte Arbeit und konzentrierte Aufmerksamkeit von ihrer Seite nicht dahin kommen würde. Sie wurde ein wenig ärgerlich, als Lynn einmal teilnahmsvoll sagte: «Ich wünschte, ich hätte einen Zauberstab, um alles gut zu machen, aber so funktioniert Therapie leider nicht.» Jo wußte das zwar, konnte sich aber nicht denken, *wie* Therapie denn funktionierte. Das für sie so ungewohnte Unvermögen, einen Vorgang zu durchschauen, empfand sie als ausgesprochen frustrierend.

Jo fühlte sich von ihrem Verstand und ihren analytischen Fähigkeiten im Stich gelassen. Sie hatte sich immer für gescheit gehalten und jede intellektuelle Herausforderung freudig angenommen. Auch die philosophische Hypothese, der Mensch sei womöglich nichts weiter als ein Bewußtsein in einer Höhle, das die Realität nur halluziniere, konnte Jo weder irritieren noch ängstigen. Die Amnesie und das vertraute Gefühl des «irgendwie Hereingeschneitseins» machten Jo sofort einsichtig, daß diese so abwegig anmutende Hypothese eine gute Analogie für ihr Leben sei. Sie dachte, im Grunde wäre sie als ein solcher Höhlenbewohner ganz zufrieden gewesen mit ihrem Leben, aber Lynn hatte sie gezwungen anzuerkennen, daß sie nicht allein war, weder in der Höhle noch in ihrem Körper. Und das war das Problem, mit dem sie nicht zurechtkam.

Wenn Jo darauf gestoßen wurde, daß sie etwas nicht wußte, war es ihre natürliche Reaktion, alles irgend Verfügbare über das betreffende Problem zu lesen. Jos Bibliothek umspannte mehr als fünftausend Bücher und ein ganz erstaunliches Spektrum an Themen. «Das einzige in meinem Leben, was wirklich noch allumfassend ist, ist meine Bibliothek», pflegte sie zu witzeln. Aber Bücher über psychische Krankheiten mied sie jetzt.

Jo war sich darüber im klaren, daß sie suggestibel war. Schon ihre Eltern hatten immer gesagt, sie sei ein extrem beeindruckbares Kind. Und schließlich wußte Jo ja, daß sie all diese verschiedenen Persönlichkeiten irgendwie unterbewußt erschaffen hatte. Sie fürchtete, wenn sie jetzt die medizinischen Fachzeitschriften nach klinischen Berichten durchforsten würde, könne das ihre eigene Therapie stören. Lynn fand es auch besser, daß sie nichts Einschlägiges las: sie meinte, sie müßten diese Sache auf ihre Weise angehen. Aber es war jetzt schon ein Jahr her, daß sie und Lynn sich darauf geeinigt hatten, und inzwischen fühlte sich Jo durch ihre Unwissenheit hilflos und gefangen, und sie hatte den Verdacht, daß sie von Lynn nie erfahren würde, was sie tun mußte, um gesund zu werden. Einen Vorschlag unterbreitete ihr Lynn zwar gelegentlich, aber darauf wollte sie sich nicht einlassen. Lynn hatte während der letzten sechs Monate ihre Sitzungen auf Tonband aufgenommen, und wenn Jo sie anflehte, etwas zu tun, um ihr zu helfen, dann deutete Lynn auf den wachsenden Berg von Tonbandkassetten in ihrem Aktenschränkchen.

Jo ging nicht darauf ein. Sie wollte sich die Bänder nicht anhören. Aus Bemerkungen, die Freunde oder Verwandte hin und wieder fallenließen, wußte sie, daß eine der Persönlichkeiten ähnlich sprach wie ihre ältere Schwester und eine andere wie ihre Mutter. Von Lynn hatte Jo erfahren, daß eine Persönlichkeit sich wie ein kleines Mädchen anhörte und eine weitere wie ein kleiner Junge. Sie konnte sich nicht vorstellen, warum Lynn ihr die Demütigung zumuten wollte, sich diese Stimmen anhören zu müssen.

Jo dachte, selbst wenn sie ihren ganzen Mut zusammennähme und es versuchte, würde das Experiment nur in einem Desaster enden. Jedesmal, wenn Jo bisher einen Anlauf genommen hatte, sich selbst auf Video zu betrachten, sich ein Foto von sich anzusehen oder auch nur ihre Stimme auf Tonband anzuhören, hatte sie Zeit verloren. Was würde Lynn tun, wenn Jo Zeit verlor, während sie gerade dabei war, der Therapie der anderen Persönlichkeiten zuzuhören? Wenn sie es versuchte und nicht schaffte, würde Lynn vielleicht meinen, sie gebe sich nicht genug Mühe. Jo konnte sich nichts anderes vorstellen, als daß Lynn die Behandlung abbrechen würde, wenn sie das Gefühl hatte, daß sie sich nicht genügend anstrengte, gesund zu werden.

«Und außerdem», sagte sich Jo, «hat Lynn mir doch schon erzählt, was die anderen Persönlichkeiten von mir gesagt haben. Warum soll ich mir diese ganzen Lügen noch einmal anhören?»

TAGEBUCHEINTRAG *8. März 1982*
(ein Jahr nach Therapiebeginn)

Ich habe eindeutig gewisse Fortschritte erzielt: Ich habe eine ganze Menge über Jos Mißbrauchserlebnisse erfahren und siebzehn verschiedene Persönlichkeiten kennengelernt (wenn auch ein paar von den Vergangenheitsbewahrern eher

Fragmente als echte Persönlichkeiten sind). Und ich bekomme langsam eine Vorstellung von der Struktur dieser speziellen multiplen Persönlichkeit. Aber im Moment scheint die Behandlung an einem toten Punkt angelangt zu sein. Ich glaube, sie haben jetzt alle Vertrauen zu mir entwickelt, und es ist nicht sehr wahrscheinlich, daß sie die Behandlung vorzeitig abbrechen werden, aber dennoch drängt es mich, den Prozeß über die derzeitige Phase hinauszutreiben.

Für Renee hat unsere Beziehung inzwischen ganz eindeutig eine positive Bedeutung gewonnen, aber sie hütet sich davor, das zuzugeben, und versucht, sich emotional aus dem herauszuhalten, was sie als «Therapie» ansieht. Aber Etikett hin, Etikett her – mittlerweile ist sie ganz geschickt darin, mich zur Problemlösung in Sachen Beziehungen, häusliche Situation und Arbeit zu benutzen.

Missy, der vollständigsten unter den kindlichen Persönlichkeiten, ist es gelungen, zu mir eine konfliktfreie Beziehung herzustellen. Sie genießt es, die Stunde über auf dem Teppich zu sitzen, sich in meinen Arm zu schmiegen und zu reden. Ihr ist es egal, ob das Ganze eine «Therapie» ist. Sie weiß, daß ich ihr zuhöre und sie gern habe. Missy saugt meine liebevolle Zuwendung ungehemmt auf. Vielleicht ist das deshalb so einfach für sie, weil sie genau spürt, daß ich sie gern habe, obgleich ich weiß, daß ihr Vater sie mißbraucht hat. Nancy gegenüber hatten die Persönlichkeiten schon sehr früh zu große Schuldgefühle, um sich so etwas zu gestatten.

Jo, die am stärksten unter allen das Bewußtsein hat, eine «Therapie» zu machen, ist innerhalb der Gruppe diejenige mit der stärksten intellektuellen Abwehr. Zugleich ist sie aber auch die emotional infantilste Persönlichkeit. Sie ist völlig unfähig, Gefühle zu steuern. Sie will in der Therapie unbedingt alles so gut wie möglich machen, kann sich aber nicht emotional einlassen. Kein Wunder also, wenn sie frustriert wieder weggeht und glaubt, ich wüßte alle Antworten und wollte sie ihr nur nicht sagen.

Jo ist so gescheit und so beharrlich und steht unter einem solchen Leidensdruck, daß es uns beide völlig erschöpft, wenn ich daran arbeite, ihr eine gefühlsmäßige Reaktion zu entlocken, während sie intellektuell abwehrt. Ein Geschöpf, das so intelligent und so gründlich auf der Hut ist, mit verdaubaren Häppchen Emotion zu füttern ist ein entsetzlich mühsames Unterfangen. Ich bestehe darauf, ihr zu vermitteln, was mir die anderen Persönlichkeiten über den Mißbrauch erzählt haben, aber sie weigert sich zu glauben, daß ihr etwas angetan wurde. Jo hört mir höflich zu und zuckt nur ein klein wenig zusammen, wenn eine besonders schwerwiegende Anschuldigung gegen ihren Vater erhoben wurde. Und dann erklärt sie mir ganz ruhig, warum es gar nicht so gewesen sein kann. Sie hätte es sehr viel lieber, daß ich die Persönlichkeiten für Lügner halte statt für Opfer eines Mißbrauchs.

Jetzt, beim Schreiben, wird mir klar, daß das der Grund ist, weshalb Jo und ich in einer solchen Pattsituation stekken. Ich habe das Gefühl, daß wir in einem Zirkel gefangen sind, den es zu durchbrechen gilt. Dr. Wilbur hat mir zwar erklärt, Jos Angst davor, sich mit irgendwelcher Literatur über multiple Persönlichkeiten zu beschäftigen, sei angesichts der extremen Suggestibilität aller Multiplen nur berechtigt. Aber sie sagte auch, daß das Buch Sybil *von einigen Therapeuten mit Erfolg bei der Behandlung eingesetzt worden sei.*

Ich habe zwar das Gefühl, es könnte Jo irritieren, daß sie so anders ist als Sybil, *aber ich denke doch, daß es zumindest den Dialog zwischen uns wieder in Gang bringt, wenn sie es liest. Sich die Tonbänder mit den Aufnahmen von den anderen Persönlichkeiten anzuhören ist für Jo im Moment viel zu emotionsgeladen, um ihr etwas zu bringen. Aber vielleicht kann sie zu* Sybil *genügend Distanz wahren, um davon zu profitieren.*

• • •

Als Lynn die Frage ansprach, ob Jo nicht vielleicht *Sybil* lesen wolle, waren etliche Persönlichkeiten von dem Gedanken auf eine zwiespältige Weise fasziniert. Vor Jahren hatte mir Carol *Sybil* als interessantes Buch empfohlen, und ich hatte einen Anlauf gemacht, es zu lesen. Aber ich konnte damals nichts damit anfangen. Ich fand es langweilig und legte es schließlich beiseite. Irgendwie bereitete das Buch mir Unbehagen.

Bisher hatte ich es auch geschafft, den auf dem Buch basierenden Film zu vermeiden. Während meines Schulpraktikums, in dem Jahr, ehe ich zu Lynn gekommen war, hatte *Sybil* zu den Filmen gehört, die des öfteren in den Psychologiekursen an der High School vorgeführt wurden. Ich unterrichtete zwar nicht Psychologie, aber mein Büro lag genau neben dem Vorführraum. Die eindringliche Musik und die Dialogfetzen, die durch meine Wand drangen, setzten mir zu. Wie bei all meinen Phobien und «unbegründeten» Ängsten mied ich diesen Film. Da ich die Geräusche nicht ausblenden konnte, suchte ich mir einen anderen Ort zum Arbeiten, sooft *Sybil* gezeigt wurde.

Aber jetzt nahm Jo die Herausforderung an. Sie beschloß, rein analytisch an *Sybil* heranzugehen und sich nicht in die Geschichte verwickeln zu lassen. Sie würde es ganz zielgerichtet lesen und versuchen, ein paar hilfreiche Therapietechniken herauszuziehen. Zu verfolgen, wie eine andere Multiple behandelt worden war, würde ihr wichtige Hinweise darauf geben, wie sie selbst ihre Heilung vorantreiben könne.

Allabendlich stürzte sich Jo jetzt auf das Buch wie auf ein spannendes intellektuelles Puzzle. Sie überflog noch einmal die Seiten, die sie am Vorabend gelesen hatte, um auszuschließen, daß sie etwas falsch verstand oder daß ihr irgendein Aspekt des Therapieprozesses entging. Und allabendlich hatte Jo, wenn sie das Buch wieder weglegte, das Gefühl, an ihrem eigenen Schmerz, ihrem Zorn, ihrer Verzweiflung zu ersticken. Beim Lesen spürte sie in sich eine Leere, ein schmerzliches Verlangen. Jo sehnte sich nach etwas, das sie nicht benennen konnte.

Sie beschloß, Lynn nichts von dem zu erzählen, was sie fühlte. Jo wußte nicht, wie sie über Gefühle reden sollte.

Statt dessen konzentrierte sich Jo während der Sitzungen ganz darauf, inwiefern sie und Sybil sich ähnlich waren und worin sie sich unterschieden. «Ich glaube, ich bin so wie die Sybil-Persönlichkeit», sagte Jo, «die Primärpersönlichkeit meiner Gruppe. Und meine Renee ist so wie Sybils Vicky – die Persönlichkeit, die alles über alle weiß.»

Lynn erschien der Vergleich nicht ganz passend. Sie erklärte Jo, sie fände es problematisch, überhaupt von einer Primärpersönlichkeit auszugehen, der eine irgendwie geartete zentralere Funktion zukomme. «Und außerdem weiß Renee mit Sicherheit nicht alles über alle in Ihrer Gruppe, Jo», sagte Lynn, «auch wenn sie eine sehr wichtige Rolle dabei spielt, Sie alle täglich über die Runden zu bringen.

Ich habe ganz reale Beziehungen zu vielen Ihrer Persönlichkeiten», schloß Lynn, «und ich kann nicht nur einen Teil des Ganzen wichtig nehmen. Ich glaube, daß es besser ist, allen Persönlichkeiten dabei zu helfen, stärker und gesünder zu werden, als irgend jemanden vorzuziehen.»

Was sie da hörte, gefiel Jo nicht, und so wechselte sie das Thema. «Bei Sybils Behandlung war Hypnose ein wichtiges Mittel. «Haben Sie immer noch vor, das zu lernen?»

Ja, Lynn war dabei, sich in Hypnotherapie ausbilden zu lassen, obgleich ihr Lehrer nichts über die Anwendung dieser Technik bei Multiplen wußte. «Ich glaube nicht, daß wir in nächster Zeit schon mit Hypnose arbeiten werden», sagte Lynn.

Das hörte Jo gern. Sie fürchtete sich insgeheim vor Hypnose und dachte, Lynn würde ihre Angst als Zeichen dafür werten, daß Jo nicht gesund werden wolle.

Schließlich gingen Jo die unverfänglicheren Themen aus, und sie versuchte, Lynn zu sagen, was wirklich in ihr vorging, nachdem sie nun *Sybil* gelesen hatte. «Dr. Wilbur lag offenbar wirklich an Sybil, als Freundin, meine ich, und umgekehrt auch», sagte Jo.

«Mir liegt sehr viel an Ihnen», versicherte Lynn Jo prompt. Jo seufzte und versuchte es noch einmal. «Ich weiß, daß Ihnen viel an mir liegt, mehr als an Ihren anderen Patienten, oder jedenfalls auf andere Weise», sagte Jo. «Sie lassen mich bei Ihnen zu Hause anrufen; ich kann fünfmal die Woche kommen, und meistens macht es nichts, wenn wir die Stunde überziehen.» Lynn nickte: das alles stimmte. Jo zögerte und sah auf ihre Hände. «Aber Dr. Wilbur hat sich mit Sybil auch außerhalb der Sitzungen getroffen. Ihre Beziehung war nicht... sie war nicht nur professioneller Art.»

TAGEBUCHEINTRAG *1. Mai 1982*

Jos Reaktion auf die Lektüre von Sybil *hat eindeutig meine These bestätigt, daß ihr Problem nicht völlig diesem Muster entspricht. Was ich allerdings nicht vorhergesehen hatte, war, daß es ihr zum Problem werden könnte, daß* ich *nicht dem Vorbild von Dr. Wilbur als Therapeutin entspreche. Jo will ganz klar, daß wir uns auch außerhalb des Sprechzimmers sehen, so wie Dr. Wilbur und Sybil.*

Ich habe Connie Wilbur eigens danach gefragt, als ich bei ihr war, und sie erklärte mir, dieser Aspekt sei im Buch übertrieben worden. In Wirklichkeit hätte kaum Kontakt außerhalb der Sitzungen bestanden. Aber als ich Jo das erzählte, dachte sie, ich wolle mich aus der Affäre ziehen, indem ich selektiv an das Buch herangehe.

Sicher, ich habe schon Patienten außerhalb meines Sprechzimmers getroffen, vor allem bei der Arbeit mit delinquenten Jugendlichen. Aber das hier ist etwas anderes.

Zum einen arbeite ich in einer Institution und nicht draußen vor Ort, und das ist wohl doch eine ganz andere Form von therapeutischer Tätigkeit.

Zum zweiten komme ich Jo ohnehin immer näher. Wie sie richtig festgestellt hat, verbringe ich mit ihr mehr Zeit als mit irgend jemand anderem. Was würde passieren, wenn ich ihr die Tür zu meinem Privatleben öffnete? Ich muß mir auch so schon befremdete Blicke meiner Kollegen gefallen lassen, wegen des zeitlichen Umfangs, in dem ich mich ihr widme, und der Techniken, die ich benutze. Was würden sie sagen, wenn ich mich noch mehr «überinvolvierte»?

Und zum dritten ist Jo schon oft genug von Leuten mißbraucht worden, die ihr professionelle Hilfe hätten geben sollen. Einige leiteten vertrauliche Informationen an ihre Mutter weiter. Andere erweckten erst den Eindruck, ihnen läge an ihr, und ließen sie dann plötzlich im Stich. Es ist ein absolutes Gebot, daß ich mich nicht in die Situation bringen lasse, mehr zu versprechen, als ich halten kann.

• • •

Jo war sich sicher, daß Lynn sie deshalb nicht außerhalb ihrer Praxis sehen wolle, weil sie Jo nicht so gern hatte, wie Dr. Wilbur Sybil gern gehabt hatte. Lynn sagte: «Wenn Sie möchten, können wir Freundinnen werden, nachdem der therapeutische Teil unserer Beziehung abgeschlossen ist.» Jo hielt das für eine Hinhaltetaktik, die nur vergebliche Hoffnungen schüren sollte. Jo glaubte, sie sei es einfach nicht wert, daß jemand ihr aus freien Stücken Zuneigung schenke, und hatte jetzt immer das Gefühl, daß Lynn ihr etwas vortäusche, wenn sie ihr sagte, wieviel ihr an ihr lag.

«Sagen Sie das doch nicht immer», meinte Jo zu Lynn. «Es würde Ihnen doch gar nichts ausmachen, wenn ich nicht mehr herkäme. Dann könnten Sie all die Zeit, die Sie jetzt für mich verschwenden, nutzbringender verwenden.» Jo war fest davon überzeugt, wenn sie die Therapie abbräche, würde Lynn das als Versagen der Wissenschaft verbuchen und ihr Leben weiterleben, ohne groß zurückzublicken.

Jo hatte gegen das Wissen angekämpft, daß das schmerzliche Ziehen, das sie bei der Lektüre von *Sybil* gespürt hatte, die Sehnsucht war, von Lynn geliebt zu werden. Sie wußte, sie war zu alt, um sich eine Mutter zu wünschen, und sie hatte gar nicht erst mit Lynn darüber reden wollen. Aber nachdem die Wunde erst einmal aufgerissen, das Gefühl aufgebrochen war, konnte Jo es nicht mehr vermeiden, daran zu rühren. Auf der Verstandesebene gab sie sich alle Mühe, Lynns Gründe, sie nicht außerhalb der Praxis zu sehen, zu akzeptieren. Aber auf der emotionalen Ebene war sie todunglücklich über diese – wie sie es deutete – Zurückweisung.

Lynns ganzes Gerede über Jos «große Stärken» und «all die vielen Dinge», die sie «der Welt zu geben hatte», war nichts als leeres Geschwätz. Lynn hatte überhaupt kein echtes Interesse an ihr.

«Was soll ich mich abstrampeln? Der einzige Mensch, der mich je geliebt hat, ist tot. Da wäre es doch besser, ich wäre auch tot», dachte Jo. Es gab keine Hoffnung. Sie konnte nicht denken, nicht arbeiten; alles, was sie konnte, war, sich mit dem Schmerz herumquälen. Sie wollte sterben.

Bald würde sie heim nach Richmond fahren, um ihre Familie zu sehen und das Grab ihres Vaters zu besuchen. Sie beschloß, sich auf dem Friedhof die Pulsadern aufzuschneiden. Sie würde dem einzigen Menschen folgen, der sie je geliebt hatte.

TAGEBUCHEINTRAG *10. Mai 1982*

Seit einem Monat versuche ich jetzt, das Problem der privaten Kontakte mit Jo zu bearbeiten und den Weg zwischen uns wieder frei zu machen. Ich weiß, sie ist voller Wut und Ohnmachtsgefühle. Ich weiß, daß sie alles, was ich ihr sage, absolut mißversteht. Vielleicht muß ich mich doch noch einmal genauer damit auseinandersetzen. Ich habe das deutliche Gefühl, daß Jos Qualen sehr real sind und daß sie auf eine Krise zusteuert.

Jo fährt am Freitag heim nach Richmond. Ehe sie abfährt, will ich noch einen letzten Versuch unternehmen, das Problem anzugehen und zu bearbeiten. Renee hat heute gesagt: «Ich verstehe nicht, warum das eigentlich so eine Riesensache ist. Mein Gott, Jo will doch schließlich nicht mit Ihnen leben. Sie möchte doch weiter nichts als ein Stündchen außerhalb der Arbeit.»

Vielleicht bausche ich das Ganze ja wirklich unnötig auf. Wenn es ihr jetzt hilft, mich einmal außerhalb der Arbeit zu besuchen, kann ich mich ja vielleicht mit den anderen Problemen immer noch befassen, wenn sie sich stellen.

• • •

In der nächsten Sitzung eröffnete Lynn das Gespräch mit den Worten: «Sagen Sie mir noch einmal, Jo, warum Sie mich gern außerhalb der Praxis sehen möchten.»

Jo holte tief Luft. Sie haßte es zwar, über ihre Gefühle zu sprechen, aber sie wußte ja, daß nach diesem Wochenende sowieso nichts mehr von Belang sein würde. «Ich habe Angst davor, wie Sie wirklich sind, wenn Sie nicht arbeiten», sagte sie. «Ich weiß nicht, ob Sie echt sind, wenn wir hier drinnen sind.

Ich denke, wenn wir uns auch mal außerhalb der Praxis sehen würden», sagte Jo, «dann wüßte ich, daß Ihnen wirklich etwas an mir liegt, daß Sie nicht nur ein berufliches Interesse an mir haben. Seit einem Jahr versuchen Sie mir jetzt schon beizubringen, daß ich mehr Selbstwertgefühl haben soll, aber wie soll ich glauben, daß andere den Wunsch haben könnten, mit mir zusammenzusein, wenn Sie es nicht wollen?»

Lynn sah Jo direkt ins Gesicht und sagte: «Gut. Hätten Sie vielleicht Lust, nächsten Montag zu mir zum Tee zu kommen?»

Das war mehr, als Jo je verlangt hätte. Ihre weitgehendste Hoffnung war es gewesen, daß Lynn vielleicht doch noch kapitulieren und sich zu einem gemeinsamen Kaffee in der Campus-Cafeteria bereitfinden würde. Aber jetzt lud Lynn sie zu sich nach Hause ein! «O Lynn, das brauchen Sie nicht zu tun», sagte Jo, und die Schuldgefühle waren jetzt noch heftiger denn je. «Ich möchte mich nicht in Ihre Privatsphäre hineindrängen.»

«Nein, Jo», sagte Lynn fest, «wenn Sie mich außerhalb dieser Praxis sehen wollen, dann sollen Sie mich in meiner normalen Umgebung kennenlernen. Kommen Sie, und schauen Sie sich an, wie ich lebe.»

Lynns Kehrtwendung verwirrte Jo. «Ich glaube, ich habe sie dazu gebracht, ihre Meinung zu ändern», dachte sie mit einem kleinen Freudenschauer. Das ganze Wochenende in Richmond dachte Jo über ihre alten Ängste und ihr neues Gefühl der Macht nach. Ihre Selbstmordpläne waren vergessen.

Jo kam ein paar Minuten zu früh bei Lynns Haus an und blieb noch im Wagen sitzen. Sie fragte sich, ob das wieder eines der Erlebnisse sein würde, das ihr eine der anderen Persönlichkeiten wegnähme. Aber als sie dann fünf Minuten später immer noch selbst im Auto saß, merkte sie, daß sie halb gehofft hatte, eine der sozial gewandteren Persönlichkeiten würde übernehmen. Dem war aber nicht so.

Zwar schauten etliche von uns durch Jos Augen zu, aber das hier sollte allein ihr Erlebnis sein. Lynn hatte schließlich Jo nachgegeben. Sie hatte Jo zu sich nach Hause eingeladen. Wir übrigen wunderten uns zwar, warum jemand mit einer so unbeholfenen Persönlichkeit wie Jo zusammensein wollte, waren uns aber einig, daß wir uns heraushalten würden.

Lynn schien Jos Befangenheit zu ahnen. «Herein, herein», beantwortete sie Jos Klopfen. «Setzen Sie sich irgendwohin», sagte sie mit einer Geste in Richtung Wohnzimmer. Dann ging sie in die Küche, um Tee zu machen.

Es löste Jos Beklommenheit ein wenig, daß sie Gelegenheit hatte, die Umgebung erst einmal allein aufzunehmen. Sie tätschelte den struppigen Hund, setzte sich aufs Sofa und fühlte sich durch das Klimpern des Windglockenspiels im Fenster beruhigt. Sie kannte dieses Geräusch schon von ihren Telefongesprächen. In Zukunft würde sie die Messingglöckchen im Wohnzimmer vor sich sehen können.

Dann bemerkte sie eine eigenartige Zeichnung, die gerahmt auf einem Tischchen in der Ecke stand. Jo hatte das seltsame Gefühl, daß sie dieses Bild kennen müßte. Leuchtend bunte

Blumen sprossen aus einer dunklen Kiste. Die Bildmitte schien etwas von einer aufwärtsgerichteten Bewegung auszudrücken. Lynn kam mit dem Tee zurück und griff nach dem Bild, das Jos Aufmerksamkeit gefesselt hatte. Sie setzte sich neben Jo, die gerahmte Zeichnung auf dem Schoß.

«Ich nehme an, Sie haben das hier noch nicht gesehen, Jo», sagte Lynn. «Das hat mir Missy zum Muttertag geschenkt. Na ja, bekommen habe ich es von Renee. Missy hatte zwar den Mut, es zu malen, aber sie hat nicht gewagt, es mir selbst zu überreichen.»

Jo errötete tief. Das war nicht das erste Mal, daß sie mit den Aktivitäten verborgener anderer konfrontiert wurde. Wie gewöhnlich entschuldigte sie sich. «Entschuldigung, es tut mir leid, daß Sie damit belästigt worden sind.» Sie setzte mit einem hilflosen Achselzucken hinzu. «Ich wußte nichts davon.»

«Es tut Ihnen leid?» sagte Lynn scharf, um dann, als sie Jo zusammenzucken sah, ihren Ton zu mildern. «Ich fand das Bild hübsch und bedeutsam. Missy sagt mir damit, daß ich für sie wie eine Mutter bin, und sie zeigt, daß sie sich frei genug fühlt, sich künstlerisch zu betätigen. Sehen Sie denn nicht, was dieses Bild aussagt? In dieser Kiste waren Ihre Geheimnisse jahrelang verborgen. Jetzt sprießt Schönheit daraus hervor.» Jo bestätigte Lynns Deutung mit einem Nicken. Aber sie schämte sich immer noch.

«Wissen Sie», sagte Lynn, «dieser Missy-Teil in Ihnen ist künstlerisch begabt. Missy hat nur nicht die Zeit gehabt, ihr Talent reifen zu lassen.»

Jo wischte das Kompliment verlegen beiseite. Es machte sie noch befangener. Sie wußte schon mit positiven Reaktionen auf ihre eigenen Leistungen nicht umzugehen; was sollte sie empfinden, wenn jemand etwas Nettes über die Persönlichkeiten sagte, die ihr die Zeit stahlen?

«Ihr Zimmer gefällt mir», wechselte Jo das Thema. «Es wirkt alles so weich und ruhig.» Sie musterte noch einmal die gedämpften Farben und Strukturmaterialien und prägte alles ihrem Gedächtnis ein.

«Ich durfte nie im Wohnzimmer sitzen, als ich klein war», sagte sie. «Aber ich hätte es sowieso nicht gewollt. Es war alles so steif und formell.

Dieses Zimmer gefällt mir», sagte sie noch einmal. «Es sieht aus wie Sie.»

TAGEBUCHEINTRAG *20. Mai 1982*

Die erste Sitzung nach Jos Besuch bei mir zu Hause – und wir waren alle viel, viel lockerer. Jo war von der schrecklichen Spannung der letzten Monate nichts mehr anzumerken. Und heute hat mir Renee dann schließlich erzählt, wie verzweifelt Jo war. Kurz ehe ich kapituliert hätte, meinte sie, habe Jo den Plan gefaßt, sich auf dem Grab ihres Vaters das Leben zu nehmen. «Ohne diese kleine Komplikation ging mein Besuch in Richmond doch wesentlich glatter über die Bühne», sagte Renee lachend.

Bei dieser Enthüllung spürte ich, wie sich mir der Magen zusammenkrampfte, aber zugleich fühlte ich mich in meiner Entscheidung bestätigt. Niemand aus der Gruppe hatte versucht, mich zu manipulieren, indem er mir vorher von Jos Plänen erzählte.

Für Jo war das ein echter Meilenstein. In einem letzten, verzweifelten Versuch hatte sie ihre Sache vertreten und durchgefochten – und das mit Erfolg. Damit bewies sie viel mehr Vertrauen in sich selbst und in mich, als ihr – bis heute – bewußt ist. Und ich habe jetzt, da ich mein Verhalten als adäquate Reaktion auf ein echtes Bedürfnis sehen kann, auch mehr Vertrauen in uns beide. Dieses Bedürfnis ist auf eine offene und direkte Weise befriedigt worden. Jetzt können wir uns anderen Dingen zuwenden. Ob wir nun noch mehr außerhalb der Praxis zusammen machen oder nicht, ist nicht so wichtig. Aber ich werde trotzdem den Gedanken nicht los, wie heilsam ein Therapiewochenende in unserem Ferienhaus sein könnte.

15

Jos Besuch bei Lynn wirkte sich auf sämtliche Persönlichkeiten aus. Alle diejenigen von uns, die überhaupt in einem inneren Kontakt zueinander standen, beschlossen einmütig, Lynn nach Kräften dabei zu helfen, Jo zu helfen.

Keine der Persönlichkeiten ging davon aus, daß sich die Möglichkeit, Lynns Gegenwart außerhalb ihrer Praxis zu genießen, noch ein zweites Mal bieten würde. Selbst Jo und Missy begriffen, daß ihr Wunsch, mehr von Lynns Zeit für sich zu haben, ungerecht war. Kein Mensch konnte sechsundzwanzig Jahre Mangel kompensieren. Und alle Persönlichkeiten hatten durch Erfahrung gelernt, daß es weniger schmerzlich war, selbst Grenzen zu setzen, als sich durch jemand anderen von außen Grenzen setzen lassen zu müssen. Wir würden nicht mehr von Lynn verlangen.

Etwa einen Monat später wurde es nachmittags an der Anmeldung draußen vor Lynns Tür plötzlich ungewöhnlich laut. In einem allgemeinen Ausbruch von Ferienstimmung johlten die Studenten fröhlich auf den Fluren. Missy erschreckten die unerwarteten Geräusche und Stimmen zutiefst. Lynns beruhigendes Zureden nützte nichts.

Ich entschuldigte mich für Missys Reaktion. «Ich weiß, es ist verrückt», erklärte ich Lynn vertraulich, «aber Missy denkt immer noch, ihre Mutter könne plötzlich hier hereingestürmt kommen. Sie flippt jedesmal aus, wenn eine Ihrer Studentinnen das ‹Nicht-stören›-Schild nicht beachtet und hereinkommt, um Ihnen auf Wiedersehen zu sagen.»

«Ich habe eine Idee», sagte Lynn plötzlich. «Wie wäre es, wenn ich morgen mit Missy in den Park ginge?» Ich war perplex. Sie bot nicht nur an, noch einmal etwas mit uns außerhalb der Praxis zu machen – sie war offenbar sogar bereit, sich mit Missy in der Öffentlichkeit sehen zu lassen.

Missy genoß das entspannte Zusammensein mit ihrer Freundin in vollen Zügen und tat nichts, was den Rest der Gruppe in Verlegenheit gebracht hätte. Sie hatte ihre Freude daran, den großen, ruhigen Riverside-Park zu erkunden, die Enten zu füttern und zuzusehen, wie die riesigen Frachter durch den Hafen manövrierten.

«Dein Daddy ist mit so einem Schiff gefahren, so groß wie das da», sagte Missy. Es war lange her, daß sie ihren Vater das letzte Mal gesehen hatte, und sie stellte ihn sich immer auf dem Deck eines Schiffes vor, wie er zurückkommen und sie finden würde. Gewohnheitsgemäß suchte sie das Schiff mit den Augen ab und sah dann Lynn an. Zum erstenmal sehnte sie sich nicht schmerzlich danach, daß ihr Vater kommen und sie retten würde. Lynn und die «anderen Mädchen» in ihrem Inneren kümmerten sich jetzt um sie.

Eine Erinnerung überflutete Missy. Ein großer Holzsarg, und darauf ein Zweig mit Gardenien, den Lieblingsblumen ihres Vaters. «Er ist gestorben», sagte Missy leise, und Tränen rannen über ihre Wangen. Sie legte den Kopf an Lynns Schulter, sah den Enten zu und fühlte sich traurig, aber geborgen.

Jo wußte, daß Lynn jeden neuen Schritt, den sie machte, freudig registrierte. Wenn Jo jetzt in Lynns Sprechzimmer erwachte, war sie froh, da zu sein, und nicht mehr besorgt, was die anderen in ihrer Abwesenheit getan haben mochten. Sie konnte inzwischen glauben, das Lynn sie weiter kennenlernen wollte und sie um ihrer selbst willen gern hatte.

Jo bemühte sich eifriger denn je zu kooperieren. Sie erklärte sich damit einverstanden, sich von Lynn hypnotisieren zu lassen, obgleich sie sich nicht sicher war, ob sie tatsächlich dafür bereit war. Schon bei dem bloßen Gedanken brach ihr der kalte Schweiß aus. Aber dennoch war sie, zumindest in der Theorie, willens, ihre irrationale Angst beiseite zu schieben. Sie vertraute Lynn jetzt.

Lynn freute sich über Jos mutige Entscheidung, meinte aber, sie sollten doch erst versuchen, ihre Ängste zu bearbeiten. Lynn erzählte in glühenden Worten von ihrer eigenen Hypnoseerfahrung im Zuge ihrer Ausbildung. «Ich habe mich sowohl in der Hypnose als auch danach einfach toll gefühlt», sagte sie. «Ich war ruhig und entspannt, und die Suggestion hat mir geholfen, ein paar Kilo abzunehmen.»

Jo sagte sich, daß in ihrem Fall die Hypnose Lynn die Möglichkeit geben würde, mit dem einen, soliden, unbewußten Selbst zu kommunizieren, das ihr Kern war und auch der Kern der anderen Persönlichkeiten. Je eher Lynn ihrem Unterbewußtsein vermittelte, daß sie die anderen Persönlichkeiten nicht brauchte, desto besser. Und dennoch machte der Gedanke an die Hypnose Jo weiterhin angst.

Wie gewöhnlich pflanzte sich die Angst durch das System fort, und alle anderen Persönlichkeiten wurden davon ergriffen. Obgleich sich die Gruppe einig war, daß sie sich in die Sache mit der Hypnose nicht einmischen wolle, war doch einigen von uns beklommen zumute. Ich versuchte dahinterzukommen, was es mit dem unsicheren Gefühl auf sich hatte, bekam aber nichts zu fassen. «Ist schon einmal jemand von euch hypnotisiert worden?» fragte Lynn.

«Nicht, daß ich wüßte», sagte ich. «Vielleicht hat es einfach mit Kontrolle zu tun. Wir wissen doch alle, Hypnose heißt, daß wir uns Ihnen überlassen. Sie wissen ja, daß ich normalerweise das Außen-Bewußtsein übernehmen kann, wenn ich es will. Vielleicht habe ich Angst, daß ich drinnen eingesperrt werde, wenn Sie Jo hypnotisieren.

Ich vertraue Ihnen», setzte ich lächelnd hinzu, «aber Sie wissen ja, daß ich schon ziemlich lange diejenige bin, die die Show hier am Laufen hält.» Ich erklärte ihr auch, daß einige der anderen Persönlichkeiten möglicherweise immer noch Angst hatten, Lynn würde sie vernichten, während sie unter Hypnose und machtlos wären.

Lynn erklärte mir noch einmal, daß sie keine Persönlichkeit ausschalten wolle. Die Integration würde, falls sie je eintreten sollte, ein gemeinsamer Entscheidungsprozeß aller sein. Keine Persönlichkeit würde dabei geopfert werden.

«Jo denkt, eines Tages werden wir alle weg sein, und nur sie bleibt noch übrig», sagte ich.

«Jo hat eben noch eine Menge zu lernen», antwortete Lynn. Ich versprach ihr, daß wir alle unser Bestes tun würden.

In der nächsten Sitzung streckte sich Jo auf dem Teppich aus, willig, aber zitternd. Lynn begann leise und sanft zu sprechen, wobei sie ihre Stimme Jos Atemrhythmus anpaßte. Jos Zittern schlug in nervöses Kichern um. Sie setzte sich auf. «Ich kann's einfach nicht», sagte sie. «Die Art, wie Sie sprechen, paßt so gar nicht zu Ihnen. Sonst sind Sie immer so fix, daß es mir angst macht. Diese Verwandlung kommt mir einfach albern vor.»

«Widerstand!» sagte Lynn, und das eine Wort reichte aus, um Jos freundliche Kritik zum Verstummen zu bringen.

Nach ein paar weiteren Anläufen entspannte sich Jo schließlich. Hinter geschlossenen Lidern begann sie die liebliche Szenerie vor sich zu sehen, die Lynn ihr schilderte.

«Sie sind am Meer», sagte Lynn, und Jo hörte im Geist die Wellen, die leise ans Land schlugen.

«Sie gehen barfuß über den Sand», murmelte Lynn. «Sie spüren das Wasser an Ihren Zehen.» Jo fühlte die Sonne auf ihrem Rücken und die herrliche Weite des Meeres vor sich.

«Tatsächlich! Es klappt», dachte Jo ungläubig. Dann schlüpfte sie ganz ruhig in die Szene hinein. Sie brauchte sich nicht mehr darauf zu konzentrieren, was Lynn sagte. Die Stimme wurde immer ferner. Friede.

Plötzlich fühlte sich Jo von einer eisigen Welle überrollt. Sie rang um Halt, aber die Panik war stärker als sie. Sie fühlte sich hilflos davongezogen, davongesogen. «Hilfe! Ich ertrinke», dachte Jo in Todesangst, «ich ertrinke in mir selbst.»

Die Josie-Persönlichkeit setzte sich ruckartig auf. Sie fühlte die Panik in sich aufwallen und suchte das einzige Ventil, das sie kannte. «DIE WAND!» Josie stürzte auf die Wand zu und begann, mit dem Kopf dagegenzuschlagen, ehe Lynn etwas dagegen tun konnte.

«Renee! Jo!» schrie Lynn, in der Hoffnung, das System sei soweit unter Hypnose, daß sie eine andere Persönlichkeit auf den Plan rufen könne. Aber als Lynn Josie von der Wand wegzerrte, begriff sie, daß die anderen Persönlichkeiten wie üblich durch die Panik blockiert waren. Josie kämpfte gegen Lynns Umklammerung an, bis die wilde Angst nachgelassen hatte und Missy sich erschöpft in die Arme der Therapeutin schmiegen konnte.

Jo wußte, daß sie alles versucht hatte, sich auf die Hypnose einzulassen, und Lynn nahm es ihr ab. Lynn versicherte ihr, das, was da eben passiert sei, habe nichts mit Therapiewiderstand zu tun.

«Wir müssen herausbekommen, warum Sie diese Angst gepackt hat», sagte Lynn. «Fangen wir ganz von vorn an. Sind Sie schon einmal hypnotisiert worden?»

«Nein, nie», sagte Jo bestimmt.

«Wie war es, als Sie untergegangen sind?» fragte Lynn.

«Ich war ganz ruhig und friedlich und am Anfang ein bißchen verblüfft darüber, daß sich die Strandszenerie so real anfühlte», sagte Jo, «und dann war da diese unglaubliche Angst, und ich war auf einmal weg.»

«Wovor hatten Sie Angst?» fragte Lynn.

Stirnrunzelnd versank Jo in Gedanken. «Ich weiß, das klingt verrückt», sagte sie schließlich, «aber ich hatte Angst, Sie könnten mir etwas tun.»

«Ich finde das gar nicht verrückt», sagte Lynn. «Und was dachten Sie, was ich Ihnen tun könnte?»

Jo duckte sich weg. «Ich weiß ja, daß Sie mir niemals etwas tun würden.»

Aber so schnell ließ sich Lynn nicht abwimmeln. «Sie brauchen mich nicht zu beruhigen», sagte sie. «Ich weiß, daß *Sie* wissen, daß Sie bei mir sicher sind, aber was hatten Sie denn für eine Phantasie, was ich Ihnen tun könnte?» Jo schüttelte den Kopf, wußte aber wohl, daß Lynn nicht lockerlassen würde.

«Versuchen wir es mit freiem Assoziieren», sagte Lynn. «Was fällt Ihnen zu Hypnose ein?»

Jo entspannte sich und ließ die Antworten unzensiert kommen. «Ich muß an den Ozean denken. Sie wissen ja, ich liebe das Meer.»

«Hören Sie genau auf meine Worte», sagte Lynn. Sie wiederholte sanft ein paar Schlüsselsätze, so wie sie sie während der Hypnose gebraucht hatte. «Hören Sie auf meine Stimme. Hier sind Sie sicher.»

Jo wurde plötzlich ganz starr. «Larry!» rief sie aus, erfreut, daß sich eine Erinnerung meldete, aber auch ganz perplex. Was hatte ihr Psychologielehrer an der High School – ihr Lieblingslehrer – hiermit zu tun?

«Wann hat Larry diese Worte gesagt?» fragte Lynn. Etwas in ihrer matten Stimme weckte in Jo das Gefühl, daß sie die Antwort schon ahnte. Aber sie ignorierte das für den Augenblick. Eine Erinnerung zu fassen zu bekommen und ihr nachzugehen war eine neue Erfahrung für sie. Sie wollte ihren Gedankenfaden nicht verlieren.

Jo ging laut die Möglichkeiten durch. «Im Unterricht? Nein, Larry hätte ganz sicher nie in einem High-School-Psychologiekurs eine Hypnose durchgeführt.»

Lynn nickte, tat aber nichts, um ihr weiterzuhelfen.

«Aber es erscheint mir doch plausibel, daß er etwas von Hypnose verstand», spekulierte sie. «Er hat mir erzählt, daß er früher in Schweden Therapeut war.»

«Wann hat er diese Worte zu Ihnen gesagt, Jo?» fragte Lynn noch einmal.

«Also, ich bin mir sicher, daß er nicht versucht hat, mich zu hypnotisieren», erwiderte Jo.

«Wann, Jo?»

Jo leckte sich die Lippen. «Ich glaube, es war in seiner Wohnung. Ich bin einmal dortgewesen. Aber Larry wollte nur, daß ich mich besser fühle.»

Jo hielt inne. Sie schüttelte die plötzliche Unruhe ab – es war ja völlig irrational, im Zusammenhang mit Larry oder ihren Erinnerungen an ihn irgend etwas zu befürchten. «Ich war in der Zeit bei Larry, als meine Eltern getrennt lebten und nur mit ihren eigenen Problemen beschäftigt waren. Ich war verwirrt und ängstlich. Larry war der einzige Mensch, an den ich mich halten konnte.»

«Was hat Larry gesagt, als Sie bei ihm in der Wohnung waren?» bohrte Lynn weiter.

Jo antwortete, bemüht, ihre Stimme ruhig zu halten. «Ach, er hat mir einfach nur gesagt, ich solle ganz locker lassen und auf seine Stimme hören, und ich würde mich besser fühlen.»

Lynn drängte noch weiter, aber Jo weigerte sich jetzt, sich noch weiter dieser Erinnerung zu nähern, von der ein warnendes Pulsieren ausging. Sie konnte nicht darüber reden.

Lynn ließ ab, und die Sitzung war beendet. Als Jo die Ambulanz verließ, wurde ihr bewußt, daß Lynn diesmal, anders als sonst, nichts von den anderen Persönlichkeiten erzählt hatte. Und ihre eigenen Spekulationen hatte sie auch nicht geäußert.

Aber das war in Ordnung. Jo war sich sicher, daß es für sie ohne Bedeutung war, was Lynn zu sagen hatte.

TAGEBUCHEINTRAG *2. Juni 1982*

Das Muster ist auffällig. Offenbar hat sie der sexuelle Mißbrauch durch den Vater auf die Rolle des Opfers konditioniert, sie bereit dafür gemacht, sich von anderen Tätern mit anderen pathologischen Strukturen in neue Mißbrauchssituationen locken zu lassen. Aus dem, was mir die anderen Persönlichkeiten erzählt haben, schließe ich, daß Jo damals von ihrem High-School-Lehrer vergewaltigt wurde und daß er dazu unter anderem Hypnose einsetzte.

Die verschiedenen Persönlichkeiten haben mir ein Häufchen Puzzleteile an die Hand gegeben, und zusammengenommen deuten diese einzelnen Stückchen auf eine verheerende Pubertätszeit hin. Aber die Teile sind mir auf verschiedenste Art und Weise zugespielt worden. Manchmal wird der Mißbrauch ganz offen thematisiert, etwa wenn Isis mir erzählt, wie es Ray sexuell erregte, seine dreizehnjährige

Tochter zu umarmen. Aber meistens tauchen die Puzzlestückchen in der Übertragung auf, etwa in Gestalt von Jos Reaktion auf meinen «Professionalismus» oder auf meine Versuche, sie zu hypnotisieren. Und wieder andere Stückchen werden mir beiläufig hingeworfen, so daß es bei mir liegt zu unterscheiden, was wichtig ist und was nicht.

Es wird Zeit, daß sie anfängt mitzuhelfen, ein paar Teile zusammenzusetzen.

16

Als ich das nächste Mal kam, hatte Lynn einen Plan. «Renee», sagte sie, «würden Sie mit mir ein bißchen Detektivarbeit leisten? Ich möchte einen kompletten Zeitrahmen für Jos Leben konstruieren.»

Ich fand die Idee sehr interessant. Zwar hatte ich selbst von der Zeit, über die Lynn sprechen wollte, überhaupt nichts mitbekommen, aber ich hatte mir gemerkt, was die anderen Persönlichkeiten bisher erzählt hatten. Und wie Lynn war ich der Meinung, daß die Bruchstücke, die die einzelnen Persönlichkeiten vorbrachten, ziemlich chaotisch waren.

Lynn legte fest, wo die Periode, die wir zusammensetzen wollten, enden sollte. «Also», sagte sie, «wir wissen, wann Sie geboren wurden, stimmt's?»

«Ja», antwortete ich, «ich wurde eine separate Persönlichkeit, als Jo mit ihrem Psychologielehrer ins Bett gegangen ist. Aber bis vor kurzem habe ich nicht gewußt, daß er sie hypnotisiert hat.»

«Das muß für Jo eine schreckliche Erfahrung gewesen sein», meinte Lynn.

«Darüber habe ich mir noch nie Gedanken gemacht.» Ich mußte lachen, wenn ich an das Resultat dachte. «Für mich war es jedenfalls sehr schön.»

«Gut – darauf werden wir später zurückkommen», meinte Lynn. «Jetzt sollten wir uns erst mal überlegen, wo wir am besten anfangen. Wie wär's mit der Trennung von Jos Eltern?»

«Damals war sie so etwa zwölf oder dreizehn», sagte ich, «aber bisher hatte keine der Persönlichkeiten viel zu diesem Thema zu sagen.»

«Wir erfahren bestimmt etwas darüber, wenn sie soweit

sind», erklärte Lynn. «Fangen wir also ein bißchen später an. Was halten Sie davon, wenn wir mit Jos ersten High-School-Erinnerungen beginnen?»

Jo wollte den Kopf gegen die Wand in der Toilette lehnen. Verblüfft merkte sie, daß da gar keine Wand war. Sie öffnete die Augen: Sie befand sich in einer vollkommen anderen Welt. Nicht auf der Schultoilette, wie sie gedacht hatte. Sie saß im Klassenzimmer an ihrem Tisch.

Verzweifelt klammerte sie sich an dem Buch fest, das vor ihr lag. Sie durfte das *Jetzt* nicht wieder verlieren. Das Psychologielehrbuch war auf Seite 72 aufgeschlagen, eine farbige Illustration zeigte die einzelnen Teile des menschlichen Gehirns.

Jo merkte, daß sie unter lauter Schülern saß. Vorne stand ein Mann. Er war Ende Dreißig und sah durch seine schwarz umrandete Brille neugierig zu ihr herüber. Auf dem Tisch vor ihm befand sich ein mehrfarbiges Plastikmodell des menschlichen Gehirns. Der Mann deutete auf die verschiedenen Teile des Modells und nannte ihre Bezeichnungen und Funktionen. Rechts von Jo war der Laborbereich, mit Tischen und hohen Hockern. Links sah sie die anderen Schüler und eine Betonwand. Manche der Schüler schienen den Erklärungen des Lehrers zu folgen, andere schauten gelangweilt vor sich hin. Die Tür, die aus dem Klassenzimmer führte, war links hinter Jo.

«Fliehen», dachte Jo – aber wohin? Wo würde sie landen, wenn sie aus diesem Raum rannte? Sie wußte nicht, wo sie war. Da es keine Fenster gab, konnte sie nicht mal nach draußen sehen, um vielleicht irgendwelche Orientierungshilfen zu bekommen. Als sie versuchte, sich ins Gedächtnis zu rufen, welcher Tag heute war, merkte sie, daß sie auch das nicht wußte.

Die Verwirrung fühlte sich an wie Treibsand in ihrem Inneren, der sie in nackte Panik sog. Jo schüttelte den Kopf und schaute sich noch einmal im Raum um. Über dem Mann, der vorne stand und redete, bemerkte sie an dem Anschlagbrett ein gelbes Schild, auf dem «Mr. Dunlap» stand. «Mr. Dunlap», dachte Jo. Tonlos formte sie den Namen mit ihren Lippen.

Sie suchte nach bekannten Gesichtern unter den Schülern. Da war niemand, den sie kannte. Die Mädchen sahen älter aus als sie selbst, erwachsener – wie High-School-Schülerinnen.

Verwirrt blickte sie auf ihr Lehrbuch. Vielleicht setzte ihr Gedächtnis ja wieder ein, wenn sie die entsprechende Stelle im Buch las.

Neben dem Buch lagen Notizzettel. Jo studierte sie aufmerksam. Dort stand in einer ordentlichen, runden Schrift, die so ganz anders war als ihre eigene schlampige, abgehackte Klaue, das Datum: 24. Oktober 1971.

«24. Oktober!» Jo wurde heiß und kalt. «Das kann doch nicht sein! Es ist April. Gerade eben war noch April.»

Sie holte tief Luft, um ihre Panik in den Griff zu bekommen. «Erinnere dich», forderte sie sich streng auf. «Hör auf, dich so blöd anzustellen. Versuch's einfach.»

Sie blickte auf den Boden. Neben ihren Füßen stand eine Tasche. Darin mußte sich doch irgend etwas befinden, was ihr Gedächtnis wieder ankurbeln würde. Möglichst unauffällig brach sie eine Bleistiftspitze ab. Sie sah nach vorn zum Lehrer, aber er schien sie nicht zu beachten.

In der Hoffnung, daß es so aussah, als suche sie nach einem Bleistift, durchsuchte sie ihre Tasche. Sie mußte doch irgend etwas finden, was ihr bekannt vorkam – etwas, was die Verbindung zum Jetzt herstellen würde.

Überrascht zog sie die Hand aus der Tasche zurück. Sie hielt ein kleines Plastiktütchen mit Marihuana. Woher stammte das Zeug? Sie nahm doch keine Drogen.

Sie schaute wieder nach vorn. Der Lehrer redete immer noch, musterte sie jetzt aber neugierig. Sein Blick fiel auf das Tütchen, das sie noch in der Hand hielt. Schnell verstaute Jo es wieder in der Tasche. Sie legte den Kopf auf den Tisch und vergrub ihr Gesicht in den Armen.

Mit geschlossenen Augen versuchte sie, sich auf ihre jüngsten Erinnerungen zu konzentrieren. «War das nicht gerade eben erst?» überlegte sie. Vielleicht war es gestern gewesen.

Gestern war Jo Neuntkläßlerin an der East Junior High

School gewesen. Es war ein Morgen im April. Sie erinnerte sich noch, daß sie in die erste Unterrichtsstunde gegangen war. Spanisch bei Mr. Hahn. Als der Unterricht begann, war sie unruhig auf ihrem Stuhl in der ersten Reihe hin und her gerutscht. Die Schüler rechts und links von ihr sagten gemeinsam mit dem Rest der Klasse etwas auf, während Mr. Hahn auf spanisch Anweisungen gab. Obwohl Jo eine hervorragende Schülerin war, konnte sie nicht verstehen, was der Lehrer sagte. «Warum kann ich mich denn an nichts erinnern?» fragte sie sich verzweifelt. Ohne recht nachzudenken, rannte sie aus dem Klassenzimmer.

Wohin jetzt? Jo ging auf die Mädchentoilette und warf sich kaltes Wasser ins Gesicht. Sie mußte sich festhalten. Ihre Hände zitterten.

Was jetzt? Hier auf der Toilette war sie nicht lange in Sicherheit. Gleich würde die Lehrerin hereinkommen, die Pausenaufsicht hatte. «Ich werde ihr sagen, daß ich krank bin», murmelte Jo, an die kalten Wandkacheln gelehnt. Die Verwirrung zog sie in einen wirbelnden Strudel. «Vielleicht bin ich ja wirklich krank», dachte sie, «vielleicht sollte ich zur Schulschwester gehen.»

Jo mochte die Schulschwester. Sie hatte sie dieses Jahr schon oft tröstend in den Arm genommen, wenn sie laut schluchzend bei ihr im Zimmer gesessen hatte – schluchzend vor Haß auf ihren Vater, weil er weggegangen war, vor Haß auf ihre Mutter, weil diese nicht mit ihm zusammenleben wollte. Die Schwester strich ihr dann übers Haar und sagte beruhigend: «Armes kleines Häschen.» Aber letzte Woche, als Jo wieder einmal in Tränen aufgelöst bei ihr erschienen war, hatte die Schwester sie zum Schulpsychologen geschickt.

Der Psychologe hatte Jo über einen Stapel von Testbögen hinweg angeschaut und gefragt, ob es wichtig sei. Jo hatte geantwortet, es sei schon in Ordnung.

Nein, sie konnte nicht zur Schwester gehen und sich wieder wegschicken lassen. Sie hatte Angst – sie konnte sich nicht bewegen. Sie konnte nicht hierbleiben. Verzweifelt preßte sie den Kopf gegen die kühlen Kacheln.

Das Schrillen der Schulglocke holte sie in die Gegenwart – Mr. Dunlaps Psychologieunterricht – zurück. «Ich werde mich nicht vom Fleck rühren», beschloß Jo. «Ich tue einfach so, als würde ich schlafen.»

Es wurde ganz still im Zimmer, als die letzten Schüler lachend und plaudernd den Raum verlassen hatten. Da berührte sie plötzlich jemand am Arm. Jo schreckte hoch und starrte entsetzt in die Augen des Psychologielehrers.

«Jo, ich habe jetzt eine Freistunde. Kommen Sie, wir gehen in mein Büro.» Sie packte ihre Bücher zusammen und folgte ihm. Mr. Dunlap setzte sich an seinen Schreibtisch und gab Jo zu verstehen, sie solle ebenfalls Platz nehmen. In seinen Stuhl zurückgelehnt schaute er Jo an, wobei er sich mit einem Bleistift gegen die Zähne klopfte. Schließlich beugte er sich vor. «Okay. Miss Casey – was geht hier vor?»

«W-was meinen Sie damit?» fragte Jo zögernd.

«Das Marihuana», sagte er.

«Es gehört nicht mir», erwiderte Jo.

«Geben Sie mir Ihre Tasche», sagte er. Jo umklammerte ihre Tasche noch fester. Sie wußte gar nicht, was er sonst noch alles darin finden würde. Nach einer Weile faßte sie in die Tasche und reichte Mr. Dunlap das Plastiksäckchen.

«Und was soll ich Ihrer Meinung nach mit dem Gras machen?» fragte er.

«Behalten Sie's», meinte Jo. Sie war erleichtert, daß er ihr eine Frage gestellt hatte, auf die sie eine Antwort wußte. «Ich will es nicht.»

Der Lehrer musterte sie einen Augenblick. «Sie waren im Unterricht heute so blaß und durcheinander», sagte er. «Ist zu Hause irgend etwas los?»

Jo blieb stumm. Sie wußte es nicht.

«Haben Sie sich mit Ihrer Mutter gestritten? Oder mit Ihrem Vater? Haben Sie ältere Geschwister?»

Sie entspannte sich ein bißchen. «Ich habe eine Schwester, aber sie hat Krach mit meiner Mutter. Deshalb sagt sie uns nicht, wo sie wohnt. Mein Vater will mir auch nicht sagen, wo er wohnt, aber manchmal ruft er an, oder er kommt vorbei und besucht mich.» Jo redete nicht weiter. Stimmte das überhaupt noch, was sie da erzählte? So war es im April gewesen, aber inzwischen war es ja bereits Oktober.

Der Lehrer sah sie nachdenklich an. «Sie haben niemanden, mit dem Sie reden können, stimmt's?» fragte er sanft. Jo zuckte die Achseln. Sie wußte genau, daß es gefährlich war, wenn sie über ihre Probleme redete. Die Leute erzählten ihrer Mutter, was sie ihnen anvertraut hatte; sie stellten Fragen, die sie nicht beantworten konnte – oder sie schickten sie einfach weg.

Mr. Dunlap schrieb etwas auf einen Zettel und reichte ihn Jo. Auf dem Zettel stand «Larry Dunlap». Und eine Telefonnummer. «Das ist meine Privatnummer», erklärte er. «Erzählen Sie den anderen Schülern lieber nicht, daß ich sie Ihnen gegeben habe. Sie können mich jederzeit anrufen, wenn Sie mit jemandem reden wollen. Okay?»

Jo nahm den Zettel und nickte. Sie wollte nicht darüber nachdenken, ob sie mit ihm reden könnte – sie wollte nur einfach raus hier, ehe er merkte, daß sie das Gedächtnis verloren hatte.

«Ich schreibe Ihnen eine Entschuldigung für die nächste Stunde», sagte Mr. Dunlap. «Welches Fach haben Sie?»

«Das geht schon», versicherte Jo. Sie ging zur Tür. «Ich brauche keine Entschuldigung.»

Der Lehrer lächelte beruhigend. «Machen Sie sich keine Sorgen», sagte er. «Die Sache mit dem Marihuana ist unser Geheimnis. Sie können sich auf mich verlassen. Hier sind Sie in Sicherheit.»

Jo betrat einen großen, unbekannten Flur. Sie schlug irgendeine Richtung ein, in der Hoffnung, daß ihr Gedächtnis bald wieder funktionieren würde. Es mußte einfach.

Im Gehen versuchte sie mühsam, die einzelnen Bruchstücke zusammenzusetzen. Das war eine andere Schule als die East Junior High. Psychologie war ein Fach, das man nur in der High School hatte. Das Datum auf ihrem Papier hatte 24. Oktober 1971 gelautet. Sie war also jetzt in der 10. Klasse, und das hier mußte die John F. Kennedy High School sein. Natürlich. Absolut logisch.

«Ist wirklich schon Oktober?» überlegte Jo.

Der Flur, den sie entlanggegangen war, endete vor einer großen Doppeltür. Verwundert schaute sie durch das mit einem feinen Gitter durchzogene Glas. Die Bäume, der wunderschöne Wald direkt vor dem Gebäude bestätigten es. Oktober.

Sie trat aus der Tür und setzte sich auf die Betonstufe. Tief Luft holend atmete sie den Geruch des Herbstlaubs ein.

Dann schlug sie ihr großes blaues Ringbuch auf. Vielleicht stand da etwas, was ihr Gedächtnis in Gang bringen würde. Sie fand einen Stundenplan, der in klaren Druckbuchstaben geschrieben und sorgfältig an der Innenseite des Ringbuchdeckels festgeklebt war. 1. Stunde: Englisch, Mr. Smith; 2. Stunde: Spanisch, Mr. Walker; 3. Stunde: Geometrie, Miss Hernandez; 4. Stunde: Journalismus, Mrs. Adams; 5. Stunde: Psychologie, Mr. Dunlap; 6. Stunde: Sport, Miss Maloney. Rechts auf der Seite war eine Liste mit Klassenzimmernummern. Anscheinend hatte sie den Stundenplan für Situationen wie die jetzige aufgeschrieben.

Also müßte sie jetzt im Sportunterricht sein. Jo haßte Sport. Sie war linkisch – «ungeschickt», sagte ihre Mutter. Deshalb wurde sie immer als letzte ausgewählt, wenn eine Mannschaft zusammengestellt wurde. Und dann hatte sie immer das Gerede im Umkleideraum der Junior High über sich ergehen lassen müssen, wo die anderen Mädchen sich über ihre noch kaum entwickelte Figur lustig gemacht hatten.

«Vielleicht bleibe ich einfach bis zum Ende des Schultags hier sitzen», dachte Jo. Bei den Bäumen war es kühl und friedlich. Jo fühlte sich schon viel ruhiger als vorher. Bald würde sie so ruhig sein, daß sie sich an alles erinnern konnte.

Plötzlich kam eine Frau um die Ecke. «Was machen Sie denn hier?» Jo wurde starr vor Entsetzen. Sie spürte, wie es wieder dunkel um sie wurde. Eine andere Persönlichkeit übernahm die Führung.

«Ich bin gerade auf dem Weg zum Unterricht.» Lächelnd

und graziös erhob sich Isis. «Mein Psycholehrer mußte nach der Stunde noch etwas mit mir besprechen, und da wollte ich noch mal kurz an die frische Luft. Ich geh ja schon, ich geh ja schon.»

Isis verschwand im Schulgebäude, ehe die Lehrerin protestieren konnte, und eilte den Gang hinunter.

Isis war eine der Persönlichkeiten, die während Jos sechsmonatiger Abwesenheit aktiv gewesen waren. Sie war für das Marihuana verantwortlich und bedauerte, daß sie es nicht mehr hatte. Sie hatte keine Angst, daß Larry sie verpfeifen könne – wahrscheinlich rauchte er das Zeug selbst. Vielleicht fiel ihr sogar eine Möglichkeit ein, wie sie es wieder von ihm zurückholen konnte. Aber jetzt mußte sie sich beeilen, um noch in ihre Lieblingsstunde zu kommen.

Selbstbewußt betrat Isis die Sporthalle. Sie wußte genau, daß Miss Maloney sich nicht über ihre Verspätung aufregen würde. Die Lehrerin hörte sich Isis' Erklärung an: «Mr. Dunlap hat mir den üblichen Vortrag gehalten, so nach dem Motto: ‹Sie sollten sich mehr Mühe geben.›» Gleichzeitig pfiff sie das Basketballspiel der Klasse.

Endlich wandte sie sich Isis richtig zu. «Sie kommen zu spät, um noch mitzuspielen», meinte sie. «Warum gehen Sie nicht in mein Büro und warten dort auf mich?»

Isis schlenderte in Richtung Büro. Sie dachte über das nach, was sich in der letzten Stunde zugetragen hatte, als Jo aus ihrem sechsmonatigen Schlummer erwacht war. «Der Glaskäfig», murmelte sie vor sich hin.

Manchmal fühlte sich Isis im Innern gefangen. Sie blickte durch eine Glaswand, während der Körper Dinge tat, die sie nicht unter Kontrolle hatte. Dann wieder konnte sie tun, was sie wollte – so wie jetzt.

Isis wollte, daß der Körper sich graziöser bewegte. Wenn die Schülerinnen im Sportunterricht Gruppen bildeten, war sie für die Mannschaft immer ein Gewinn. Aber die Spielführer wußten nie, was sie zu erwarten hatten, wenn sie Jo Casey für ihre Mannschaft aufriefen. Manchmal war sie eine ausgezeichnete

Spielerin, dann wieder stolperte sie über ihre eigenen Füße. Isis fand es furchtbar, wenn das passierte, aber sie konnte nichts dagegen tun.

Wenn Isis in dem Glaskäfig gefangen war, konnte sie nur frustriert zuschauen, wenn ihr Körper durch die Gegend torkelte – die Muskeln waren so verkrampft, daß der Körper sich dauernd selbst ein Bein stellte. Aber wenn sie draußen war, machte sie alles wieder wett. Isis tanzte für ihr Leben gern und arbeitete jetzt gerade daran, die erforderlichen Übungen für Gymnastikwettbewerbe zu erlernen. Mit Hilfe des Privattrainings bei Miss Maloney hoffte sie, im Frühjahr ins Gymkhana-Team aufgenommen zu werden.

Manche der Mitschülerinnen meinten, Isis habe mediale Fähigkeiten. Es stimmte, daß sie ziemlich gut erahnen konnte, was andere Leute dachten, und manchmal wußte sie auch im voraus, was sie tun oder sagen würden. Durch ihre Lektüre mystischer Literatur kam sie zu dem Schluß, daß sie ein wanderndes Geistwesen sein mußte. Wahrscheinlich bewiesen die Phasen im «Glaskäfig», daß ihre Macht begrenzt war – daß sie in ihrem Körper nur zu Besuch war und ihn nicht «besaß».

Trotzdem gefiel Isis dieser Gastaufenthalt. Es amüsierte sie, daß ein so wendiger Geist sich ausgerechnet den Körper einer so schlaksigen Schülerin ausgesucht hatte. Sie schrieb melodische Gedichte, die dem Englischlehrer gefielen, und sie hatte auch unter den Schülern einige Bewunderer. Manche von ihren Klassenkameraden hatten ein bißchen Angst vor ihr, aber das war Isis gar nicht unrecht. Sie wollte nicht, daß ihr die Leute zu nahe kamen, sondern wahrte lieber ihre spirituelle Distanz.

Als die Schülerinnen unter die Dusche eilten, um noch vor dem Klingeln mit dem Ankleiden fertig zu sein, kam Miss Maloney ins Büro. «Ich muß heute nicht viel aufräumen. Wir können gehen, sobald es klingelt», sagte sie.

Isis freute sich. Miss Maloney sah es inzwischen offenbar für selbstverständlich an, daß sie gemeinsam nach Hause fuhren. «Ich bin soweit», sagte sie.

Als Nancy und Ray sich trennten, zogen Jo und ihre Mutter

in den Wohnblock, in dem auch Miss Maloney wohnte. Die Lehrerin nahm sie immer im Auto mit zur Schule und brachte sie wieder nach Hause. Die Gesellschaft zumindest dieser einen Persönlichkeit schien ihr sehr zu gefallen. Und Isis war mehr als gern mit Miss Maloney zusammen.

Sie liebte es zuzuschauen, wie die Lehrerin Auto fuhr. Wenn Miss Maloney damit beschäftigt war, ihren kleinen Sportwagen durch den Straßenverkehr zu manövrieren, konnte Isis sie mit unverhülltem Interesse beobachten. Sie wußte, ohne daß es ausgesprochen werden mußte, daß Miss Maloney lesbisch war. Isis spürte, daß sie selbst sich ebenfalls zu Frauen hingezogen fühlte und nicht zu Männern. Sie sehnte sich danach, mit Miss Maloney über ihre Wünsche zu sprechen. Aber das ging nicht. Isis wollte nicht irgendeine Frau; sie wollte Miss Maloney. Und an der Art, wie Miss Maloney sie manchmal ansah, merkte sie, daß die Anziehung auf Gegenseitigkeit beruhte.

Am nächsten Morgen zog sich Jo rasch für die Schule an. Sie schaute sich aufmerksam in der Wohnung um. Immer noch versuchte sie mühsam, die sechs Monate verlorene Zeit wiederzufinden. Sie hatte auch jetzt oft das Gefühl, daß ihr Bewußtsein sich in einem prekären Schwebezustand befand. Die Gegenwart erschien ihr im Augenblick völlig wirr, aber es war weniger beängstigend, sich zu überlegen, was im vergangenen Sommer passiert war, als sich fragen zu müssen, was gestern abend los war. Sie wies sich selbst zurecht: «Ich habe wieder vor mich hin geträumt, und damit muß ich endlich aufhören.» Jo registrierte Veränderungen in der Wohnung. Die Pflanzen waren höher, ein paar Möbel umgestellt. Wütend und frustriert schüttelte sie den Kopf.

Zum Glück hatte sie durch ihre schlechte Angewohnheit, sich in Tagträumen zu verlieren, gelernt, vorsichtig und geschickt verlorene Zeit wieder aufzuholen. Sie hatte eine Technik entwickelt, Fragen zu stellen, aus denen sie dann entscheidende Informationen ableiten konnte.

Jo stand am Fenster und dachte darüber nach, wie sich die Natur draußen in ihrer Abwesenheit verändert hatte. Sie war froh, daß sie nicht auch noch den Herbst verträumt hatte.

Nancy erschien hinter ihr. «Oh, Joan Frances, wieso trägst du denn Jeans? Seit du in die High School gehst, hast du dich doch immer so hübsch angezogen.»

Jo ignorierte die Bemerkung. Es war ihr egal, wie sie aussah. Sie hatte Wichtigeres im Kopf. Zuerst einmal ihre Eltern. «Meinst du, daß Papa bald mal zu Besuch kommt?»

Ihre Mutter sprang sofort darauf an. «Willst du mit deinem Vater reden? Warum rufst du ihn nicht bei der Arbeit an und schlägst ihm vor, er soll dich besuchen kommen?»

«N-nein», erwiderte Jo nervös. Offenbar hatte ihre Mutter immer noch Interesse an ihrem Vater. «Es ist nichts Wichtiges», erklärte Jo. «Es kam mir nur so.»

Nancy ging zum Telefon. «Du wirkst irgendwie durcheinander», sagte sie, während sie wählte. «Wenn du durcheinander bist, rufen wir lieber deinen Vater an.»

Jo wartete. Sie war froh darüber, daß sie mit ihrem Vater sprechen konnte, aber sie hätte gerne einmal mit ihm geredet, wenn ihre Mutter nicht in der Nähe war.

«Deine Tochter muß mit dir sprechen», sagte Nancy. Sie reichte Jo den Hörer.

«Hallo, Dad?» sagte Jo.

«Ja, Kleines, was gibt's?» Ihr Vater klang besorgt. Im Hintergrund konnte Jo die Maschinen der Fabrik hören.

«Es ist nichts... Ich... Wie geht's dir denn?»

«Komm, mach's nicht so umständlich, ich bin bei der Arbeit», sagte Ray.

Jo wäre am liebsten in den Boden versunken. Jetzt war er wütend und würde sie nicht sehen wollen. Sie verlor die Kontrolle über ihr Bewußtsein.

Sofort schaltete sich Rusty ein, die jugendliche männliche Persönlichkeit. «Na, Dad», sagte er mit munterer Stimme. «Wann krieg ich dich denn mal wieder zu Gesicht? Können wir am Wochenende nach Norfolk fahren?»

«Das klingt ja schon besser», meinte Ray, erfreut über das veränderte Verhalten seiner Tochter.

«Erzähl ihm doch, daß du Schwierigkeiten in der Schule hast», flötete ihr Nancy ins Ohr, und Rusty, der es nicht ausstehen konnte, wenn diese Frau an ihm herumzerrte, zog sich wieder zurück.

Joan Frances lächelte verschwörerisch. Sie verstand zwar nicht, was ihre Mutter an diesem Idioten fand, aber sie begriff, Nancy wollte, daß sie Ray dazu überredete, in die Wohnung zu kommen.

«Vielleicht könntest du heute abend vorbeikommen und mit mir ein bißchen Mathematik lernen», sagte Joan Frances ins Telefon. «Ich hab da ziemliche Probleme, und Mama sagt, sie kocht was zum Abendessen.»

Nancy nickte zustimmend. Das Kind war doch gar nicht so übel. Nancy hätte sich gern wieder mit Ray ausgesöhnt. Vor zwei Jahren hatte sie einen Liebhaber und einen neuen Freundeskreis gehabt. Aber die Affäre war längst vorbei. Nancy war einsam, und sie hatte genug davon, die Verantwortung für ihre jüngste Tochter dauernd ganz allein tragen zu müssen.

In den Monaten nach Jos plötzlichem Erwachen in der High School waren mehrere Persönlichkeiten aktiv. Oft teilten sie die Tage unter sich auf. Joan Frances schmiedete mit ihrer Mutter ein Komplott, wie Nancy Ray zurückgewinnen könne; Rusty genoß die Zeit, die er mit Ray verbringen durfte, und war gekränkt, wenn sein Vater sagte: «Du kannst nicht bei mir wohnen, du gehörst zu deiner Mutter.» Rusty weigerte sich anzuerkennen, daß er überhaupt eine Mutter hatte. Er haßte das Zusammenleben mit Nancy. Isis war weiterhin in Miss Maloney verliebt, und Jo fand in Mr. Dunlap einen Freund und Vertrauten.

Bald beherrschte Jo das Bewußtsein an den Schultagen soweit, daß sie fünf Unterrichtsfächer durchgehend speichern konnte. Mrs. Adams, Jos Journalismuslehrerin, forderte sie auf, doch für die Schulzeitung zu schreiben. Jo freundete sich sogar mit einem Schüler an, der ein Jahr älter war als sie: Brian O'Neill war sehr intelligent, und es gefiel ihm, daß die anderen Schüler ihn für etwas seltsam hielten. Jo schloß sich ihm und den «Hippies» an der Schule an.

In Geometrie hatte sie Schwierigkeiten, aber sie saß ganz hinten, neben Sam, einem Freund von Brian. Miss Hernandez, die Geometrielehrerin, war sehr nett zu ihr, obwohl sie keine besonders guten Arbeiten schrieb.

Jo haßte Spanisch. Sie konnte Spanisch II nicht folgen, da sie das ganze Spanisch I vergessen hatte. Mr. Walker, der aus seiner Abneigung gegen Jo kein Hehl machte, verspottete sie oft. Den anderen Schülern gefiel es, daß sie auf jemandem herumhacken konnten.

Was im Sportunterricht passierte, wußte Jo nicht, und dafür war sie dankbar. Sie war sich sicher, daß sie sich dort noch lächerlicher machte als in Spanisch.

Obwohl sie vor Spanisch und Sport Angst hatte, gab ihr die Schule doch ein Gefühl von Stabilität. Mr. Dunlaps Büro wurde für sie ein Zufluchtsort, wo sie sich geborgen fühlte. Wenn sie in die Schule kam, ging sie zuerst dorthin.

Manchmal waren auch andere Schüler im Büro, und oft hatte Mr. Dunlap keine Zeit zu reden, aber das störte Jo nicht weiter. Sie wollte arbeiten oder lesen oder Hausarbeiten machen. Allein schon die Tatsache, daß Mr. Dunlap in der Nähe war, gab ihr das Gefühl, weniger einsam zu sein.

Jo war immer noch empört, daß ihr Vater ihr seine Privatnummer nicht geben wollte. «Ich weiß, daß deine Mutter sie aus dir herausholen würde», erklärte er, «und ich will nicht, daß sie mich belästigt.» Aber nun hatte sie Mr. Dunlaps Telefonnummer als Trost.

Ihren Vater konnte sie zwar nicht erreichen, wenn ihr danach war, aber sie konnte abends und an den Wochenenden Mr. Dunlap anrufen. Er vertraute ihr und wußte, daß sie seine Nummer für sich behalten würde. Jo redete zwar nicht offen mit ihm darüber, daß sie Zeit «verlor», aber er erklärte ihr immer alles sehr ausführlich und wiederholte, was in der

Schule vorgefallen war. Dadurch hatte Jo das Gefühl, daß er irgendwie wußte, wann ihr wichtige Erinnerungen fehlten.

Isis machte ein paar Nachmittage in der Woche privates Gymnastiktraining bei Miss Maloney. Wenn ihr irgendein Vorwand einfiel, besuchte sie die Lehrerin auch in ihrer Wohnung. Oft klingelte sie bei ihr, um ihr eine Kostprobe der Kuchen anzubieten, die Nancy buk, wenn Ray zu Besuch kam.

Im Dezember teilte Miss Maloney Isis eines Tages mit, sie solle von jetzt an mit dem Bus fahren und sie nicht mehr besuchen kommen. Sie hatte eine Mitbewohnerin, die es nicht mochte, wenn Isis vorbeikam. Isis war eifersüchtig, aber sie dachte, daß sie schon damit fertig werden könne, daß Miss Maloney eine Beziehung hatte, wenn ihr nur die Möglichkeit dazu gegeben würde. Manchmal konnte sie von ihrem Fenster aus beobachten, wie die beiden sich auf dem Parkplatz unterhakten oder sich mit einer vertraulichen Handbewegung berührten.

Isis zog sich in ein frustriertes und einsames Schweigen zurück. Sie wartete darauf, endlich die richtigen Worte zu finden, um ihrer Lehrerin zu versichern, daß sie nichts von ihr zu befürchten habe. Dann würde Miss Maloney sie nicht mehr ausschließen müssen. Aber in der Zwischenzeit würde sie sie ein bißchen in Ruhe lassen und sich bekiffen, um dem Gefühl des Zurückgewiesenwerdens zu entfliehen. Brian, Sam, Drogen und Musik waren eine gute Ablenkung.

An einem Abend Ende Januar saß Isis auf dem Teppich in einem mit Kerzen erleuchteten Raum in Sams Wohnung und rauchte Haschisch. Sie reichte die Pfeife an Brian weiter, der neben ihr saß. Die anderen Leute im Zimmer ignorierte sie. Im Grunde spielte es auch gar keine Rolle, wer sonst noch da war: Die Musik war viel zu laut für irgendwelche Gespräche.

Der harte Rhythmus der Rockmusik hüllte sie ein, und sie gab sich ihrer Lieblingsphantasie hin: daß Miss Maloney sie berührte und küßte. Sie legte sich zurück und spürte die Erregung. Plötzlich merkte sie, daß es keine Phantasie mehr war. Brian lag auf ihr, hielt sie fest und küßte sie.

«Nein!» schrie sie auf, stieß Brian weg und hastete aus dem Zimmer. «Horrortrip», sagte jemand, als sie vorbeikam.

Sie rannte hinaus in die Nacht – sie wollte diesem Körper, diesem widerlichen Körper entkommen. Isis schwor sich, daß kein Mann das je wieder mit ihr machen würde. Sie mußte diesen Körper loswerden.

Als Isis nach Hause kam, nahm sie eine Rasierklinge und ritzte ein Todessymbol in ihre linke Brust. Sie zündete Kerzen und Räucherstäbchen an. Leise summte sie vor sich hin – sie war bereit, sich total und endgültig von diesem Körper zu trennen. In der Hoffnung, daß ihr Zauber schnell wirken würde, schlief sie ein.

Am nächsten Morgen trainierte Isis vor dem Unterricht noch in der Turnhalle am Barren. Sie wußte, daß es gegen die Vorschriften verstieß, die Geräte ohne Matten zu verwenden, aber das war ihr gleichgültig. Als Miss Maloney auftauchte, holte sie besonders viel Schwung für den Abgang. Die Lehrerin mußte sie jetzt doch beachten.

Miss Maloney drehte sich um und ging in ihr Büro. Diese Zurückweisung war zuviel. Isis warf sich mit einem Schwalbensprung vom obersten Holm auf den Boden.

Josie merkte, daß sie, wie schon manchmal in ihrem Leben, durch die Luft gewirbelt wurde. Sie kannte das Panikgefühl, und sie genoß schon im voraus die schwarze Erlösung durch den Aufprall.

Jo richtete sich auf. Ihr war schwindlig. Undeutlich nahm sie wahr, daß die Sportlehrerin ihren Namen rief. «Es ist alles in Ordnung», sagte sie automatisch.

Jo blickte sich in der Halle um. Erstaunt betrachtete sie ihr Sporttrikot. Was machte sie denn hier? Sie taumelte ein bißchen, als sie in den Umkleideraum ging, um ihre Kleider zu suchen.

«Ja, es ist wirklich alles okay», versicherte sie Miss Maloney, die ihr gefolgt war. Jo saß stumm auf der Bank, bis die Lehrerin endlich wieder verschwand.

Jo fühlte sich seltsam an diesem Tag – desorientiert und unkoordiniert. Es fiel ihr schwer, zu gehen und zu stehen. Sie konnte kaum die Arme heben. Bei jeder Bewegung mußte sie sich unglaublich anstrengen. Sie hatte schreckliche Kopfschmerzen.

TAGEBUCHEINTRAG *1. Juli 1982*

Inzwischen habe ich ein etwas vollständigeres Bild von Jo Caseys Adoleszenz. Es steht eindeutig fest, daß sie mit einer ganzen Reihe von Störungen zu kämpfen hatte, nicht zuletzt mit ihrer ausgeprägten Multiplizität. Die Krankheit war zum damaligen Zeitpunkt bereits eine zweischneidige Angelegenheit. Sie bewahrte viele Fähigkeiten und lieferte Überlebensstrategien. Aber sie schuf auch zusätzliche Probleme. Die krankhafte häusliche Situation verschlimmerte sich, da beide Elternteile das Kind als Vertrauensperson für sich beanspruchten.

Nancy sagte immer wieder zu ihrer Tochter: «Dein Vater kommt nur hierher, wenn er mit jemandem ins Bett gehen möchte.» Und Joan Frances fragte sich, warum ihre Mutter sich überhaupt mit so einem Mann abgab.

Ray sagte zu seiner Tochter: «Jedesmal, wenn ich deine Mutter ansehe, muß ich daran denken, wie sie letztes Jahr dieses Schwein gevögelt hat.» Und Jo konnte nicht verstehen, warum er dann die Nacht mit ihr verbrachte.

Schließlich suchte die Gruppe anderswo nach Zuwendung und Liebe. Sie wandte sich an die Turnlehrerin, an den Psychologielehrer, oder sie überdeckte das quälende Verlangen mit Drogen.

Bisher machte Renee diese Detektivarbeit Spaß. Sie denkt nicht darüber nach, welche Bedeutung das alles für sie haben könnte. Da sie sich selbst keine Rechte zugesteht, sieht Renee ihre eigene Geburt noch nicht als Indiz für Mißbrauch. Ich habe den Verdacht, daß ihr schwierige Zeiten bevorstehen, wenn sie beginnt, sich selbst ernst zu nehmen.

Im Augenblick hilft es ihr, daß die Ferien vor der Tür stehen – das Unvermeidliche wird noch hinausgezögert.

Der augenblickliche Zeitpunkt ist ganz günstig für eine Unterbrechung. Die Arbeit strengt mich sehr an, und ich möchte noch nicht, daß Renee intensiver einsteigt. Die Ferienwochen werden uns beiden helfen, Kräfte zu sammeln. Renee wird einen Teil der Zeit in Richmond verbringen. Sie hofft, daß sie in der Schule und im Krankenhaus Hinweise finden kann, die das Bild bestätigen, das wir uns nach unseren Anhaltspunkten von dieser Zeitspanne zusammensetzen.

17

TAGEBUCHEINTRAG *10. August 1982*

Jo, die anderen Persönlichkeiten und ich haben nach fünf Wochen Ferien unsere Sitzungen wiederaufgenommen. Nach dem anfänglichen «Wiederbeginnssyndrom» fühlen sich die Persönlichkeiten so wohl mit mir wie vor der Sommerpause. Sie wirken ruhig und friedlich. Abgesehen von den paar Minuten, die ich in jeder Sitzung damit verbringe, Missy zu knuddeln, scheinen alle anderen einverstanden damit, daß Renee und ich weiterhin die Adoleszenz zusammensetzen. Wir sind gerade dabei, die Monate bevor sie als selbständige Persönlichkeit hervortrat, genauer unter die Lupe zu nehmen.

Während ihres Aufenthalts in Richmond fand Renee Zeit, Nachforschungen anzustellen. Wie erwartet war es schwierig, der Schule, den Krankenhäusern und den Ärzten Unterlagen zu entlocken, aber ihre Hartnäckigkeit wurde belohnt. Sie fand Aufzeichnungen, die bestätigen, daß sie wegen Kopfverletzungen in die Ambulanz gebracht wurde. Das paßt genau zu Missys Geschichte, daß «dieses Mädchen Josie» als Vorschulkind «gegen die Wand geknallt wurde». Außerdem hat sie Berichte über einen Krankenhausaufenthalt während der Adoleszenz aufgetrieben.

Triumphierend präsentierte Renee ihren «Beweis» für den Vorfall in der frühen Kindheit. Ich glaube, daß Renee dieses Indiz sehr viel stärker brauchte als ich, aber da ich angesichts der Unterlagen über die Vorkommnisse in der Adoleszenz geradezu in Jubel ausgebrochen bin, kann ich nur zu gut verstehen, daß sie sich bestätigt fühlt.

Im allgemeinen gehe ich Klinikern aus dem Weg, die die Existenz von multiplen Persönlichkeiten leugnen oder glauben, daß die Symptome nur auftreten, um irgendein pathologisches Bedürfnis auf seiten des behandelnden Therapeuten zu befriedigen. Aber es geht mir ähnlich wie Renee mit den frühen Krankenhausunterlagen – ich habe das Gefühl, daß ich nun Beweise in der Hand habe, die ich jedem vorlegen kann, der es wagt, Zweifel anzumelden. Renee brachte die Berichte eines Neurologen und eines Psychologen, die mir bestätigen, daß Jo schon auf der High School als multiple Persönlichkeit hätte diagnostiziert werden können – wenn ihr Arzt etwas davon verstanden und die richtigen Fragen gestellt hätte.

Ich wäre versucht, mich selbst für meine Hellsicht zu beglückwünschen, wenn ich nicht genau wüßte, daß ich auf andere Weise zu meiner Erkenntnis gekommen bin. Jo hat mir vertraut, wie sie bisher noch nie einem Arzt vertraut hat. Als ich sie kennenlernte, lebte sie nicht mehr bei ihren Eltern; sie war offen für eine Diagnose und eine Behandlung. Außerdem weiß ich leider viel zu gut, daß ein großer Teil der Mediziner multiple Persönlichkeit als mögliche Diagnose ausschließt.

• • •

«Machen wir am besten an der Stelle weiter, als Isis sich vom Barren geworfen hat», schlug Lynn vor.

Etwa eine Woche nach Jos Sturz bemerkte Nancy, daß sich ihre Tochter irgendwie seltsam benahm. Sie konnte nicht genau sagen, was es war, aber die Bewegungen des Mädchens wirkten ungewohnt verkrampft. Bei jedem Schritt mußte Jo aufpassen, daß sie nicht stolperte. Einmal beobachtete Nancy, wie ihre Tochter Butter auf eine Scheibe Brot strich. Sie sah, daß Jo das Messer hielt, als wäre es ein schwerer Gegenstand, den sie kaum handhaben konnte.

«Joan Frances, was ist denn los mit dir?» fragte Nancy. Joan Frances war sich sicher, daß ihre Mutter sich ärgern würde, wenn sie krank war. Deswegen antwortete sie nur: «Nichts. Es geht mir gut.»

«Warum hast du dann solche Schwierigkeiten mit dem Messer?» beharrte ihre Mutter.

Joan Frances schaute auf ihre Hände. Sie kamen ihr ganz komisch vor, wie die Hände einer Marionette; ihr war, als würde sie sie nur ganz aus der Ferne kontrollieren. «Ich weiß es nicht», sagte sie schließlich.

«Steh bitte mal auf», sagte Nancy, «und stell deine Füße parallel nebeneinander.»

Joan Frances erhob sich und versuchte mühsam, das Gleichgewicht zu halten. Sie merkte, daß sie sich an der Wand oder an der Kommode abstützen mußte.

«Fühlst du dich irgendwie unwohl?» wollte Nancy wissen. Diesmal ging Joan Frances der Frage ernsthaft nach. «Ich habe Kopfschmerzen.» Das konstante Pochen in ihrer rechten Schläfe war schon so sehr Teil von ihr, daß sie gar nicht auf die Idee gekommen war, es überhaupt zu erwähnen. «Ich finde, du solltest heute nicht in die Schule gehen», meinte Nancy. «Ich möchte, daß du heute nachmittag in die Praxis kommst und Dr. Schuler dich untersucht.»

Joan Frances war mit dem Vorschlag ihrer Mutter einverstanden, wie meistens, aber es war Jo, die es genoß, einen freien Tag zu haben. Sie fand es schön, alleine in der Wohnung zu sein. Sie konnte lesen oder einfach nur herumsitzen und nachdenken, ohne daß Nancy dauernd von ihr verlangte, sie solle irgend etwas *tun*. Am Nachmittag betrat Jo mit zitternden Knien die Praxis, in der ihre Mutter arbeitete.

Roger Schuler, Jos Arzt und Nancys Chef, forderte Jo auf, ein paar einfache Dinge zu tun, die Jo aber überraschend schwerfielen.

«Folge diesem Licht mit den Augen», sagte der Arzt. Jo merkte, daß die Kopfschmerzen es ihr unmöglich machten, die Augen von einer Seite zur anderen zu bewegen.

«Geh mal geradeaus.»

Jo stand auf und fiel gegen die Wand. «Ich bin nicht betrunken», versuchte sie zu scherzen, aber es erschreckte sie, daß sie nicht fähig war, das Gleichgewicht zu halten.

Im Untersuchungszimmer testete Dr. Schuler Jos Reflexe. Ihr rechtes Bein zuckte heftig unter seinem kleinen Hammer, das linke reagierte kaum. «Warte hier», sagte der Arzt. «Ich möchte kurz mit deiner Mutter sprechen.»

Jo saß auf dem Untersuchungstisch und lehnte sich gegen die Wand. Ihr Kopf hämmerte jetzt im gleichen Rhythmus wie ihr Herz. Sie hatte Angst ihrer mangelnden Koordination und ihrer Gleichgewichtsstörungen wegen, aber das war nichts im Vergleich zu der sicheren Gewißheit, daß ihre Mutter sehr wütend auf sie sein würde. Jo war überzeugt, daß Dr. Schuler in diesem Moment ihrer Mutter mitteilte, sie würde eine Krankheit simulieren. Zu Hause müßte sie es dann bitter büßen. «Ich werde ihr sagen, daß es mir leid tut. Ich verspreche ihr, daß ich es nie wieder tun werde», beschloß Jo.

Der Arzt legte Nancy die Fakten dar, versuchte jedoch, sie nicht merken zu lassen, daß er befürchtete, Jos Problem könne sehr ernst sein. «Ich möchte sie gern stationär beobachten», sagte er. «Irgend etwas stimmt nicht, aber ich weiß nicht genau, was. Sie sollte neurologisch durchuntersucht werden.»

Es war der erste von drei Krankenhausaufenthalten, die sich jeweils über mehrere Wochen hinzogen. Nachdem Neurologen, Nervenchirurgen, HNO-Spezialisten und ihr Internist über Jos Symptome und die Testergebnisse gerätselt hatten und zu keinem Resultat gelangt waren, wurde sie wieder nach Hause geschickt, und ihre Eltern erhielten die Anweisung, sie sollten «abwarten und weiterbeobachten».

Jos Gang wurde immer unsicherer. Bald schon konnte sie kaum ohne Unterstützung gehen. Sie fiel so oft hin, daß sie gar nicht in die Schule gehen konnte, aber das Schulamt stellte ihr einen Privatlehrer zur Verfügung, der ins Krankenhaus oder in die Wohnung kam. Der Lehrer vermittelte Jo mathematische

Operationen auf so einleuchtende Art, daß sie zum erstenmal ein Gefühl für die Schönheit und Logik von Geometrie und Algebra bekam.

Mit der Zeit machte sich Jo weniger Sorgen wegen ihrer Gleichgewichtsstörungen. Die Aufenthalte im Krankenhaus schützten sie davor, sich mit den Aspekten der Trennung ihrer Eltern zu beschäftigen, die ihr am wenigsten behagten. Wenn sie zu Hause war, lag sie oft stundenlang wach und dachte an ihre Mutter im Schlafzimmer nebenan. Der Gedanke, daß Nancy dort lag, verbittert und allein, war ihr unangenehm, aber es war ihr auch nicht recht, wenn ihr Vater die Nacht mit ihr verbrachte. Wenn Ray Nancy ihre Affäre nicht verzeihen konnte, warum schlief er dann überhaupt noch mit ihr? Im Krankenhaus bekam sie es nicht mit, ob ihre Mutter allein war oder ob sie das Bett mit Ray oder mit sonst jemandem teilte. Jo genoß es, weit weg von allem zu sein.

Jos Krankheit machte die Ärzte nach wie vor ratlos. Der erste Neurologe, der zu Rate gezogen wurde, schrieb, die Symptome kämen ihm sehr verdächtig vor. Die Röntgenaufnahmen ihres Kopfes, EEG und Rückenmarkspunktierung waren aber allesamt negativ. Die plötzlichen Persönlichkeitsveränderungen und die Phasen geistiger Abwesenheit, die Nancy beschrieb, verbunden mit Jos Desinteresse an ihren körperlichen Problemen, brachten ihn zu der Hypothese, daß es sich bei Jos Krankheit um eine Form der Hysterie handeln könne.

Der Psychologe, der Jo auf Empfehlung des Neurologen untersuchte, fand, daß sie ein «hysterisches, depressives, gehemmtes Kind» sei, das sehr schwer an der Last der elterlichen Probleme trage. Obwohl der Psychologe meinte, er könne ein neurologisches Problem nicht endgültig ausschließen, empfahl er, Jo solle eine Psychotherapie machen, um sich zu stabilisieren und um mehr Klarheit über ihre Gefühle den Eltern gegenüber zu bekommen. Dieser Vorschlag wurde ignoriert.

Ein hinzugezogener Nervenchirurg äußerte den Verdacht, Jo könne einen Gehirntumor haben oder eine allergische Gehirnhautentzündung. Jo wurde wieder ins Krankenhaus eingeliefert und hätte sich im April beinahe einer Gehirnoperation unterziehen müssen – sie hatte nämlich versucht, wieder in die Schule zu gehen, aber dort hatte man sie angetroffen, wie sie «verwirrt und ziellos durch die Flure wanderte». Nancy und Ray erklärten sich mit einer Operation nicht einverstanden. Der Nervenchirurg konnte keine medizinischen Beweise dafür vorbringen, daß Jo eine operable Gehirnläsion hatte.

Ende Mai ließen die Koordinationsstörungen und die Kopfschmerzen nach, und schließlich verschwanden sie ganz. Jo hatte zwar keine große Lust, die letzten beiden Wochen des Schuljahrs den Unterricht zu besuchen, aber der Gedanke, daß sie Mr. Dunlap wiedersehen würde, ohne daß ihre Mutter in der Nähe war, tröstete sie.

Während ihrer Krankheit hatte Larry Dunlap sie im Krankenhaus und auch zu Hause besucht, aber er schien gleichzeitig auch Nancy zu besuchen. Jo war beunruhigt, weil sie nicht wußte, was für eine Beziehung sich zwischen ihrer Mutter und Larry anbahnte.

Erzählte er Nancy alles, was sie ihm anvertraut hatte? Schlief ihre Mutter mit Larry? Würde Nancy versuchen, ihr Zusammensein mit Larry genauso zu kontrollieren und zu dominieren wie den Kontakt zu ihrem Vater? Wenn sie wieder in der Schule war, wußte sie, daß sie nicht mit ihrer Mutter um Larrys Aufmerksamkeit zu konkurrieren brauchte. Wie zuvor ging sie morgens als erstes in Larrys Büro.

Außerdem traf sich Jo manchmal außerhalb des Unterrichts mit Carla Hernandez, ihrer Geometrielehrerin. Miss Hernandez hatte sich sehr um Jo gekümmert, als sie krank war. Sie war des öfteren nach der Schule im Krankenhaus oder bei ihr zu Hause vorbeigekommen. Jetzt ging Jo am Ende jeden Schultags in Miss Hernandez' Büro. Manchmal half sie der Lehrerin bei irgend etwas, manchmal saß sie auch einfach nur herum und unterhielt sich mit ihr. Miss Hernandez schien Jos Gesellschaft zu genießen.

Sie war jung, gerade fünf oder sechs Jahre älter als Jo, und sie behandelte Jo so, wie diese es sich von ihrer großen Schwester gewünscht hätte. Am Wochenende lud Miss Hernandez Jo manchmal ein, sie bei irgendwelchen Erledigungen in der Stadt zu begleiten. Im Gegensatz zu Jos älterer Schwester Carol machte sich Carla Hernandez nie darüber lustig, wie Jo aussah oder wie sie redete.

Am letzten Schultag half Jo Miss Hernandez, die Zeugnisse zu schreiben. Sie war sich ziemlich sicher, daß Miss Hernandez vorschlagen würde, sie könnten sich doch auch während des Sommers manchmal sehen.

«Es hat mir immer richtig Spaß gemacht, wenn wir etwas zusammen unternommen haben», meinte Miss Hernandez, und Jo wartete glücklich darauf, daß sie sich nun für den Sommer verabreden würden. Aber dann erzählte die Lehrerin Jo, sie werde im nächsten Schuljahr gar nicht wieder an die Kennedy High School zurückkommen. Miss Hernandez wollte in ein paar Wochen heiraten und mit ihrem neuen Ehemann nach Mexiko ziehen.

Jo war so gekränkt und enttäuscht, daß sie es noch nicht einmal schaffte zu fragen, ob sie vielleicht in Kontakt bleiben könnten.

Nancy und Ray hatten zum Ende des Schuljahrs ebenfalls eine wichtige Neuigkeit. Sie hatten beschlossen, wieder zusammenzuleben.

Jo hatte eher ein schlechtes Gewissen, als daß sie sich freute, als ihr Vater sie beiseite nahm und sagte: «Kleines, ich möchte, daß du glücklich bist. Ich glaube, du schaffst es einfach nicht, wenn dein alter Vater nicht um dich ist.» Seit einer ganzen Weile schon war Jo ganz verunsichert wegen ihrer mysteriösen Krankheit, über die niemand so richtig reden wollte. Jetzt begriff sie, daß ihr Zustand ihren Vater zu etwas zwang, von dem er sich geschworen hatte, er werde es niemals tun. Affäre hin oder her – Ray kehrte zu Nancy zurück. Jo war sicher, daß die Versöhnung ihretwegen inszeniert worden war.

Jo fragte sich, was aus ihrer Beziehung zu Larry Dunlap werden würde, wenn ihre Eltern wieder zusammenlebten. Sie hatte dann zwar ihren Vater wieder, aber sie hing sehr an dem Mann, der ihr geholfen hatte, solange Ray nicht erreichbar gewesen war. Sie wollte Larry nicht verlieren, nur weil ihr Vater wieder da war.

Ein paar Wochen vor dem Vatertag schrieb Jo Larry einen langen Brief, in dem sie ihm gestand, er sei für sie zu einer Art Vater geworden. Jo hatte schreckliche Angst davor, ihre Gefühle so klar zu äußern, aber sie wollte auch nicht, daß Larry aus ihrem Leben verschwand wie Miss Hernandez. Sie mußte ihn wissen lassen, wie tief ihre Gefühle waren, auch wenn dieses Sichöffnen ihr möglicherweise eine Zurückweisung einbrachte.

Jo wagte es nicht, Larry anzurufen, nachdem sie den Brief abgeschickt hatte. Sie rechnete sich aus, wann er ihn bekommen würde, und überlegte sich, welche verschiedenen Reaktionsmöglichkeiten es wohl gab.

Mehrere Tage vergingen, schließlich eine ganze Woche, und Larry rief nicht an. Am Tag vor dem Vatertag erhielt Jo ein Telegramm – das erste in ihrem Leben. Sie riß es mit zitternden Händen auf, unter den neugierigen Blicken ihrer Mutter, und las: «Hab keine Angst – ich werde Dich nie im Stich lassen. Alles Liebe, Larry.»

«Weißt du überhaupt, wie weh es deinem Vater tun würde, wenn er das erfahren würde?» schrie Nancy.

Jo war so gerührt von Larrys Botschaft, daß sie der Wut ihrer Mutter ganz untypisch ihre eigene entgegensetzte: «Dann erzähl es ihm eben nicht!» gab sie scharf zurück.

Sie versteckte das Telegramm, damit ihre Mutter es nicht finden und vernichten konnte.

Zwei Tage später kam ihre Mutter von der Arbeit nach Hause, mixte sich einen Drink und rief ihre Tochter zu sich. An dem betont kontrollierten Tonfall ihrer Mutter merkte Jo sofort, daß ihr etwas sehr Unangenehmes bevorstand.

«Ich habe heute jemanden im Krankenhaus besucht», fing Nancy an. Teilnahmslos hörte Jo zu, wie ihre Mutter sehr sarkastisch erzählte, sie habe Jos «speziellen Freund und Vaterersatz Larry» in der psychiatrischen Abteilung besucht.

«Larry hat mich angefleht, dir nichts zu erzählen», fuhr Nancy fort, «aber er wollte, daß ich mir irgend etwas ausdenke, damit du nicht das Gefühl hast, er hätte dich im Stich gelassen, wenn er deine Anrufe und Briefe nicht gleich beantwortet.»

Nancy kicherte. «Offenbar ist es nicht das erste Mal, daß er eine Weile weggesperrt werden muß. Ich dachte, du solltest wissen, was für eine Art von Vaterfigur du dir da ausgesucht hast. Ich habe schon immer gewußt, daß mit diesem Mann irgendwas nicht stimmt.» Nancy lachte. Offenbar hatte sie ganz vergessen, daß er auch ihr Freund gewesen war. «Du darfst ihn nie wieder sehen und nie wieder mit ihm sprechen.»

Endlich reagierte Jo. «Ich werde ihm nächstes Jahr in der Schule nicht aus dem Weg gehen können», sagte sie.

«Doch – er kommt nicht wieder an die Schule zurück», erklärte Nancy. «Ich habe heute mit dem Direktor gesprochen. Anscheinend gibt es da einiges, was die Schule nicht wußte, als Larry eingestellt wurde. Man ist zu dem Schluß gekommen, daß es keine besonders gute Idee war, ihn mit jungen Mädchen zusammenzustecken.»

Jeden Tag wählte Jo jetzt Larrys Privatnummer. Ihre Mutter hatte sie schon bei anderen Gelegenheiten angelogen. Bestimmt log sie diesmal wieder. Zwei Wochen lang antwortete niemand, wenn das Telefon klingelte. Dann nahm eines Tages eine Frau den Hörer ab.

«Ich bin eine von Mr. Dunlaps Schülerinnen», sagte Jo. «Könnte ich bitte mit ihm sprechen?» Eine Pause trat ein, dann antwortete die Frau mit einem starken Akzent: «Ich bin Larrys Schwester. Er schläft gerade und darf nicht gestört werden.»

Jo legte auf. Am nächsten Nachmittag rief sie wieder an, und diesmal war Larry selbst am Apparat. «Larry! Mr. Dunlap, ich bin's», sagte Jo. Sie war so erleichtert, als sie seine Stimme hörte, daß ihr die Tränen kamen.

«Jo?» Larrys Stimme klang erschöpft und weit weg.

«Larry, ist alles in Ordnung?» fragte Jo.

«Ja, es geht mir gut», versicherte Larry. «Ich habe kurz Urlaub gemacht, das ist alles.» Allmählich klang er ein bißchen mehr wie er selbst. «Hast du mich vermißt?» fragte er.

«O Larry», sagte Jo. «Ich habe mir solche Sorgen um Sie gemacht.»

Mehr denn je war Jo nun davon überzeugt, daß ihre Mutter gelogen hatte, als sie ihr erzählte, Larry sei in der Psychiatrie gewesen. Er hörte sich überhaupt nicht an, als ob er verrückt sei.

«Larry, ich muß Sie sehen», sagte Jo.

Er antwortete nicht. Jo umklammerte den Hörer. Vielleicht war ihre Mutter ihr ja zuvorgekommen und hatte ihm schon gesagt, Jo dürfe ihn nicht mehr sehen.

«Meinst du, du könntest hierherkommen, in meine Wohnung, ohne daß deine Mutter etwas davon erfährt?» fragte er. Jo entspannte sich. Sie fühlte sich wie eine Verschwörerin. Sie und ihr Vater hatten Nancy schon oft überlistet. Larrys Vorschlag ließ ihn nur noch väterlicher erscheinen.

«Ja», sagte Jo. Sie hörte aufmerksam zu, während er ihr den Weg erklärte. «Ich komme, sobald ich kann.»

Larry wohnte in einem Wohnkomplex am Rand eines Einkaufszentrums. Ehe Jo aus dem Haus ging, rief sie ihre Mutter bei der Arbeit an, um ihr zu sagen, sie wolle mit ein paar Freundinnen einkaufen gehen. Nancy war entzückt, daß Jo endlich einmal mit ein paar gleichaltrigen Mädchen wegging, und schlug vor, sie könne Jo nach der Arbeit im Einkaufszentrum abholen.

Jo trat hinaus in die Julihitze und nahm die acht Kilometer zu Larrys Wohnung zu Fuß in Angriff. «Das dauert ja eine Ewigkeit», murmelte sie vor sich hin, während die Autos an ihr vorbeisausten. Sie drehte sich um, streckte den Daumen heraus und brummelte: «Ach, warum denn nicht?» Trampen mochte zwar gefährlich sein, aber das war ihr egal. Das einzige, was zählte, war, daß sie zu Larry wollte.

Der zweite Wagen hielt an. «Ein Geschäftsmann», vermutete Jo und stieg schnell ein. Das Einkaufszentrum lag auf seiner Strecke, und während der Fahrt hielt der Mann Jo einen Vortrag darüber, wie gefährlich es sei, zu trampen. Jo starrte aus dem

Fenster, murmelte ab und zu eine höfliche Zustimmung und war glücklich, daß sie auf die Idee gekommen war.

Vor Larrys Wohnung wischte sie sich die feuchten Hände an ihren Jeans ab, ehe sie klingelte. Einen Augenblick lang blieb alles still, dann öffnete sich die Tür, und Larry stand ihr gegenüber.

Er sah verändert aus, schläfrig und bleich. Er trug Jeans und ein T-Shirt. Jo hatte ihn bisher nur in seiner Schulkleidung gesehen, in Stoffhosen, Sportjackett und Krawatte. Aber am beunruhigendsten war sein Gesichtsausdruck. Larry sah Jo so komisch an, als könne er sie nicht so recht einordnen.

«Larry – ich bin's», sagte Jo. Auf Larrys Gesicht breitete sich ein Grinsen aus, so als müsse er über irgendeinen Witz lachen. Er bat Jo herein. «Meine Mutter denkt, ich sei einkaufen», erklärte Jo, als sie die Wohnung betrat. «Sie holt mich um sechs am Einkaufszentrum ab.»

«Wie wär's mit einem Drink?» fragte Larry. «Scotch? Hättest du gern einen Scotch?»

Jo zuckte die Schultern. Sie machte sich nichts aus Alkohol. Manchmal trank sie allerdings mit ihren Eltern ein Glas Bier oder Wein, also war es vermutlich ganz in Ordnung, mit Larry etwas zu trinken.

«Wie geht es dir?» fragte Larry. «Du bist raus aus dem Krankenhaus, stimmt's? Bist du denn jetzt wieder ganz gesund?»

Jo war verwirrt. Larry wußte doch, daß sie nicht mehr im Krankenhaus war. Er hatte sie während der letzten beiden Schulwochen jeden Tag in der Schule gesehen. Den Brief zum Vatertag hatte sie ihm erst geschrieben, als das Schuljahr schon zu Ende war. Aber sie nahm Larry diese Gedächtnislücke nicht übel. Er war schließlich bei ihr in dieser Hinsicht auch sehr tolerant gewesen.

Jo setzte sich auf das Sofa und nahm einen kleinen Schluck von ihrem Drink. Es schüttelte sie ein bißchen, weil der Scotch so bitter schmeckte. Larry saß ihr gegenüber auf einem Sessel und sah sie erwartungsvoll an.

«O Larry, Sie haben mir so gefehlt. Ich habe mir Sorgen gemacht. Meine Mutter hat gesagt... Ich habe schon gedacht, Sie wären für immer weg.» Jos Stimme versagte. «Zu Hause ist alles so schrecklich, und ich konnte Sie nicht finden...» Larry war sofort neben ihr.

«Armes Kindchen», sagte Larry, drückte sie an sich und wiegte sie tröstend in seinen Armen. Jo schluchzte. «Es tut mir ja so leid, daß du dir Sorgen gemacht hast», murmelte Larry. «Ich werde es nie wieder tun, das verspreche ich dir.» Er reichte ihr das Glas. «Hier, nimm noch einen Schluck», drängte er.

Jo trank und erzählte ihm dann, sie sei völlig durcheinander, weil ihre Eltern sich wieder versöhnt hätten.

Sie trank, bis das Glas leer war.

«Geht es dir jetzt besser?» fragte Larry sanft.

«Nein», antwortete Jo, «ich fühle mich schrecklich.» Vielleicht war es der Alkohol oder die Hitze oder das Weinen oder die Tatsache, daß sie ihrer aufgestauten Anspannung endlich Luft gemacht hatte – auf jeden Fall war Jo schwindlig und übel.

«Komm mit», sagte Larry und nahm sie an der Hand. «Du mußt dich ein bißchen hinlegen.» Jo ließ sich von Larry in sein Schlafzimmer führen. Widerstandslos streckte sie sich auf dem zerwühlten Laken aus. Larry setzte sich neben sie aufs Bett. «Hör auf meine Stimme», sagte Larry sanft, «dann geht es dir bald besser.»

Jo schloß die Augen. Sie fühlte sich wohl in Larrys Gegenwart. Es beruhigte sie, wenn er in ruhigem, gleichmäßigem Ton mit ihr sprach. «Locker, ganz locker, du mußt dich entspannen», sagte er. «Denk an das Meer. Du hast mir ja erzählt, wie sehr du das Meer liebst. Stell dir vor, du bist am Meer.»

Larry hatte recht. Während er einen herrlichen Sommertag am Strand beschrieb, wurde sie ruhiger.

Er hielt kurz inne und sprach dann besänftigend weiter, im gleichen Rhythmus wie ihr Atem. «Denk an das Meer, die Möwen, den Sand.»

Jo sah alles vor sich, als wäre sie wirklich dort.

Plötzlich registrierte sie vage, daß ihr jemand die Bluse auszog. Das war okay. Man braucht nicht viele Kleider am Meer. Man muß die Jeans ausziehen, um schwimmen zu gehen. Jo war jetzt ganz nackt. Das war schön. Es würde sich herrlich anfühlen, nackt im Meer zu schwimmen.

«Du fühlst dich sicher», sagte Larry.

«Sicher», wiederholte Jo. Sie empfand eine Geborgenheit, die sie nicht kannte. Jo liebte es, mit Larry am Strand zu sein. Sie fühlte sich wohl, so unbeschreiblich wohl.

Plötzlich war Jo wieder in Larrys Schlafzimmer. Larry! Er war nackt und lag auf ihr. «Nein!» schrie sie – und ertrank in der Gischt ihres eigenen zersplitterten Ichs.

Minuten später öffnete ich zum erstenmal die Augen. Der Mann, der neben mir lag, war jetzt befriedigt, sah mich aber beunruhigt an.

«Hallo», sagte ich leise und lächelte ihn an, um ihm zu verstehen zu geben, daß alles in Ordnung sei.

«Du bist so süß», murmelte er und zog mich an sich.

«Das ist also Jos Larry», dachte ich. «Er wirkt nett und sanft. Kein Wunder, daß sie ihn liebt.»

Ich lag da, genoß die ruhige Zärtlichkeit und spürte doch gleichzeitig in jedem Nerv ein wunderbares Vibrieren. Ich fühlte mich voller Energie und sehr lebendig.

Ich war neu. Die fehlende Vergangenheit gab mir ein Gefühl von Zukunftsoptimismus. Ich hatte nichts zu befürchten. Ich würde bestens zurechtkommen. Das Wichtigste wußte ich bereits – wie man einen Mann glücklich macht. Ich fühlte mich attraktiv und liebenswert, bis in alle Poren.

«Jo?»

Ich blickte zu Larry auf. Sein Lächeln war lieb und unschuldig. Er sah eher wie ein frecher kleiner Junge aus als wie ein erwachsener Mann. «Du solltest dich jetzt lieber anziehen», meinte er. «Deine Mutter holt dich am Einkaufszentrum ab.»

Ich stand auf, streckte mich und spannte jeden Muskel. Vor lauter Freude drehte ich eine kleine Pirouette – es war ein wunderbares Gefühl, ich zu sein.

«Mein Gott, du bist schön!» sagte Larry voller Bewunderung.

«Wirklich?» fragte ich und griff nach meinen Jeans.

Von Larrys Wohnung aus ging ich über den großen Parkplatz zu den Geschäften. Ich spürte die schwüle Luft und genoß die Hitze, die vom Asphalt ausstrahlte. Ich machte lange Schritte und dachte: «Ich bin groß und schlank. Das gefällt mir. Ich könnte es nicht ertragen, wenn ich klein und dick wäre.»

Ich betrat ein kühles Geschäft und blickte hinaus auf den Parkplatz. Ich wußte, daß Jos Mutter mich demnächst abholen würde und daß ich nach ihrem Wagen Ausschau halten mußte. Ich wußte nicht, wie er aussah, aber ich verließ mich darauf, daß ich ihn irgendwie erkennen würde.

Während ich wartete, sah ich mir die Leute an, die in dem Geschäft ein und aus gingen. Viele musterten mich anerkennend, vor allem die Männer. «Larry hatte recht», dachte ich. «Ich bin schön.»

Ich öffnete den Zopf, den Jo trug, und schüttelte den Kopf, so daß meine Haare auf die Schultern fielen. Entzückt betrachtete ich mein Spiegelbild im Schaufenster. Ich wollte mein neues Selbst umarmen – und die ganze Welt. Ich würde das Leben genießen. Bald darauf kam Nancy, und ich eilte ihr entgegen. Sie hielt mich irrtümlicherweise für ihre Tochter. Aber sie mochte mich lieber als die Tochter, die sie bisher gekannt hatte. Ich hatte die Fähigkeit, andere Leute glücklich zu machen.

Von diesem Tag an war ich fest entschlossen, all die anderen Persönlichkeiten zu verdrängen, aber ich begriff sehr schnell, daß ich nicht so viel Macht hatte. Also gab ich mir große Mühe, das, was die anderen taten, wenn sie draußen waren, genau zu überwachen, und wenn ich die Kontrolle übernahm, genoß ich das Leben. Ich war nie müde, traurig oder deprimiert. Ich war glücklich, und ich machte andere Leute glücklich.

Eine Woche nach meiner Geburt rief Jo Larry an. Sie konnte

sich nicht an das erinnern, was an jenem Nachmittag passiert war, nachdem sie sich auf das Bett gelegt hatte. Jo machte sich Gedanken wegen der Zeit, die sie verloren hatte. Sie hoffte, nichts getan zu haben, was Larry gegen sie aufgebracht haben könnte. Sie wählte seine Nummer, doch es kam nur eine Botschaft auf Band. Das Telefon war abgemeldet worden. Also rief sie die Auskunft an, aber dort wurde ihr mitgeteilt, es gebe keine neue Nummer für Larry Dunlap.

Larry war aus ihrem Leben verschwunden.

• • •

Am Ende unserer Puzzlearbeit war ich sehr beeindruckt von dem, was Lynn und ich herausgefunden hatten, aber sie hatte noch mehr Fragen.

«Renee, wie kommt es, daß Sie damals alles über das aktuelle Leben wußten, aber nichts über das, was vor Ihrer Geburt passiert war?»

«Ich kann nicht so ganz erklären, *woher* ich die Informationen hatte, die ich brauchte, aber ich glaube, ich weiß, *warum* ich sie hatte und warum ich nichts über das wußte, was sich vor meiner Geburt ereignet hat.»

Lynn nickte. Ich hatte dieses Phänomen noch nie richtig analysiert, und nun suchte ich mühsam nach Worten.

«So wie ich das sehe, bin ich entstanden, damit die Gruppe im Umgang mit anderen Leuten besser zurechtkommen konnte. Das wäre mir nicht so gut gelungen, wenn ich gewußt hätte, daß man der Gruppe in der Vergangenheit weh getan hatte. Selbst mit Ray und Nancy konnte ich besser umgehen, weil sie ja nicht *meine* Eltern waren. Die Beziehung zu Nancy und Ray war mir nicht weiter wichtig, also ließ ich mich auch nicht in ihre Probleme hineinziehen. Ich erwartete nichts von ihnen. Ich konnte nicht enttäuscht werden.»

Lynn dachte darüber nach und meinte dann: «Aber Renee, nach Ihrer Geburt merkte die Gruppe bald, daß sie mehr brauchte als die Fähigkeit, andere Leute zufriedenzustellen.»

«Das stimmt», antwortete ich. Es gefiel mir, daß Lynn und

ich die Rätsel gemeinsam entschlüsselten. «Deshalb gab es auch noch Persönlichkeiten, die nach mir entstanden. Kendra wurde als Selbstschutz geschaffen, als ich kapiert hatte, daß Eugene, mein schwarzer Freund, sich im Grunde gar nichts aus mir machte. Er hatte mit seinem Bruder um hundert Dollar gewettet, daß er eine weiße Freundin auftun und sie zum Uniball und zum Familienpicknick mitnehmen würde, und diese Wette hatte er gewonnen. Cassandra und Doug entstanden, als ich bei der Staatsgesetzgebung arbeitete und Angst bekam, weil ich es nicht allen Leuten recht machen konnte. Charlene und Honey entstanden, weil ich nie so ganz dahinterkam, wie ich Keith eine gute Ehefrau sein könne.»

Ich hielt in meiner Litanei inne und sah Lynn überrascht an. «Das hat sich alles geändert», sagte ich erfreut. «Ich bin viel mehr als nur eine Persönlichkeit, die andere Leute glücklich macht. Ich leiste ausgezeichnete Arbeit als Lehrerin. Ich komme mit Steve bestens aus. Und es erscheint mir nicht mehr so wichtig, ob das, was ich tue, allen Leuten gefällt.»

«Das stimmt», bestätigte Lynn. «Alle wichtigeren Persönlichkeiten – vor allem sie und Jo – entwickeln und verändern sich und lernen, mit ihren Problemen besser umzugehen. Es besteht also kein Grund mehr, neue Persönlichkeiten zu schaffen, und für die weniger wichtigen Persönlichkeiten, die nur für spezielle Zwecke da sind, gibt es immer weniger Anlaß herauszukommen.

Ich fiel ihr ins Wort. «Lynn, wenn Sie daraus schließen wollen, daß Jo und ich eines Tages gemeinsam eine glückliche Person sein könnten – vergessen Sie's! Selbst wenn Jo sich bessert, ist sie immer noch eine blöde Kuh. Ich werde mich nicht mit ihr integrieren.»

«Okay, Renee, Sie wissen, daß ich Integration für zweitrangig halte», erklärte Lynn.

Ich nickte. Sobald ich Angst vor einer möglichen Integration bekam, beruhigte mich Lynn seit einer ganzen Weile mit dieser Antwort. Ich hatte mich nur noch einmal versichern wollen, daß sie es sich nicht anders überlegt hatte.

Lynn machte ein nachdenkliches Gesicht. «Renee, was würden Sie tun, wenn Sie hören würden, daß einer Ihrer Kollegen mit einer Schülerin ins Bett geht?»

«Ich würde ihn umbringen», sagte ich ganz spontan. Ich liebte die Kinder, die ich unterrichtete. Ich liebte sie wie eine Löwenmutter: mit Zähnen und Klauen würde ich sie beschützen.

«Warum würden Sie so heftig reagieren?» fragte Lynn.

«Kinder sind etwas Besonderes», erklärte ich leicht irritiert. Kein Erwachsener durfte ihre Verletzlichkeit ausnutzen.

«Was sagt das Ihrer Meinung nach über Jo und Larry aus?» hakte Lynn nach.

«Oh.»

Ich war verblüfft, als ich begriff, was Lynns Frage bedeutete. «Obwohl Larrys Verhalten zu meiner Geburt geführt hat», sagte ich langsam, «ist das, was er mit Jo gemacht hat, schlimm. Auch wenn er verrückt war, hätte er ihr Vertrauen nicht mißbrauchen dürfen. Sie wollen mir begreiflich machen, daß Jo aufgrund solcher Erfahrungen so kaputt ist und so viel Angst vor Menschen hat.»

Lynn strahlte und umarmte mich kurz, als ich mich verabschiedete. Ich machte mich auf den Heimweg und grübelte über das nach, was ich gerade über mich herausgefunden hatte.

Meine neue Perspektive veränderte meine Gefühle den anderen Persönlichkeiten gegenüber. Ich fing an, zwischen ihnen und meinen schwierigen oder stärker gestörten Schülern Parallelen zu ziehen. Von ihnen verlangte ich auch keine Beweise dafür, daß sie mißbraucht wurden, und ich sagte nicht zu ihnen, sie sollten sich zusammennehmen. Ich liebte sie so, wie sie waren, und ich war voller Hoffnung, daß sie sich weiterentwickeln würden, wenn sie Vertrauen bekamen und sich sicher fühlten. Wie diese verletzten, empfindlichen Kinder, die man oft nicht so ohne weiteres lieben konnte, agierten meine anderen inneren Persönlichkeiten ihren Schmerz und ihre Verzweiflung aus. Zum erstenmal empfand ich ihnen gegenüber Toleranz und Mitgefühl.

18

TAGEBUCHEINTRAG *1. September 1982*

Was mich an Jo Casey immer wieder erstaunt, ist dieser elementare Widerspruch: Sie ist einerseits so fragmentiert, und gleichzeitig funktioniert sie ausgezeichnet. Als ich das erste Mal hörte, wie die Kendra-Persönlichkeit (die Renee rettet, wenn sie sich zuviel vorgenommen hat) sagte: «Wir können alles!», hielt ich das für sehr übertrieben. Jetzt sehe ich, daß es, gemessen an den meisten Leuten, stimmt. In vieler Hinsicht können die Persönlichkeiten tatsächlich alles, was sie in Angriff nehmen, solange nicht erwartet wird, daß eine Persönlichkeit allein über längere Zeit alles übernimmt.

Jede scheint spezielle Talente und Fähigkeiten zu haben. Eine Persönlichkeit ist gut in Mathematik, eine andere in Sprachen, die nächste in Naturwissenschaften, wieder eine andere in Geisteswissenschaften. Eine Persönlichkeit schreibt ausgezeichnete Prosa, eine andere liebt die strengen Strukturen der Logik, eine dritte wird von ihren Kollegen wegen ihrer Führungsqualitäten bewundert. Die Persönlichkeiten scheinen außerdem auch individuell und unabhängig zu denken. *Wenn ich der Jo-Persönlichkeit eine Idee präsentiere, ist sie mir entweder in der Analyse der Implikationen schon zehn Schritte voraus, oder sie greift eifrig meine falschen Prämissen an. Jo objektiviert jedes Thema, das angesprochen wird. Renee andererseits scheint sich bei allen Themen zu langweilen, bei denen es nicht um zwischenmenschliche Beziehungen geht, und sie ist nicht fähig, die Art von Verbindungen herzustellen, die Jo so mühelos sieht. Beides scheint nicht weiter pathologisch. Im Gegen-*

teil – beide Verhaltensweisen sind eine gesunde Art, mit dem Leben fertig zu werden, und jede kann dem System als Ganzem nützen.

Die Reaktion des Systems, im Bedarfsfall neue Persönlichkeiten zu schaffen, ist pathologisch. Als Renee Keith heiratete, wurde sie nicht fertig mit dem, was ihrer Meinung nach von ihr erwartet wurde. Keine der wichtigeren Persönlichkeiten – weder die ruhige, analytische Jo noch die ängstliche Joan Frances, noch die promiskuitive Renee – wußte, wie sie ihre spezifischen Fähigkeiten in die Rolle von «Keith' Ehefrau» übersetzen sollte.

Joan Frances, die dieser Rolle am ehesten hätte entsprechen können, war gelähmt, weil sie von ihrer Mutter in puncto Ehe so widersprüchliche Botschaften bekommen hatte. Nancy gab vor, Ray zu verachten, aber sie schien nicht fähig zu sein, ohne ihn zurechtzukommen. Da entstand Charlene, eine Persönlichkeit, die eine Karikatur von Nancys hausfraulichen Qualitäten war. Charlene kochte, putzte und sorgte für ein schönes und gemütliches Heim, in dem fieberhaften Bemühen, eine «gute Ehefrau» zu sein. Die Honey-Persönlichkeit, die ebenfalls Nancy nachempfunden ist, war depressiv und verzagt. Honey war sich sicher, daß sie tun konnte, was sie wollte – ihr Ehemann würde nie zufrieden sein.

Bald darauf erwarb Renee durch ihr geschicktes Auftreten bei Vorstellungsgesprächen eine begehrte Praktikumsstelle bei der Staatsgesetzgebung und später einen bezahlten Job bei der Pressestelle. Durch die Arbeit fühlte Renee sich jedoch überfordert. Sie sah keine Möglichkeit, wie sie alle zufriedenstellen könnte.

Cassandra wurde nach dem Modell einer Rechtsanwältin geschaffen. Cassandra arbeitete produktiv und professionell, sie war herzlich und kompetent, ohne Renees ausgeprägtes Bedürfnis zu haben, es allen recht zu machen. Doug, eine männliche Persönlichkeit, die sich an einem Wahlkampf-Manager orientierte, entstand zur gleichen Zeit wie

Cassandra. Doug erzählte mir, Cassandra sei ganz gut allein zurechtgekommen, aber er sei gebraucht worden, weil wir «in einer Männerwelt» leben. Abgesehen davon, daß er Golf spielen lernte, ist nicht ganz klar, was Doug eigentlich machte, um «den Mädchen mal ein bißchen auf die Sprünge zu helfen».

Zwar sind die Persönlichkeiten sehr fähig, aber bis vor kurzem war jede von ihnen durch rigide Grenzen beschränkt. Vor der Therapie bei mir schienen sie unfähig zu sein, aus früheren Erfahrungen zu profitieren. In dieser Hinsicht habe ich erstaunliche Veränderungen beobachtet – vor allem bei Renee. Aber ihr Bestreben, etwas zu leisten, scheint eher zwanghaft als befriedigend – genau wie die Motivationen der anderen Persönlichkeiten.

Jo betont immer noch ihren Intellekt und ihre Rationalität. Das ist ein tapferer Versuch, ihre empfindlichen, zarten und infantilen Emotionen zu schützen. Sie meidet Menschen, um Gefühlen aus dem Weg zu gehen, aber trotzdem leidet sie ständig.

Renees Beziehungen, die sie so mühelos knüpft und die so vielversprechend scheinen, sind flach und letztlich unbefriedigend. Beim ersten Anzeichen von Problemen ergreift Renee die Flucht. Deshalb gelingen ihr längerfristige Beziehungen nur mit Leuten, die aus irgendwelchen Gründen ebenfalls unfähig zu Nähe sind.

• • •

Im September 1982 begann mein zweites Jahr als Lehrerin und das zweite Jahr meines Zusammenlebens mit Steve.

Als ich mit Steve zusammenzog, habe ich das nicht zuletzt deswegen getan, weil sich keine attraktivere Möglichkeit bot. Steve ging davon aus, daß wir irgendwann heiraten würden, aber ich hatte da meine Zweifel. Steve hätte das zwar nie zugegeben, aber ich wußte, daß er emotionale Probleme hatte, die so schwerwiegend waren wie meine eigenen. Sara, seine Frau, war schon viele Jahre tot, aber er trauerte immer noch um sie.

Wir lebten in dem Haus, in dem er und Sara so viele glückliche Jahre zusammen verbracht hatten, und überall waren noch die persönlichen Gegenstände seiner Frau. Meine Shampooflasche stand in der Dusche neben der ihren.

Steve leugnete, daß wir irgendwelche Probleme hatten.

Mehr als eine der Persönlichkeiten versuchte, Steve zu überzeugen, daß die Diagnose der multiplen Persönlichkeit zutreffe, aber er wollte es nicht glauben.

Als Jo ihm das erste Mal von der Diagnose erzählte, war seine Reaktion: «Medizinerquatsch.» Er merkte, daß Jo sehr betroffen war, also versuchte er einzulenken, indem er ausführte, weshalb die Annahme mehrerer Persönlichkeiten in einem Körper philosophisch unhaltbar sei. Multiple Persönlichkeiten paßten nicht in Steves Denksystem, also existierten sie nicht.

Später, als Dr. Wilbur die Diagnose bestätigt hatte, versuchte ich, ihn zu überzeugen. Er meinte, Dr. Wilbur verbringe ihr ganzes Leben damit, Leute zu suchen, die sie als multipel bezeichnen könne. Dagegen konnte ich nichts sagen. Aber als Steve mir zu verstehen gab, daß Lynn aus den gleichen Gründen zu ihrer Diagnose gekommen sei, wußte ich, daß es an der Zeit war, daß Steve Lynn kennenlernte.

Steve hörte höflich zu, als Lynn über die verschiedenen Persönlichkeiten sprach. Er räumte ein, daß ich «launisch» sei; Lynns Vorschlag, er solle *Sybil* lesen, lehnte er jedoch kategorisch ab. Er weigerte sich weiterhin, eine Störung, die seine Sicht der Wirklichkeit in Frage stellte, anzuerkennen.

Trotzdem lebte Steve mit vielen der Persönlichkeiten. Wenn er wütend auf mich war, verlor ich Zeit. Mitten in einem Streit, den er mit mir angefangen hatte, sah er sich plötzlich Jo gegenüber. Jo kniff dann verwirrt die Augen zusammen und entschuldigte sich zerknirscht für alles, was sie diesmal wieder falsch gemacht hatte. Mit der Zeit erkannte Steve die plötzliche Leere in meinem Gesichtsausdruck. Seine Wut verschwand dann; er sah Jo nur an und sagte: «Du weißt gar nicht, worüber ich wütend bin, stimmt's?»

So endeten die meisten unserer Auseinandersetzungen. Steve seufzte und nahm Jo auf den Schoß. Da Jo körperliche Nähe nicht ertragen konnte, krabbelte die fünfjährige Missy-Persönlichkeit auf Steves Schoß und lauschte aufmerksam, wie dieser Mann ihr erzählte, daß er sie liebe und daß alles in bester Ordnung sei. Missy barg ihren Kopf an Steves Schulter und beschloß, ihm zu glauben.

Keine von uns zwang Steve, die Brüche anzuerkennen. Er nannte uns alle Jo und bot seine eigenen Erklärungen für den periodischen Gedächtnisverlust an. Die Gefühle, die die Gruppe für Steve hegte, waren sehr ambivalent. Missy liebte ihn wie einen Vater; Jo hoffte, daß er sie eines Tages so lieben würde, wie er Sara geliebt hatte; ich sah in ihm einen angenehmen Gefährten und einen guten Freund; und Joan Frances wartete noch darauf, wie ihre Mutter die Beziehung einschätzen würde.

Aber wir alle liebten das Haus, das er im November 1982 kaufte. Steve überraschte mich mit der Ankündigung, daß er aus dem bisherigen Haus ausziehen wolle. Er meinte, wir bräuchten unser eigenes Zuhause, einen Ort, der keine Erinnerungen an die Vergangenheit berge.

Ich wußte nicht, wie und warum er zu diesem Entschluß gekommen war, aber die Aussicht, wieder ein Zuhause zu haben, das ich als mein eigenes empfinden konnte, machte mich sehr froh.

Als Keith und ich uns trennten und wir unser Haus verkauften, waren alle meine Sachen eingelagert worden. In Steves Haus war kein Platz für meine Bücher und Möbel gewesen. Jetzt zogen wir in ein großes, helles Haus im Tudor-Stil, wo genügend Platz für alles war.

Niemand in der Gruppe ahnte, daß Steve den Umzug als belastend empfinden würde.

Ein paar Tage nachdem die Möbel angeliefert worden waren, verlor Steve eines Abends ganz unerwartet die Geduld, als er versuchte, im Gästezimmer eine Schrankwand aufzubauen. Ich bekam Angst. Die Jo-Persönlichkeit fand sich plötzlich allein am Fuß der Treppe wieder, die zum zweiten Stock hinaufführte. Sie konnte hören, wie Steve oben fluchte. Krampfhaft klammerte sie sich am Geländer fest. Hatte sie wieder etwas falsch gemacht?

«Soll ich raufkommen?» rief Jo.

«Nicht, wenn du wieder deine Seele auskotzen willst», donnerte Steve.

Das war zuviel für Jo. Sie packte ihre Jacke und rannte hinaus in die Nacht. Ziellos irrte sie durch die unbekannte Wohngegend – sie wußte nicht, wo sie war und wohin sie wollte. Als ich und die anderen Persönlichkeiten die Gegend ausgekundschaftet hatten, war sie abwesend gewesen.

Jos letzte Erinnerung war, daß sie bei Lynn in der Sitzung war. «Lynn weiß mehr über mein Leben als ich», dachte Jo und verlangsamte ihren Schritt. «Vielleicht weiß sie, warum Steve wütend auf mich ist.»

Jo kam zu einer größeren Straße und entdeckte dort eine Kneipe, die die ganze Nacht offen hatte. Sie flüchtete aus der eisigen Novemberkälte in den geheizten Raum und rief Lynn an.

Lynn wußte nicht, was mit Steve los war, aber sie machte sich Sorgen, weil Jo nicht imstande war, nach Hause zu gehen. «Wo sind Sie?» fragte Lynn. Jo beschrieb die Kneipe, und Lynn versprach, sie werde gleich da sein.

Jo setzte sich an einen Tisch, trank Kaffee und wartete auf Lynn. Sie fühlte sich ausgelaugt und überfordert von ihren Gefühlen – erschrocken über Steves Wut und verwirrt durch Lynns Reaktion. Jo wollte ihr doch nicht den Abend verderben!

Lynn erschien in Jeans, Stiefeln, Flanellhemd und einer Daunenweste. Jo hatte schon immer gefunden, daß Lynn toll aussah, aber als sie nun die Kneipe betrat, mit ihrem langen, wehenden Pferdeschwanz, fand Jo sie atemberaubend schön. Sie sieht eher aus wie dreißig als wie fünfzig, dachte Jo anerkennend, als Lynn sich zu ihr an den Tisch setzte.

Lynn bestellte sich einen Kaffee und sagte: «Ich bin eigentlich nicht überrascht, daß Sie diese Kneipe entdeckt haben. Als ich noch das Haus voller Kinder hatte und keinen Zentimeter Raum für mich, bin ich oft hierhergekommen, um mich zu verstekken. Eine Tasse Kaffee und ein paar Minuten Ruhe haben mir immer geholfen, wenn ich mich zu gestreßt fühlte, um eine gute Mutter zu sein. Ich bin seit Jahren nicht mehr hiergewesen, aber die Umgebung ruft schöne Erinnerungen in mir wach.

Was ist passiert, Jo?» wollte Lynn wissen, nachdem sie Jos Entschuldigungen für die abendliche Störung beiseite geschoben hatte.

Jo beschrieb die Situation, so gut sie konnte. «Er hat mich angeschrien, und er hat auch losgebrüllt, als ich meine Hilfe angeboten habe», erzählte Jo. Sie wußte nicht, was Steve in dem Zimmer gemacht hatte, sie war zu eingeschüchtert gewesen, um nach oben zu gehen und nachzusehen.

Lynn trank einen Schluck Kaffee und sagte dann: «Wissen Sie, Jo, umziehen ist für jeden anstrengend, und Steve begräbt mit diesem Umzug einen großen Teil seiner Vergangenheit. Er war wahrscheinlich sauer, weil irgend etwas, was er machen wollte, nicht geklappt hat, und hat dann wegen der allgemeinen Belastung übertrieben reagiert.»

Jo fingerte an ihrer Kaffeetasse herum und lächelte zaghaft. «Sie wollen sagen, es könnte sein, daß ich nicht schuld an Steves Wut war.»

Lynn nickte. «Sie sind nicht die einzige in der Gruppe, die Schwierigkeiten mit ihrer Wut hat. Renee kann auch nicht damit umgehen.»

Jo ließ sich von Lynn nach Hause fahren. «Ich nehme an, Renee und ich sind in mancherlei Hinsicht gar nicht so verschieden», sagte sie. «Wir müssen beide lernen, andere Leute sie selbst sein zu lassen.»

Als Jo nach Hause kam, war Steve außer sich vor Sorge, weil sie so einfach verschwunden war. Er entschuldigte sich für seinen Ausbruch. Jo umarmte ihn. «Ist schon gut, Steve. Ich habe auch übertrieben reagiert.» Sie spürte eine ungewohnte Verbindung zu ihm; sie empfand Verständnis.

Die Gruppe richtete es sich im Haus ein und entwickelte eine angenehme Alltagsroutine mit Steve.

Missys Schaukelstuhl stand in dem hellen Sonnenzimmer. Dort konnte sie ungestört schaukeln und die Vögel in den Bäumen und Büschen vor dem Fenster beobachten. Es tröstete sie, daß ihre Freundin Lynn im gleichen Stadtteil lebte, nur fünf Kilometer von ihr entfernt.

Jo liebte die Bibliothek im Untergeschoß: vier Wände mit deckenhohen Regalen, ein leicht muffiger Geruch. Jos Bücher füllten zusammen mit Steves umfassender naturwissenschaftlicher Bibliothek den ganzen Raum.

Rusty hatte Steve schweigend geholfen, die Regale für die Bücher zu bauen und zu streichen. Rusty wußte genau, daß es besser war, wenn er sich Steve nicht zu erkennen gab; er hatte Spaß daran, mit einem Mann zusammenzuarbeiten, und war stolz auf seine Leistung.

Charlene verbrachte viele Stunden in der großen modernen Küche, die sie und Steve entworfen hatten, und kochte die Mahlzeiten.

Joan Frances wanderte selbstgefällig durch das elegante Haus, das um die Jahrhundertwende erbaut worden war. Sie war sich sicher, daß ihre Mutter von den Glasfenstern sehr beeindruckt sein würde, wenn sie je zu Besuch käme.

Ich liebte es, daß wir so viel Platz hatten. Steve konnte in seinem Arbeitszimmer oben lesen, und ich konnte in einem anderen Teil des Hauses herumwerkeln und einerseits die Sicherheit spüren, die seine Anwesenheit mit sich brachte, andererseits aber auch ungestört arbeiten.

Steve verhielt sich freundlich und entgegenkommend und stellte keine großen Ansprüche. Er wollte, daß ich liebevoll war und an seinem Leben teilnahm. Das war einfach. Wenn es darum ging, das zu sein, was andere Leute wollten, war ich eine Expertin. Ich hatte keinen eigenen inneren Kern zu schützen. Ich konnte mich schnell und mühelos verändern, wie ein Chamäleon, und mich den Bedürfnissen jedes Menschen, der mir wichtig war, anpassen.

Steve schmeichelte mir oft, indem er mir Fähigkeiten zuschrieb, von denen ich selbst gar nichts wußte. Ich dachte, ich hätte als Lehrerin meine Nische im Leben gefunden, und war ganz zufrieden damit. Aber Steve war der Ansicht, daß ich das Zeug hatte, mehr zu erreichen.

«Du solltest promovieren», sagte Steve. «Du hast wichtige Dinge zu sagen und zu schreiben.»

Wenn die Jo-Persönlichkeit das hörte, erfüllte es sie mit Stolz. Jo hatte den sehnlichen Wunsch, Wissenschaftlerin zu werden. Steve meinte es ernst, wenn er sagte, sie solle nach Harvard gehen, wo er und Sara ihre Doktorarbeit gemacht hatten. «Wenn ich beweise, daß ich intelligent genug bin, um nach Harvard zu gehen, liebt mich Steve vielleicht so wie Sara», dachte Jo.

Jo träumte davon, sich in Harvard zu bewerben, aber sie zögerte. Schließlich bewarb ich mich an ihrer Stelle. Ich sah, daß es Vorteile hätte, wenn ich wieder auf die Universität ginge. Ich unterrichtete erst kurze Zeit, und die Schülerzahlen gingen zurück, somit hatte ich wenig Aussicht, daß meine Stelle verlängert würde. Wissenschaftliches Arbeiten war zwar nicht meine Lieblingsbeschäftigung, aber ich dachte, daß ich mich dabei auf Persönlichkeiten wie Jo, Joan Frances und Kendra verlassen könne. Und wenn ich von hier wegging, um zu promovieren, dann würde damit auch Lynns Arbeit mit den Persönlichkeiten einen harmonischen Abschluß finden.

Lynn hatte Jo und den anderen über zwei Jahre hinweg sehr viel Zeit gewidmet. Ich wußte, das konnte nicht ewig so weitergehen, aber für einige von den anderen wäre es vernichtend, wenn Lynn sagen würde, sie habe genug. Mir selbst machte es zwar nicht so viel aus, aber ich hatte Angst davor, was mit den anderen passieren würde, sollte Lynn uns abnabeln. Wenn Lynn wüßte, daß die Gruppe im Herbst wegging, würde sie die Behandlung nicht von sich aus abbrechen. Ich wäre diejenige, die dafür verantwortlich zeichnete, daß die Gruppe wegging, und keine der Persönlichkeiten hätte dann das Gefühl, von Lynn im Stich gelassen worden zu sein.

Steve versicherte mir, daß unsere Beziehung stabil genug sei, um meine vorübergehende Abwesenheit zu überstehen. Ich hatte zwar den Verdacht, daß er mich zum Gehen drängte, weil er sich dann langsam aus der Beziehung lösen könnte, aber ich hatte keine Angst davor. Keine der Persönlichkeiten war von Steve so abhängig wie von Lynn.

Vorerst ging allerdings Steve für eine Weile weg – er hatte eine Gastprofessur in Cornell, die im Januar 1983 begann. Ich hatte ihm dringend geraten, dieses Angebot anzunehmen, weil ich hoffte, er würde dann seine akademische Arbeit wiederaufnehmen, die er seit Saras Tod vernachlässigt hatte. Und ich freute mich darauf, ein Semester das wunderschöne Haus für mich zu haben.

Steve und ich kamen in diesen letzten Monaten des Jahres 1982 gut miteinander zurecht. Wenn wir uns stritten, dann immer um die Therapie. Er gab zu, daß er von psychischen Krankheiten nichts verstand, aber er weigerte sich zu sehen, daß ich krank war. Er ärgerte sich über meine langen Telefongespräche mit Lynn und über die vielen Stunden, die ich in der Therapie verbrachte.

«Bin ich denn nicht nett zu dir?» fragte er, als eine aus der Gruppe Lynn anrief. «Warum kannst du mich denn nicht anrufen, wenn du zu spät kommst?» beschwerte er sich, wenn meine Sitzungen länger als eine Stunde dauerten.

Eines Abends, als Steve wieder einmal diese Frage stellte, dachte ich an die Sitzung zurück. Die meiste Zeit über hatte Lynn Little Joe in den Armen gehalten. Müde sagte ich zu Steve: «Die Persönlichkeit, die herauskam, wußte die Telefonnummer nicht, und *er* hätte es auch gar nicht gewagt anzurufen.» Steve wich zurück. Er wollte nicht wirklich Bescheid wissen.

Dann, ganz plötzlich, wurde die Therapie schmerzlich. Entsetzt stellte Jo auf einmal fest, wie abhängig sie von Lynn geworden war. Lynns rückhaltlos angebotene Zuneigung war eine völlig neue Erfahrung für sie. Jo hatte die Liebe ihrer Eltern als Pflichterfüllung abgetan; sie hatten sie lieben gelernt, weil sie ihre Tochter ja schließlich nicht abschieben konnten. Lynn war nicht gezwungen, sie zu lieben, aber sie sagte, sie habe sie trotzdem gern. Und Jo fing an, ihr zu glauben.

Jeder Augenblick, den sie mit Lynn verbrachte, steigerte ihr verzweifeltes Bedürfnis nur noch. Die Tiefe ihrer Sehnsucht erschreckte Jo. Da sie nicht verstand, warum Lynn ihr diese Gefühle entgegenbrachte, konnte sie unmöglich darauf vertrauen, daß es weitergehen würde, und sie hatte auch keine Ahnung, was dem Ganzen ein Ende setzen würde.

Jo wollte, daß Lynn sie auch weiterhin mochte. «Und doch», dachte Jo, «tue ich alles, um gegen sie anzukämpfen.» Sie konnte aufzählen, auf wie viele verschiedene Arten sie sich gegen Lynn sperrte, auch wenn die Therapeutin sie selten darauf ansprach: Jo weigerte sich, Tonbandaufnahmen der anderen Persönlichkeiten anzuhören; sie weigerte sich zu glauben, daß ihre Eltern sie mißhandelt hatten; sie war nicht einmal fähig, sich auf Hypnose einzulassen.

Jo konnte sich vorstellen, daß ihre Verstocktheit die Zurückweisung möglicherweise beschleunigte, aber sie konnte einfach nicht anders. Wenn Lynn ihr nur sagen würde, wie sie sich verhalten solle. Wenn Lynn ihr doch ihre Liebe vernünftig begründen würde, dann könnte Jo alles auf eine intellektuelle Ebene bringen.

«Was möchten Sie denn, das ich *mache*?» wollte sie von Lynn wissen. Wenn Lynn etwas vorschlug, hatte Jo oft viel zuviel Angst, um darauf einzugehen, und gleichzeitig war sie wütend auf Lynn, daß sie diesen Vorschlag gemacht hatte.

Wenn Lynn antwortete: «Sie machen das alles sehr gut, seien Sie nur einfach Sie selbst», war Jo empört und fest davon überzeugt, daß Lynn sie manipulierte. Jo wurde immer frustrierter, und ihre Frustration ängstigte uns alle.

Ich sprach unsere Sorge um Jo in der Therapie an. Lynn versuchte, mich zu beruhigen. «Renee, es wird eine Weile dauern, bis Jo wirklich versteht, daß sie ganz in Ordnung ist, so, wie sie ist. Das ist Teil ihres Problems. Sie glaubt, daß niemand sie um ihrer selbst willen mögen oder auch nur akzeptieren könnte.»

Lynn schien nicht zu begreifen, wie ernst die Sache war. «Ich möchte, daß Jo ein besseres Selbstgefühl entwickelt», pflichtete ich Lynn bei, «aber Sie wissen ja, wie diese Art von Frustration in der Vergangenheit manchmal neue Persönlichkeiten entstehen ließ.»

«Hören Sie zu, Renee», meinte Lynn tadelnd. «Es brauchen keine neuen Persönlichkeiten geschaffen werden, um mich zufriedenzustellen. Ihr seid mir alle wichtig, und ich freue mich wirklich über die Fortschritte, die ihr in der Therapie macht.»

Ich fühlte mich immer noch nicht so recht wohl. Die Tatsache, daß wir keine neuen Persönlichkeiten schaffen *mußten*, um sie zufriedenzustellen, war noch lange keine Garantie dafür, daß es nicht trotzdem passieren würde. Und ich hatte Angst, Lynn könnte auf diese Möglichkeit nicht richtig vorbereitet sein.

Jo warnte Lynn auf ihre Art. «Wenn ich mich plötzlich ändern würde und die Person würde, als die Sie mich haben wollen, würden Sie gar nicht merken, daß ich eigentlich drinnen gefangen bin», brachte sie anklagend hervor.

Jo II, die Persönlichkeit, die entstand, um das zu sein, was Lynn wollte, erschien ein paar Tage später während der Sitzung; zum Erstaunen der Gruppe erkannte Lynn sie sofort.

«Ich weiß, Sie denken, Sie tun, was Sie können, damit ich mit Ihnen zufrieden bin», sagte Lynn freundlich zu der Persönlichkeit, die darauf beharrte, sie sei Jo, «aber ich brauche die echte Jo, damit sie Zeit mit mir verbringt und an ihren Problemen arbeitet.»

TAGEBUCHEINTRAG *2. Dezember 1982*

Die Therapie ist jetzt sehr intensiv und anstrengend. In gewisser Hinsicht bin ich sehr zufrieden mit dem, was seit Jos verzweifeltem Anruf vor ein paar Wochen passiert ist. Ich weiß, es ist eine Gratwanderung, wenn ich auf Jos Hilferufe eingehe. Ich möchte keine übertriebene Abhängigkeit för-

dern, aber ich habe gemerkt, wenn ich ihr mehr Aufmerksamkeit schenke, als sie bewußt will, durchbreche ich ihre Abwehrmechanismen schnell und wirksam.

Aber das vergrößert wiederum die Abhängigkeit – was allerdings insofern gut ist, als diese junge Frau ihre emotionale Infantilität erkennen muß, ehe sie eine starke und gesunde erwachsene Frau werden kann. Wenn irgendein Aspekt der Therapie eine oder mehrere Persönlichkeiten besonders ängstigt, bin ich dankbar für die Mutterübertragung, die sie jeden Nachmittag hierher in mein Sprechzimmer führt. Gleichgültig, wie sehr die Therapie schmerzt, sie muß erfahren, wie lange es dauert, bis diese Mutter sie zurückweist.

Renee hat implizit zu erkennen gegeben, daß sie weiß, die Gruppe braucht mich, indem sie sich für ein Promotionsprogramm in Harvard beworben hat. Ich zweifle nicht daran, daß sie angenommen wird, aber ich erwarte eigentlich nicht, daß sie es durchziehen wird. Ich glaube kaum, daß sie gesund genug ist, um so weit von mir und von Steve weg zu sein. Wir sind ihre einzigen Stützen. Ich gehe davon aus, daß irgendeine Dysfunktion, ausgedrückt durch Jo oder eine der jüngeren Persönlichkeiten, Renees Plan durchkreuzen und blockieren wird.

Die Persönlichkeiten haben mir durch deutliche Hinweise zu verstehen gegeben, daß sie wollen, daß ich ihnen helfe, ihre alten Abwehrmuster zu verändern. Ich hatte nicht erwartet, daß die Gruppe eine neue Persönlichkeit schaffen würde, trotz Renees und Jos Warnungen. Als Jo II auftauchte, war ich überrascht, wie gut sie die therapeutischen Ziele erfaßte. Jo II hat mir heute erzählt, ihre Probleme gingen auf frühen Mißbrauch zurück. Sie breitete all die Botschaften vor mir aus, die ich den anderen zu vermitteln versucht habe: «Ich habe die anderen Persönlichkeiten geschaffen, weil ich mit dem Mißbrauch nicht umgehen konnte. Die anderen sind meine inneren Freunde und Beschützer. Sie ermöglichten mein psychisches Überleben, und ich versuche nun, ihre Bedeutung in meinem Leben zu begreifen. Wenn ich meine Ängste erst einmal überwunden und all diese verschiedenen Teile von mir lieben gelernt habe, dann kann ich sie in mein eigenes Wesen aufnehmen und bin nicht mehr multipel.»

Wenn es wirklich Jo wäre, die das alles erkannt hat, würde ich sagen, meine Patientin steht kurz vor der Gesundung. Aber auch so ist es wichtig zu wissen, daß Erkenntnisse dieser Art im Gesamtsystem der Gruppe überhaupt vorhanden sind.

Ich habe Artikel gelesen, die die These aufstellen, daß multiple Persönlichkeiten dadurch entstehen können, daß Therapeuten sehr suggestible Patienten manipulieren. Seit ich angefangen habe, mit Jo zu arbeiten, denke ich, daß dies in unserem Fall sehr unwahrscheinlich ist, und ich bin jetzt sogar noch fester davon überzeugt, seit ich gesehen habe, wie eine Persönlichkeit aussieht, die mir zuliebe geschaffen wurde. Ich kann zwar jetzt davon ausgehen, daß meine Botschaften auf einer gewissen Ebene ankommen, aber es erschiene mir unklug, der Jo-II-Persönlichkeit Fürsorge oder Unterstützung zukommen zu lassen.

Ich muß diese neue Persönlichkeit entschieden abweisen, um zu verhindern, daß noch andere entstehen. Die Bildung einer «therapeutenerfreuenden» Persönlichkeit ist nicht nur eine Gefahr für Jo, sondern auch für unsere therapeutische Beziehung. Wenn ich Jo II genauso wie die anderen akzeptieren würde, könnten sie unserer Arbeit aus dem Weg gehen, indem sie eine alte Abwehrstrategie einsetzen. Ich muß auf die Bedürfnisse der Persönlichkeiten eingehen, die existierten, ehe die Therapie begann, und ich muß der Gruppe gleichzeitig zu verstehen geben, daß ich keine Persönlichkeiten akzeptieren werde, die meinetwegen entstehen.

19

TAGEBUCHEINTRAG *20. Januar 1983*

Weihnachten und die Wochen danach haben uns einen kleinen, aber wichtigen Durchbruch gebracht. Jo und ich fanden schließlich doch etwas, was sie tun *konnte, um den Therapieprozeß voranzubringen. Ich schlug ihr vor, doch den Bericht zu lesen, den ich für Dr. Wilbur verfaßt hatte. Ich dachte, sie könnte dadurch vielleicht eher nachvollziehen, wie ich unsere therapeutische Beziehung sehe. Jo schien von dieser Idee sehr angetan.*

Normalerweise wäre in einer solchen Situation von Jo sicherlich Widerstand gekommen. Diesmal aber trieb sie ihr noch immer bestehender Verdacht, ich könnte womöglich irgendwelche «Expertengeheimnisse» mit Dr. Wilbur haben, über diese Schwelle hinweg. Sie war erleichtert und offenbar auch sehr bewegt, als sie wußte, was ich geschrieben hatte.

Jo rief mich am Tag nach Weihnachten an. Mit einer für sie ganz ungewöhnlichen überschäumenden Freude in der Stimme sagte sie, sie habe die gesamten fünfundzwanzig Seiten gelesen und sie habe mich gern. Ich beschloß spontan, diese neue Dimension von Vertrauen und Offenheit zu verstärken. Auf meine – überraschende und bestimmt nicht durch Manipulation herbeigeführte – Einladung hin kam Jo noch am gleichen Nachmittag zu mir nach Hause, wo sie ein paar gemütliche Stunden damit zubrachte, auf einem Küchenhocker sitzend mit mir zu schwatzen, während ich kochte. Gordon war am Flughafen, und meine Kinder, die Weihnachten bei uns verbrachten, waren gerade zu Besuch bei Freunden. Da Jo also auf niemand Neues traf, der sie hätte einschüchtern können, war sie richtig munter.

Ich war kaum überrascht, als Renee mich ein paar Wochen später fragte, ob mein Mann und ich nicht zu Steves und ihrer Hauseinweihungsparty kommen wollten. Ich hatte schon seit einiger Zeit mit einer solchen Einladung gerechnet und mir überlegt, wie ich reagieren sollte.

Ich weiß, viele meiner Kollegen würden nicht begreifen, daß der Besuch einer Party im Haus einer Patientin ebenso therapeutisch sinnvoll sein kann wie die übrigen Situationen, in denen Jo und ich uns bisher außerhalb der Sitzungen getroffen haben. Aber es fällt diesen Leuten ja bereits schwer, überhaupt zu akzeptieren, daß ein Kontakt außerhalb der Praxis eine wichtige therapeutische Funktion haben kann.

Mir war klar, für Renee war es wichtig, daß ich kam. Und ich dachte mir, daß mein Erscheinen dazu beitragen könnte, die Oberflächlichkeit unserer Beziehung zu durchbrechen. Wenn Renee sehen könnte, daß ich sie wirklich als die achte und schätze, die sie ist, würde sie vielleicht eher willens sein, mich etwas mehr an ihre Schwächen und Ängste heranzulassen.

• • •

Lynn und Gordon kamen zu der Party, und ich tat alles, um mich ihnen als charmante Gastgeberin ohne jeden Hauch von pathologischem Verhalten zu präsentieren. Schließlich war das hier meine natürliche Umgebung.

Gordon war überhaupt nicht so, wie ich ihn mir vorgestellt hatte. Ich war davon ausgegangen, daß er mir – dieser Patientin, die einen so großen Teil der Zeit seiner Frau in Anspruch nahm – eher mit Argwohn begegnen würde, aber er schien wirklich interessiert, mich kennenzulernen. Er war besonnen und überlegt in allem, was er sagte und tat, und schien lieber die Hunde zu streicheln und sich in einem stillen Eckchen mit mir zu unterhalten, als sich in den allgemeinen Trubel zu stürzen.

Lynn entdeckte ein paar alte Freunde und unterhielt sich angeregt, aber sobald ich vorbeikam, suchte sie lächelnd meinen Blick. Ich kümmerte mich um die Gäste, kehrte aber immer wieder zu Gordon zurück, um mit ihm weiterzureden. Auf diese Weise unterhielten wir uns in Etappen den ganzen Abend über. Ich erfuhr, daß Gordon ebenfalls High-School-Lehrer und ebenso engagiert war wie ich. Als er mir erzählte, wie er sich «außerschulisch» um seine Schüler kümmerte, die besonderer Zuwendung bedurften, begriff ich, warum es ihm nichts ausmachte, daß Lynn mehr Zeit als üblich auf mich verwandte. Genau wie Lynn weigerte sich auch Gordon, seine Arbeit von seinem Privatleben zu trennen. Persönliches Engagement und berufliches Verantwortungsgefühl verbanden sich bei ihm zu dem Wunsch, für die Menschen, die ihm wichtig waren, zu tun, was in seinen Kräften stand.

«Waren Sie schon mal segeln?» fragte er mich. Er erzählte von der grenzenlosen Freiheit, die er draußen auf dem Wasser spürte.

Ich spürte, daß Gordon mich wirklich mochte. «Es würde bestimmt Spaß machen, mit Lynn und Gordon zusammenzusein, wenn es diese ganze Multiplizitäts-Chose nicht mehr gäbe», dachte ich. «Ich wäre wirklich gern mit ihnen befreundet.»

Auch Steve fand, daß unsere Einweihungsparty ein voller Erfolg gewesen war. Er war geschmeichelt, weil über sechzig Gäste gekommen waren, um mit uns den Einzug in unser neues Haus zu feiern. Und außerdem hatte es ihm wirklich Spaß gemacht – das erste Fest, das er seit dem Tod seiner Frau gegeben hatte. Ich war gerührt, daß Lynn und Gordon gekommen waren und daß Gordon die wirkliche Renee kennengelernt hatte.

Eine Woche später reiste Steve nach Cornell ab. Ich sah ihn eher mit Erleichterung als mit Bedauern fahren. Jetzt würden alle Persönlichkeiten die Möglichkeit haben, sich nur nach ihrer inneren Uhr zu richten, ohne äußeren Anforderungen nachkommen zu müssen. Wenn ich von der Arbeit nach Hause kam, war ich wirklich frei. Ich war entschlossen, die Monate, die Steve nicht da war, dazu zu nutzen, die anderen besser kennenzulernen und die permanente Kontrolle zu lockern, die ich jetzt seit über zehn Jahren ausübte. Jo konnte ohne Unterbrechung stundenlang ihre Politologie-Texte lesen und über ihr eigenes sonderbares Leben nachdenken. Sie beschloß, ein Tagebuch zu führen, und war ganz zuversichtlich, daß sie die Zeit haben würde, regelmäßig Eintragungen zu machen.

Missy stellte Papierklebebilder her und kuschelte sich zufrieden mit einem Kinderbuch in ihren Schaukelstuhl. Rusty werkelte bis spät in die Nacht in der Werkstatt im Keller an Gebilden aus Holzabfällen und Nägeln.

Aber das Wichtigste war, daß wir alle Zeit hatten, nachzudenken, zu reflektieren, zu wachsen. Allmählich kannten wir uns selbst und die anderen besser. Da ich in der besonderen Position war, beobachten zu können, was die Persönlichkeiten in ihrer «Draußen»zeit dachten und taten, verfolgte ich interessiert, wie jede von ihnen sich langsam ein Selbstbild zimmerte.

Missy beispielsweise lernte sich so zu sehen, wie Lynn sie sah. Sie hielt sich nicht mehr länger für ein unerwünschtes, häßliches kleines Mädchen. Wenn ihre Freundin Lynn sie gern hatte, war sie ja vielleicht doch nicht so schlecht und böse.

Jo entwickelte ebenfalls ein positiveres Selbstbild. Jetzt, da ihr klar war, daß sie den Körper mit anderen teilte, konzentrierte sie sich darauf, die Zeit, die sie hatte, zu nutzen, ohne wegen ihrer «Vergeßlichkeit» oder ihrer «Tagträumerei» mit sich zu hadern.

Jo sah die anderen Persönlichkeiten als feindliche Mächte, was sie uns nicht gerade sympathischer machte. Aber es bereitete ihr immerhin eine gewisse hämische Freude, uns ungeliebte Arbeiten zu übertragen. Wenn ohne ihr Zutun das Haus verdreckte oder Geld ausgegeben wurde, dann wollte sie verdammt sein, wenn sie *ihre* kostbaren Stunden darauf verwandte, zu putzen oder sich um die Rechnungen zu kümmern.

Die Tatsache, daß Jo mit sich selbst immer besser zurechtkam, beflügelte sie, Lynn einige sehr direkte Fragen zu stellen.

«Wie ist es eigentlich, eine Frau zu sein?» fragte sie in einer Sitzung Ende Januar.

Lynn schien über diese Frage verblüfft. «Ich weiß, daß die männlichen Persönlichkeiten davon überzeugt sind, daß sie Jungen sind», sagte sie vorsichtig, «aber ich dachte, Sie wüßten, daß Sie weiblich sind.»

«Ich weiß, daß ich kein Mann bin», erwiderte Jo, «aber ich fühle mich nicht wirklich als Frau.»

«Wie fühlen Sie sich dann?» fragte Lynn.

Jo dachte einen Augenblick nach. «Ich fühle mich nichtmännlich. Ich habe das Gefühl, daß mir etwas fehlt, daß ich unzulänglich bin. Ich dachte, Sie könnten mir vielleicht sagen, was es heißt, eine Frau zu sein.»

«Also, mein Gefühl als Frau hat nichts damit zu tun, daß ich denke, mir fehlt irgend etwas», erklärte Lynn entschieden. Dann hielt sie inne. «Ich habe noch nie versucht, das in Worte zu fassen», gestand sie. Jo mußte über Lynns Ratlosigkeit lächeln, und die Therapeutin erwiderte dieses Lächeln.

Lynn versuchte es noch einmal. «Weiblichkeit ist mehr als eine bestimmte körperliche Ausstattung, soviel steht fest», sagte sie, «aber ich weiß nicht, ob ich erklären kann, wie es sich *anfühlt*, eine Frau zu sein. Lassen Sie mich nachdenken.» Sie schwieg ein Weilchen gedankenverloren. Dann hellte sich ihre Miene auf. «Fangen wir einmal mit der körperlichen Selbstwahrnehmung an», sagte Lynn. «Was sehen Sie, wenn Sie in den Spiegel schauen?»

Jetzt war es Jo, die perplex schwieg. «Ich kann mich nicht sehen», sagte sie dann.

«Sie... was?» fragte Lynn fassungslos.

«Ich kann mich nicht im Spiegel sehen», erläuterte Jo geduldig. Sie hatte gedacht, Lynn wüßte das schon. «Ich kann mich nur erinnern, wie ich mein Spiegelbild gesehen habe, als ich noch ganz klein war. Das war das letzte Mal. Meine Mutter stellte mich vor einen Spiegel und erklärte mir, ich sähe zurückgeblieben aus. Ich bin mir sicher, daß ich mich mindestens fünfzehn Jahre nicht mehr gesehen habe.»

Jo sah die Ungläubigkeit auf Lynns Gesicht.

«Was passiert denn, wenn Sie in einen Spiegel schauen?» fragte Lynn nach.

«Ich verliere Zeit», antwortete Jo. Dann versuchte sie, noch mehr dazu zu sagen. «Das gleiche passiert auch, wenn ich Fotos von mir anschauen will. Ich habe nur vage Vermutungen, wie ich aussehe.» Ihre Gedanken schweiften einen Moment lang ab. «Ach, es gibt so vieles, was ich schon so lange nicht mehr getan habe.» Sie seufzte. «Erinnern Sie sich noch an den Nachmittag, als Sie mit Missy im Park waren?»

Lynn nickte.

«Da bin ich für ein, zwei Minuten an die Oberfläche gekommen, während Sie mit Missy das Schiff beobachtet haben. Es war nicht lange, aber mir bedeutet diese Erinnerung sehr viel. Es ist bestimmt ein Dutzend Jahre her, daß ich an einem Frühlingstag draußen im Freien da war.»

Lynn begriff allmählich, wie viele Dinge sie einfach selbstverständlich vorausgesetzt hatte. Sie und Jo arbeiteten gemeinsam daran, die falschen Unterstellungen zu fassen zu bekommen und Stück für Stück die Fragen zu knacken, die Jos eigentümliches Leben aufwarf: War es möglich, ohne Vorgaben von außen eine Geschlechtsidentität zu entwickeln? Wenn Jo mit so wenig Erfahrung so klug sein konnte, hieß das dann, daß denken doch wichtiger war als leben?

Jo arbeitete daran, sich Lynn zu öffnen, merkte aber, daß sie sich, je mehr ihr das gelang, um so abhängiger fühlte. Das machte ihr angst.

«Die Zeit, die ich mit Lynn zusammen bin», schrieb Jo in ihr Tagebuch, «ist sogar noch schöner als die Zeit, die ich allein bin. Ich weiß, es ist nicht richtig, so von einem anderen Menschen abhängig zu sein. Wenn ich mich auf Lynn verlasse, um mich gut zu fühlen, dann benutze ich sie als Objekt. Es ist besser, Menschen aus dem Weg zu gehen, als sie zu benutzen.»

Jo kam gegen ihren Rationalismus und ihre Rigidität nicht an. Sie bedauerte, daß die Schuldgefühle, die ihre intellektuelle Einsicht mit sich brachten, sie dazu trieben, Lynn ebenso unweigerlich wegzustoßen, wie sie sie an sich heranzog. Als logisch denkender Mensch hatte Jo eine tiefe Abneigung gegen ungelöste Widersprüche, und deshalb versuchte sie, ihre ambivalenten Gefühle und Verhaltensweisen auf die Reihe zu bekommen.

«Ich weiß, daß Lynn an mir liegt», schrieb Jo.

Ich weiß, daß sie mir hilft. Aber ich bin nicht bereit, Zuwendung anzunehmen, mir helfen zu lassen. Lynn untergräbt das Mißtrauen gegen Menschen, das ich über die Jahre aufgebaut und mit dem ich mich eingerichtet habe.

Lynn macht mein Leben reicher, weil sie jemand ist, von dem ich abhängig sein darf, aber sie macht es auch komplizierter. Ich weiß nicht, wie ich mit einem Menschen umgehen soll, der mich wirklich kennt und der sein Verhalten einzig und allein danach richtet, was *ich* tue. Ich weiß nicht, wie ich mich einem Menschen gegenüber verhalten soll, der begreift, daß die anderen Persönlichkeiten nicht *ich* sind.

Egal, ob ich fünf Minuten oder zwei Wochen Zeit verliere – Lynn erkennt mich, wenn ich wieder da bin, und akzeptiert es, daß ich keine Ahnung habe, was in der Zwischenzeit passiert ist. Ich sträube mich gegen Lynns Verständnis und ihre akzeptierende Zuwendung. Ich leugne, daß sie mich wirklich gern hat, und ziehe mich in mich zurück. Ich will das dem einzigen Menschen, der mich je wirklich gekannt und um meiner selbst willen gemocht hat, wirklich nicht antun, aber es ist so, als wollte man einer Schildkröte klarmachen, daß sie sich nicht in ihren Panzer zurückziehen soll. Es ist die einzige Form zu leben, die ich kenne.

TAGEBUCHEINTRAG *10. Februar 1983*

Jo und dem Rest der Gruppe scheint es bisher gut zu bekommen, daß sie allein zu Hause sind. Ich habe in der Therapie echte Veränderungen festgestellt.

Renee zeigt ein stetig wachsendes Interesse an den ande-

ren und ist bereit, zu «ihrer» Behandlung beizutragen. Sie entfaltet ihnen gegenüber eine besorgte Mütterlichkeit und eine beschützende Fürsorglichkeit, und das unterscheidet sich sehr von ihrer anfänglich abwertenden und peinlich berührten Distanzierung. Renee würde sicher immer noch abstreiten, daß diese Therapie auch ihr selbst etwas bringt, und mich drängt es nicht, daran zu rütteln. Ich bin schon zufrieden, wenn ich sehe, wie ihre Toleranz den anderen gegenüber wächst und sie sich inzwischen – im Unterschied zu früher – ganz wohl dabei fühlt, wenn sie selbst Sitzungszeit beansprucht, um über ihre eigenen Anliegen und Probleme zu sprechen.

Missy genießt die Stunden mit mir in vollen Zügen. Sie merkt, daß ich Dinge an ihr schätze und mag, die ihre Eltern nur gestört und beunruhigt haben: die vielen bezaubernden Seiten ihres Wesens und ihre besondere Art, Dinge zu sehen. Und sie saugt diese Wertschätzung und Bewunderung förmlich auf.

Joan Frances geht nach wie vor der ganzen Situation soweit irgend möglich aus dem Weg und erscheint kaum je in meinem Sprechzimmer. Aber es ist wohl schon ein Fortschritt, wenn sie jetzt gelegentlich kurz hervorkommt, um mich anzuflehen, ihr doch zu helfen, daß sie endlich der Liebe ihrer Mutter würdig wird. Sie verschwindet, sobald ich auch nur andeute, daß Nancys Einstellung zu ihr vielleicht nicht das Maß aller Dinge ist. Aber dann kommt sie zu einem späteren Zeitpunkt wieder hervor, um sich die gleiche Botschaft noch einmal sagen zu lassen.

Wieder ist es Jo, bei der sich etwas zusammenbraut. Sie steckt voll heftiger primitiver Gefühle und verfügt über keinerlei Mittel, mit ihnen umzugehen, außer der intellektuellen Leugnung und der Amnesie. Über kurze Phasen hat sie genügend Vertrauen zu mir, um sich in eine theoretische Diskussion zu stürzen, und das scheint sie dann auch jedesmal sehr zu freuen. Aber gleich darauf hat sie dann wieder Schuldgefühle ihrer Freude wegen.

Bis vor kurzem noch bedeutete Jo unsere Beziehung nichts. Das Ganze war für sie einfach nur eine Aufgabe, der sie sich unterzog. Aber inzwischen kann sie nicht mehr leugnen, daß ich sie gern habe, und vor allem nicht, wie gern sie mich hat. Seit Weihnachten scheint es Jo immer mehr zuzusetzen, daß sie es nicht schafft, der Möglichkeit ins Gesicht zu sehen, daß sie mißbraucht worden sein könnte. Die Therapie selbst ist für sie zu einer Falle geworden, weil sie irgendwo weiß, daß sie bald an einen Punkt kommen wird, wo sie nicht mehr weitermachen und gleichzeitig den Mißbrauch leugnen kann. Aber sie macht weder diesem Gefühl, in der Falle zu sitzen, noch ihrer wachsenden Wut in irgendeiner Weise Luft.

Diese Wut macht die Situation zwar für uns beide nicht behaglich, aber ich sehe sie trotzdem als Verbündete. Sie erzeugt Druck. Allmählich beginnen Mißbrauchserinnerungen von den anderen Persönlichkeiten zu Jo «durchzusikkern».

Ich «schubse» sie beharrlich weiter, stütze sie allerdings auch gleichzeitig. Ich lasse zu, daß ihr Schmerz anhält, und ich bin darauf gefaßt, daß sie das in den falschen Hals bekommen wird. Irgendwann wird sie unweigerlich sich oder mir die Schuld geben und gegen eine von uns beiden loswüten. Das ist eine heikle Therapiephase, aber wenn ich auf eine Krise, in welcher Form auch immer, vorbereitet bin, müßte unsere Arbeit dadurch eigentlich eine neue Stufe erreichen.

• • •

Binnen weniger Wochen war die Zeit der anregenden theoretischen Gespräche für Jo und Lynn nur noch Erinnerung. Die Therapie war jetzt das geworden, was Jo als «Kampfbeziehung» bezeichnete.

«Jo», sagte Lynn, «Sie müssen sich damit auseinandersetzen, daß Sie mißbraucht und mißhandelt wurden. Sie müssen darüber nachdenken, statt es wegzuschieben.»

Jo behauptete, daß die anderen Persönlichkeiten logen. Ihr Vater hatte sie geliebt, auch wenn sie nicht der Junge war, den er sich gewünscht hatte. Ihre Mutter mochte sie vielleicht nicht so geliebt haben, wie sie es sich gewünscht hätte, aber mangelnde Liebe war für Jo noch nicht gleichbedeutend mit Mißhandlung. «Ich war ein schwieriges Kind», erklärte sie Lynn. «Ich habe es gehaßt, klein und unwissend zu sein, und ich bin mir sicher, daß ich allen, die mit mir zu tun hatten, das Leben schwergemacht habe.»

Lynn versuchte, mich als Verbündete zu gewinnen. «Renee, was sollen wir tun, um Jo zu helfen, daß sie es schafft, der Wahrheit über ihre Kindheit ins Gesicht zu sehen?» fragte sie mich.

Ich war irritiert, daß Lynn mich da mit hineinziehen wollte. Das war Jos Problem, nicht meins, und ich dachte, daß ich doch schon mehr getan hatte, als irgend jemand von mir verlangen konnte. Ich ließ Jo die Zeit, mit Lynn zusammenzusein, die Zeit, abends Tagebuch zu schreiben. Was erwartete Lynn denn noch von mir?

«Vielleicht hat Jo ja recht», schnappte ich, als Lynn weiter in mich drang, ich solle irgendwelche Vorschläge machen. «Mir sind Nancy und Ray auch nicht gerade wie Kinderschänder vorgekommen.»

Der Schmerz, der Druck und die Panik innerhalb der Gruppe steigerten sich immer mehr. Das war für mich eine größere Bedrohung als für die übrigen Persönlichkeiten. Ich war schließlich diejenige, die versuchte, das Ganze nach außen hin am Funktionieren zu halten, und ich hatte das Gefühl, daß Lynn dabei war, eine innere Explosion zu provozieren. Ich konnte nur hoffen, daß ich mich in einem versteckten Winkel unserer kollektiven Psyche befinden würde, wenn es zum großen Knall kam.

Jo fand sich auch von innen her bedrängt. Aus irgendwelchen Tiefen ihres Inneren stiegen Ängste in Gestalt eines seltsamen Bildes an die Oberfläche: sie sah Blut an einer Wand.

«Ich kann mir weder die Angst noch das Bild erklären»,

sagte Jo, «aber ich kann einfach nicht loslassen. Ich fühle, wie dieses ganze Zeug in mir hochkommt, und muß ständig dagegen ankämpfen.»

«Wovor haben Sie Angst?» fragte Lynn. «Was würde passieren, wenn Sie aufhören würden, den inneren Druck niederzukämpfen?»

«Ich habe Angst, daß ich Zeit verliere», sagte Jo. «Oder vielleicht habe ich auch Angst, daß ich keine Zeit verliere. Vielleicht habe ich Angst, daß ich mich an etwas erinnere, woran ich mich nicht erinnern will.»

«Jo, hier in meinem Sprechzimmer sind Sie in Sicherheit», sagte Lynn. «Es macht nichts, wenn Sie Zeit verlieren, und es macht nichts, wenn Sie sich an etwas Beängstigendes erinnern. Das ist alles Vergangenheit und kann Ihnen jetzt nichts mehr anhaben. Ich werde Ihnen helfen, damit fertig zu werden, was immer es ist.»

Aber Jo konnte nicht locker lassen. Noch vor einer Woche hatte sie in aller Ruhe den Fragen der Geschlechtsidentität nachgespürt, jetzt bebte sie vor Unruhe und Panik, ohne zu wissen, woher diese Gefühle kamen. Sie zitterte am ganzen Körper.

Es stiegen keine weiteren Erinnerungen auf, und jeden Nachmittag mündete Jos Unruhe nur in schwarze Leere. Wenn Jos Angst übermächtig wurde, trat Josie auf den Plan, die Persönlichkeit, die nichts als Panik kannte. Manchmal bemerkte Lynn den Wechsel von Jo zu Josie. Sie sah, wie sich die zitternden Muskeln anspannten, die Augen angstvoll weiteten. Dann redete Lynn ruhig und begütigend auf Josie ein, während sie sich mit langsamen Bewegungen zwischen sie und die Wand schob.

Manchmal gelang es Lynn, Josie für ein paar Sekunden zurückzuhalten, und dann versuchte sie, diese Zeit zu nutzen, um zu ihr durchzudringen. «Josie, Josie», sagte Lynn mit einem verzweifelten Unterton in der Stimme, «hier bist du in Sicherheit.» Aber für Josie gab es keine Sicherheit. Kein *Hier*.

«Nein», schrie Josie, «bitte nicht!», und sie kämpfte sich

aus Lynns Armen, bis sie frei war, die Erinnerung und ihr eigenes Bewußtsein durch den selbstzugefügten Schmerz auszulöschen.

Jo fühlte, wie sie es ausdrückte, «die Angst kratzen und scharren und herumrumoren und nach einem Ausweg suchen», und dann kam es manchmal vor, daß Sissy, die vierjährige Vergangenheitsbewahrerin, die Wut und Angst hütete, plötzlich auftauchte und nach einem Fenster suchte. Sie hämmerte mit den Fäusten gegen die Fensterscheibe von Lynns im fünften Stock gelegenem Sprechzimmer und schrie: «Raus! Bitte, raus! Bitte, Leute!»

Nach drei solcher panikerfüllten Sitzungen war ich völlig fertig und außerdem grün und blau am ganzen Körper. Ich fand, daß ich, auch wenn es mir noch so unheimlich war, wohl besser daran tat, Lynn zu helfen, an die Wurzeln dieser Angst heranzukommen.

«Josie fühlt sich von Panik überwältigt», sagte ich. «In ihrer Erinnerung ist es finster, und sie hat schreckliche Angst. Sie will weiter nichts als den wohltätigen Frieden, den es ihr bringt, wenn sie mit dem Kopf gegen die Wand schlägt. Das ist es, jedenfalls unter anderem, was sie im Moment dazu treibt, sich gegen die Wand zu werfen. Sie will ihr Bewußtsein auslöschen, ehe ihr die schrecklichen Dinge wieder einfallen, die ihre Angst ausgelöst haben.»

«Wenn Josie hier erwacht, dann ist es, als könnte sie mich weder sehen noch hören», sagte Lynn. «Ist sie blind? Taub?»

«Nein, so kann man das nicht sagen», antwortete ich. Ich suchte nach Worten, um es ihr zu erklären. «Für beide, Josie und Sissy, gibt es gar keine Vergangenheit. Es ist nicht so, daß ihnen Erinnerungen kommen, die sie mitteilen könnten. Wenn sie sich an etwas erinnern, dann durchleben sie es hier und jetzt noch einmal. Sie können es sehen, hören, spüren. Es ist genauso real wie jede Wirklichkeit, die Sie und dieser Ort und dieser Augenblick dagegensetzen könnten – wenn nicht sogar noch realer.»

«Das heißt, wenn es möglich wäre, diese Erinnerungen auf

Jo zu übertragen, dann könnte sie sie als etwas Vergangenes erleben, was sie ja sind», spekulierte Lynn. «Jo hat keine Schwierigkeiten, zwischen Vergangenheit und Gegenwart zu unterscheiden. Sie würde von diesen Erinnerungen nicht so überwältigt werden wie Sissy und Josie.»

«Schon», stimmte ich ihr wenig optimistisch zu, «aber es waren Sissy und Josie, die diese Dinge erlebt haben, nicht Jo.» Jo hatte keine Erinnerungen an das, was Sissy und Josie als gegenwärtige Qual erlebten.

Jo war frustriert, weil es ihr einfach nicht gelang, die Angst, die sie empfand, zu benennen oder in den Griff zu bekommen. Aber noch mehr setzte es ihr zu, daß Lynn offenbar ganz ruhig und gelassen war.

«Wieso frustriert Sie das nicht auch?» fragte Jo. «Warum helfen Sie mir nicht?»

«Ich helfe Ihnen, so gut ich kann», sagte Lynn, «und ich kann schlimme Phasen aushalten.»

Irgendwann war der Druck dann schließlich so groß, daß Jo regelrecht zusammenbrach. Sie wurde depressiv, so tief verzagt, wie sie es seit Beginn der Therapie nicht mehr gewesen war. Sie konnte nicht arbeiten, nicht denken und hatte nicht einmal mehr Freude am Lesen.

«Lynn mit ihrer professionellen Distanz mag das ja alles aushalten können», dachte Jo verbittert, «aber ich kann nicht mehr.» Die Depression verschlang Jo. «Bitte helfen Sie mir!» flehte sie Lynn an.

«Ich tue, was ich kann», sagte Lynn.

Ich hatte inzwischen Mitleid mit Lynn und suchte mit ihr gemeinsam nach einem Weg, Jo zu helfen. Ich wußte, daß Lynn sich nicht sicher war, was sie tun sollte. «Ich glaube, ich muß Jo noch stärker unter Druck setzen», sagte Lynn.

Ich pflichtete ihr bei. «Es kann nur besser werden.»

Ende Februar zwang Lynn Jo schließlich, sich eine Bandaufnahme des markerschütternden Schreis anzuhören, den Sissy ausstieß, wenn sie rasend vor Wut und Angst zum Fenster stürzte. «Sie sind wütend!» brüllte Lynn Jo an. «Sie sind schrecklich wütend! Sie sind wütend auf Ihre Eltern wegen allem, was sie Ihnen angetan haben. Sie sind wütend auf Ihre Eltern, weil Sie sich so fühlen, wie Sie sich fühlen. Wenn Sie erst einmal anfangen, Ihre Wut zuzulassen, dann werden Sie nicht mehr diesen aufgestauten Zorn und Schmerz fühlen.»

Aber statt durch den Schock dahin zu gelangen, endlich anzuerkennen, daß ihr in der Kindheit etwas Schreckliches widerfahren war, verkroch sich Jo in sich selbst. Sie verlor zwar keine Zeit, aber sie saß reglos da und ließ das Tonband und Lynns Attacke über sich ergehen. Im stillen sagte sie sich, daß die Wahrheit sie nun endlich eingeholt hatte.

Sie war geisteskrank, dachte sie, und es wurde immer schlimmer. Der entsetzliche, gespenstische Schrei auf dem Band bewies es. Bald würde man sie in einer psychiatrischen Anstalt einsperren. Stumm befand Jo, daß ihr als Alternative zu einer ausweglos fortschreitenden Geisteskrankheit nur der Tod blieb.

Jo verließ die Praxis ruhig und gelassen. Achselzuckend wehrte sie Lynns Bemühungen ab, sie zum Reden zu bringen. Jetzt, da sie Bescheid wußte, gab es nichts mehr zu sagen. Sie mußte sich umbringen, ehe man sie einsperren würde.

Jo fuhr langsam nach Hause. Als sie die Haustür aufschloß, waren ihre Bewegungen nur noch mechanisch. Sie fühlte weder Angst noch Trauer, noch Schmerz. Sie fühlte gar nichts.

Jo durchsuchte die Schränke im Badezimmer nach rezeptpflichtigen Medikamenten und baute alles, was sie fand, auf dem Küchentisch auf. Sie setzte Wasser auf, um Tee zu kochen, weil sie sich sagte, daß die heiße Flüssigkeit die Wirkung beschleunigen würde. Sie musterte die verschiedenen Medikamente und stellte eine ihrer Meinung nach tödliche Mischung und Dosis zusammen.

Durch Jos Depression und Entschlossenheit blockiert, konnte ich nur unruhig im Inneren hin- und herwandern und das Geschehen mit Entsetzen beobachten. Ich lauerte darauf, daß ihre Konzentration einen Moment nachließ und ich herauskommen konnte, ehe sie die Tabletten nahm. Ich hoffte, selbst wenn sie es tun würde, doch noch die Kontrolle zu übernehmen und die Pillen wieder herauswürgen zu können.

Jo breitete einen afghanischen Wollteppich über den Schaukelstuhl im Verandazimmer. Sie fand eine Sendung mit klassischer Musik im Radio. Jetzt würde sie die Tabletten und den Tee holen und sich auf dem Schaukelstuhl einmummeln. Sie würde dem Schneetreiben draußen im Dämmerlicht zusehen und darauf warten, daß sie einschlief. Jo war froh, daß sie noch Verstand genug besaß, um ihren Plan auszuführen.

Als Jo wieder in die Küche kam, um den Tee aufzugießen, hörte sie plötzlich ein Geräusch an der Tür, die von der Küche in den Garten führte. Sie hob den Blick und sah Lynns Gesicht am Fenster. Jo starrte es ungläubig an. Dann öffnete sie die Tür, um Lynn hereinzulassen.

«Was hatten Sie vor?» fragte Lynn sanft.

Jo wies mit einer Handbewegung auf den Tee und die Tabletten. «Ich kann nicht mehr. Ich kann es nicht noch schlimmer werden lassen.»

Lynn schien nicht weiter überrascht.

«Ich habe mir Sorgen gemacht, nachdem Sie weggegangen waren», sagte Lynn. «Sie haben sich so verändert, als Sie sich das Tonband angehört haben. Sie haben nicht mehr um Hilfe gefleht. Sie wollten gar nicht mehr mit mir reden und waren viel zu ruhig und gelassen. Ich hatte Angst, wenn nicht eine andere Persönlichkeit die Kontrolle übernehmen würde, könnten Sie sich etwas antun.»

Jos Abwehr brach zusammen, und sie begann zu weinen. Sie begriff plötzlich, daß Lynn sie nicht aufgegeben hatte und es nie tun würde.

«Es wird besser werden, Jo», sagte Lynn. «Wir beide sind dabei, Sie gesund zu machen. Das bedeutet manchmal Arbeit, und manchmal bedeutet es, schlimme Phasen auszuhalten.»

An diesem Abend verbrachten Lynn und Jo ein paar Stunden gemeinsam damit, es auszuhalten. Sie saßen beim Knistern des Kaminfeuers auf dem Sofa, und Lynn legte den Arm beschützend um Jo. Jo lehnte den Kopf an Lynns Schulter, wie es bislang nur Missy getan hatte. Die Tatsache, daß Lynn sie gerettet hatte, löste zwar die verschlingende Angst nicht, machte es aber doch ein bißchen leichter, darauf zu warten, daß sie diese Angst verstehen würde. Jo wußte jetzt, daß sie nicht allein war.

Teil III

20

Aber ein paar Tage später wurde es unmöglich, einfach weiter abzuwarten. Josie stürzte, wild um sich schlagend, auf die Wand los und brach Lynn zwei Rippen. Lynn war nicht mehr in der Lage, Josie und Sissy davon abzuhalten, sich zu verletzen. «Ich bin sicher, diese Erinnerungen, die da mit solcher Heftigkeit hervorbrechen, sind sehr wichtig», sagte Lynn. «Wir müssen zwar ernsthaften körperlichen Schaden auf beiden Seiten verhindern, aber diese Erinnerungen müssen heraus.

Was würden Sie von der Einweisung in eine Klinik halten, Renee?» fragte Lynn.

Es war mir zwar peinlich und beunruhigte mich, daß die Gruppe Lynn verletzt hatte, aber eine Klinikeinweisung kam nicht in Frage. Trotz des Kräfteverbrauchs, den die täglichen Therapiesitzungen forderten, arbeitete Jo nach wie vor auf ihren Magister hin, und ich unterrichtete. Die Gruppe war unbestreitbar funktionsfähig. Und außerdem hatten wir alle schreckliche Angst vor der Psychiatrie.

«Ich denke, wir würden alle starke Selbstmordtendenzen entwickeln, wenn man uns einsperren würde», erklärte ich Lynn. «Dann gäbe es für uns keine Hoffnung mehr, keinen Grund weiterzumachen. Alles, was der Gruppe suggerieren könnte ‹Ihr seid nicht lebenstüchtig›, hätte verheerende Folgen. Es ist doch gerade unsere Funktionstüchtigkeit, die es uns ermöglicht, mit dem Wahnsinn fertig zu werden. Da kann man uns das doch nicht nehmen.» Lynn sah ein, daß die Einweisung in eine Klinik kein gangbarer Weg war.

«Und wie wäre es, Renee, wenn ich jemanden hier bei mir hätte, der stark genug ist, Josie von der Wand fernzuhalten?»

Diese Aussicht begeisterte mich auch nicht gerade, aber es war immer noch besser als die Klinik. Und irgend etwas mußte geschehen. Also willigte ich ein.

Als ich am dritten März zu meiner Sitzung ging, hatte ich zwar Angst vor der dritten Person, die von nun an mit von der Partie sein sollte, war aber auch erleichtert, daß Lynn jetzt besser geschützt war. Schon lange ehe ich gewußt hatte, daß ich multipel war, hatte ich befunden, daß das Leiden eines Menschen es nicht rechtfertigte, daß ein anderer ebenfalls litt. Ich hatte miterlebt, wie Ray erregt nach Hause kam, wenn bei der Arbeit irgend etwas vorgefallen war. Eine Stunde später lag Nancy heulend im Schlafzimmer, erniedrigt und verstört durch seine Forderungen und seinen Sarkasmus. «Wenn er seine Probleme nicht im Betrieb zurücklassen kann, braucht er doch nicht nach Hause zu kommen», murmelte ich dann, und mit der Zeit machte ich mir dieses Prinzip zur allgemeinen Regel. Niemand hatte das Recht, seinen Schmerz an einem anderen Menschen auszulassen.

Und jetzt tat ich genau das mit Lynn. Mein Problem hatte dazu geführt, daß sie körperliche Schmerzen litt. Ich war entsetzt und hätte mir sogar eine Zwangsjacke anlegen lassen, während ich in ihrem Sprechzimmer war, wenn das die einzige Möglichkeit gewesen wäre, sie vor Schaden zu bewahren.

Es tat nichts zur Sache, daß weder ich noch die anderen Persönlichkeiten ihr etwas tun wollten. Gut genug zu funktionieren, um frei herumlaufen zu können, hieß für mich, niemand anderem etwas zuleide zu tun. Ich war dichter am Rand der Dysfunktionalität denn je zuvor. Ich mußte diesem Abgrund entgehen, und sei es auch nur um Haaresbreite, und das ließ mich sogar den Gedanken ertragen, daß ein fremder Mensch zusah, wenn ich mich «wie eine Irre aufführte».

Ich sagte mir, daß dieser «Beschützer» ja nur zeitweilig dabeisein würde. Er mußte sich nur so lange in der Nähe aufhalten, wie es nötig war, um schlimmere Ausbrüche zu verhindern, damit die eigentlichen Erinnerungen heraufkommen konnten. Sobald diese Erinnerungen ans Licht gedrungen wären, würde die Panik nachlassen und damit die Gefahr körperlicher Verletzungen gebannt sein.

Lynn hatte mir gesagt, sie würde dafür sorgen, daß jemand in der Anmeldung draußen vor ihrem Sprechzimmer sitzen würde. Sie würde diesen Helfer nur dann rufen, wenn Josie oder Sissy auftauchten.

Zu Beginn der Sitzung fragte ich: «Derjenige weiß doch über die anderen Bescheid, oder? Ich meine, er wird doch nicht denken, daß ich es bin, Renee, die sich so aufführt?»

«Es erstaunt mich, daß Sie noch nicht darauf gekommen sind, wer da draußen sitzt», sagte Lynn lächelnd.

Ich hatte keinen Schimmer und forderte sie durch ein kurzes Kopfnicken auf, es mir zu sagen.

«Es ist Gordon», sagte sie freudig.

«Gordon?» wiederholte ich entsetzt. Nicht Gordon. Bei meiner Party im Januar hatte ich mir so viel Mühe gegeben, mich Gordon als normal funktionierende, tüchtige Person zu präsentieren. Was würde passieren, wenn er jetzt Josie oder Sissy erlebte? Ich wollte nicht, daß er das mitbekam. Selbst wenn Gordon tatsächlich, wie Lynn mir versicherte, ebensoviel Respekt und Mitgefühl für mich empfand wie sie selbst, würde es ihn doch abstoßen, wenn er sah, was wirklich ablief. Verärgert und verlegen flüchtete ich nach drinnen. Von mir aus sollte sich eine der anderen Persönlichkeiten damit auseinandersetzen!

Jo kam heraus. Da sie nichts von dem kurzen Wortwechsel gerade eben wußte, erklärte ihr Lynn noch einmal, daß Gordon der Helfer war, der draußen auf Abruf wartete. Jo wußte, daß die Renee-Persönlichkeit Gordon schon begegnet war, und sie hatte sich darauf gefreut, ihn irgendwann auch kennenzulernen. Sie wollte ihm doch wenigstens dafür danken, daß er soviel Verständnis dafür hatte, wenn sie eine solche Menge von Lynns Zeit beanspruchte. Und jetzt würde er nicht sie antreffen, sondern Josie und Sissy!

Jo protestierte, und als Lynn sie zu überreden versuchte, es doch wenigstens auf den Versuch ankommen zu lassen, gab sie ebenfalls fluchtartig das Außenbewußtsein ab.

Jos und Renees Reaktion auf die Tatsache, daß ich Gordon als Helfer hinzugezogen habe, war für mich ein Schock. Renee hatte Gordon offensichtlich gut leiden können, und ich war davon ausgegangen, daß sich auch Jo bald mit ihm anfreunden würde. Daher hatte ich erwartet, daß seine Gegenwart – eher als die eines Wachmanns oder eines meiner Kollegen – beruhigend wirken würde.

Ich hatte gedacht, das Problem würde wohl eher darin liegen, meinen Kollegen seine Anwesenheit zu erklären. Aber da meine Sitzungen mit der Gruppe nie vor 17 Uhr begannen, wenn eigentlich schon Feierabend war, konnte ich davon ausgehen, daß kaum jemand etwas davon mitbekommen würde.

Harry habe ich gestern Bescheid gesagt. Manchmal ist es schon sehr hilfreich, einen Chef zu haben, der einen seit zwanzig Jahren kennt. Harry hat miterlebt, wie ich mißhandelte Ehefrauen in meiner Wohnung beherbergte und Straßenkinder zu Ausflügen auf unserem Segelboot mitnahm, und er hat meine Spesenabrechnungen für diese Art therapeutischer Aktivität abgesegnet, ohne mit der Wimper zu zucken. Aber dennoch war ich überrascht, daß es so leicht war, ihn auch von diesem neuen, unorthodoxen Schritt bei der Behandlung meiner ersten Multiplen zu überzeugen.

Harry meinte, das sei sicherlich die beste Lösung. Er bezweifelte, daß ein freiwilliger Aufenthalt in der Psychiatrie etwas bringen würde, selbst wenn Renee und Jo damit einverstanden wären. Er erinnerte mich daran, wie fasziniert und zugleich ungläubig die Medizinerkollegen an unserer Klinik reagiert hatten, als ich den Fall Jo bei der großen Teambesprechung vorgestellt hatte. Es war ganz offensichtlich, daß multiple Persönlichkeiten für sie völliges Neuland waren. «Wenn sie in die Klinik käme, würde dir die Behandlung aus der Hand genommen, weil du Psychologin bist und keine Ärztin, und ich würde nicht darauf vertrauen, daß un-

sere Mediziner adäquat auf sie reagieren würden», sagte Harry. «Und in einer Krisensituation wie dieser kann jeder kleinste Behandlungsfehler ihre Verfassung leicht noch verschlimmern, vor allem dann, wenn das Ganze auf deine Intervention zurückgeht.»

Harry billigte es auch, daß ich mir Gordon als «Leibwächter» erkoren hatte, wobei ich allerdings den Verdacht habe, daß dabei ebensosehr finanzielle wie fachliche Überlegungen mitspielten – auf diese Weise würde es die Abteilung nämlich nichts kosten. «Ich kenne Gordon genausolange wie du», erklärte Harry, «und ich denke, daß seine Anwesenheit für dich wie für Jo nicht so verunsichernd ist, wie wenn du eine neue Person hinzuziehen würdest.»

Er meinte, ich sollte mir keine Gedanken darüber machen, wie die übrigen Kollegen zu meinen ungewöhnlichen Therapiemethoden stünden. Sie hätten sich mittlerweile daran gewöhnt, daß in ihrer Abteilung eine Multiple behandelt würde. Die einzigen Bedenken, die in letzter Zeit laut geworden seien, kamen von Kollegen, die befürchteten, er könnte nun auch von ihnen *verlangen, soviel Zeit in ihre Patienten zu investieren, wie ich es mit Jo tat. Er habe sie aber beruhigt und ihnen klargemacht, daß es für sie doch eine seltene Chance sei, mitzuerleben, wie eine Kollegin eine so ungewöhnliche Störung behandelte. «Ich habe volles Vertrauen in deine therapeutischen Instinkte», sagte er.*

Seine einzige Sorge war, es könnte mir schwerfallen, wieder ohne Gordon auszukommen, wenn die Krise vorbei sei. Ich erklärte ihm, ich hoffte, daß sich das Problem so nicht stellen würde. Es hing natürlich von Jo und den anderen ab, aber Gordon und ich hatten bereits darüber gesprochen, ob er nicht vielleicht längerfristig bei Jos Behandlung mitwirken könne.

Ich habe ja die Möglichkeit, einen Kotherapeuten hinzuzuziehen, und Gordon wäre in jedem Fall meine erste Wahl. Die Behandlung einer Multiplen ist intensiver und anstrengender als alles, was ich bisher in meiner therapeutischen

Laufbahn erlebt habe. Ich bereue nichts von dem, was ich getan habe, und auch nicht die Selbstverpflichtung, die ich mir der Gruppe gegenüber auferlegt habe, aber ich habe Angst davor, irgendwann ausgebrannt zu sein.

Das wäre nicht das erste Mal, daß Gordon und ich mit vereinten Kräften zu helfen versuchen, wo Hilfe nottut. Etliche der mißhandelten, mißbrauchten und vernachlässigten Jugendlichen, mit denen ich zu tun hatte, waren Schüler der Schule, an der Gordon unterrichtet. Wir haben uns oft außerhalb unserer Arbeitszeit um diese Teenager gekümmert und ihnen geholfen, Alternativen zu der Welt der Drogen, der Zerstörungswut und Verzweiflung zu entdecken. Und wir haben viele produktive Stunden damit verbracht, gemeinsam Ideen zu entwickeln, wie wir die Bedürfnisse einzelner Kinder erkennen und auf sie eingehen könnten.

Ich war erleichtert und dankbar, als Gordon sich erbot, mir mit Jo zu helfen. Beide fanden wir die Vorstellung spannend, als Kotherapeuten mit den verschiedenen Persönlichkeiten arbeiten zu können.

Und nun das.

Jo will offensichtlich, daß Gordon sie als Person sieht und nicht als «eine Irre, die man unter Kontrolle halten muß». Das ist kein Problem. Es freut mich sehr, wenn Jo möchte, daß Gordon in den Sitzungen dabei ist und mit ihr in der gleichen Weise interagiert wie ich.

Bei Renee ist die Sache schon schwieriger. Sie schwor heute, als sie ging, sie würde «sich nicht noch einmal einer solchen Demütigung aussetzen». Anscheinend empfindet sie es so, daß ich sie verraten habe, indem ich sie vor Gordon bloßgestellt habe. Ein «anonymer» Helfer, auf den sich nicht der Wunsch richtet, im «wirklichen Leben» mit ihm zu tun zu haben, wäre für sie weniger problematisch. Sie glaubt offenbar, daß Gordon die Achtung vor ihr verliert, wenn er den anderen Persönlichkeiten begegnet.

Wieder einmal verblüfft es mich, wie strikt voneinander getrennt sich die Persönlichkeiten erleben. Renee denkt of-

fensichtlich, nachdem Gordon bei der Party gesehen hat, wie adäquat sie sich verhalten kann, sieht er sie nur so. Aber was ist mit all den nächtlichen Anrufen bei mir zu Hause, bei denen eine verwirrte, ängstliche Jo oder eine klägliche Missy am anderen Ende war? Ist Renee überhaupt klar, daß Gordon weiß, daß sie körperlich alle ein Wesen sind?

Es fällt mir schwer, das Ausmaß dieser Verleugnung zu akzeptieren. Renee muß doch wissen, daß meine Kollegen und meine Sprechstundenhilfe – selbst die Putzfrau und die Wachleute – längst bemerkt haben, daß in meinem Sprechzimmer jeden Nachmittag etwas Sonderbares vor sich geht. Mehr als einmal schon hat mich die Putzfrau, nachdem sie wieder einmal Sissys oder Josies Schreie durch den fast menschenleeren Trakt hatte gellen hören, angesprochen und gefragt, «wie es denn dem armen Ding geht». Und es gibt gewiß nicht viele Gebäude, wo die Wachleute Order haben, «zwischen 17 und 18 Uhr im fünften Stock Westflügel ungewöhnliche Geräusche wie Schreien, Stöhnen etc. zu ignorieren».

Nein, ich glaube, Renee weiß das wirklich nicht. Sie kommt als wohlfunktionierende, selbstbewußte junge Frau hier hereinspaziert, plaudert mit der Helferin und geht davon aus, daß alle Welt sie danach beurteilt, was sie, die Renee-Persönlichkeit, ihr darbietet.

Sie wünscht sich so sehr, daß die Leute sie als von den anderen Persönlichkeiten getrennt wahrnehmen, und fürchtet sich schrecklich davor, ihr Image könnte durch das getrübt werden, was die anderen tun und lassen. Sie weiß, zumindest auf einer gewissen Ebene, daß sie ohne die anderen nicht sie selbst wäre, und das ist ihr ein Greuel.

Ich bin, wie immer, wenn ich einen unverzeihlichen «Fauxpas» begangen habe, besorgt, sie könnte vielleicht nicht wiederkommen. Aber ich denke, ich verstehe – inzwischen viel besser denn je –, daß alle Persönlichkeiten, Renee eingeschlossen, arme, kranke, verängstigte kleine Kinder sind, die sich als Erwachsene verkleiden. Ihre Bedürftigkeit ist größer als ihre Tüchtigkeit und selbst größer als Renees Gefühl der Demütigung. Ich biete ihnen statt einer zeitweiligen Maske die Möglichkeit, sich weiterzuentwickeln und wirklich gesund zu werden. Und ich glaube, daß Renee deshalb wiederkommen wird.

Außerdem kommt es mir sicher zugute, daß Jo für das Graduiertenstudium in Harvard angenommen worden ist. Ich glaube zwar nicht, daß sie tatsächlich gehen werden, aber allein das Wissen, daß es diese Hintertür gibt, wird es Renee vielleicht erleichtern, trotz allem Schmerz und aller Demütigung wiederzukommen.

Aber bei alldem war die heutige Sitzung doch kein absoluter Fehlschlag, und sie entbehrte auch nicht einer gewissen Komik. Nachdem Renee im Gefühl der Erniedrigung und Jo im Zorn nach drinnen geflüchtet waren, kam Josie, um fix wie immer in Richtung Wand zu streben. Gordon sagt, er hätte zwar den Tumult in meinem Zimmer gehört, sei aber an der Anmeldung sitzen geblieben und habe weitergelesen, weil ich ja gesagt hätte, ich würde ihn rufen, wenn ich ihn bräuchte.

Eine Psychologiestudentin, die bei der Anmeldung stand und ihre Post durchging, sah ihn fragend an, als das Poltern und Bummern durch die Wände drang. «Lynn hat gesagt, sie meldet sich, wenn sie Hilfe braucht», erklärte er ihr.

Schließlich gelang es mir, mich so weit an die Tür heranzumanövrieren, daß ich sie aufstoßen konnte. Der Studentin blieb der Mund offenstehen, als sie mich am Boden mit meiner Patientin ringen sah. «Sollten wir nicht irgend etwas unternehmen?» fragte sie Gordon.

«Nein», hörte ich ihn antworten, «Lynn weiß schon, was sie tut.»

«Gordon!» schrie ich verzweifelt. Ich begriff nicht, wie er so ruhig dort sitzen konnte, wenn meine Bedrängnis doch wirklich nicht zu übersehen war.

«Ich glaube, Lynn will jetzt, daß ich komme», sagte

Gordon zu der Studentin, und mit diesen Worten legte er seine Lesebrille und sein Buch weg.

Er kam herein, schloß die Tür vor der Nase der verwunderten Studentin, legte die Arme um Josie und zog sie von der Wand weg. Josie wehrte sich, schien dann aber zu merken, daß sie gegen seine sanfte, aber feste Umklammerung nicht ankam. Eine Minute später war Missy da. «Du willst deine Freundin», wimmerte sie. Gordon sah mich an. Ich nickte, und er ging leise hinaus und wandte sich wieder seiner Lektüre zu.

Er möchte sehr gern als Kotherapeut mit mir zusammenarbeiten, aber er besteht darauf, daß ich ihm klipp und klar sage, was er zu tun und zu lassen hat. Ganz einfach!

Ich werde den Gedanken nicht los, daß die Psychologiestudentin jetzt gerade dasitzt und sich überlegt, ob sie nicht lieber das Studienfach wechseln soll.

• • •

Zwei Tage später vollzog sich der sanfte Übergang von Therapie-bei-Lynn zur Therapie-bei-Lynn-und-Gordon. Gordon erschien wieder zur Sitzung, klopfte aber diesmal an die Tür und kam zu uns ins Sprechzimmer. Er zog Jeansjacke und Schuhe aus und ließ sich auf dem Teppich nieder. Ohne viele Worte zu verlieren, rutschten auch Lynn und ich von unseren Sesseln. Josie, Missy, Little Joe und Sissy verlagerten das Geschehen ohnehin jedesmal auf den Fußboden. Was mir zuerst nur als Willkommensgeste für Gordon erschien, löste tatsächlich einen Teil der Angst, die durch das System pulste. Es vermittelte ein Gefühl der Geborgenheit, auf dem Teppich zu sitzen.

Gordon und ich nahmen unser Gespräch über das Unterrichten wieder auf, das wir damals im Januar bei unserer Party begonnen hatten. Wir hatten reichlich Kriegserlebnisse auszutauschen: unsere diversen Kämpfe mit der Bürokratie und dem Schulsystem, um Schülern aus der Patsche zu helfen. Gordon behandelte mich nicht anders als bei der Party, und ich reagierte entsprechend. «Vielleicht kann Gordon mich ja doch genauso verstehen wie Lynn», dachte ich. Dann zog ich mich ganz friedlich nach drinnen zurück.

Jo mochte Gordon sofort. Als sie auftauchte, begrüßte Lynn sie mit dem üblichen «Hi, Jo, schön, Sie zu sehen», und Gordon lächelte, als sie zu ihm hinübersah. «Ich habe schon lange darauf gewartet, Sie endlich persönlich kennenzulernen», sagte er.

«Sie ... äh ... Sie wissen ... äh ... wer ich bin?» fragte Jo vorsichtig.

«Ich weiß, Sie sind Jo», sagte Gordon, «und Lynn hat mir erzählt, daß Sie Spaß daran haben, über die Menschheit und die Welt nachzudenken. Das geht mir genauso. Mich interessiert es einfach, wie die Menschen ihr Leben leben und warum wir überhaupt hier sind.»

Jo wollte ihn fragen, was er damit meine, aber dann verschloß ihr das Mißtrauen den Mund wie ein eisiger Finger.

Sie sah Gordon kurz an und wandte dann den Blick zur Wand.

«Glauben Sie mir? Ich meine, glauben Sie, daß ich eine multiple Persönlichkeit bin?» fragte Jo.

«Ich glaube, daß solche Phänomene möglich sind», antwortete Gordon.

Jo errötete, eingeschüchtert und defensiv. Wenn dieser Mann sie für eine Schwindlerin hielt, wollte sie es gleich wissen. «Wie meinen Sie das?» Sie bemühte sich um einen möglichst beiläufigen Ton.

Gordon sah sie mit einem warmen Lächeln an, als spüre er ihre Unsicherheit, und sagte: «Sie kennen mich noch nicht. Ich nehme die Dinge oft nicht einfach so hin, wie sie sich darstellen. Ich hinterfrage vieles, was die Gesellschaft als gegeben voraussetzt. Ich bin für viele Möglichkeiten offen – Reinkarnation, Telepathie, all diese Dinge, die die Leute so oft spöttisch beiseite schieben.

Aber um auf Ihre Frage einzugehen, Jo: Ich glaube, daß multiple Persönlichkeiten möglich sind, weil ich weiß, daß es so etwas wie ein kollektives Bewußtsein gibt.»

Jo schwieg verwirrt. Gordons ruhige, tiefe Stimme war beruhigend, aber sie war immer noch auf Zurückweisung gefaßt.

«Draußen beim Segeln bringe ich manchmal Stunden damit zu, Vogelschwärme zu beobachten. Das ist etwas ganz Spezielles, was da vor sich geht», fuhr Gordon fort. «Es sind lauter getrennte Einzelwesen, diese Vögel, und doch verbindet sie ein gemeinsames Denken. Man muß ihnen nur einmal zusehen, wie sie in Formation dahinziehen und dann plötzlich irgendein unsichtbares Hindernis umfliegen. Wie sich alles zu einem wilden Geschwirr und Geflatter auflöst und sie sich dann ganz abrupt wieder perfekt formieren und jeder einzelne seinen Platz und seine Funktion innerhalb des Ganzen kennt. Das meine ich mit kollektivem Bewußtsein.»

Gordon schien seinen eigenen Worten hinterherzuhorchen, als sei jedes einzelne bedeutsam. Und das Bild, das er beschrieben hatte, gefiel Jo. Sie entspannte sich wieder.

«Ein Schwarm», sagte sie, das Wort ausprobierend. «Ich glaube, meine Persönlichkeiten sind auch wie ein Schwarm.» Sie lächelte wehmütig. «Ich wünschte mir nur, ich könnte irgendwann einmal der Leitvogel sein.»

Die Persönlichkeiten, die den Dialog zwischen Jo und Gordon verfolgt hatten, sprachen sofort auf den neuen Begriff an.

«Ein Schwarm, ja, so sind wir», dachte ich, «auch wenn wir mehr ‹wildes Geschwirr und Geflatter› sind als ‹perfekte Formation›.»

«Kollektivbewußtsein», überlegte Isis. «Ja, ich teile ein Kollektivbewußtsein mit Jo, aber ich bin auch ein getrenntes Einzelwesen. Ich glaube, man kann das so sagen: Ich bin Teil des Schwarms. Für einen Mann ist dieser Gordon ganz schön sensibel.»

Lynn hatte einmal gesagt, die Persönlichkeiten als «die anderen» zu bezeichnen sei eine Art Ablehnung. Und ich hatte immer gefunden, daß «die Gruppe» zu kalt und abstrakt klang. Jetzt hatten wir endlich ein Wort, um die Persönlichkeiten zu benennen. Wir waren «der Schwarm».

Jo merkte plötzlich, daß sie die Stunde längst überzogen

hatte. Obgleich sie im Zusammensein mit Lynn diese Angst längst nicht mehr so stark empfand, befürchtete sie den beiden gegenüber auf einmal doch wieder, sie könnte eine ungebührliche Last sein. Betroffen stand sie auf, um sich zu verabschieden.

«Gehen Sie noch nicht», sagte Gordon. «Wir sind noch nicht soweit, und Lynn und ich müssen nirgendwo hin.» Konnte es sein, daß Gordon ihr Gespräch genauso genoß wie sie?

In dieser Sitzung lernte Gordon auch noch Rusty, Theresa, Joan Frances und Missy kennen, und er behandelte sie alle, ebenso wie Jo und mich, als individuelle Persönlichkeiten.

Während der ersten Wochen, in denen Gordon als Kotherapeut bei unseren Sitzungen mitwirkte, kämpfte Josie erbittert gegen ihn an, um zur Wand zu gelangen. Aber schließlich begriff sie, daß sie gegen seine sanfte Kraft nichts ausrichten konnte. Gordon hielt Josie fest, während sie gegen ihn und ihre Panik anwütete. In seinen Armen holten die Erinnerungen sie ein.

Während Josie ihr angstvolles «Nicht anfassen!» und «Bitte nicht!» hervorstieß und verzweifelt wimmerte, sah ich die Horrorszenen aus der Vergangenheit auf einer inneren Leinwand vor mir ablaufen. Ich rang darum, meine Distanz zu wahren, während die Erinnerungen Stück für Stück durch Josies Verdrängung schlüpften.

«Ich kann nicht ganz genau erzählen, was in der Nacht passiert ist, die Josie immer wieder durchlebt», erklärte ich Gordon und Lynn, «weil sie noch gegen die eigentliche Erinnerung ankämpft. Ich weiß nur, daß sie geschlafen hat und davon aufgewacht ist, daß irgendein Mann an ihr herumfummelte. Jedesmal, wenn die Erinnerung über sie hereinbricht, erlebt sie mehr Einzelheiten. Ich denke, bald wird ihr alles wiederkommen.»

Josie wurde von Angst und Entsetzen geschüttelt, weil sie glaubte, daß sich das, was sie erinnerte, *jetzt* abspielte. Gleichzeitig gab ihr Gordons sanfter Zugriff ein Gefühl von Schutz und Geborgenheit. Je mehr sie der Ungefährlichkeit seiner nichtsexuellen Umarmung vertrauen konnte, desto weiter konnte sie die Erinnerung zulassen.

Auch Jo trug jetzt Teilstückchen zum Puzzle dieser Panik bei. Jo hatte zwar keine bewußte Ahnung, was hinter Josies Horror steckte, aber das Aufbrechen dieser alten Angst löste bei den anderen Persönlichkeiten Erinnerungen an Erlebnisse aus, die damit in Zusammenhang standen.

«Mir ist etwas eingefallen, was in dem Sommer passiert ist, als ich zwölf war», sagte Jo zu Lynn und Gordon.

«Meine Mutter war abends meistens mit ihren neuen Freunden aus, und mein Vater blieb zu Hause und war abwechselnd wütend auf sie und verzweifelt, weil er nichts tun konnte, damit sie dablieb.

Eines Abends saß ich im Wohnzimmer und las. Es war eine Geschichte über ein Heimkind, das schließlich adoptiert wurde und eine richtige Familie fand. Ich erinnere mich, daß ich mich am Ende des Buchs ganz leer und sehnsüchtig fühlte. Ich wußte, daß ich nie das Gefühl haben würde, irgendwo hinzugehören, so wie das Mädchen am Ende der Geschichte.

Mir war ganz elend zumute, und ich ging nach oben zu meinem Vater, der im Bett lag und fernsah. Er wollte wissen, was denn los sei. Ich erzählte ihm, ich hätte ein Buch gelesen, das mich traurig gemacht hätte. «Komm her, du darfst zu deinem Daddy ins Bett krabbeln», sagte er. Ich tat es. Ich achtete gar nicht darauf, was im Fernsehen kam. Ich fand es so schön und beruhigend, an meinen Vater gekuschelt dazuliegen. Dann muß ich eingeschlafen sein. Meine Mutter kam wohl in der Nacht gar nicht nach Hause, weil ich mich noch an das Flimmern des Fernsehers erinnern kann, nachdem alle Programme Sendeschluß hatten.»

Das war alles, was Jo wußte, und obgleich diese Erinnerung von einer melancholischen Aura umgeben war, haftete ihr doch nichts Beängstigendes an. Aber für mich fügte sich diese beiläufig erzählte Szene mit Josies Erinnerungsblitzen zu einem Stück.

Auf meiner inneren Leinwand lief ein vollständiger Film ab. Ich konnte die Augen nicht davon abwenden. Schließlich wandte ich mich erschüttert Lynn und Gordon zu. «Josie wurde von ihrem Vater vergewaltigt», sagte ich bestimmt.

Josie erwachte in jener Nacht auf der Seite liegend, das Gesicht zur Wand, die vom Flimmerlicht des Fernsehers erhellt wurde. Rays Hand lag zwischen ihren Beinen. Er rieb sich an ihrem Rücken. Josie begriff nicht recht, was da geschah, spürte aber, daß es gefährlich war, wach zu sein und es mitzubekommen.

Sie mußte wieder einschlafen. Wenn sie schlief, würde es nicht wirklich sein. «Schlaf, schlaf», befahl sie sich selbst, während sie auf die Wand starrte, sich in ihrem kahlen Grau verlor und sich dem Wachsein entrückte, indem sie sich vorstellte, wie sie mit dem Kopf gegen diese Wand schlug. Wieder und wieder, bis der Schmerz des Aufschlags sie in wohliges Dunkel hüllen würde.

Dann störte sie seine Stimme auf, heiser und kehlig, so anders als die Stimme ihres Daddy. «Bist du meine kleine Frau?» fragte er. «Fühlt sich das nicht schön an?

Dir ist kalt, du zitterst ja», sagte er. «Komm, ich wärme dich.» Er beugte ihre Beine an den Bauch und zwängte sich zwischen ihre Schenkel.

In Gedanken warf Josie sich an die Wand, immer wieder, im Rhythmus seiner Stöße. Der Schmerz zwischen ihren Beinen wurde in ihrer Phantasie zum erlösenden Schmerz beim Aufprall ihres Kopfes. Die Wand, die Wand, nichts zählte außer der Wand. Sie stellte sich das Blut vor, das auf der Wand zu sehen sein würde, wenn sie den Kopf hart genug dagegenschlug.

Nach einer Ewigkeit hörte er auf. «Deiner Mutter wirst du sagen, du hast geschlafen. Du bist einfach eingeschlafen, weiter gar nichts.»

Obgleich Jo keine Erinnerung an den Vorfall selbst hatte, steuerte sie doch den Epilog zur Geschichte von Josies Vergewaltigung bei. «An dem Tag, nachdem ich bei meinem Vater eingeschlafen war, traf ich ihn weinend im Keller an», erzählte sie Lynn und Gordon. «Mir war so elend zumute. Das war das erste Mal, daß ich meinen Vater weinen sah. Ich wollte ihn umarmen, aber er schickte mich weg. Ich wußte, daß es nicht meine Schuld war, daß er so traurig war», sagte Jo selbstsicher, «aber es tat mir weh, daß er sich nicht von mir trösten lassen wollte. Es machte ihm so zu schaffen, daß er und meine Mutter dabei waren, sich zu trennen.»

Jos Amnesie schützte sie immer noch vor den Erinnerungen an den Mißbrauch. Josie ging es jetzt, da die Erinnerung hochgekommen war und die Panik nachließ, zusehends besser. Und ich hatte das Gefühl, daß ich die einzige war, die dieses Stück Wahrheit über unsere Vergangenheit mit Entsetzen erfüllte.

Ich konnte mich nicht länger von der Kindheit des Schwarms lossagen. Indem ich die Erinnerungen aufsteigen sah und sie Lynn und Gordon übermittelte, wurde ich mit hineingezogen. Ich wußte, die Zeiten, als ich erklärt hatte «Das ist *ihr* Problem, nicht meins», waren vorbei, aber ich hatte keine Ahnung, wo mein Platz in dem Ganzen war.

21

Josies Erinnerung an die Szene mit ihrem Vater löste eine ganze Lawine anderer Erinnerungen an Mißbrauchserlebnisse aus. Josie selbst, Rusty, Sissy, Missy und Little Joe förderten sie zutage. Es nervte mich immer mehr, daß Jo sich so stur weigerte, auch nur die Möglichkeit in Betracht zu ziehen, daß so etwas vorgefallen sein könnte.

«Ich weiß nicht, was sie damit beweisen will», sagte ich gereizt zu Gordon und Lynn. «Die Erinnerungen, die Jo an ihre Kindheit hat, sind doch auch nicht so toll, daß es sich lohnen würde, sich dermaßen daran zu klammern.»

«Das mag schon sein, Renee», erwiderte Lynn, «aber Jo hat Angst davor, was geschehen könnte, wenn sie ihr Bild von Ray aufgibt. Vergessen Sie nicht, für diese Persönlichkeit war Rays Liebe die Sonne ihrer Kindheit.»

Lynn und Gordon konnten Jos Geschichten über ihren liebenden Vater viel besser tolerieren als ich. Sie hörten es sich kommentarlos an, wenn Jo sich dafür entschuldigte, «daß diese anderen Persönlichkeiten alle solche Lügen erzählen». Wenn Jo mit ihrer Darstellung zu Ende war, pflegte Lynn ihr von den Erlebnissen zu berichten, die die anderen geschildert hatten. «Auf irgendeiner Ebene dringt es schon zu ihr durch», versicherte mir Lynn.

Jo gab selbst zu, daß ihre Kindheitserinnerungen nicht die angenehmsten waren. In den Augen ihrer Mutter war sie zu häßlich, zu unbeholfen, zu introvertiert. Nichts an ihr war so, wie sie es von einem «gelungenen» Kind erwartet hätte. Und während sie für ihre Mutter ein Übermaß an negativen Eigenschaften in sich vereinte, fehlte es ihr in den Augen ihres Vaters an den positiven.

Für Ray war Jo einfach nicht gut genug – nicht gescheit genug, nicht fix genug und vor allem nicht männlich genug. «Ich weiß, daß das in Ihren Augen eine Form von seelischer Mißhandlung ist», erklärte Jo Lynn, «aber wenn Sie mich fragen, war das schlicht die Wahrheit. Meine Eltern waren vielleicht nicht sonderlich einfühlsam, aber man kann es doch nicht Mißhandlung nennen, wenn sie mir einfach nur die Wahrheit ins Gesicht gesagt haben.»

Jo hatte aus dem Buch *Sybil* gelernt, daß es bei Multiplen nicht ungewöhnlich war, daß die Primärpersönlichkeit amnestisch auf Mißbrauchserlebnisse in der Kindheit reagierte, aber die intellektuelle Einsicht in diesen Mechanismus linderte nicht die emotionale Frustration, wenn Lynn ihr wieder und wieder eine solche Episode in allen Einzelheiten schilderte.

«Mein Vater hätte mir so etwas nie angetan», erklärte Jo entschieden. «Wie soll ich denn Dinge als wirklich passiert akzeptieren, wenn ich mich überhaupt nicht daran erinnern kann? Wie soll ich diese Vorfälle denn in mein Bild von der Realität integrieren, wenn ich mir sicher bin, daß sie unmöglich stattgefunden haben können?» So verlagerte Jo das Thema von der Ebene der emotionalen Wirklichkeit auf die der philosophischen Diskussion, der sie sich gewachsen fühlte.

Schon lange ehe Jo ihr Problem hatte benennen können, war ihr klar gewesen, daß sie kein schlüssiges Konzept von Vergangenheit hatte. Jos Erinnerung war wie ein kleines Fotoalbum. Sie schlug es manchmal auf und betastete im Geist die Fotos, um sich zu vergewissern, daß sie schon vor dem gegenwärtigen Augenblick existiert hatte. Dazu taugten ihre Schnappschuß-Erinnerungen zwar, aber sie waren kaum je tröstlich. Sie stellten Szenen dar, die sie am liebsten vergessen hätte.

Eine dieser mentalen Fotoserien zeigte Jo in verschiedenen Altersstufen, an verschiedenen Orten, aber immer mit dem gleichen gespannten Gesichtsausdruck. Glänzende Augen, nachdenklich vorgeschobene Lippen. Die Jo auf diesen Bildern führte gerade eine TIEFSINNIGE Diskussion. Ein kurzer Blick auf die anderen Personen auf den Fotos sagte Jo, daß dies die Szene war, als sie gerade begründete, wieso ein Skeptiker auf der ideologischen Ebene nicht dasselbe war wie ein politischer Nihilist und daß es sich hier um das Gespräch handelte, in dem sie dargelegt hatte, warum Erkenntnistheorie im allgemeinen relevanter war als metaphysische Wahrheit.

Wenn Jo in diesem inneren Andenkenalbum blätterte, konnte sie die verblüfften Gesichter auf den Fotos sehen, die Unterschriften lesen, und sie hörte wieder, was die Leute in den betreffenden Situationen zu ihr gesagt hatten: «Du hast es wohl heute abend mit den großen Worten, Jo?» – «Meinst du, das interessiert irgend jemanden?» oder, schlimmer noch: «Jo, warum bist du auf einmal so anders?»

Es gab eine andere Bilderserie, die schmerzlicher war. In diesen Szenen stand sie stumm da, um sich die vorwurfsvollen Gesichter ihrer Freunde, Eltern und Lehrer, für immer eingefroren. Die Unterschriften lauteten: «Warum hast du das getan?» – «Warum hast du das gesagt?» – «Warum lügst du?» Jo hatte nie antworten können, wenn diese Menschen sie wegen ihres Verhaltens zur Rede stellten. Sie hatte meist gar nicht gewußt, wovon sie sprachen.

Mit zwanzig etwa hatte sich Jo gezwungen, dieses innere Fotoalbum noch einmal durchzublättern auf der Suche nach einem Schlüssel, um weitere Schmerzen auszusperren. Verwirrung war ein zentrales Thema auf all diesen Bildern, aber Jo entdeckte noch andere durchgängige Elemente. Auf keinem dieser gräßlichen Erinnerungsfotos war Jo allein. Da hatte sie begriffen: Wenn sie sich von anderen Menschen fernhielt, würde sie in Frieden leben können. Und das war ihr Bestreben gewesen, ehe sie Lynn getroffen hatte.

Erst in jüngster Zeit war Jo der Gedanke gekommen, daß es vielleicht einen Weg für sie geben könne, ein geselliges Wesen zu werden. Sie vermochte sich nicht recht vorzustellen, was es für sie – als die, die sie war – heißen würde, in einer positiven Weise mit anderen Menschen zusammenzusein. Aber Lynn erzählte ihr, daß die anderen Persönlichkeiten es schafften,

Freunde zu haben. Und obwohl Jo nicht wissen wollte, was die anderen Persönlichkeiten über ihre Kindheit erzählten, hörte sie doch kritisch interessiert zu, wenn Lynn von ihren derzeitigen Aktivitäten berichtete.

Wenn Jo hörte, wie Renee mit einem besonderen Problemfall unter ihren Schülern umging oder Kendra der Telefongesellschaft endlich eine ihr zustehende Rückerstattung abgeluchst hatte, dann phantasierte sie, wie es wohl wäre, wenn sie das alles auch könnte. Aber obgleich sie diese Art von Gesprächen mit Lynn schon seit einer ganzen Weile sehr genoß, wußte sie doch, daß das nicht «Therapie» war. Sie war ja nicht in Behandlung, um zu träumen oder sich eine schöne Zeit zu machen, sondern um zu arbeiten und um Lynn davon zu überzeugen, daß sie sich bemühte, *etwas zu tun*.

Aber jetzt lenkte Gordon Jo von ihrer Konzentration auf den «therapeutischen Nutzen» ab. Er wollte so vieles über ihre Realität wissen, und sie fand, daß es unhöflich wäre, nicht ausführlich auf seine interessierten Fragen einzugehen. Und Lynn schien es nichts auszumachen, wenn Jo und Gordon in abstrakte Gefilde abwanderten. Lynn saß vielmehr ganz freundlich daneben, wenn Gordon und Jo gemeinsam an einem Gedankengebäude zimmerten. Und manchmal beteiligte sie sich sogar.

Durch Gordons forschende Fragen angespornt, suchte Jo nach Bildern und Analogien, die ihm ihre Situation eher begreiflich machen könnten. Abends nach den Sitzungen verfolgte sie in ihrem Tagebuch die Gedanken weiter, die sie in ihren Gesprächen entwickelt hatten.

«Wie soll ich erklären, was es für ein Gefühl ist, so gar keine Kontrolle zu haben?» schrieb Jo eines Abends in ihr Tagebuch.

> Es ist, als wäre ich weiter nichts als ein schweres Gewicht, das auf dem Meeresboden treibt. Ich bin zu tief unter Wasser, um die brandenden Wellen meiner anderen Persönlichkeiten zu spüren. Ich bin zu tief in meinem eigenen Denken befangen, um ein echtes Bewußtsein vom Festland des wirk-

lichen Lebens zu haben. Ich werde vom Sog hin- und hergezerrt, von den Unterströmungen dessen, was die anderen Persönlichkeiten beschließen und tun. So schleife ich über den nassen Sand, weder an Land geworfen, um *ich* allein zu sein, noch leicht genug, um Teil der wiegenden Rhythmen des Lebens sein zu können, die ich ahne, aber nicht konkret erfahre.

«Das klingt, als würden Sie sich selbst als Objekt sehen», sagte Gordon, nachdem er Jos Tagebucheintrag gelesen hatte.

«Das kommt daher, daß ich keine Kontrolle habe. Ich fühle mich nicht wirklich als Person», antwortete Jo. Gordon schüttelte verwirrt den Kopf.

«Das kapiere ich nicht», sagte er. «Worüber haben Sie keine Kontrolle?»

«Über nichts. Wenn ich außerhalb von Lynns Sprechzimmer zu mir komme, dann finde ich mich jedesmal in einem Seminarraum oder zu Hause an meinem Schreibtisch mit Büchern und Papier vor. Also fange ich an zu schreiben oder zu lernen – das heißt, ich tue, was meiner Meinung nach von mir erwartet wird. Ich habe gar keine wirkliche Wahl.»

«Und was passiert, wenn Sie aufstehen, um sich etwas zu trinken zu holen, oder wenn Sie beschließen, ins Bett zu gehen?» fragte Gordon.

Jo wußte es nicht. «Ich tue so etwas nie», sagte sie, «weil ich weiß, daß ich dann Zeit verlieren würde.»

Gordon zeigte wenig Mitgefühl. «Ich denke, der einzige Weg, Kontrolle zu erlangen, ist es, die Dinge selbst in die Hand zu nehmen.»

Jo war es peinlich, daß sie nicht selbst auf diesen Gedanken gekommen war, aber sie hatte doch den Verdacht, daß die Dinge etwas komplizierter lagen. Sie wußte nicht, daß wir übrigen inzwischen ebenfalls mehr Mitgefühl mit ihr entwickelten. Indem sie Gordon ihre individuelle Persönlichkeit erläuterte, erklärte sie sie gleichzeitig ihrer inneren Umgebung.

Jos Klagen bewirkten bei mir, daß ich anfing, mir zu überlegen, wie ich ihre Situation verbessern könnte. Ich brauchte keine Kontrolle darüber auszuüben, wer wann Zeit bekam. Und selbst wenn ich den Schwarm in dieser Weise hätte dirigieren wollen, wußte ich doch inzwischen, daß ich gar nicht die Macht dazu hatte. Sonst wären Josie und einige andere der schwierigeren Persönlichkeiten überhaupt nie aufgetaucht.

Ich begann, die Faktoren zusammenzustellen, die darüber bestimmten, wer wann Zeit bekam. Meine Wünsche waren nur einer davon.

Ein zweiter waren die äußeren Anforderungen. Wenn es eine Klasse zu unterrichten galt, tat ich es. Wenn ein Referat anstand, verfaßte es Jo. Wenn geputzt oder gekocht werden mußte, übernahm es Charlene. Mit den Jahren hatten wir eine funktionierende Arbeitsteilung entwickelt. Die meisten von uns waren zwar bis zu einem gewissen Grad flexibel – ich konnte mich in einem Seminar adäquat äußern, Jo konnte eine Mahlzeit zubereiten –, aber im großen und ganzen übernahm jede Persönlichkeit die Tätigkeiten, die ihr besonders lagen.

Außerdem unterlag auch jede Persönlichkeit bestimmten Beschränkungen, die mit darüber entschieden, wer Zeit bekam. Jo hatte Angst vor größeren Menschenansammlungen, also kam sie nicht an Orten heraus, wo viele Leute waren. Rusty weigerte sich hervorzukommen, wenn der Körper nicht angemessen gekleidet war. Für ihn mußten es Jeans sein oder zumindest etwas, was noch als «Jungenkleidung» durchgehen konnte. Ich konnte nicht damit umgehen, wenn Leute wütend wurden. Deshalb verlor ich, ob ich wollte oder nicht, Zeit, sobald ich jemanden verärgert hatte.

Als ich begriffen hatte, daß für Jo das Problem der Kontrolle so wichtig war, begann ich, mich mehr herauszuhalten. Ich hörte auf, Dinge für sie zu regeln.

Wenn jetzt das Telefon klingelte, während sie am Schreibtisch saß, schubste ich sie nicht weg, um dranzugehen. Ich wartete vielmehr ab, was sie tun würde. Mehr als einmal legte der Anrufer wieder auf, ehe Jo oder ich uns entschließen konnten. Aber sie lernte, daß sie tatsächlich eine Wahl hatte und ans Telefon gehen konnte, wenn sie es wollte.

Je mehr Jo vom Leben erlebte, desto mehr ließ ihr Gefühl der Ohnmacht nach. Sie hatte zwar noch immer nicht viel mehr Zeit, aber in der Zeit, die sie mitbekam, fühlte sie sich wohler. Sie gewann Selbstvertrauen. Jo konnte ihr Spiegelbild immer noch nicht anschauen, aber sie schrieb: «Wie könnte ich mich nicht für eine richtige Person halten, wenn ich mich doch im Spiegel von Lynns und Gordons Stolz sehe?»

Jo hatte auch keine Angst mehr, daß Lynn sie für faul oder unwillig hielt. Sie fand, daß ihre Diskussionen mit Gordon lohnend waren, und sagte es auch. «Unsere Gespräche entspinnen und entwickeln sich um ihrer selbst willen», sagte Jo. «Und selbst wenn diese Entfaltung ziellos erscheint, bringt sie doch einen Zuwachs an Nähe und Verständnis. Und dieses ständige Werden macht doch auch das Personsein aus.»

Lynn sagte: «Ich mag Sie, Jo.» Und zum erstenmal bedeuteten diese Worte etwas.

Lynn mochte sie ja vielleicht schon seit längerem wirklich gern haben, aber erst jetzt war Jo bereit, ihre Liebe anzunehmen. Gordon hatte seinen Teil zu dieser Veränderung beigetragen, und Jo bedankte sich bei ihm dafür.

«Ich danke *Ihnen*», erwiderte er. «Die letzten zwei Jahre habe ich mich richtig ausgeschlossen gefühlt. Jetzt habe ich das Gefühl, daß ich auch zur Familie gehöre.»

«Familie», dachte Jo. «Das ist also dieses besondere Gefühl, das mich mit Lynn und Gordon verbindet.» Sie zitterte, weil ihr ganz bange bei dem Gedanken wurde, sie könnte tatsächlich mit anderen Menschen durch jenes beständige und tiefgehende Zusammengehörigkeitsgefühl verbunden sein, das das Wort «Familie» beinhaltete, aber sie zitterte auch vor Aufregung. Der Begriff paßte. Familie. Gemeinsam lehrten Lynn und Gordon sie durch ihre Liebe, sich selbst zu lieben. War es nicht das, was Familie letztlich bedeutete? Sie mußte sich vergewissern.

«Wie mögen Sie mich, Lynn? Auf welche Weise?»

Lynn seufzte und drückte sie an sich. «Sie sind eine erwachsene Frau, Jo», sagte sie, «aber Sie sind auch mein kleines Mädchen.»

Jo schwieg einen Moment und sog nur die Geborgenheit dieser Umarmung ein. Dann wagte sie ihre Frage, leise und tastend: «Meinen Sie damit, daß Sie mich lieben wie eine Tochter?»

«Ja, ich liebe Sie wie eine Tochter.»

«Tochter.» Dieses Wort war für Jo noch emotionsgeladener als «Familie». Sie erprobte es in ihrem Tagebuch:

«Tochter», es spukt in meinem Kopf herum, dieses Wort, das mir so unvertraut auf der Zunge ist. Es kam in meinem Kindheitswortschatz nicht vor.

Wenn ich mit meiner Mutter zusammen war, empfand ich mich manchmal als eine Art Trophäe – etwas, was man stolz seinen Bekannten vorzeigen kann. Wenn kein Publikum da war, blieb ich auf dem Regal, vergessen und ignoriert. In anderen Situationen fühlte ich mich meiner Mutter intellektuell überlegen. Ich spielte mit ihr, verwickelte sie in semantische Fangstricke, so, wie mein Vater es zu tun pflegte, mit leiser Verachtung.

Im Zusammensein mit meinem Vater fühlte ich mich im schlimmsten Fall als «Nichtsohn», verzweifelt bemüht, etwas zu sein, was ich nicht sein konnte. Im positivsten Fall war ich Vaters «*Kid*». Ein saloppes Wort, zu salopp, um eine echte Bindung zu bezeichnen.

Warum hatte ich bei meinen Eltern nie dieses Gefühl der Zusammengehörigkeit? Wie früh kann ich gewußt haben, daß ich nicht so war, wie ich sein sollte? Kann ein Neugeborenes schon die Enttäuschung seiner Eltern spüren? Die Frustration angesichts des Unabänderlichen?

Meine Mutter hat mir einmal erzählt, daß sie für ein Mädchen den Namen Robin ausgesucht hatten. Ein Junge hätte Joseph heißen sollen. Hatten sie mich Joan genannt, um mich immer daran zu erinnern, daß ich weder der Junge war, den sie sich gewünscht hatten, noch das Mädchen, das sie hätten lieben können? Waren sie zu enttäuscht, um mir einen Namen zu geben, mit dem mein Leben einen besseren Anfang hätte nehmen können?

Sind diese Ängste denn begründet? Stimmen diese Annahmen über meine Vergangenheit? Vielleicht denke ich mir das alles ja nur aus – erfinde ich mir eine Geschichte?

Ich muß lächeln, wenn ich lese, was ich gerade geschrieben habe. Ich kann genau sagen, wann meine einsamen Forschungsexpeditionen zu gefährlich werden, wann ich zu dicht an eine Erinnerung heranstolpere, die zu beängstigend ist, als daß ich sie zulassen könnte. Statt mich durch den unbekannten Busch zu schlagen, marschiere ich auf den ausgetretenen Trampelpfaden des «Vielleicht denke ich mir das alles ja nur aus». Aber dieses Zurückweichen erscheint mir jetzt nicht mehr sinnvoll.

Ob meine Erinnerungen korrekt sind, ob die Dinge sich wirklich genauso abgespielt haben, wie die Persönlichkeiten es schildern, ist nicht wirklich entscheidend. Wenn meine Erinnerungen zusammen mit denen der anderen Persönlichkeiten eine stimmige Vergangenheit ergeben, dann ist das in jedem Fall besser als das Nichts, das jetzt da ist. Eventuelle Verzerrungen durch die Zeit oder die farbige Plastizität der «emotionalen Wahrheit» schaden niemandem. Wichtig ist nur, daß ich einen festen Zugriff auf die Realität erlange. Und da bieten mir die Erinnerungen der gesamten Einheit, ob sie nun korrekt sind oder nicht, eine Handhabe. Ich brauche einen Hintergrund, um zureichend erklären zu können, wo ich mich jetzt befinde. Ich brauche eine Grundlage, von der aus ich mir eine unfragmentierte Zukunft aufbauen kann.»

Jo war endlich bereit zu akzeptieren, daß die anderen Persönlichkeiten nicht logen, auch wenn sie selbst keine Erinnerung an irgendwelche Mißbrauchserlebnisse mit Ray hatte. Sie hatte jetzt reale Beziehungen zu Lynn und Gordon, die ihr die Phantasie von Ray als perfektem Vater ersetzen konnten.

«Ich weiß, daß Sie mich gern haben», erklärte Jo Lynn, «und das macht es mir möglich zu wachsen, so wie Liebe es einem Baby ermöglicht, sich zu entwickeln. Aber Sie wissen ja, daß mir die Abhängigkeit von Ihnen nicht paßt. Ich bin bereit, sie eine Zeitlang hinzunehmen, weil ich Ihnen glaube, wenn Sie mir sagen, daß es ein altes Bedürfnis stillt, wenn ich es tue. Aber ich hasse diesen Zustand. Ich hasse es, emotional ein Säugling zu sein. Ich möchte unabhängig von Ihnen werden.

Wenn ich nicht das Gefühl hätte, daß Ihre Liebe mein Wachstum beschleunigt», setzte Jo fest hinzu, «würde ich mich dagegen wehren.»

TAGEBUCHEINTRAG *3. April 1983*

Ich bin froh und stolz und gerührt, wenn ich sehe, welche Entwicklung der Schwarm durchlaufen hat. Im Februar war die therapeutische Beziehung an einem toten Punkt. Die Jo-Persönlichkeit steckte in einer extremen Leidensphase, und Josie und Sissy erschienen fast in jeder Sitzung, um auf die Wand oder das Fenster loszustürzen. Jetzt sind wir, mit Gordons aktiver Unterstützung, alle eine Familie geworden – Gordon, der Schwarm und ich. Ich hätte nie damit gerechnet, daß die Therapie eine solche Wendung nehmen würde, und ich hätte größte Bedenken, jemand anderem zu dieser Form von Behandlung zu raten. Und doch habe ich das sichere Gefühl, daß das, was jetzt passiert, richtig ist.

Gordons und meine bisherigen Erfolge übersteigen meine kühnsten Träume. Wir geben den verschiedenen Persönlichkeiten nicht nur, was sie in der jeweiligen Situation brauchen. Wir führen ihnen gleichzeitig auch ein Modell für positives Elternverhalten und eine intakte Ehe vor Augen. Jo und Missy beobachten mich beide ganz genau, um herauszufinden, wie ich darauf reagiere, daß sie das Zusammensein mit Gordon so sehr genießen. Im Gegensatz zu ihrer Mutter bin ich nicht eifersüchtig auf diese Beziehung. In vielerlei Hinsicht ist diese Mutterrolle kein neues Stadium. Neu ist nur, daß dieses Verhältnis jetzt offen anerkannt ist. Ich weiß schon die ganzen zwei Jahre, die ich Missy und die übrigen kindlichen Persönlichkeiten in den Armen halte, daß es gesunde Mutterliebe ist, die ich ihnen gebe. Und auch wenn Renee das niemals zugeben würde, bemuttere ich sie ebenfalls, wobei ich mich an das halte, was ich während der Teenagerjahre meiner Töchter gelernt habe. Wie jede kluge Teenagermutter gebe ich Renee die Möglichkeit, sich an meinem Rat zu orientieren, ohne sie je auf ihre Abhängigkeit zu stoßen. Für Jo die Mutterrolle zu übernehmen ist eine Freude, schon allein deshalb, weil sie jetzt langsam begreift, daß sie – selbst in den Grenzen ihrer eigenen Persönlichkeit – eine großartige junge Frau ist, die meine Tochter nennen zu dürfen mich stolz macht.

Gordon gibt ebenfalls seinen Teil an elterlicher Liebe und Fürsorge. Er schützt Josie nicht nur davor, sich selbst Schaden zuzufügen, sondern ermöglicht ihr zugleich die positive Erfahrung mit einer männlichen Person – ein wichtiges Gegengewicht zu der Erinnerung an den Mißbrauch durch ihren Vater. Rusty, der sich von Frauen so sehr bedroht fühlt, öffnet sich Gordon voller Begeisterung, was bedeutet, daß er über seine Erinnerungen sprechen kann und durch diesen Prozeß zunehmend gestärkt wird.

Ich glaube nicht, daß mich die Persönlichkeiten durch geschickte Manipulation dazu gebracht haben, die Rolle der Ersatzmutter zu übernehmen. Die ganzen zwei Jahre war es völlig offensichtlich, daß keine von ihnen erwartete, ihre Wünsche und Sehnsüchte könnten je befriedigt werden. Meine Liebe ist trotz meines anfänglichen Zögerns und meiner Zurückhaltung allmählich gewachsen. Ich muß weiterhin sorgsam darauf achten, nur das zu versprechen, was ich auch einlösen kann. Ich muß nach wie vor Vertrauen aufbauen und darf nicht aus dem Blick verlieren, daß die Per-

sönlichkeiten die therapeutische Arbeit ebenso dringend benötigen wie die mütterliche Fürsorge.

Ich kann weder vor mir selbst noch vor Jo die persönliche Bindung leugnen, die zwischen uns dreien entstanden ist. Diese Schwerpunktverschiebung ist mir ein wenig unheimlich, und ich weiß, daß es ab und zu bestimmt schwierig sein wird, eine familiäre und eine therapeutische Beziehung gleichzeitig zu bewältigen. Aber ich werde Jo nicht erneut mißbrauchen, indem ich diese Realität leugne.

In letzter Zeit ist Jo zu Einsichten durchgedrungen, die ihr vorher einfach nicht möglich waren. Vor einer Woche etwa fragte sie mich: «Warum sind Sie gern mit mir zusammen?» Ich erklärte ihr, daß es mir Freude mache, sie zu sehen und ihr zuzuhören, und daß ich fände, sie sei eine interessante und liebenswerte Person. «Das Gefühl haben mir meine Eltern nie gegeben», sagte sie. «Sie haben mir immer erzählt, ich sei häßlich, dumm und ungeschickt, und ich habe es ihnen geglaubt.»

«Das stimmt überhaupt nicht», sagte ich. «Sie sind nicht dumm. Sie sind sehr intelligent. Sie sind nicht häßlich. Sie sind sehr hübsch.»

«Sie meinen, ich wirke nicht abstoßend auf andere Menschen?» fragte sie. «Ich sehe nicht häßlicher aus als die meisten anderen Frauen?» Jo begriff auf einmal, daß sie nicht das groteske Monster war, als das sie sich in ihrer Vorstellung immer gesehen hatte.

Sie stand kurzerhand auf und ging zu dem Spiegel, der an der Innenseite meiner Sprechzimmertür hing. Gordon und ich hielten den Atem an, während sie ihr Spiegelbild betrachtete. Wir sahen zu, wie sie sich über Haar und Wangen strich, ganz ähnlich, wie Little Joe mich zu berühren pflegte. Sie schien völlig gebannt. «Ich sehe mich», sagte sie. «Ich sehe mich.»

Dann drehte sie sich zu uns um, mit zornblitzenden Augen. «Wie konnten sie das mit mir machen? Wie kann irgend jemand einem Kind so etwas antun?»

Sie warf sich in meine Arme, genau wie Missy, und begann zu schluchzen. «Ich kann mich so sehen, wie Sie mich sehen», flüsterte sie.

Aber am Tag darauf mußte ich Jo bereits wieder beruhigend zureden, weil sie in einer Fachzeitschrift auf einen Aufsatz gestoßen war, in dem die Art therapeutischer Elternfunktion, wie Gordon und ich sie für den Schwarm übernommen hatten, als «messianische Gegenübertragung» bezeichnet wurde.

Es ist hart zu wissen, daß die meisten Mediziner und Therapeuten für das, was ich tue, nur Verachtung übrig hätten. Ich habe mich zwar nicht weiter bemüht, mit meinen Kollegen über den Schwarm und meine Art der Therapie zu reden, aber ich habe auch nicht gezielt versucht zu verbergen, was abläuft. Nach meinen gelegentlichen Gesprächen mit Harry bin ich davon ausgegangen, daß sie sich alle mehr oder weniger auf den Standpunkt gestellt haben, erst einmal abzuwarten, was dabei herauskommt. Aber jetzt muß ich einsehen, daß das wohl doch naiv von mir war, und mich mit dem Gedanken vertraut machen, daß mich zumindest einige Leute für ebenso gestört halten wie meine Patientin.

Aber ich habe das Gefühl, daß unsere Vorgehensweise für den Schwarm gut ist. Wie könnte ich die Fortschritte leugnen, die ich sehe? Ich kann nur hoffen, daß mein «Gespür» ebensosehr auf professionellem Sachverstand beruht wie auf der unbestreitbaren persönlichen Zuneigung, die ich für sie alle empfinde.

Trotzdem beunruhigt mich die Frage, wie sich die Dinge weiterentwickeln werden. Ich rechne zwar damit, daß die Persönlichkeiten ebenso der Abhängigkeit von mir entwachsen werden wie meine leiblichen Kinder. Aber was ist, wenn ich mich irre? Wenn der Schwarm nun befindet, daß es ganz bequem ist, mein «Baby» zu sein? Wie kann ich in diesem Fall auf eine Weiterentwicklung hinwirken? Werde ich objektiv genug bleiben können, um zu sehen, daß das geschehen muß?

22

TAGEBUCHEINTRAG *16. April 1983*

Ich verstehe den Grundsatz «Den Patienten dort abholen, wo er/sie gerade ist» immer besser. Beim Schwarm wende ich ihn noch viel gewissenhafter an als je zuvor bei meiner Arbeit. Ich gehe auf die verschiedenen Persönlichkeiten ganz individuell ein, und ich kann sie so wahrnehmen, wie sie sich selbst sehen. Das bedeutet allerdings nicht, daß ich immer so auf sie reagiere, wie sie es brauchen. Die Tatsache, daß ich vor manchen von ihnen Angst habe, hat gelegentlich dazu geführt, daß ich miserable Arbeit geleistet habe.

Ich weiß, ich weiß, ich weiß: Man kann Entwicklungsprozesse nicht erzwingen. Meine bisherigen Erfahrungen mit Kindern und Jugendlichen haben mir gezeigt, daß die Entwicklung und das innere Wachstum in diesen Phasen wenig damit zu tun hat, daß die Älteren den Jungen sagen, sie sollten gefälligst erwachsen werden. Bei manchen der Persönlichkeiten fällt es mir leicht, das im Blick zu behalten. Ich kann Missy und Renee sich auf ihre Art entwickeln lassen. Ich gestatte Little Joe, der kleine Junge zu sein, als der er sich fühlt. Ich kann jeder dieser Persönlichkeiten die Freiheit geben, sich aus sich heraus zu entwickeln. Jo ist so fixiert auf das Therapieziel, daß es bisher vor allem meine Aufgabe war, ihr zu helfen, sich zu entspannen und zuzulassen, daß ich *diejenige bin, die sich über den therapeutischen Charakter unserer Beziehung Gedanken macht.*

Aber bei einigen der anderen Persönlichkeiten fehlte mir oft das Vertrauen, daß die Therapie Fortschritte zeitigen würde, wenn ich sie nicht immer wieder auf meine objekti-

vere Sicht der Realität hinwies. Jedesmal, wenn Joan Frances erschien, die mich zutiefst abzulehnen scheint, erinnerte ich sie daran, daß sie eine multiple Persönlichkeit ist und daß sie mißbraucht wurde. Der psychotischen Josie teilte ich grundsätzlich immer mit, welches Datum wir hatten und wo sie sich befand. Als ich Rusty kennenlernte, der eindeutig männlich ist und Frauen verachtet, sah ich mich veranlaßt, seine Identität in Frage zu stellen, indem ich ihn darauf hinwies, daß er in einem weiblichen Körper lebt.

Das Ergebnis war, daß ich Joan Frances und Rusty nur selten zu Gesicht bekam und Josie gar nicht erreichen konnte. Ich glaube inzwischen, daß ich deshalb so rigide an dem festhielt, was getan werden «mußte», weil es mir nicht paßte, daß diese Persönlichkeiten meine Sicht der Wirklichkeit nicht akzeptierten. Ich vermißte Joan Frances und Rusty nicht, wenn sie nicht auftauchten. Ich war ganz zufrieden damit, die Therapiestunden mit den Persönlichkeiten zu verbringen, die mich mehr zu schätzen wußten.

Was Josie betrifft, so versuchte ich im Grunde, ihr Erscheinen zu unterbinden. Ich kann nicht leugnen, daß ich Angst vor ihr habe. Ich war mir nicht sicher, welche Rolle sie innerhalb des Systems spielte und ob sie für den Schwarm eine Bedrohung bedeutete. Was wäre, wenn sie alle psychotisch würden wie Josie, statt daß sich ihr Zustand besserte? Meine Zeit mit Josie verbrachte ich damit, sie daran zu hindern, daß sie sich weh tat, und zu versuchen, sie durch Schockmethoden in die Wirklichkeit zu holen. Für kreatives therapeutisches Eingreifen hatte ich gar keine Energie übrig.

Gordon hat mich darauf hingewiesen, daß ich alle Persönlichkeiten gleichermaßen akzeptieren muß. Er begriff Josies bizarres und erschreckendes Verhalten sofort und brachte ihr bedingungslose Zuneigung entgegen. Entspannt, väterlich und herzlich gab Gordon Rusty die Möglichkeit, zu wachsen und sich zu entwickeln, wie ihm das noch niemand je gestattet hatte.

Das einfache, aber manchmal schwer realisierbare Konzept, daß die Menschen sich erst einmal als die, die sie sind, akzeptiert fühlen müssen, ehe sie sich auf Veränderungen einlassen können, hat sich in meinen Augen wieder einmal bestätigt. Man vergißt das so leicht, wenn man sich bedroht fühlt. Daß dieses Konzept aber wirklich Früchte trägt, ist nirgends so deutlich zu sehen wie bei Rusty in seinem Verhältnis zu Gordon.

• • •

Rusty war mir immer schon ein Rätsel, und den übrigen Mitgliedern des Schwarms ebenso. Als ich anfing, die anderen soweit zu akzeptieren, daß ich offen mit Lynn sprechen konnte, vergaß ich ihn völlig.

Ich war überrascht, als Isis erwähnte, es gebe da auch noch eine Persönlichkeit namens Rusty; er sei nicht nur einfach ein Spielkamerad von Missy. Ich glaube allerdings immer noch, daß er für keinen von uns je eine große Rolle gespielt hat. Die Vorstellung, daß in *meinem* Körper ein adoleszenter Junge lebte, gefiel mir überhaupt nicht.

Aber im Januar 1983 meldete sich Rusty ganz plötzlich in einer Sitzung, trotzig und mißtrauisch. Er suchte nach seinem Vater. Rusty war nicht mehr aufgetaucht, seit Lynn ihm gesagt hatte, er sei ein Mädchen. Er begriff zwar nicht besonders viel, aber er wußte genau, daß er ein Junge war. Er konnte unmöglich ein Mädchen sein – nicht in tausend Jahren.

Aber Rusty lauerte irgendwo im Hintergrund des Schwarms. Er sehnte sich nach Männerfreundschaft, und als Gordon anfing, an den Sitzungen teilzunehmen, war es nur natürlich, daß Rusty gerne herauskam. Er ignorierte «diese Lynn», reagierte aber auf Gordon, der ihm verläßlich und klug vorkam.

Vielleicht konnte Gordon ihm sagen, was los war. Rusty wußte, daß er vieles vergaß.

Rusty sah seinen Verstand als eine Art Fischernetz, in dem nur kleine Erinnerungsfetzen hängenblieben.

Als Gordon sagte: «Erzähl mir was von dir», meinte Rusty bedrückt: «Da brauch ich keine fünf Sekunden dazu.»

Rusty sagte, er stamme aus Saint Michaels, einem kleinen Fischerdorf an der Chesapeake Bay. Er erinnerte sich, daß er viel Zeit mit seinem Vater verbracht hatte; außerdem hatte er Keith und Steve geholfen, allerdings ohne sich zu erkennen zu geben. «Ich hab diesen anderen Männern meinen Namen lieber nicht gesagt», erklärte er, «weil mein Dad immer gemeint hat, ich solle niemand irgendwas erzählen.»

Rusty hatte nur einen Wunsch: Er wollte, daß sein Vater komme und ihn hole. Nach allem, was er wußte, war sein Vater vor langer Zeit einfach verschwunden. «Vielleicht fährt er wieder zur See. Wenn ihm diese Nancy auf den Wecker ging, hat er immer gesagt, das würde er tun. Manchmal sehe ich die Frachtschiffe auf dem See hier», sagte Rusty, «und dann winke ich immer, falls mein Vater auf einem davon ist und nach mir sucht.

Ich kann Tierfährten lesen», fügte er unvermittelt hinzu, «aber Wörter kann ich nicht lesen.»

Rusty erzählte Gordon nicht, daß er Angst bekam, wenn er die gedruckten Wörter lange und aufmerksam anstarrte und darauf wartete, daß sie ihm irgend etwas sagen würden, wie das bei anderen Leuten der Fall zu sein schien. Er hatte Angst, die Linien könnten merken, daß er sie anschaue, und würden sich plötzlich in scharfe Dolche verwandeln und ihn töten. Er sagte Gordon nicht, daß er immer ganz schnell wegschaute, wenn ihm irgendwo Wörter entgegenblickten.

«Hast du Freunde?» wollte Gordon wissen. «Ja, einen», antwortete Rusty und berichtete von Gary, einem mongoloiden Jungen, der am Dock in Norfolk die Netze säuberte. Gary konnte auch nicht lesen und vergaß ebenfalls sehr viel.

«Ich bin behindert. Ich bin nicht wie andere Jungen», hatte Gary Rusty anvertraut, und er hatte ihm seine leuchtend grüne Kaninchenpfote gezeigt, die ihm half, sich wenigstens an das bißchen, was er sich merken konnte, zu erinnern. Rusty hatte Gary seine wertvolle taubengraue Muschel gezeigt, die er immer streichelte, wenn er merkte, daß er etwas Wichtiges vergessen hatte.

Rusty wußte, daß er auch nicht wie andere Jungen war. Da gab es irgendeinen Unterschied, den er aber nicht richtig beschreiben konnte. Wahrscheinlich war er auch behindert, dachte er sich.

Genau wie Gary kannte Rusty das Meer und seine Lebewesen sehr genau. Gordon gestand Rusty, daß er nichts von den jahreszeitlich bedingten Veränderungen in der Bucht oder von den Lebensstadien eines Taschenkrebses wußte. Er wolle aber gern mehr darüber erfahren, meinte er. Also erklärte Rusty Gordon mit dem typischen Akzent der Küstenbewohner, wie der Austernfang funktionierte und daß die Austernfischer während bestimmter Monate gesetzlich verpflichtet waren, nur unter Segel zu fahren.

«Die Austern haben keine Chance, weil sie in diesen Schalen stecken und sich nicht bewegen können», sagte Rusty.

Gordon wußte vieles, wovon Rustys Vater nichts verstanden hatte, und er führte Rusty in dieses Wissen ein. Gordon sagte, er habe keine Ahnung vom kommerziellen Krebs- und Austernfang, aber er liebe das Wasser auch sehr. Gordon segelte, und es gehörte zu seinem Job, kleinen Jungen beizubringen, wie man Sachen aus Holz baut.

Rusty war jedesmal begeistert, wenn er Gordon in Lynns Sprechzimmer antraf. Wenn Gordon nicht zu den Sitzungen des Schwarms erschien, wollte Rusty von Lynn wissen, was sie gemacht habe, um «diesen Gordon zu vergraulen». «Er kommt ja wieder, Rusty», sagte Lynn, und Rusty war immer sehr froh und erleichtert, wenn er merkte, daß sie nicht gelogen hatte.

Aber nach einigen Wochen hörte Rusty auf zu erzählen. Er mochte Gordon zwar immer noch, aber es ödete ihn an, immer nur zu reden. Rusty wollte immer gern irgend etwas machen oder unternehmen. Er wurde ganz zappelig, wenn er zu lange stillsitzen und zuhören mußte.

Gordon fand eine einfache Lösung. Für ihn galten ja nicht

die gleichen beruflichen Regeln wie für Lynn. Wenn Rusty gern mit ihm gemeinsam etwas mit den Händen machen wollte, dann konnten sie das tun. Gordon hatte schon früher diese Art von Arbeitstherapie praktiziert, und er dachte sich, daß eine gesunde Männerfreundschaft Rusty helfen könnte, seine Geschichte zu erzählen.

Zu diesem Zeitpunkt hatte sich die Beziehung zwischen dem Schwarm und Lynn und Gordon so weit entwickelt, daß es, wenn die Situation einigermaßen ruhig war, oft gelang, eine bestimmte Persönlichkeit zu rufen. Als sie geplant hatten, daß Gordon und Lynn zum Schwarm nach Hause kommen sollten, damit Rusty mit Gordon arbeiten könne, war er es auch, der die beiden an einem milden Sonntagnachmittag begeistert begrüßte.

Gordon mußte an seinem Auto ein Radio und eine Antenne einbauen und wollte, daß Rusty ihm dabei helfe. Lynn war außer Hörweite, las ein Buch und genoß die Sonne. «Die Frau weiß genau, wann sie den Mund zu halten hat», meinte Rusty.

«Manchmal schon», antwortete Gordon mit einem leisen Lachen.

Rusty verfügte über die lebendigen, aber lückenhaften Erinnerungen, die Gordon und Lynn von den Persönlichkeiten gewohnt waren, die die Vergangenheit bewahrten. Rusty hatte immer genau zugeschaut, wie sein Vater mit seinen Fischerfreunden die Taue gespleißt und verknotet hatte. Man hatte ihm zwar nie erlaubt, selbst eine Leine anzufassen, aber er hatte sich die komplizierten Schritte genau gemerkt. Jetzt, viele Jahre später, führte er Gordon all die Knoten vor, die er bei Ray gesehen hatte. Gordon zeigte sich gebührend beeindruckt und brachte ihm noch ein paar neue Knoten bei.

Rusty erinnerte sich auch an die Fahrten entlang der Küste, die er gemeinsam mit seinem Vater unternommen hatte. Er hatte sich mit ihm dann immer über die Dinge unterhalten, die sie beide am liebsten mochten – über die Tiere, den Wald und das Meer. Wenn sie in die Nähe von Menschen gekommen waren, hatte ihn Ray jedesmal gewarnt: «Du kannst mitkommen, aber halt den Mund. Wenn du auch nur ein Wort sagst, schicke ich dich zum Auto zurück.»

Rusty wollte seinen Vater nicht blamieren und schaute stumm, aber zufrieden zu, während sein Vater mit den anderen Fischern ein Bier trank.

Wenn Rusty nicht mehr stillsitzen konnte, ging er hinaus auf die Docks. Im Frühling und im Sommer beobachtete er die «Schwimmer» – Krebse, die dabei waren, ihre zu eng gewordenen Schalengehäuse abzuwerfen. Er bewunderte es, wie sie sich bemühten, und war immer sehr froh darüber, daß sie nicht wußten, daß sie demnächst verspeist würden. Rusty lauschte auf die Geräusche der Boote, die, gut vertäut in ihren Schlippen, in ihrer Sprache mit ihm redeten, ächzend und knarrend, und ihm von ihren Fahrten mit vermoderten Fischen und Seegras erzählten.

Während Rusty mit Gordon arbeitete, gelang es ihm, zu seinen frühesten Erinnerungen vorzustoßen. Er wußte wieder, wie er entstanden war. «Ich war im Wald. Ich sah meinen Dad, und plötzlich war ich da», sagte er.

Aber mit Hilfe der Erinnerungen, die Missy, Josie und ein paar der anderen Persönlichkeiten beisteuerten, fanden Lynn und Gordon mit der Zeit heraus, daß dieser Junge nicht als Ergebnis eines bestimmten Vorfalls entstanden war, sondern als Reaktion auf viele Jahre der Provokation.

Ray begann, seine Tochter mitzunehmen, wenn er am Wochenende nach Norfolk oder zu sonst irgendeinem Ort auf der Virginia-Seite der Bay fuhr. Dort besuchte er Berufsfischer, oder er erkundete Nadelbaumgrundstücke für Spekulationszwecke. Die Missy-Persönlichkeit war sehr gern mit ihrem Vater zusammen. Er zeigte ihr verschiedene Knoten und lehrte sie alles über Boote. Er brachte ihr bei, wie man Vögel an ihren Stimmen erkennt. Sie lernte, ganz ruhig auf einem Baumstamm zu sitzen und Rehe und Füchse im Unterholz zu beobachten.

Oft war sie ganz gebannt von der magischen Welt des Waldes, bis Ray den Zauber brach und sagte, er müsse «mal eben pinkeln gehen». Er entfernte sich gerade so weit von seiner Tochter, daß er noch in Sichtweite war. Sie schaute nicht oft in seine Richtung, aber es fiel ihr doch auf, daß er manchmal sehr lang brauchte.

Bei einem dieser Ausflüge, als der Schwarm sieben Jahre alt war, gab Ray seinem Drang nach, seine Tochter aktiv in sein Tun einzubeziehen. Es war Frühlingsanfang, und die Veilchen schoben sich gerade durch den Nadelteppich. Missy lehnte sich gegen einen Baum, mitten im Wald, atmete den Duft des frischen Tannenharzes ein und versuchte angestrengt, nicht zu ihrem Vater hinüberzuschauen. Sie sah, wie sein Penis anschwoll. Schnell wandte sie den Blick ab. «Hoffentlich beeilt er sich», murmelte sie vor sich hin.

Dann schaute sie sich wieder nach ihm um, und er fing ihren Blick auf. «Wetten, du hättest auch gern so einen», sagte er.

Der heisere Ton in der Stimme ihres Vaters war Missy unheimlich, und sie war auf einmal schrecklich traurig. Ja, sie hätte auch gern so einen, weil ihr Vater sie dann lieber mögen würde. Vor dem Einschlafen betete Missy jeden Abend, daß Gott sie doch in einen Jungen verwandeln möge. Wenn sie dieses Gebet oft genug wiederholte, vielleicht einen ganzen Monat lang, dann würde Gott bestimmt begreifen, daß sie es ernst meinte, und ihren Wunsch in Erfüllung gehen lassen.

«He», rief Ray scharf, und Missy sah zu ihm hinüber. Er war nur noch wenige Schritte von ihr entfernt, aber immer noch entblößt. «Komm mal her», sagte er. Missy blickte weg, und Ray wiederholte seine Aufforderung, diesmal bestimmter: «Komm mal her und guck dir an, was ich in den Sand geschrieben habe. Du hast deinen alten Papa doch lieb, oder?»

Missy wurde auf einmal ganz kalt. Es war etwas Neues, daß bei dem «Waldspiel» gesprochen wurde und daß Ray sich ihr näherte. Die Regeln sahen so aus, daß er sich von ihr entfernte und seinen Penis herausholte. Sie sah zwar hin, tat aber so, als würde sie nichts merken. Nach einer Weile kam er dann zurück, und sie wanderten weiter.

Aber diesmal klang die Stimme ihres Vaters anders, fast wütend. Wenn er in Rage kam, passierte immer irgend etwas Schlimmes. Es war besser, wenn sie sich verdrückte.

«Nein», sagte sie, wobei sie aufstand und sich hinter einem Baum versteckte. «Ich bleibe hier und warte, bis du fertig bist.» Ray konnte es nicht leiden, wenn man ihm nicht gehorchte. Wütend zog er den Reißverschluß an seiner Hose hoch und ging langsam auf Missy zu. Missy hatte das entsetzliche Gefühl, in einer Falle zu sitzen. Sie hatte Angst wegzulaufen, sie hatte Angst stehenzubleiben. Missy zog sich in sich selbst zurück.

Keine der bereits existierenden Persönlichkeiten erschien. Alle fürchteten die seltenen, aber heftigen Wutausbrüche des Vaters.

Da wurde Rusty geboren. Nagelneu, aber bereit, sich der Situation zu stellen, kam er mutig hinter dem Baum hervor. Rusty wußte nur, daß er vierzehn Jahre alt war und daß dieser Mann sein Vater war, der ihn sehr mochte.

«Hallo, Dad!» sagte Rusty. Seine Stimme und sein Gesicht spiegelten die ganze Liebe, die der Schwarm für seinen Vater empfand, und nichts von der Angst, die alles so kompliziert machte.

Ray bemerkte den plötzlichen Wechsel in der Stimme, der Haltung und dem Benehmen seiner Tochter und blieb wortlos stehen. Rusty lächelte seinen Vater entwaffnend an und schaute ihm direkt auf den Hosenladen. «Ich hab auch einen, Dad», verkündete Rusty stolz.

«Komm mal her», sagte Ray. «Laß sehen.»

«Nee, Dad, ich komm nicht her», entgegnete Rusty mit einer Bestimmtheit, die keine der Mädchen-Persönlichkeiten besaß. «Ich laß ihn mir nicht von dir abschneiden», fügte er mit munterer Stimme hinzu.

«Na, komm trotzdem her und schau dir an, was ich in den Sand geschrieben habe», versuchte Ray seinen Trick noch einmal.

«Nee, Dad», sagte Rusty wieder, lächelnd und selbstbewußt.

«Warum denn nicht?» fragte Ray. «Hast du etwa Angst vor mir?»

«Ach, Quatsch, ich hab doch keine Angst vor dir», gab Rusty zurück.

«Also, warum kommst du dann nicht?» fragte Ray wieder.

Rusty schwieg einen Moment und durchforschte seinen nahezu leeren Kopf. Irgendwo mußte da doch eine Antwort sein. Als er sie fand, grinste er wieder breit. «Ich komm nicht, weil ich nicht lesen kann.»

Ray war offenbar so verblüfft, daß er sein sexuelles Begehren ganz vergaß. Seine Tochter las doch schon seit Jahren. Was sollte das heißen – sie konnte nicht lesen? Und wenn sie nicht bald aufhörte, sich so komisch aufzuführen, würde er von Nancy ganz schön eins draufkriegen, wenn sie nach Hause kamen.

«Warum redest du so?» wollte Ray wissen, als sie aus dem Wald herauskamen, Rusty immer eine Armlänge von ihm entfernt. Eine Antwort auf Rays Frage wußte Rusty nicht.

«So red ich halt», antwortete er schließlich.

«Aber red ja nicht so, wenn deine Mutter in der Nähe ist», warnte Ray.

«Ich hab doch gar keine Mutter», erwiderte Rusty, «nur dich, Dad.» Ray ließ das Thema fallen.

Von diesem Zeitpunkt bis zu Rays Tod erschien Rusty gelegentlich, wenn der Schwarm mit seinem Vater allein war. Ray begriff, daß seine Tochter manchmal gern Rusty genannt werden wollte, und ihm selbst gefiel es ohnehin, wenn sie beide so taten, als wäre Joan sein Sohn. Er brachte diesem «Sohn» viel bei und klärte ihn unter anderem über die Mängel der Frauen im allgemeinen und von Nancy im besonderen auf.

Rusty sagte, Frauen seien die minderwertigsten Geschöpfe, die Gott je geschaffen habe – «sein einziger Fehler». Gordons Frau, vermutete er, war da sicher auch keine Ausnahme.

Gordons Einstellung zu Frauen verwirrte Rusty. Egal, wie oft Rusty Gordon anbot, seinem Haß auf Frauen Luft zu machen – er ließ sich nie darauf ein. Einmal bekam Rusty mit, wie

Lynn zu Gordon etwas über ihre Segelstunden sagte. Später fragte er Gordon unter vier Augen, als sie am Auto arbeiteten:

«Läßt du die Frau da wirklich mit deinen Segelbooten losfahren?»

«Ja», antwortete Gordon.

«Kann sie so gut segeln wie du?»

«Nein, nicht so gut wie ich», erwiderte Gordon ruhig.

Rusty machte ein selbstzufriedenes und überhebliches Gesicht.

Aber Gordon war noch nicht fertig. Er zog eine Schraube fest und betrachtete Rustys Gesichtsausdruck. «Lynn hat nicht so viel Übung im Segeln wie ich. Deshalb ist sie nicht so gut. Aber sie ist um einiges besser als viele männliche Regatta-Segler.»

Während Gordon Rusty half, seinen Frauenhaß aufzuarbeiten, versuchte er in keiner Weise, ein Stereotyp durch ein anderes zu ersetzen. Er sagte nicht, daß Frauen und Männer gleich seien. Wie meistens sah Gordon die Dinge nicht den sozial festgelegten Rastern entsprechend, und er wies mein Drängen zurück, Rusty die vorschriftsmäßige «gesunde» Alternative zu präsentieren.

«So sehe ich die Welt nicht, Renee», sagte Gordon. «Ich glaube nicht, daß alle Leute gleich sind. Es gibt geschlechtsbedingte Unterschiede. Jeder Mensch hat wichtige männliche und weibliche Anteile. Der Unterschied liegt darin, wie stark männlich oder weiblich geprägt die Mischung ist.

Menschen, die Angst vor Homosexualität haben oder die wie Rusty den Wert des anderen Geschlechts nicht sehen wollen, verleugnen im Grunde einen ureigenen Teil ihres Selbst», erklärte er. Die Fähigkeit, Dinge zu akzeptieren, so meinte Gordon, komme nicht durch Argumente, sondern durch positive Erfahrung. Zeit und eine behutsame, nicht urteilende Haltung würden Rustys Problem mit Frauen lösen.

«Ich werde ihn nicht zwingen, seine männlichen Anteile zu verleugnen, damit er seine weiblichen akzeptieren kann», sagte Gordon. «Je mehr Rusty mit Lynn zusammen ist und je mehr er mit mir zusammen ist, desto besser wird er begreifen, daß er selbst eine ganz eigene Mischung aus männlichen und weiblichen Attributen ist.»

Rusty blühte durch Gordons Zuwendung in diesem Frühjahr auf. Aber er war auch immer wieder frustriert angesichts seiner eigenen Grenzen. «Ich weiß, ich bin echt dumm», sagte Rusty. «Wahrscheinlich bin ich genau wie Gary.»

«Nein, du bist nicht dumm oder zurückgeblieben», erwiderte Gordon. «Du lernst schneller als die meisten Leute, die ich kenne. Du schaust einmal zu, wie ich etwas mache, und dann weißt du, wie es geht. Die meisten Leute begreifen nicht so fix.»

Rusty zuckte die Schultern. «Aber ich kann nicht lesen, und ich vergesse immer alles, und ich kann nicht gut Nägel einschlagen.»

Auf die ersten beiden Klagen ging Gordon nicht ein. Er konnte Rustys Problem mit dem Lesen noch nicht so ganz einschätzen, und er wußte, daß Rusty tief nach innen abtauchen würde, wenn er ihm erklärte, daß seine «Vergeßlichkeit» daher rührte, daß er in einem weiblichen Körper lebte, zusammen mit einer ganzen Reihe weiblicher Persönlichkeiten.

Den dritten Punkt griff Gordon dagegen auf. «Du kannst nicht gut nageln, weil man dafür viel Übung braucht.»

Rusty hörte schweigend zu.

«Willst du wissen, wie ich den Jungen an meiner Schule beibringe, wie man Nägel einschlägt?»

Rusty nickte begeistert. Er war fest davon überzeugt, daß er nicht so viel vergessen hätte, wenn er einen Lehrer wie Gordon gehabt hätte.

«Ich gebe ihnen ein Brett und einen Hammer und hundert Nägel», sagte Gordon. «Sie lernen, wie man nagelt, indem sie diese hundert Nägel in das Brett einschlagen.»

Genau das wollte Rusty tun, aber auf ganz besondere Art. Gordon sollte stolz auf ihn sein. Rusty fand ein Stück von einem Eichenstrunk mit wunderschön geschwungener Maserung und noch intakter Rinde. Er kaufte Messingnägel in einem Haushaltsgeschäft. Oft arbeitete Rusty jetzt allein in Steves Werkstatt im Keller.

«Ein fliegendes Pferd», beschloß Rusty. Daran erinnerte ihn Gordon. Vor vielen Jahren hatte Rusty einmal eine Abbildung des Pegasus gesehen, und die Vorstellung eines Pferdes, das fliegen konnte, hatte ihn so fasziniert, daß er sich bis in jedes Detail an dieses Bild erinnerte.

Ein paar Wochen später hatte Rusty gelernt, sehr geschickt mit dem Hammer umzugehen. Und Gordon besaß einen Pegasus aus Messingnägeln, die sich schimmernd gegen den geölten Holzhintergrund abhoben, und die geschwungene Maserung war so geschickt eingesetzt, daß sie die Struktur des Fells und die Bewegung suggerierte.

TAGEBUCHEINTRAG *1. Mai 1983*

Gordon hat so mühelos Beziehungen zu den Persönlichkeiten angeknüpft, daß ich fast ein bißchen eifersüchtig bin. Ich kann natürlich rational erklären, wieso das so ist: Die Persönlichkeiten waren soweit, zu einem anderen Menschen, der mein Vertrauen genießt, Kontakt aufzunehmen. Sie sehnten sich genauso nach einem männlichen Vorbild und Elternteil wie nach einem weiblichen; die verschiedenen Persönlichkeiten des Schwarms liebten Gordon bereitwillig, weil sie sich mit mir identifizieren.

Ich kann ihre Bereitschaft, sich auf ihn einzulassen, auf die Erfolge meiner eigenen Arbeit mit dem Schwarm zurückführen, aber es ist trotzdem manchmal frustrierend. Die Beziehungen, die mich zwei Jahre harte Arbeit gekostet haben, hat Gordon ohne große Anstrengung innerhalb von zwei Monaten aufgebaut.

Was aber noch frustrierender ist – ich kann mit meinem wichtigsten Vertrauten über dieses Thema nicht sprechen. Selbst jetzt noch, trotz seiner guten Beziehung zu Jo, Rusty,

Josie und Renee, neigt er sofort dazu, sich zurückzuziehen, wenn er auch nur die leiseste Kritik wittert.

Gordon geht beispielsweise mit dem Problem der Geschlechtsidentität völlig anders um als ich. Ich habe mich mit Jo und auch mit Renee oft lange und ausführlich über Männlichkeit und Weiblichkeit unterhalten. Jo versuche ich von Zeit zu Zeit die Gefühle *zu beschreiben, die das Frausein mit sich bringt. Renee und ich reden über Sex, aber unter einer anderen Perspektive. Renee hat Schwierigkeiten, die Tatsache, daß Ray seine Tochter sexuell mißbrauchte, damit in Einklang zu bringen, daß er in seinen Gesprächen mit Rusty immer über Frauen herzog. Ich habe sie darauf hingewiesen, daß Rays sexuelles Verhalten eher «pathologisch» war als ein «Ausdruck von Geschlechtsidentität». Durch unsere Gespräche begreift Renee allmählich, daß «weiblich» kein Synonym für «Opfer» ist, obwohl sie immer noch nicht so ganz glauben will, daß Männer auch von anderen Faktoren bestimmt werden als von ihren sexuellen Impulsen.*

Aber für Gordon spielt es wirklich keine große Rolle, daß er als Mann auf die Welt gekommen ist. Für sein Identitätsgefühl ist das körperliche Geschlecht einfach nicht wichtig.

Auf Rustys Weigerung, irgend etwas Weibliches zu akzeptieren, reagiert Gordon, indem er sagt: «Wen kümmert es, ob du ein Junge oder ein Mädchen bist?» Und zu Jos Problem mit ihrer Geschlechtsidentität sagt er: «Warum arbeiten Sie nicht lieber daran, sich als sich selbst zu fühlen, statt sich dauernd Gedanken darüber zu machen, wie Sie sich als Frau fühlen sollen?» Als ich bemerkte, daß sein Ansatz, der sich so stark von meinem unterscheidet, vielleicht Unklarheit stiften könnte, meinte Gordon: «Ich möchte nichts Falsches machen. Ich kann jederzeit aufhören, wenn du willst.»

Er weiß aber genausogut wie ich, daß wir alle viel zu tief in der Sache drinstecken, um einfach wieder aussteigen zu können, aber ich glaube, das ist Gordons Art, mich daran zu erinnern, daß er auf seine eigene Weise an die Dinge heranzugehen pflegt. Er möchte sich wohl auch einen gewissen Freiraum bewahren, damit er keine Verantwortung für das übernehmen muß, was der Schwarm tut, und sich von den Überreaktionen der Persönlichkeiten distanzieren kann. Ich selbst würde das auch manchmal gerne tun.

Letzte Woche telefonierte Gordon mit Steve – wir versuchen in regelmäßigen Abständen, ihn darauf vorzubereiten, daß er, wenn er nächsten Monat nach Chicago zurückkommt, «Jo» sehr eng mit uns involviert vorfinden wird. In diesem Fall scheint Renees Besorgnis durchaus realistisch. Sie hat uns angefleht, Steve zu helfen, daß er endlich begreift.

Gordon sagte, Steve habe sehr viel weniger mißtrauisch geklungen, als er hörte, daß Harry die Arbeit, die Gordon und ich gemeinsam machen, unterstützt; er schien erleichtert, daß Gordon und ich uns regelmäßig mit meinem Supervisor treffen, um über die Fortschritte des Schwarms zu sprechen und das weitere Vorgehen zu erörtern.

«Ich glaube, ich habe ihn davon überzeugt, daß wir nichts ‹Perverses› machen», meinte Gordon nach dem Telefongespräch. Wenn Steve wüßte, daß unsere «Besprechungen» mit Harry in Wirklichkeit eine gesellige Runde in der Bar auf dem Campus sind, wo sich die Mitarbeiter der Beratungsstelle jeden Freitag treffen, wäre er vielleicht entsetzt.

Unglücklicherweise sagte Steve am Tag nach diesem Gespräch zu Renee, er glaube, er könne damit umgehen, daß sie so viel Zeit mit uns verbringe, weil er begriffen habe, daß unser Interesse an ihr rein klinischer Natur sei. Obwohl sie seit zwei Jahren die gegenteilige Erfahrung machte, rief sie mich empört an.

«Ich weiß, wir bedeuten Ihnen nichts. Dieser ganze Quatsch mit ‹Familie› und so war doch alles nur Schau. Sie wollen nur, daß wir wieder auf die Füße kommen, und dann leb wohl.»

Es dauerte vier Tage, bis Renee wieder fähig war, uns zu vertrauen. Das war eine gute Lektion, sie hat uns klarge-

macht, daß der Schwarm immer noch in sehr labilem Zustand ist. Wir machen viele Schritte nach vorn, aber eine falsche Bewegung, eine mißverständliche Aussage – und sie werden sofort mißtrauisch und verkriechen sich allesamt wieder. Ich darf beim Fortgang der Behandlung diese Verletzlichkeit nicht aus den Augen verlieren.

Aber so spricht nur die Therapeutin in mir. Als eine «Mutter» von Anfang Fünfzig, die ihren Arbeitstag damit beschließt, daß sie eine ungeplante «Kinderschar» großzieht, fühle ich mich manchmal nicht genügend gewürdigt, und ich bin nicht imstande, Gordon das zu vermitteln. Ich wußte schon vor Monaten, daß die Therapeutenrolle und die Mutterrolle schwer vereinbar sein würden, aber ich war nur darauf vorbereitet gewesen, daß es dem Schwarm Probleme machen würde, nicht mir.

23

Jo, Josie, Rusty und Missy fühlten sich alle in ihrer Beziehung zu Gordon und Lynn sehr sicher. Ich war neidisch.

Ich wußte, es war meine Schuld. Während der zwei Jahre und zwei Monate, die Lynn nun schon mit dem Schwarm arbeitete, hatte ich mich bewußt von der «Therapie» distanziert. Ich bezeichnete mich selbst sogar als «Vermittlerin»: Ich sorgte dafür, daß Lynn Bescheid wußte über das, was im Alltagsleben des Schwarms vor sich ging, und daß wir pünktlich zu unseren Sitzungen kamen, aber ich lieferte die anderen Persönlichkeiten dort ab, nicht mich selbst. *Ich* brauchte ja keine Therapie. Mein einziges Problem war immer nur gewesen, daß die anderen Persönlichkeiten mir *meine* Zeit und *meinen* Körper streitig machten.

Aber inzwischen hatte sich vieles verändert. Mit Gordon und Lynn eine Art Familienleben zu führen war etwas anderes, als zur Therapie zu gehen. Ich wollte unbedingt mit Leuten Kontakt haben, aber ich hatte Angst, Beziehungen zu ernst zu nehmen. Alles blieb immer an der Oberfläche. Ich wollte keine Erwartungen aufbauen, um nachher nicht enttäuscht werden zu können. Keith war der einzige Mensch gewesen, bei dem ich gedacht hatte, er würde bei mir bleiben. Und letzten Endes war er doch gegangen.

Ich beobachtete den ganzen März und April hindurch mit distanzierter Verwunderung, wie Lynn und Gordon die verschiedenen Persönlichkeiten akzeptierten. Ich paßte gut auf – aber ich hörte nie, daß Lynn gesagt hätte: «Die sollten wir mal besser loswerden.» Und Gordon sagte nie: «Ich kann es nicht ausstehen, wenn diese Persönlichkeit draußen ist.»

Gordon nahm sogar Josie in Schutz. Wenn es eine Persönlichkeit gab, die ich gern aus der Herde vertrieben hätte, dann war es diese tief gestörte, mitteilungsunfähige Persönlichkeit, die so voller Panik steckte.

Gordon sah eine andere Josie. Er half ihr, sich auszudrücken und stärker zu werden, hielt sie liebevoll fest, wenn sie gegen ihre Erinnerungen ankämpfte, bis sie dann, erschöpft von ihren panischen Angstzuständen, an seiner Schulter einschlief. «Josie hat Kraft. Sie kann für den Schwarm einen wichtigen Beitrag leisten», sagte er zu mir. «Nur Geduld.»

Ich merkte, daß Gordon Josie wirklich mochte. Lynn und Gordon liebten alle Persönlichkeiten. Da ich keine Anfälle bekam, mit denen ich ihre Aufmerksamkeit auf mich gelenkt hätte, wurde ich das Gefühl nicht los, daß sie mich weniger mochten als die anderen. In gewisser Hinsicht war das wahrscheinlich gar nicht schlecht – *ich* wenigstens würde nicht leiden, wenn die beiden zu dem Schluß kamen, daß dem Schwarm nicht mehr zu helfen sei. Aber ausgeschlossen fühlte ich mich trotzdem.

Dann fingen die anderen an, auch außerhalb von Lynns Sprechzimmer immer mehr von meiner Zeit in Anspruch zu nehmen. Kendra und Isis kamen oft beim Einkaufen zum Vorschein. Zu Hause schob Rusty mich beiseite, um in der Werkstatt zu arbeiten. Missy nörgelte, wenn sie nicht genug Zeit zum Spielen hatte, und drohte, sie werde «ihrer Freundin erzählen», daß ich sie schlecht behandle. Das war zwar alles etwas lästig, aber manchmal funkten sie auch auf eine Weise dazwischen, die mir wirklich bedrohlich erschien.

Josie war nun hellwach und steckte voller Erinnerungen – ihre Erinnerungen an Mißbrauchserlebnisse waren so lebendig, als wäre es gestern geschehen. Sie hatte immer noch kein Gefühl für die Gegenwart, außer daß sie jetzt auf einmal immer nach Gordon rief, wenn sie benommen zu Bewußtsein kam. Ich hatte ständig Angst, sie könne zur falschen Zeit auftauchen.

Einmal floh ich aus einer Lehrerkonferenz, weil ich merkte,

daß ich dauernd auf eine weiße Betonwand starrte. In ihrer Phantasie malte Josie sich aus, wie sie sich gegen die Wand werfen würde. Ich verließ also lieber schnell den Raum, in der Hoffnung, daß Josies Erscheinen noch nicht aufgefallen war.

Anfang Mai rief ich Lynn von der Schule aus an. «Tag», sagte ich. «Meine erste Stunde beginnt in zehn Minuten, und ich muß unbedingt kurz mit Ihnen reden. Josie ist ganz nah an der Oberfläche, und ich weiß nicht weiter. Ich habe solche Angst, plötzlich vor meinen Schülern die Kontrolle zu verlieren.»

Lynn reagierte verständnisvoll, aber ich hatte das Gefühl, daß sie nicht richtig begriff, wie groß meine Angst war. «Verdammt», sagte ich, «es sind nur noch sechs Wochen bis zum Schuljahresende. Diese Zeit muß ich vollends durchstehen – der Schwarm darf mir nicht alles verderben. Können Sie ihnen nicht sagen, daß das doch wirklich nicht zuviel verlangt ist?»

«Ich weiß. Ich verstehe genau, wie Sie sich fühlen», sagte Lynn.

Aber schließlich mußte ich doch in den Unterricht, allein. Ich atmete tief durch und trat vor die Klasse. Ich befürchtete, Josie könne unvermittelt auftauchen, verängstigt, gehetzt, verwirrt. Was würde es für die Schüler bedeuten, wenn ihre Lieblingslehrerin plötzlich vor ihren Augen durchdrehen würde?

Eine Stunde später konnte ich mir gratulieren: ich hatte die Stunde ohne größere Zwischenfälle überstanden. Nur noch vier Schulstunden. «Ich werd's schon schaffen», sagte ich mir, «ich muß es einfach schaffen.» Die nächste Schülergruppe strömte ins Klassenzimmer. Da sah ich auf einmal Gordon in der Tür stehen. «Gordon», rief ich verlegen und erleichtert. «Was machen Sie denn hier?»

«Lynn hat mich angerufen und mir gesagt, es gehe Ihnen nicht so gut», erklärte er. «Ich werde heute von einem anderen Lehrer vertreten, und da habe ich mir gedacht, ich komm mal vorbei.»

Ich mußte lachen über Gordons Untertreibung. An seiner Schule in der Innenstadt bekam man nicht ohne weiteres eine

Vertretung, und er war über fünfzig Kilometer gefahren, um mal «vorbeizukommen». Ich lächelte ihn dankbar an und schüttelte verwundert den Kopf.

«Ich habe gleich Unterricht», sagte ich.

«Ich weiß», erwiderte er. «Ich mache, was Sie für das Beste halten. Wenn Sie wollen, setze ich mich hinten ins Klassenzimmer, damit der ganze Schwarm weiß, daß ich da bin. Oder ich kann auch ein paar Erledigungen machen und heute nachmittag wiederkommen, wenn Sie fertig sind mit Unterrichten.»

«Sie können ruhig gehen!» sagte ich. «Ich glaube, jetzt ist alles okay.»

Ich brachte den Rest des Schultags hinter mich, ohne groß Angst zu haben, ich könne die Kontrolle verlieren. Gordon war gegangen, aber er würde später wiederkommen. «Warum tut er so etwas für mich?» fragte ich mich.

Nach der letzten Stunde saßen Gordon und ich unter einem Baum auf dem Schulhof. Ich sagte, ich fände es einfach toll von ihm, daß er sich so intensiv mit dem Schwarm beschäftige, und er sei ein großartiger Mensch, daß er uns einfach so «adoptiert» habe.

«Ich habe Lynns Kinder adoptiert», sagte Gordon, «warum also nicht noch eins?» Ich schwieg. «Oh, haben Sie das nicht gewußt?» fragte er. Gordon hatte Lynn vor gut zwanzig Jahren geheiratet: sie war damals geschieden gewesen und hatte allein mit all den Kindern gelebt.

Später in dieser Woche mußte Lynn vorzeitig aus einer Sitzung weggehen, um Hilary, ihre einzige Enkelin, von der Kindertagesstätte abzuholen. Gordon war nicht in Eile, also saßen wir noch eine Weile auf dem Grashügel vor der Ambulanz und genossen die Sonne.

«Lynn meint, die ganze Sache wird darauf hinauslaufen, daß der Schwarm sich integriert und eine Person wird. Aber wissen Sie – das wird nicht eintreten», sagte ich.

Gordon zuckte die Achseln. Er wollte sich dazu offenbar nicht äußern.

«Sosehr ich den Rest des Schwarms inzwischen mag, ich will immer ich selbst bleiben, Renee. Immer.»

Gordon kaute an einem Grashalm und sagte schließlich: «Ich glaube, ich verstehe nicht so recht, warum diese Integration überhaupt so ein wichtiges Thema ist.»

«Das verstehen Sie nicht?» platzte ich heraus. Dann mußte ich es ihm wohl schnellstens erklären. «Ich bin nicht Rusty, Jo, Josie und auch sonst niemand. Ich bin ich, und das möchte ich auch bleiben. Ich brauche die andern nicht! Wie fänden Sie das denn, wenn jemand zu Ihnen sagen würde, daß Sie Ihr Ich mit einer anderen Person verschmelzen müßten?»

Im Gegensatz zu Jo hatte ich nicht die Geduld, ruhig dazusitzen und abzuwarten, bis Gordon eine wohlüberlegte Erklärung zustande brachte. Er beobachtete mich aufmerksam, während ich redete. Ich unterbrach mich, grinste aber, weil ich genau wußte, daß er nicht beleidigt war, weil ich ihn unterbrochen hatte. Lynn fiel ihm auch oft ins Wort, ehe er ausgesprochen hatte.

Gordon wartete, bis er sicher wußte, daß ich fertig war. «Ich glaube, ich gehe von anderen Voraussetzungen aus, Renee», sagte er. «Ich weiß im Grunde nicht genau, wie abgetrennt voneinander Individuen sein müssen. Ich weiß, ich bin begrenzt, weil ich nur meine eigenen Gedanken, meine eigene Perspektive, mein eigenes Bewußtsein habe. Aber ich denke, die Menschen werden sich eines Tages dahingehend entwikkeln, daß wir uns alle nach Belieben miteinander integrieren können. So, wie wenn man zwei Köpfe zusammen an einem Projekt beschäftigt. Vielleicht ist das dann eine Art Verbindung, die man mit Menschen eingeht, denen man sich sehr nahe fühlt.

Wenn es jetzt schon soweit wäre, würde ich mich gern mit Ihnen integrieren. Ich bin mir sicher, daß ich mit einem Renee-Gordon-Bewußtsein sehr viel mehr lernen würde als für mich allein.»

Ich sagte nichts. Ich konnte diesen Mann ja schließlich nicht zwingen, mit mir über Integration zu streiten, wenn er nicht einmal den Satz «ein Mensch, ein Bewußtsein» als unumstößliches Prinzip akzeptierte. Ich war enttäuscht, daß ich diese Zeit mit Gordon allein nicht dazu nutzen konnte, ihn davon zu überzeugen, daß Integration für uns nicht erstrebenswert war. Aber ich fühlte mich geschmeichelt. «Gordon möchte sich mit mir integrieren», dachte ich. Offensichtlich sah er etwas Wertvolles in mir, vielleicht etwas, was ich selbst noch gar nicht wahrgenommen hatte.

An diesem Abend grübelte ich lange über Gordons Worte nach. Plötzlich überkam mich leise Angst. War das eine subtile Form der Verführung? Ich war ja im wörtlichsten Sinn durch einen sexuellen Akt entstanden. Jeder Mann, den ich näher gekannt hatte, hatte mich sexuell begehrt. War das bei Gordon auch so?

Ich hoffte, daß es *nicht* so war. Es würde alles zerstören. Ich wußte, daß Lynn das nicht dulden würde. Wenn es passierte und sie nichts davon wüßte, dann wäre ich nicht fähig, mich zu verstellen. Womöglich würde eine der anderen Persönlichkeiten es ihr erzählen. Diese Vorstellung war mir unerträglich. Ich hatte ohnehin schon Angst, daß irgendeine von ihnen Lynn gegenüber meinen Verdacht erwähnen könnte.

«Lynn sagt, daß sie und Gordon den Schwarm auf eine Art lieben, wie wir bisher noch nie geliebt worden sind», rief ich mir ins Gedächtnis. «Ich hoffe, das stimmt.»

Ich beschloß, daß ich Gordon und Lynn wissen lassen mußte, wie sich mein Empfinden für sie und für ihre Beziehung zum Schwarm verändert hatte. Ich war nicht mehr die Vermittlerin. Ich war Renee – ihre Ersatztochter, genau wie der Rest.

Am Muttertag ergänzte ich Missys unvermeidliche selbstgemalte Karte mit einem kleinen goldenen Einhorn, das Lynn an die feine Kette hängen konnte, die sie immer um den Hals trug. Das Einhorn war ein wichtiges Symbol geworden, seit Isis ziemlich zu Anfang der Therapie Lynn einen Druck von einem mittelalterlichen Wandteppich überreicht hatte, auf dem ein eingezäuntes Einhorn abgebildet war, das von einer Jungfrau an einer Leine geführt wurde. Mein Geschenk sollte ihr zeigen, daß auch ich an der besonderen Beziehung teilhatte, die sie mit dem Schwarm verband.

Sie nahm ihr Geschenk lächelnd entgegen und umarmte mich. Gordon beobachtete uns.

«Kann ich auch zur Familie gehören?» fragte ich.

Daraufhin kam auch Gordon und umarmte uns beide. Lynn lachte. «Wissen Sie denn nicht, wie wichtig Sie sind?» fragte sie. «Wo wäre der Schwarm ohne Sie, Renee? Wo wäre denn unsere ganze Familie?»

Ich glaube, ich wußte es. Genau wie Jo fühlte ich mich endlich zugehörig. Genau wie Jo mußte ich es aber hören.

Wenn eine Persönlichkeit gerade in einer Krise steckte, hatte sie während der Sitzungen mit Lynn und Gordon den Vorrang, aber ich hatte nun kein schlechtes Gewissen mehr, wenn auch ich Zeit in Anspruch nahm. Ich hatte genau wie die anderen das Recht, mit ihnen zusammenzusein.

«Ich habe mir überlegt, ob ich Sommerkurse geben soll», sagte ich eines Tages, nicht lange nach dem Muttertag. «Ich kann für Harvard gut noch ein bißchen Geld brauchen.»

«Ich weiß, Sie brauchen das Geld», meinte Gordon, «aber wenn Sie unterrichten, dann überschneidet sich das vielleicht mit unseren Wochenendplänen.»

«Mit unseren Wochenendplänen?» fragte ich.

«Ja», antwortete Lynn. «Wir haben uns überlegt, wir könnten doch im Sommer öfter mal das Wochenende in unserem Ferienhaus verbringen. Dort hätten wir genügend Zeit, um ungestört mit dem Schwarm zu arbeiten.»

Also gab ich den Gedanken, Sommerkurse zu unterrichten, schnell wieder auf. Ich hatte Fotos von dem Haus am See gesehen, mit dem großen Grundstück, in der Nähe von Kenosha in Wisconsin. Ich hatte große Lust, mit ihnen dort hinzufahren. Ich wollte Tage erleben, an denen der Schwarm sich frei entfalten konnte, Tage, an denen wir alle die Liebe und Fürsorge unserer neuen Eltern ungehindert genießen konnten.

Meine Nervosität wegen Steves baldiger Rückkehr ließ

etwas nach, als ich von den bevorstehenden Wochenenden im Ferienhaus erfuhr. Der Schwarm hatte sich sehr verändert, seit Steve weg war. Er mußte diese Veränderungen akzeptieren, ebenso wie die neue Ebene unserer Beziehung zu Gordon und Lynn. Vielleicht konnte ich sogar Steves Mißbilligung ins Auge sehen, wenn ich nur wußte, daß ich weiterhin Zeit mit Lynn und Gordon verbringen durfte.

TAGEBUCHEINTRAG *5. Juni 1983*

Ich finde es sehr interessant, daß ausgerechnet Renee, die sich immer als die «Gesunde» gesehen hat, in den letzten zwei Monaten die auffallendsten Schritte in Richtung Gesundung gemacht hat. Trotz des biologischen Alters des Körpers und trotz ihrer Behauptung, sie sei neunzehn oder zwanzig, ist sie in Wirklichkeit ein entzückendes (wenn auch manchmal etwas anstrengendes) junges Mädchen in der Adoleszenz. Sie bewegt sich nun zwischen zwei Rollen hin und her: Einerseits ist sie «Mutters Stütze», wenn es um den Umgang mit dem Rest des Schwarms geht, andererseits meine Tochter, mit all den voraussagbaren Konflikten, die dazugehören.

Ich weiß seit Monaten, daß Renee eifersüchtig ist auf die Nähe, die Missy und Jo zu Gordon und mir aufgebaut haben, und ich habe mir oft überlegt, wie sie das Problem wohl angehen würde. Nähe zu Frauen war für diese Persönlichkeit immer bedrohlich; Nähe zu Männern hatte immer Sex bedeutet.

Gordon und ich haben das ganze Frühjahr hindurch beobachtet, wie sie ihre Distanz gegenüber den anderen Persönlichkeiten aufgab und sich in eine Persönlichkeit verwandelte, die von uns Bestätigung für ihre gute Arbeit wollte. Wenn Renee uns beispielsweise von irgendeiner Errungenschaft der Jo-Persönlichkeit erzählte, fügte sie hinzu: «Ist es nicht gut, daß ich ihr die Zeit dazu gebe?» Wir haben

Renee immer bestärkt, aber uns war doch klar, daß das nicht genügte – auch wenn sie selbst das noch nicht wußte.

Renee brauchte die Gewißheit, daß wir sie nicht hängenlassen würden, und wir warteten ab. Irgendwann würde sich bestimmt die Gelegenheit bieten, ihr das zu zeigen. Wie bei den meisten entscheidenden Schritten in diesem Prozeß, bei dem wir Therapeuten und Eltern zugleich sind, kam uns der Zufall zu Hilfe. In panischer Verzweiflung rief Renee mich eines Morgens von der Schule aus an – und ausgerechnet an diesem Tag konnte Gordon sich frei nehmen und ihren Hilferuf auf eine Art beantworten, die sie nie erwartet hatte. Sein Überraschungsbesuch ließ sie wissen, daß wir ihre Notsituation ernst nahmen und daß wir ihr mit der gleichen Zuverlässigkeit zur Seite standen wie den anderen aus dem Schwarm. Der Muttertag gab ihr die ideale Möglichkeit, mir zu zeigen, was ich ihr bedeute.

Das Problem der Sexualität ist komplizierter, weil Renee immer noch nicht fähig ist, sich ihre eigenen Wünsche einzugestehen. Sie reagiert auf Männer, die sie wollen, sagt sie, aber sie leugnet, daß sie selbst hinter irgend jemandem «hersein» könnte. Ich habe beobachtet, wie sie mit Gordon flirtet – einem Mann, dessen drei Adoptivtöchter gründlich ausgetestet haben, ob Daddy ihnen bestätigen konnte, daß sie attraktiv waren, ohne ihre unterbewußten Angebote anzunehmen.

Es ist verblüffend, wie subtil ihre Verführungstaktik ist. Renee ist intensiv, vibriert fast vor Leidenschaft, und gleichzeitig ist sie launenhaft und anlehnungsbedürftig. Gordon sagt, sie kitzle jeden konventionell-männlichen Nerv mit ihrer Aufforderung: «Nimm mich.»

Es gefällt mir zu beobachten, wie Gordon sich weigert, auf Renees Sexualität einzugehen, während er gleichzeitig versucht, mit ihr auf einer anderen Ebene eine intensive Beziehung herzustellen. Er wird ihr ein Vater sein, ein Freund, ein kosmischer Vertrauter, und sie lernt durch Erfahrung, daß er nicht ihr Liebhaber sein wird. Das beste daran ist, daß dies alles geschieht, ohne daß Renee gezwungen ist, ihre sexuellen Wünsche zuzugeben, was sie im Augenblick noch demütigen und ängstigen würde.

Ich will damit nicht behaupten, daß das alles ganz so einfach ist. Renee ist eine charmante Tochter, sie geht einkaufen und macht mit mir Spaziergänge, wir kichern über irgendwelche Geheimnisse, aber sie ist auch explosiv, und es wird immer wieder deutlich, daß sie nur ein Teil eines sehr gestörten Ganzen ist. Wenn sie wütend auf mich ist und lostobt, sie habe schon immer gewußt, daß mir im Grunde überhaupt nichts an ihr liege, muß ich mir manchmal auf die Zunge beißen, um nicht zu sagen, sie sei ein undankbares kleines Biest. Statt dessen rufe ich mir immer wieder ins Gedächtnis, daß ihr Verhalten Ausdruck einer ungeheuer komplizierten Kombination ignorierter Bedürfnisse ist. Ich erinnere sie ganz ruhig an die vielen Stunden, die Gordon und ich mit ihr und dem Schwarm verbringen, und versuche ihr verständlich zu machen, daß es keine Zurückweisung ist, wenn ich auch ein bißchen Zeit für mich *brauche.*

Für Gordon und mich ist das Ganze ein großes Risiko. Es steht sehr viel auf dem Spiel, für uns und für den Schwarm. Steve kommt diese Woche zurück, und es sind noch drei Monate, bis der Schwarm nach Harvard geht (ich glaube inzwischen, daß sie wirklich auf die Uni gehen wird). Die Wochenenden im Ferienhaus geben uns die Möglichkeit, pathologische Mechanismen aufzuarbeiten, und unter meiner Fürsorge fühlen sich dort alle wohl. Den Sommer werden wir damit verbringen, einerseits das scheinbar unstillbare Verlangen nach elterlicher Liebe zu befriedigen und gleichzeitig dem Schwarm zu helfen, uns loszulassen, damit sie langsam lernen können, selbst mit diesen Bedürfnissen umzugehen. Ich bin mittlerweile der festen Überzeugung, daß konzentrierte Zeitblöcke – großzügig angeboten und mit klar umrissenen Zielen – manchmal mehr bewirken können als eine jahrelange traditionelle Behandlung.

24

TAGEBUCHEINTRAG *10. Juni 1983*

Harvard und Steve. Das sind die beiden Faktoren, die mir zur Zeit Kopfzerbrechen machen – wenn ich nicht gerade grüble, ob Gordon und ich nicht doch schon zu tief in diese Sache verwickelt sind.

Ich war eigentlich nicht besonders überrascht, als Renee sich in Harvard bewarb. Renees Bedürfnis, vor mir wegzulaufen, und Jos Wunsch, sich Steve gegenüber zu beweisen, waren im letzten Winter, als sie die Bewerbung abgeschickt haben, sehr ausgeprägt. Es wunderte mich auch nicht, daß der Schwarm angenommen wurde. Obwohl sie es selbst oft leugnen, sind die Persönlichkeiten als Gesamtheit ausgesprochen intelligent – mit Sicherheit begabt genug für eine Elite-Universität.

Ich hatte nur, ehrlich gesagt, nicht geglaubt, daß Renee tatsächlich gehen würde – bis sie im April ihren Job kündigte. Der Schwarm verbringt bis zu zwanzig Stunden in der Woche mit Gordon und mir. Selbst wenn Steve jetzt zurückkehrt, ist die Beziehung zu Gordon und mir für den Schwarm von primärer Wichtigkeit. Ich konnte und kann mir einfach nicht vorstellen, wie Renee auf die Idee kommt, daß sie so weit weg von zu Hause je zurechtkommen werden.

Ich habe Connie Wilbur angerufen. Sie sah die Situation nicht als besonders besorgniserregend an und schlug vor, mit allen Persönlichkeiten Vereinbarungen zu treffen, daß sie auch von Harvard aus mit mir in Kontakt bleiben. Ich wollte, das würde klappen, aber ich weiß nicht so recht, wie es funktionieren soll. Die einzigen, die wirklich gehen wollen, sind Renee und Joan Frances. Jo sagt, sie sei noch nicht soweit; andere aus dem Schwarm haben keine Ahnung von der Tragweite dieser Entscheidung – wenn sie sich überhaupt etwas darunter vorstellen können. Ich sehe es plastisch vor mir, wie ich Josie aus Gordons Armen löse und zu ihr sage: «Laß deine Halluzinationen mal einen Augenblick beiseite und unterhalt dich mit mir über Harvard.»

Aber selbst wenn ich mir im Augenblick nicht vorstellen kann, wie das alles funktionieren soll – es ist jetzt im Grunde schon zu spät, sich groß Gedanken zu machen. Es muß einfach klappen. Ich glaube, daß sie gehen werden oder es jedenfalls mit aller Macht versuchen. Aber vielleicht wünsche ich mir auch nur, daß ihr Verlangen so stark ist. Gordon und ich haben uns entschieden, den Schwarm für die nächsten Wochen zu unserer zentralen Aufgabe zu machen. Das ist eine emotional sehr anstrengende Arbeit, die nur dadurch überhaupt möglich wird, daß ein Ende dieser intensiven, zeitaufwendigen Bemühungen absehbar ist.

Steve kommt morgen von Cornell zurück. Ich habe keine Ahnung, wie das laufen wird. Steve und der Schwarm (insbesondere Renee) konnten die Beziehung aufrechterhalten, weil beide Seiten bereit waren, die Störung die meiste Zeit zu verleugnen. Aber ich glaube, daß das für Renee mittlerweile unmöglich geworden ist. Wenn sie sich im Augenblick zwischen ihrer Beziehung zu Gordon und mir und ihrer Beziehung zu Steve entscheiden müßte, würde sie Steve verlassen, ohne viel zu überlegen.

Ich glaube, Renee weiß jetzt, daß sie mit der Pathologie nur dann fertig werden kann, wenn sie sich ihr wirklich stellt. Falls Steve sich weiterhin gegen die Behandlung sperrt, wie er dies vor seiner Abreise im Januar oder auch, auf etwas subtilere Weise, in seinen Telefongesprächen getan hat, wird sich der Schwarm aus Selbstschutz immer weiter von ihm zurückziehen. Möglicherweise ist die Beziehung schon zu Ende, bis Steve und der Schwarm schließlich bereit sind, sich ehrlich auseinanderzusetzen. Die emotionale Weiterentwicklung des Schwarms ist jedoch im Augenblick wesentlich wichtiger als eine Beziehung, die letztlich auf der Pathologie beider Partner beruht.

• • •

Ich konnte mir nicht vorstellen, wie Steve das alles verkraften sollte. Als er abfuhr, war Lynn meine Therapeutin, eine Therapeutin, die mich für seinen Geschmack viel zu häufig sah. Jetzt sind Lynn und Gordon die Ersatzeltern des Schwarms.

Ich mochte Steve, vielleicht liebte ich ihn sogar, und ich wußte, daß auch andere von den Persönlichkeiten ihn gern hatten. Ehe Steve nach Cornell ging, hatte ich die Multiplizität als lästige Störung gesehen, als etwas, was ich hinnehmen mußte, weil ich keine andere Wahl hatte. Inzwischen hatte ich die anderen Persönlichkeiten richtig kennengelernt – sie waren für mich Menschen, die um ein erfülltes Leben kämpften. Ich wollte und konnte ihre Existenz nicht leugnen und auch nicht ihr Bedürfnis, Zeit für sich zu beanspruchen – selbst wenn ich es tun müßte, um Steve glücklich zu machen. Wenn Steve mich so liebte, wie er immer behauptete, dann mußte er lernen, auch die anderen Persönlichkeiten zu lieben.

Während der letzten Stunden vor Steves Rückkehr wurde ich auf einmal unsicher. Ich wollte ihm einen liebevollen Empfang bereiten und während der ersten paar Tage keine Diskussionen über den Schwarm anzetteln. Vielleicht konnte ich ihm ja die anderen im Verlauf der nächsten Wochen immer mal wieder kurz zeigen. Und es war sicher besser, wenn ich die langen Sitzungen mit Gordon und Lynn ein bißchen reduzierte.

Das war alles kein Problem, bis Steve und ich ins Bett gingen. Wir hatten seit Monaten nicht mehr miteinander geschlafen, und ich hatte schon vorher das Gefühl gehabt, daß das schwierig werden könnte. Josie war beunruhigend nah an der Oberfläche. Es half nicht viel, als ich mir ins Gedächtnis rief, daß Josie ja außerhalb von Lynns Sprechzimmer noch nie erschienen war.

Zuerst klappte alles wunderbar. Ich war entspannt. Steve verhielt sich zärtlich, behutsam. Ich fühlte mich geliebt und geborgen und ging gerne auf ihn ein. Dann plötzlich, ohne jede Vorwarnung, stürzte Josie auf die Wand los.

Erschrocken über dieses bizarre Verhalten, zog Steve Josie an sich. Ihre Muskeln entspannten sich. Gleich darauf hielt er Missy in den Armen. Sie machte sich von ihm los und rollte sich schmollend zusammen. Das war zuviel für Steve. Er griff zum Telefon, das auf dem Nachttisch stand, und wählte Lynns Nummer. «Was soll ich tun? Ich kann mich nicht einfach ‹beruhigen›!» brüllte er in den Hörer.

Jo kam langsam zu Bewußtsein und schaute sich verwirrt um. Es freute sie, daß Steve wieder zu Hause war, aber er schien über irgend etwas sehr aufgebracht. Jo wollte nichts damit zu tun haben. Also zog sie ihre Jeans und ein Hemd an und ging aus dem Zimmer. Innerhalb von weniger als fünf Minuten hatte Steve drei unübersehbare Persönlichkeitsveränderungen miterlebt – von mir zu Josie zu Jo. Und zwar mit aller Heftigkeit. Steve war dabei, ganz handgreiflich zu erfahren, daß sich die Situation verändert hatte.

Steve konnte die Diagnose nun nicht mehr als «Medizinerquatsch» abtun. Er ließ Lynn wissen, er sei bereit zu helfen. Er wollte sich an dem Prozeß beteiligen.

Ich war zwar von Steves Sinneswandel sehr angetan, fühlte mich aber trotzdem auch unsicher. Die Beziehung zwischen dem Schwarm und Gordon und Lynn war mir sehr wichtig – ich durfte sie nicht gefährden. Ich wollte nicht, daß sich da irgend etwas änderte oder daß Gordon und Lynn sich zurückzogen, weil Steve nun wieder da war. Es war ein großer Unterschied, ob Steve sagte, er wolle sich beteiligen – oder ob er sich daran gewöhnte, mit mehreren Persönlichkeiten zusammenzuleben, die von ihrem Alter, ihren Neigungen und ihrer sexuellen Identität her ganz unterschiedlich waren.

«Geben Sie ihm eine Chance», riet mir Lynn. «Wir lassen Sie nicht im Stich. Wir sind auch weiterhin Ihre Eltern und Ihre

Therapeuten, aber es kann dem Schwarm nichts schaden, wenn er auch einen liebevollen Freund hat.»

Ich wagte den Versuch. Ein paar Wochen lang meldeten sich die Persönlichkeiten ganz nach ihrem Belieben, so wie sie es vor Steves Rückkehr getan hatten. Jo schrieb an ihrer Magisterarbeit; Charlene kochte die Mahlzeiten; Rusty kümmerte sich um den Ölwechsel; Missy spielte im Garten mit den Hunden. Alle bemühten sich auf ihre Art, mit Steve Freundschaft zu schließen. Steve gab sich ebenfalls alle Mühe. Aber er hatte zuwenig Vertrauen, um wirklich an einen Erfolg zu glauben. Und Missys Versuche, sich mit ihm zu unterhalten, erschienen ihm völlig absurd.

«Dir gefällt es hier», sagte Missy. Sie wollte Steve zu verstehen geben, daß sie sich wohl fühlte.

«Ja, es gefällt mir hier», antwortete Steve freundlich. «Und dir?»

«Ja, dir auch», meinte Missy.

«Und was ist mit dir?» fragte Steve weiter, diesmal in etwas schärferem Ton.

Jetzt wurde Missy unsicher. Dieser Mann da wurde wütend. Sie wohnte gern in seinem Haus und wollte ihn das auch wissen lassen. Lynn ärgerte sich nie über ihre Art zu reden, also zog sich Missy in die Sicherheit ihrer Erinnerungen zurück und dachte an die Zeit, die sie mit ihrer Freundin Lynn verbrachte.

Auf dem Weg nach draußen tätschelte ich beruhigend Missys Schulter. Das arme Kind. Ich wollte mit Steve reden. Vielleicht konnte ich ja zwischen den beiden vermitteln. «Steve, ich weiß, daß du dir wirklich Mühe gibst», sagte ich. «Du bist einfühlsam, und du akzeptierst die verschiedenen Teile, aber ich glaube, bei Missy mußt du noch ein bißchen übersetzen lernen. Sie sagt ‹du›, wenn sie ‹ich› meint. Sie hat immer noch schreckliche Angst davor, sich auf sich selbst zu beziehen. Lynn meint, sie wird das schon noch überwinden.»

«Warum benimmst du dich dann so?» fragte Steve. «Ich mag dich sehr viel lieber, wenn du normal bist, so wie jetzt.»

Ich gab auf.

Ich stellte uns eine Art Stundenplan auf, den wir den ganzen Sommer beibehielten. An den meisten Wochentagen verbrachte der Schwarm ein paar Stunden mit Gordon, während Lynn arbeitete. Dann aß ich mit Steve zu Abend und blieb eine Weile bei ihm, aber sobald ich die Küche aufgeräumt hatte, fuhr ich zu Lynn. Ich wußte, das kränkte Steve, aber ich konnte nicht anders. Er wollte länger mit mir zusammensein – aber abends war die einzige Zeit, die Lynn sich für den Schwarm frei machen konnte.

Ich hatte mit Steve genug über die ganze Problematik geredet, um zu wissen, daß er der Meinung war, er komme mit den anderen Persönlichkeiten ausgezeichnet zurecht. Also versuchte ich es mit einer anderen Taktik, um ihm verständlich zu machen, warum ich so selten Zeit für ihn hatte.

«Die Arbeit mit dem Schwarm hat diesen Sommer absolute Priorität», sagte ich. «Ich schaffe das mit Harvard nicht, wenn der Schwarm nicht schleunigst ein paar Sachen aufarbeitet.»

«Du bist doch ganz gut zurechtgekommen, ehe du die Therapie bei Lynn angefangen hast», erwiderte Steve.

Das stimmte, aber meine neuen Schwierigkeiten hatten nichts mit einer pathologischen Beziehung zu Lynn zu tun. Früher war ich zurechtgekommen, weil die ganzen Erinnerungen an Mißbrauch und Schmerz im verborgenen geschlummert hatten. Wie ein unsichtbares Geschwür. Und jetzt kamen sie alle an die Oberfläche. Ich konnte den Prozeß nicht aufhalten, ich konnte unmöglich alles wieder verdrängen. Ich hatte keine Wahl – ich mußte da durch.

«Steve, ich liebe dich», sagte ich. «Aber ich kann nicht wirklich erwachsen sein, ich kann nicht die Frau sein, als die du mich gerne haben möchtest, ehe der Schwarm nicht die Mißbrauchserfahrung aufgearbeitet hat und sich dann aus unserer emotionalen Abhängigkeit von Gordon und Lynn lösen kann.»

«Das ist auch so etwas, was mich stört», erklärte Steve. «Warum verbringst du überhaupt so viel Zeit mit Gordon? Er ist kein Therapeut.»

«Vielleicht siehst du mal genauer hin», gab ich zurück. Mir riß langsam der Geduldsfaden. «*Ich* verbringe gar nicht viel Zeit mit ihm. Die Persönlichkeit, die normalerweise mit Gordon zusammen ist, das ist Rusty, und er genießt die gesunde Art von Väterlichkeit, die er von Gordon bekommt. In dem Sinn fungiert Gordon genauso als Therapeut wie Lynn. Außerdem lernt Rusty gerade segeln. Und das ist im Augenblick ein wichtiger Teil der Therapie.»

Rusty fing mit dem Segeln an, als wir das erste Wochenende zu Gordons und Lynns Ferienhaus fuhren. Gleich nach unserer Ankunft nahm Gordon Rusty mit zum Anleger. Es war Liebe auf den ersten Blick. Das achtzehn Fuß lange Schwertboot war so ausgerüstet, daß man es allein oder zu zweit segeln konnte. Sanft wiegte es sich auf den Wellen, die leise plätschernd gegen die Gummipolsterung des Rumpfs schlugen.

«Versuchen wir's einfach mal», meinte Gordon. Und zu Rusty sagte er: «Komm, faß an.» Rusty folgte seinen Anweisungen so aufmerksam, daß sie bereits mit gehißten Segeln draußen auf dem See waren, ehe Rusty so richtig begriff, daß er es alles ganz allein gemacht hatte.

Zuerst zaghaft, dann aber immer selbstbewußter, erledigte Rusty die notwendigen Handgriffe: Er bediente das Steuerruder und die Leinen, um das Boot in den Wind zu lenken. Sein visuelles Gedächtnis war ihm dabei sehr behilflich. Während Rusty die Segel zu kontrollieren lernte, prägte er sich die Lage des Horizonts ein, die Spannung der Segel und der Leinen, wenn das Boot richtig dirigiert wurde; ebenso wie den Winkel des Bootes zum Himmel und zum See, wenn es harmonisch durch die Fluten glitt.

Rusty vergaß nichts von dem, was Gordon ihm beibrachte. Es war nicht zu leugnen – er konnte segeln. Er strahlte vor Stolz, als Gordon sagte, er lerne schneller als die meisten seiner Schüler.

Rusty lernte segeln, und er lernte, was es heißt, Vertrauen zu haben.

Gordon zeigte Rusty, welche Freiheit es bedeutete, etwas gut zu machen. Ruhig und geduldig schaute Gordon zu, während Rusty segelte. Immer wieder forderte er ihn auf, bestimmte Manöver zu wiederholen, bis er sie völlig beherrschte. Und Rustys Selbstvertrauen wuchs. Und dieses Selbstvertrauen basierte nicht auf der anmaßenden Einbildung, daß er nichts falsch machen würde, sondern auf dem sicheren Wissen, daß er seine Fehler ausgleichen konnte.

Ray hatte Fehler nie toleriert. Wenn etwas schiefgegangen war, hatte er sein Kind angeschnauzt: «Du kannst ja gar nicht richtig denken. Du bist dumm. Du hast keinen Verstand.» Rusty war immer am Boden zerstört, wenn er einen Fehler gemacht hatte, genau wie die anderen Persönlichkeiten. Auch die beste Note mit einem kleinen Minus dahinter war ein Zeichen dafür, daß es an irgend etwas mangelte.

Gordon hingegen sah Fehler als etwas, woraus man lernen konnte. Fehler waren korrigierbar. Durch Gordon begriff Rusty, daß das unter Umständen sogar mehr Spaß machte, als wenn man etwas von Anfang an richtig konnte.

Auf den ersten Blick mochte es gefährlich erscheinen, eine multiple Persönlichkeit segeln zu lassen. Das kleine Boot glitt manchmal in gefährlicher Schräglage dahin. Was würde geschehen, wenn auf einmal Josie auftauchte und in Panik geriete? Wie könnte Gordon sie beruhigen und gleichzeitig dafür sorgen, daß das Boot nicht kenterte?

Gordon und Lynn erkannten, daß innerhalb des Schwarms eine Art von Koordination herrschte, die keine der individuellen Persönlichkeiten wahrnehmen konnte. Sooft ich auch Angst hatte, ich könnte vor der Klasse die Kontrolle verlieren – der Fall trat nie ein. Lynn und Gordon waren der sicheren Überzeugung, daß es ein harmonisches und logisches inneres Programm gab, das steuerte, welche Persönlichkeit an die Oberfläche kam. Und aufgrund dieser Erkenntnis konnte Lynn mir auch helfen zu akzeptieren, was am ersten Abend passiert war, als Steve zurückkam.

«Wenn Sie es geschaffst hätten, so zu tun, als wäre alles in bester Ordnung, dann hättet ihr beide auch weiterhin leugnen können, daß der Schwarm eine Realität ist, so wie ihr das vor seiner Abreise getan habt», erklärte Lynn. «Irgendwo tief drinnen, tiefer, als Sie wissen, hat das System verhindert, daß Sie die Bedürfnisse des Schwarms beiseite schieben.»

Lynn meinte, eben diese innere Kraft sorge auch dafür, daß beim Segeln nur Rusty zum Zuge komme, ohne pathologische Einmischung durch irgendwelche anderen Persönlichkeiten. «Sie werden mit der Zeit immer häufiger beobachten, daß das ‹System› weiß, was es tut. Sie müssen dem ‹Gruppenbewußtsein› ein bißchen Vertrauen entgegenbringen.»

Ohne auch nur zu ahnen, daß es anders sein könnte, hatte Rusty das Segeln ganz für sich. Wenn er dann allein mit Gordon über den See fuhr, erzählte er ausführlich von seinen Erinnerungen an seinen Vater. Rusty hatte nie leiden können, was Ray da im Wald machte, und er war sehr erleichtert, als Gordon sagte, Ray habe sich falsch verhalten.

Eines Tages kam auch Rays geheimnisvolles Verschwinden zur Sprache. «Ich weiß, mein Dad kommt irgendwann von der See zurück und holt mich», vertraute Rusty Gordon in einer Mischung aus Hoffnung und Angst an, als sie gerade nach einer Segeltour die *Mantra* zurück in den Hafen manövrierten.

«Nein, Rusty, das stimmt nicht», sagte Gordon. Er reichte Rusty ein Tau, das er an einem Poller befestigen sollte. «Die Mädchen, von denen du nichts wissen willst, haben mir erzählt, daß dein Vater sehr krank wurde und daß er gestorben ist.»

Rusty lächelte über Gordons Anspielung auf das tabuisierte Thema Mädchen. Er hatte keine Lust, darüber zu reden, und allem Anschein nach war Gordon bereit zu warten. Lieber wollte Rusty sich auf das Verschwinden seines Vaters konzentrieren.

«Vielleicht hast du recht, Gordon», sagte Rusty. «Mein Dad kommt wahrscheinlich nie wieder.»

Gordon nickte und wartete, während Rusty das Tau verknotete und das Heck des Bootes tätschelte, als er sich an Land schwang. «Aber wenn er nie mehr kommt», sagte Rusty beunruhigt, «dann habe ich keinen Dad. Ein Junge braucht seinen Dad.»

«Ach, deswegen würde ich mir keine Sorgen machen, Rusty», meinte Gordon, wobei er den Arm um Rustys Schulter legte. Gemeinsam gingen sie vom Anleger in Richtung Haus.

Zögernd fragte Rusty: «Willst du dann mein neuer Dad sein?»

«Ich glaube, das bin ich schon.»

25

TAGEBUCHEINTRAG *30. Juli 1983*

Dieser Sommer ist für uns alle eine sehr intensive Zeit. Gordon und ich verbringen durchschnittlich vier Stunden am Tag mit dem Schwarm. Das meiste, was wir tun, sähe für einen Außenstehenden wohl nicht sehr nach Psychotherapie aus. Und doch ist es therapeutisch.

Die einzelnen Persönlichkeiten bearbeiten ihre Probleme. Und, was noch wichtiger ist: sie beginnen, untereinander Gordons und mein Elternverhalten nachzuahmen. Sie kümmern sich jetzt viel fürsorglicher umeinander. Auch wenn sich vor allem Renee und Jo noch oft über die anderen ärgern, nehmen sie jetzt doch viel eher Vorschläge an, wie sie das Leben für alle angenehmer gestalten könnten, nicht nur für sich selbst. Das scheint mir ein wichtiger Schritt zu sein.

Jetzt, da die Persönlichkeiten (bis auf Joan Frances) die immensen Abhängigkeitsgefühle mir und Gordon gegenüber akzeptiert haben, können sie diese Abhängigkeit einerseits genießen und sich andererseits auch allmählich daraus lösen. Es ist schon anstrengend, vierundzwanzig Stunden am Tag «Bereitschaftsdienst» zu haben. Wir brauchen beide gelegentlich einmal eine Pause, und wir nehmen sie uns auch – ein Wochenendausflug zu zweit allein, ein Abendessen im Restaurant und dann noch ein Film –, aber uns ist klar, daß wir es uns nicht erlauben können, für den Schwarm über längere Zeit hinweg nicht verfügbar zu sein. Das ist nicht immer leicht und vielleicht überhaupt nur deshalb erträglich, weil wir wissen, daß der Schwarm im September nach Harvard gehen wird.

Renee brennt förmlich darauf, mit mir über diese Abhängigkeit zu sprechen, zum einen, weil sie möchte, daß ich es jedesmal würdige, wenn der Schwarm es schafft, Krisen eigenständig zu bewältigen, statt Gordon oder mich zur Hilfe zu rufen, und zum anderen, weil es für sie noch so neu ist, diese Gefühle zuzulassen. Sie hat den Drang, ständig daran herumzubohren wie an einem schmerzenden Zahn. Sie beschreibt dieses Gefühl als einen «gewaltigen, bodenlosen Hunger», der nie ganz zu stillen ist. «Warum sagen Sie nicht: ‹Jetzt reicht's, das war's›?» fragt sie mich.

Ich versichere ihr, daß weder ich noch Gordon den Schwarm abweisen werden. Mir ist klar, daß es ihnen fast lieber wäre, wir würden es tun. Das wäre für sie leichter, als die Abhängigkeit wirklich durchleben und bearbeiten zu müssen. Gleichzeitig sehen sie wohl, daß ihren Wünschen Grenzen gesetzt sind und daß sie das akzeptieren müssen. «Sie können eine verpfuschte Kindheit auch nicht wiedergutmachen», sagte Jo zu mir. Ich erklärte ihr, das stimme, ich *sei dazu nicht in der Lage, aber wir alle zusammen – Gordon, der Schwarm und ich – könnten es sehr wohl.*

Das elementare Bedürfnis des Schwarms nach bedingungsloser Liebe von allen drei Seiten muß zunächst einmal akzeptiert werden. Nur so ist emotionales Wachstum möglich. Die bisherige abwertende Einstellung der Persönlichkeiten zueinander spiegelt genau die Haltung wider, mit der Nancy und Ray ihnen begegneten. Gordons und meine Aufgabe ist es, ihnen wirkliche Elternliebe zu geben, damit sie neue Muster kennenlernen und unter sich umsetzen können.

Zum Teil geht es dabei um nichtinvasives Elternverhalten. Die Persönlichkeiten – insbesondere Jo und Renee – lieben es, bei uns zu Hause zu sein, ohne daß Gordon oder ich uns in irgendeiner Weise mit ihnen beschäftigen. Renee arbeitet an ihrer Unterrichtsplanung, Jo liest, aber eigentlich nutzen sie die Zeit, um die Erfahrung zu machen, daß sie sich hier einfach geborgen fühlen können. Sie können uns beobachten, wie wir sind, wie wir in unserem eigenen Rhythmus unseren Tätigkeiten nachgehen, ohne daß der Schwarm im Mittelpunkt der Aufmerksamkeit steht. Sie können lernen, daß sie geliebt werden, auch wenn sie nicht in einer Krise stecken oder besondere Beachtung brauchen.

Die Wochenenden im Ferienhaus verstärken diese Lernerfahrung in einer Weise, wie es sonst nicht möglich wäre.

• • •

Wie jedes nur sporadisch bewohnte Wochenendhaus bot Lynns und Gordons Hütte mehr als genug Gelegenheit, sich zu betätigen. Rusty half Gordon beim Reparieren der Fliegenfenster und bei den anstehenden Klempnerarbeiten. Jo und ich legten beim Mähen des Wiesenstücks Hand an. Missy fand, daß sie Gordon genauso gern hatte wie der begeisterte Rusty, nachdem er sie eines Tages gerufen und zwei gesprenkelte Frösche auf sie losgelassen hatte.

Rusty und Gordon segelten zur sumpfigen Seite des Sees hinüber und beobachteten das Gedeihen eines großen Biberbaus. Und da Gordon Lynn in die meisten seiner Unternehmungen einbezog, war Rusty auch viel mit ihr zusammen.

Josie entdeckte die Schönheit der Natur als Gegengewicht zu ihren schrecklichen Erinnerungen. Sie spürte die rauhe Rindenoberfläche der Bäume, hörte Enten und Frösche quaken. Sie lag auf dem Rücken im Gras und sah die Blätter im Wind silbern vor dem blauen Himmel glänzen. Sie lernte das Gefühl von Frieden kennen. Nicht mehr länger nur Bewahrerin von Panik und gewaltsamen Erfahrungen, begann Josie allmählich in die Gegenwart zu finden.

Jo liebte die Tage im Häuschen. Hier konnte sie mit Lynn und Gordon zusammensein, ohne sich gehetzt zu fühlen. Sie stand nicht unter Druck, «Therapie machen» zu müssen, und hatte keine Angst davor, Zeit an eine andere Persönlichkeit zu verlieren. Jo vertraute jetzt darauf, daß sie, wenn sie wieder hinein mußte, auch wieder herauskommen würde. Sie genoß ihre theoretischen Diskussionen mit Gordon und das Wohlgefühl, wenn sie und Lynn in der Sonne lagen und lasen, einander nahe, auch ohne zu reden.

Ich beobachtete staunend, wie Lynn und Gordon miteinander umgingen. «So kann es also sein, wenn man verheiratet ist», sagte ich zu mir, «und das bedeutet es, zu einer Familie zu gehören.»

Wir hatten viel Spaß miteinander. Die beiden hatten sich so an das Vorhandensein mehrerer Persönlichkeiten in einem Körper gewöhnt, daß es manchmal passierte, daß wir alle die Grenzen dieser Existenzform vergaßen. So sagte Lynn an einem Samstag zu Gordon: «Vielleicht können Renee und ich ja rasch in die Stadt gehen, während du mit Rusty die Fliegentür zu Ende flickst.» Da erst bemerkte sie die Absurdität ihres Vorschlags, und sie zog leise kichernd allein los.

Später sagte sie: «Wissen Sie, Renee, am Anfang hatte ich Angst, ich könnte vergessen, daß die Persönlichkeiten sich selbst als eigenständige Wesen erleben. Und jetzt muß ich peinlicherweise gestehen, daß es mir manchmal schwerfällt, daran zu denken, daß ihr alle im selben Körper lebt.»

Aber wir alle hatten dort am See auch Zeit für uns. Lynn unternahm lange Spaziergänge am Ufer entlang. Lynn und Gordon gingen zusammen in die Stadt, und der Schwarm blieb im Häuschen zurück und fühlte sich gleichzeitig geliebt und allein. Wir erforschten die Wälder und Wiesen rings um den See.

Im Häuschen wachte Jo oft vor Lynn und Gordon auf. Sie zog sich dann leise Jeans, Sweatshirt und Turnschuhe an und machte sich auf, um diese eigentümliche Welt im Morgengrauen zu entdecken. Ehe sie ging, schrieb sie immer einen Zettel: «Bin spazieren», damit Gordon und Lynn sich nicht beunruhigten. «Keine Sorge», kritzelte ich in meiner Handschrift darunter, «wir bleiben alle zusammen.»

26

«Renee, Sie wirken so bedrückt», sagte Lynn mit einem kurzen, forschenden Seitenblick zu mir. Dann konzentrierte sie sich wieder auf den Fahrweg entlang dem Seeufer. Es war Ende August, unser letztes Wochenende im Häuschen, ehe der Schwarm nach Harvard aufbrechen sollte. Gordon war daheim in Chicago. Es war Samstag abend, und Lynn und ich waren auf dem Weg zu *Manny's Taco-Bar*.

«Sind Sie nervös wegen Harvard?» fragte sie.

«Das auch.» Ich zuckte die Achseln und fuhr fort, innerlich noch einmal all das Revue passieren zu lassen, was seit meiner ersten Begegnung mit Lynn im März 1981 passiert war. Noch vor zweieinhalb Jahren hatte ich mich von nicht näher benennbaren inneren «Zwängen» bedroht gefühlt. Jetzt wußte ich, daß ich eine multiple Persönlichkeit war. Anfangs hatte ich die anderen Persönlichkeiten vernichten wollen. Jetzt wollte ich, daß sie alle glücklich würden. Das einzige, woran sich nichts geändert hatte, war mein Gefühl, daß wir uns nie integrieren konnten. Ich hatte keine Vorstellung, was es heißen würde, all diese Persönlichkeiten zu einer einzigen zusammenzufügen. Sie waren alle so verschieden, daß eine Integration für mich gar nicht denkbar war.

Außerdem kam es mir auch wie eine Verneinung der anderen Persönlichkeiten vor. Wenn wir alle einzigartig und wertvoll waren, wie Gordon und Lynn es uns immer predigten – welches Recht hatte ich dann, uns durch eine Integration alle auszulöschen?

Nein. Nicht Integration, sondern Kooperation wollte ich. Mir war klar, daß wir besser zusammenarbeiten mußten, wenn wir so weit von Gordon und Lynn entfernt zurechtkommen wollten. Unsere Ersatzeltern trösteten und beschützten die jüngeren und ängstlicheren unter uns. Sie übermittelten den amnestischen Persönlichkeiten Informationen und sorgten dafür, daß wir alle einigermaßen ruhig sein konnten. Wie sollten wir es ohne sie schaffen?

Ich sah zu Lynn hinüber. Die Schlaglöcher in der Straße beanspruchten ihre Aufmerksamkeit, aber ich kannte sie inzwischen gut genug, um zu wissen, daß sie sich alle Mühe gab, still abzuwarten, bis ich bereit war zu reden.

«Wußten Sie eigentlich, daß ich anfänglich im Grunde nur versucht habe wegzulaufen, als ich mich für Harvard beworben habe?»

Lynn nickte.

«Ich wollte raus aus der zunehmenden Abhängigkeit, und gleichzeitig wollte ich davor fliehen, die anderen Persönlichkeiten als real akzeptieren zu müssen.»

«Renee», sagte Lynn, «ich habe die ganze Sache mit Harvard lange gar nicht richtig ernst genommen. Ich habe es nie so ganz geglaubt, bis Sie Ihren Job aufgegeben haben. Letztes Frühjahr wart ihr noch so nah am Rand der Dysfunktionalität, daß ich dachte, ihr würdet es nie schaffen. Aber jetzt bin ich zuversichtlicher. Ihr seid schon ein außergewöhnlicher –»

Ich fiel ihr ins Wort.

«Ich gehe nach Harvard, aber ich laufe nicht mehr davon, weder vor Ihnen noch vor dem Schwarm. Ich weiß, daß sie alle genauso real sind wie ich. Ich weiß, daß ihre Bedürfnisse genauso wichtig sind wie meine. Und ich mag Sie sehr, Lynn.»

Ich erzählte Lynn, wie stark ich das Gefühl hatte, sie zu brauchen, und erklärte ihr, um wieviel intensiver noch Jo, Missy und einige andere von uns diese Bedürftigkeit erlebten. «Und Rusty und Jo geht es mit Gordon genauso.» Ich sagte ihr, trotz oder vielleicht auch wegen des Ausmaßes dieser Bedürftigkeit sei mir klar, daß es jetzt für uns an der Zeit sei, wegzugehen.

«Wir haben die Zeit gehabt, emotionale Säuglinge zu sein. Jetzt müssen wir selbständig weiterwachsen können. Wir wissen beide, daß das nicht moglich wäre, wenn wir hierbleiben würden. Sie und Gordon müßten uns auf die eine oder andere Weise abnabeln, damit wir lernen, uns selbst umeinander zu kümmern. Und egal, wie Sie das anstellen würden – wir würden es als Zurückweisung empfinden.»

Lynn nickte und sagte mit einem Seufzer der Erleichterung: «Ich bin so froh, Renee, daß Sie das so sehen. Aber ihr sollt wissen, daß Gordon und ich immer für euch da sind. Wir bleiben eine Familie, auch wenn ihr weg seid. Wenn ihr in den Ferien nach Hause kommt, werden wir viel zusammen machen.»

Lynn meinte es ehrlich, aber es fiel mir schwer, darauf zu vertrauen, daß unsere Beziehung die räumliche Trennung überleben würde. Keith und ich waren des öfteren umgezogen, und ich hatte es nie geschafft, Freundschaften aufrechtzuerhalten, wenn wir erst einmal weg gewesen waren. Ich wollte so gern glauben, daß mein Verhältnis zu Gordon und Lynn anders war, und es fühlte sich auch anders an, aber ich wollte mir keine unrealistischen Hoffnungen machen.

Ich schüttelte die ängstlichen Gedanken von mir ab. «Ich frage mich, wie wir mit dem Studium zurechtkommen werden», sagte ich. «Dieser Studiengang ist fächerübergreifend, und bislang hat sich der Schwarm die Arbeit für die Uni immer aufgeteilt. Jo ist für die theoretischen Sachen zuständig, Kendra für das Schriftliche. Und ich bewältige die diplomatischen Aufgaben – wen wundert's? Was mir Sorgen macht, sind die amnestischen Blockaden. Ich weiß zwar normalerweise, was die anderen *getan* haben, aber ich habe keinen Zugang zu ihrem Wissen und ihren Erkenntnissen. Obwohl Kendra und ich innerlich miteinander kommunizieren können, kann ich doch nicht wirklich über ihre Fähigkeiten verfügen. Jo und ich können gar nicht miteinander reden, sosehr ich mich auch bemühe. Ihre amnestische Mauer zu uns anderen hin ist immer noch undurchdringlich.»

«Ja, es wird nicht leicht –», murmelte Lynn mitfühlend.

«Und dann sind da die Kleinen», fiel ich ihr wieder ins Wort. «Für Missy, Rusty, Josie und noch ein paar andere wird es bestimmt ein großer Schock, wenn wir von Ihnen weggehen. Ich weiß nicht, wie ich es schaffen soll, ihnen über dieses Trauma hinwegzuhelfen *und* das Studium zu bewältigen *und* mit all den neuen Beziehungen zu anderen Studenten und Professoren klarzukommen. Ich kündige hiermit meinen Job als Schwarm-Chefin, -Managerin oder was auch immer.»

«Mir wäre wohler bei der ganzen Sache, wenn es mehr Kooperation innerhalb der Gruppe gäbe», sagte Lynn. «Wie wär's mit ein paar kleinen Fusionen innerhalb der Persönlichkeiten?»

Ich wollte gerade ansetzen, ihr zu sagen, wie absurd ich es fand, aus all den verschiedenen Persönlichkeiten eine machen zu wollen, und daß ich auch gar nicht wisse, wie ich das anstellen solle, als Lynn erklärte: «Wissen Sie, Renee, ich sage ja gar nicht, daß ihr euch integrieren sollt, aber wenn ein paar Persönlichkeiten einen annehmbaren Weg finden würden, sich zusammenzutun, würdet ihr euch bestimmt ein bißchen stabiler fühlen.»

Lynns Vorschlag kam mir überraschend sinnvoll vor, und während wir die verschiedenen Kombinationsmöglichkeiten durchspielten, faszinierte mich die Idee immer mehr. Natürlich würde ich mir wegen des Studiums keine Sorgen mehr zu machen brauchen, wenn Jo und ich uns zusammentäten und ich plötzlich über Jos gesamte intellektuelle Fähigkeiten verfügen könnte, aber diese Kombination erschien mir einfach nicht machbar.

«Das wird nicht klappen», sagte ich. «Ich kann mit Jo innerlich nicht reden, und außerdem waren Nancy und Ray *ihre* Eltern. Ich habe keine Eltern. Wir sind zu verschieden, um uns zusammenzufinden. Aber die Idee gefällt mir», setzte ich hinzu, damit Lynn mich nicht für stur hielt.

«Mir erscheint sie auch gut, Renee», sagte Lynn, «aber ich weiß auch nicht besser als Sie, wer am besten zusammenpassen würde und wie es gehen könnte.»

Aber als wir bei *Manny's Taco-Bar* ankamen, waren bereits zwei andere Persönlichkeiten dabei, über eine mögliche Fusion nachzudenken. Kendra mit ihrem Beschützerinstinkt und Isis mit ihrer Fähigkeit, sich von äußeren Anforderungen zu distanzieren, könnten mir, der Anpassungsfähigen, die nötige Stärke verleihen, um mit den komplexen Beziehungen klarzukommen, die mich in Harvard erwarteten. Aber eine solche Verschmelzung bedeutete Kompromisse, und wir waren uns alle drei nicht sicher, wieviel wir für die Gruppe zu opfern bereit waren.

Aber immerhin reklamierte keine von uns dreien Ray und Nancy als ihre Eltern. Wir waren willens, miteinander zu reden.

So waren es drei Persönlichkeiten, die sich gemeinsam in einem Körper in dem überfüllten, lauten Lokal einen Platz suchten. Plötzlich und erstmalig waren Kendra, Isis und ich gleichzeitig bei Bewußtsein, alle auf einmal anwesend, aber nach wie vor getrennt. Kendra trank von ihrem Bier und blinzelte Lynn durch die Rauchschwaden zu. «Also gut», sagte sie, «Renee, Isis und ich sind bereit, darüber zu reden.»

«Worüber zu reden?» fragte Lynn. Sie schien verwirrt.

«Wir können uns alle drei gegenseitig hören und miteinander und mit Ihnen sprechen», erklärte Kendra mit einer Spur von Ungeduld in der Stimme. «Sehen Sie es als eine Art Konferenzschaltung. Wir wollen darüber diskutieren, ob wir uns zusammentun sollen oder nicht.»

«Sind Sie's, Kendra?» fragte Lynn.

«Ja, ich bin's», sagte Kendra. Sie grinste schadenfroh über Lynns Verblüffung. «Sie waren es doch, die dieses Gespräch angefangen hat.»

«Und hier bin ich», sagte Isis mit ihrer hauchenden, zarten Stimme.

«Und, wo wir gerade davon reden», setzte ich hinzu, «ich bin auch da, Renee.»

Lynn schüttelte verwundert den Kopf und drehte sich nach den Leuten um, die dicht neben uns saßen. Sie kippte ihr Bier in großen Schlucken hinunter und stieg ins Gespräch ein. «Also gut, ich denke, hier kümmert sich sowieso niemand um uns.»

Kendra, Isis und mich amüsierte es, daß Lynn so auf Diskretion bedacht war. Uns war das egal. Wir waren zur Abwechslung einmal einmütig entschlossen, diese Fusionsgeschichte durchzudiskutieren.

«Es wäre vielleicht wirklich gut, wenn wir drei, Isis, Kendra und ich, uns zusammentäten», begann ich, «aber ich kann mich nicht so ganz dazu durchringen. Ich meine, Kendra ist ein Aas, und Isis ist lesbisch.»

«Augenblick mal», sagte Lynn, die immer alle in der Gruppe in Schutz nehmen wollte. «Kendra ist kein Aas. Sie springt ein, um sich um den Schwarm zu kümmern, wenn Sie zu sehr damit beschäftigt sind, es nach außen hin allen recht zu machen.»

«Vielen Dank für die Unterstützung, Lynn», sagte Kendra trocken, «und ich will dir eins sagen, Renee: Wenn du mich als Aas erlebst, ist das deine eigene Schuld. Du hast eine Art, den Leuten um den Bart zu gehen, daß ich, wenn ich dann endlich herauskomme, gar keine andere Wahl habe, als uns zu verteidigen. Wenn ich ein Aas bin, dann bist du ein Fußabtreter!»

«Ganz so würde ich es zwar nicht ausdrücken», wandte Lynn ein, «aber im Kern trifft es das, was ich sagen wollte.»

Isis lächelte Lynn heiter-gelassen an: «Da sehen Sie, warum die beiden meine Art, die Dinge von einer etwas höheren Warte aus zu sehen, dringend nötig haben», sagte sie.

«Ich komme mir vor wie eine Zuschauerin bei einem Tennismatch», bemerkte Lynn. «Vielleicht sollte ich lieber das Gespräch moderieren, als meinen eigenen Senf dazuzugeben. Wie sehen *Sie* denn das Ganze, Isis?»

«Ich bin nicht das Sex-Monster, für das Renee mich offenbar hält», antwortete Isis. «Gut, ich hatte vor Jahren ein paar Geschichten mit Frauen, aber doch längst nicht so viele wie Renee mit Männern. Die wichtigste Eigenschaft, die ich in diese Fusion mit einbringe, ist meine Fähigkeit, Ruhe und Frieden in mir selbst zu finden, ohne von anderen Menschen abhängig zu sein wie Renee oder mit ihnen zu kämpfen wie Kendra.»

Isis sprach zwar laut weiter, um nicht unhöflich zu Lynn zu sein, aber das, was sie sagte, richtete sich jetzt an die beiden anderen Persönlichkeiten. «Keine Bange, Renee», fuhr sie fort, «ich werde nicht über deine Zimmergenossin herfallen, wenn wir an der Uni sind. Es ist ja nicht so, daß ich jede Frau begehre – genausowenig, wie du scharf auf jeden Mann bist. Wenn es dich beruhigt, verspreche ich, mich in Harvard jeder sexuellen Aktivität zu enthalten. Würdest du das auch versprechen, falls wir uns zusammentun sollten?»

«Äh... na gut», sagte ich zögernd. Ich war es nicht gewöhnt, daß mir die anderen Persönlichkeiten direkt sagten, was sie wollten.

Ich wandte mich an Lynn. «Wissen Sie, was mir gerade aufgeht?» fragte ich begeistert. «Kendra kann in ihren Selbstschutzaktionen viel behutsamer sein, wenn sie früher zum Zuge kommt. Und wenn Isis sich mit uns beiden zusammentut, bekommen Kendra und ich auch ein bißchen mehr Distanz zu anderen. Wir werden dann begreifen können, daß es nicht jedesmal eine Sache auf Leben und Tod ist, wie uns irgendwelche Leute sehen.»

«Genau!» sagten Kendra und Lynn wie aus einem Munde.

Und so kam es an jenem Abend bei Tacos und Bier mit dieser Dreier-Allianz zur ersten Fusion innerhalb des Schwarms. Weder Lynn noch ich wußten so recht, wie sich diese Vereinigung praktisch auswirken würde und wie eng wir drei uns miteinander verquicken würden.

Kendra, Isis und ich behielten uns jede das Recht vor, wieder auszusteigen, falls wir es wollten. Ich hatte an diesem Abend noch nicht das Gefühl einer einschneidenden Veränderung, aber es gab jetzt zwischen uns dreien keine Kommunikationsbarrieren mehr.

Am nächsten Tag bemerkte ich den Wandel schon deutlicher. Die Welt war auf einmal in einer Weise voller Farben, Formen und Muster, wie ich es durch meine neurotische Konzentration auf Menschen nie wahrgenommen hatte. «Isis-und-ich sehen so vieles, was ich als Renee-allein nie gesehen habe», erklärte ich Lynn. «Und da ist noch etwas. Ich fühle mich jetzt stärker als eigene Person. Kendra hat mir so etwas wie eine

Schutzhülle verschafft. Ich fühle mich nicht mehr so abhängig von der Anerkennung durch andere, nicht einmal von Ihrer.»

Lynn lächelte liebevoll. «Der Schwarm wird erwachsen.»

Ein paar Wochen später ließen Lynn, Gordon und der Schwarm, auf dem Wohnzimmerteppich der beiden ausgestreckt, noch einmal all die schönen Momente dieses Sommers vorbeiziehen. Wir kuschelten uns alle behaglich zwischen Lynn und Gordon.

Irgendwann nach Mitternacht saß ich schweigend hinten im Auto, während Lynn und Gordon mich heim zu Steve brachten. Am Morgen würden wir uns auf die lange Fahrt nach Cambridge machen. Ich umarmte Lynn und Gordon noch einmal, und der Schwarm nahm Abschied von den beiden Menschen, die uns liebevoll durch unsere emotionale Babyzeit gepäppelt hatten. Jetzt, am Ende dieses so anstrengenden und zugleich so befriedigenden Sommers, war die Zeit gekommen, unsere infantilen Bedürfnisse aufzugeben und uns den Anforderungen des Studiums zu stellen.

TAGEBUCHEINTRAG *9. September 1983*

Nun ist der Sommer vorbei. Ich bin körperlich und emotional völlig erschöpft, aber ich glaube, wir haben erreicht, was wir uns erhofft hatten. Der Schwarm ist, mit ganz neuen Kräften gerüstet, nach Harvard aufgebrochen. Die Allianz hat die Stärke von drei Persönlichkeiten vereinigt, die sich vorher gegenseitig in die Quere kamen oder gegeneinander operierten.

Ich werde wahrscheinlich mein Leben lang darüber staunen. So etwas wie dieses Vierergespräch in Mannys Bar werde ich wohl nie wieder erleben. Ich konnte nicht glauben, was ich sah, und war völlig verblüfft, daß die anderen Leute in dem überfüllten Lokal gar nichts von dem Wunder mitbekamen, das sich da vor ihren Augen abspielte.

Gerade in diesem Sommer, da ich so viel mit dem Schwarm zusammen war, habe ich manchmal völlig vergessen, daß sie sich alle einen Körper teilen. Renee hat mich einmal dabei ertappt, aber sie wußte nicht, wie oft es mir schon passiert ist, daß ich eine bestimmte Unternehmung geplant habe, weil ich dachte, sie würde der kleinen Missy oder der unsicheren Jo guttun, ohne dabei zu bedenken, daß sie es ja nach ihren eigenen Kriterien regeln, wer wann herauskommt. Ich habe gelernt, mit der unerwarteten Anwesenheit einer Persönlichkeit umzugehen und mich (therapeutisch) darauf einzustellen, daß möglicherweise ein paar andere zusehen, während ich etwas mit einer von ihnen mache. Aber ich hatte mir nie Gedanken darüber gemacht, wie es sein würde, mit mehr als einer auf einmal zu tun zu haben.

Es war verblüffend. Ich wünschte, ich hätte dieses Gespräch in Mannys Bar filmen können. Ich würde es so gern allen Medizinern und Psychologen vorführen, die bezweifeln, daß es multiple Persönlichkeiten wirklich gibt. Alles – die Stimme, die Verhaltensweisen, ja, das Wesen *meines Gegenübers – veränderte sich von einer Sekunde auf die andere, während Kendra, Isis und Renee mit mir diskutierten. Ich begriff ziemlich schnell, daß mir dabei vor allem die Rolle der beobachtenden und anfeuernden Zuschauerin zukam. Das eigentliche Geschehen spielte sich zwischen ihnen ab.*

Sie (Singular oder Plural?) verglich/en die Bildung dieser Allianz mit dem Zusammendrehen einzelner Stränge zu einem starken Seil. Ich finde das zwar ein hübsches Bild, aber es trifft mein Erleben dieses Vorgangs nicht. Ich spürte einen Schauer der Erregung, eine gespannte Erwartung, wie sonst allenfalls bei einer Geburt. «Mein Gott, da entsteht eine Person!» dachte ich. Ich war so beglückt, daß ich dabeisein durfte, und gleichzeitig traurig, daß Gordon es nicht miterleben konnte.

Und, um meine Metapher noch etwas weiterzuspinnen: Ich muß gestehen, daß ich auch so etwas wie eine «Wochen-

bettdepression» durchmachte. Mit Renee ging über Nacht eine drastische Verwandlung vor. Am Morgen sah ich sie mit Isis' Grazie gehen, hörte ich sie mit Kendras Selbstbewußtsein sprechen. Es war die gleiche schockartige Erkenntnis, wie sie mich überfiel, als meine Töchter plötzlich erwachsen wurden.

Die Allianz wäre ohne diesen Sommer liebevoller Zuwendung nie zustande gekommen. Ich glaube, wir haben die Chance, daß es mit Harvard gutgeht, beträchtlich erhöht. Selbst Missy und Rusty haben es akzeptiert, daß sie weggehen werden, in dem sicheren Wissen, daß Gordon und ich sie lieben und daß wir brieflich und telefonisch in Verbindung bleiben werden. Josie begreift es nicht wirklich, aber ich glaube, sie wird sich ruhig verhalten und sich ihr Erscheinen für die Semesterferien aufsparen, wenn wir wieder alle zusammen sind.

Jo ist immer noch empört darüber, daß sie bei der Entscheidung, nach Harvard zu gehen, kein Mitspracherecht hatte, und sperrt sich als einzige etwas dagegen. Aber ich denke, sie wird der akademischen Atmosphäre, die sie früher so genossen hat, nicht lange widerstehen können.

Wir beide, Gordon und ich, beginnen allmählich in dem Luxus zu schwelgen, wieder Zeit für uns selbst und füreinander zu haben. Erst jetzt, da der Schwarm ausgeflogen ist, merken wir – und vor allem ich – so richtig, wie strapaziös dieser Sommer war. Meine Reserven sind aufgezehrt. Ich freue mich jetzt auf eine lange Erholungsphase (bis Weihnachten), in der uns nur gelegentliche Telefongespräche verbinden werden und die mir die Möglichkeit gibt, meine seelischen Kräfte zu regenerieren und Pläne zu machen, ohne in jedem Moment den ganzen Schwarm mit einzubeziehen. Ich bin sicher, bis Dezember werde ich gern bereit sein und vielleicht sogar schon wieder darauf brennen, konzentriert Zeit und Energie zu investieren.

Teil IV

27

«Ich komme mir vor, als würde ich meine Tochter ins College bringen», sagte Steve nachdenklich, als wir nach Cambridge losfuhren. Wir hatten einen Kombi gemietet, damit er auf dem Rückweg fliegen konnte, und der Wagen war bis unters Dach vollgepackt mit Büchern, Schreibmaschine, Kleidern und genügend persönlichen Gegenständen, um ein Zimmer in einem Studentenheim für ein Studienjahr in ein Zuhause zu verwandeln. Meine Beziehung zu Steve hatte während dieses langen Sommers der Abhängigkeit von Lynn und Gordon so gelitten, daß «Vater-Tochter» gar keine so unpassende Bezeichnung war.

Wir redeten während der Fahrt nicht viel miteinander. Wenn Steve das Schweigen brach, dann tat er es, um von Harvard und seiner Studentenzeit dort zu schwärmen.

«Du machst es mir nicht gerade leicht», fuhr ich ihn an. Ich wollte nicht daran denken, wie enttäuscht er sein würde, wenn ich nicht so begeistert von Harvard wäre, wie er es gewesen war. Aber diese Befürchtungen lenkten mich nur kurzzeitig ab. Ich war viel zu sehr damit beschäftigt, mich von Gordon und Lynn zu lösen.

Wenn ich den Versuch gemacht hätte, ihm zu erklären, wie schmerzhaft diese Ablösung war, hätte er es nicht verstanden. Wie könnte er begreifen, was mir die Beziehung zu Gordon und Lynn bedeutete.

In mir herrschte ebenfalls Schweigen. Keine der anderen Persönlichkeiten war darauf aus, irgendwelche Kommentare abzugeben oder «aufzutauchen». Uns allen war hundeelend zumute. Ich hatte Zeit genug, mir auszumalen, was jetzt wohl auf uns zukam.

Ich wußte, daß es albern war, Lynn die Schuld daran zu geben, daß ich eine multiple Persönlichkeit war. Schließlich hatte mir dieser Zustand schon jahrelang zu schaffen gemacht, ehe ich ihr begegnet war. Aber dennoch ging es uns schlechter denn je. Ich hatte das Gefühl, daß die Persönlichkeiten eigenständiger und heftiger agierten als vor Beginn der Therapie. Lynn hatte gesagt, Therapie sei so ähnlich, wie ein Knäuel verfitzter Fäden zu entwirren. Es war logisch, daß sich mein Inneres zunächst einmal für eine gewisse Zeit noch mehr auseinanderdividierte, damit wir irgendwann auf eine organisiertere Weise wieder zusammenfinden würden.

«Vielleicht werden die anderen ja gar nicht herauskommen, wenn wir so weit von Lynn und Gordon weg sind», überlegte ich. «Vielleicht werde ich die ganze Zeit für mich haben.»

Dieser Gedanke, der mir früher so beruhigend erschienen wäre, machte mir jetzt Angst. Ich war nie die Intellektuelle unter uns gewesen. Wie sollte ich es allein schaffen?

Ich hätte auch Angst gehabt, wenn ich keine multiple Persönlichkeit gewesen wäre. Ich war noch nie zuvor ganz allein auf mich gestellt gewesen. Aufs College war ich in Charlottesville gegangen, das ich genausogut kannte wie Richmond, und dort hatte ich mit meinen Kusinen zusammengewohnt. Neue Freundschaften hatte ich nur vor dem sicheren Hintergrund einer vertrauten Umgebung geschlossen. In eine fremde Stadt umgezogen war ich immer nur mit meinem Mann zusammen. Nach unserer Trennung war ich in Chicago geblieben, wo ich mich auskannte, und ich hatte mich sehr schnell in der Beziehung zu Steve eingerichtet.

Jetzt war ich unterwegs zu einem Ort, den ich nicht kannte. Zum erstenmal in meinem Leben würde ich meinen Wohnraum mit einer fremden Person teilen. Selbst wenn es mir gelingen sollte, vor meiner Wohngenossin zu verbergen, daß ich eine multiple Persönlichkeit war – würde sie mich ein Jahr lang ertragen?

Ich war zwei Tage allein in unserem Appartement, ehe meine Wohngenossin Bethany kam. Meine angstliche Anspannung wuchs, und ich beschloß – Allianz hin, Allianz her –, die Dinge selbst in die Hand zu nehmen und die anderen am Erscheinen zu hindern. Vielleicht konnte ich mich ja irgendwie durch die Theorie-Seminare mogeln.

Aber in dem Moment, als Bethany hereinkam, verlor ich die Kontrolle. Joan Frances übernahm und überschlug sich fast vor Bemühen, einen guten Eindruck zu machen. Sie bestand darauf, Bethany beim Einräumen zu helfen. Als Joan Frances immer weiter auf sie einplapperte und das kulturelle Angebot in Boston rühmte, sah Bethany sie mit ihren klaren blauen Augen verwundert an. «Bist du immer so?» schien sie zu fragen. Ihre Sorge wegen des langen Jahres, das vor ihr lag, war fast mit Händen zu greifen.

Ohne über meine Störung Bescheid zu wissen, lernte Bethany mehrere Persönlichkeiten kennen. Ich befürchtete, wenn ich ihr sagte, was mit mir los sei, würde sie es mit der Angst bekommen. Obwohl sie meinen Zustand nicht mit einem offiziellen Etikett versehen konnte, lernte Bethany, meine «Launen» zu respektieren. Die scheue Jo schien verschüchtert und versteckte sich in ihrem Zimmer, wenn Bethany heimkam. Joan Frances brauchte ständig die Versicherung, daß Bethany sie mochte. Ich war nett zu Bethany, aber sorgsam darauf bedacht, nicht zuviel von dieser durch die Umstände erzwungenen Beziehung zu erwarten.

«Tja, sie sind alle immer noch ziemlich präsent», berichtete ich Lynn am Telefon. «Ich habe versucht, sie zu ignorieren, aber davon sind sie auch nicht verschwunden.»

«Nun ja», meinte Lynn. Dann machte sie ein paar Vorschläge, was ich tun könne, um der Gruppe die Situation leichter zu machen. Ich begann, täglich lange Spaziergänge außerhalb des Campus-Geländes zu machen, bei denen ich die Kontrolle lockern und die anderen Persönlichkeiten auch etwas vom Tag miterleben lassen konnte. Missy watete durch das Herbstlaub; Rusty saß am Charles River und sah zu, wie die Boote durchs Wasser glitten.

Wenn ich sie schon nicht ignorieren konnte, beschloß ich,

mußte ich für alle Eventualitäten gerüstet sein. Wie sollte ich auf Dauer verhindern, daß andere Leute die Veränderungen mitbekamen und sich ihren eigenen Reim darauf machten? Was würde passieren, wenn plötzlich Josie auftauchte, panisch und psychotisch? Die Antwort lag auf der Hand – man würde mich in die Psychiatrie einweisen und einsperren.

In Chicago hatte uns Lynn die Garantie geboten, daß es nicht dazu kommen würde. Aber jetzt war sie zu weit weg. Ich brauchte ein Sicherheitsnetz in Boston, irgend jemanden, der mir im Krisenfall helfen und uns vor der Klinik bewahren würde.

Lynn pflichtete mir bei und machte, mit Frau Dr. Wilburs Hilfe, einen Psychiater in Boston ausfindig, der schon einmal eine Multiple behandelt hatte. Ich suchte Dr. Timothy Matthews auf und fand ihn zu meiner Freude tatsächlich willens, mir im Notfall zur Verfügung zu stehen.

Ich erzählte ihm über uns und meine Beziehung zu Lynn und Gordon.

«Sie müssen wissen, daß ich Ihnen das nicht geben kann», sagte er.

Ich war erleichtert, daß er es gar nicht erst versuchen wollte. «Ein Therapeuten-Elternpaar reicht», sagte ich. «Ich brauche einfach nur jemanden, an den ich mich wenden kann, wenn mir die Dinge aus der Hand gleiten, solange wir hier sind.»

Dr. Matthews versicherte mir, er wisse, daß gewisse selbstzerstörerische Tendenzen mit dieser Störung einhergingen, und er sei auch der Meinung, daß eine Klinikeinweisung nicht die richtige Lösung wäre. Dr. Matthews schien meine Situation ruhig und gelassen hinzunehmen. Er telefonierte mit Lynn, um sich Einblick zu verschaffen, und gab mir seine Praxis- und seine Privatnummer, damit ich ihn jederzeit erreichen könnte.

Jetzt konnte ich mich auf das Studium konzentrieren. Und da die anderen Persönlichkeiten offensichtlich nicht verschwinden würden, war es wohl am besten, wenn ich sie einfach für meine Zwecke einsetzte. Jo mit ihrem umfangreichen Wissen und ihrer nicht minder umfangreichen Amnesie war ein Problem. Ich brauchte ihren Intellekt. Ich nahm mir meinen Stundenplan vor und arbeitete eine Strategie aus. Jo würde die Theorie-Veranstaltungen übernehmen, Kendra, Isis und ich würden den Rest bewältigen.

Leider war Jo von ihrem Einsatz nicht begeistert. Sie fand sich plötzlich in unserem Zimmer vor aufgeschlagenen Wirtschaftstheorie-Büchern oder mit einem Stift in der Hand im Hörsaal, wo gerade eine Vorlesung begann. Jo haßte das Gefühl, keine Kontrolle zu haben, aber sie tat, was von ihr erwartet wurde, da sie sah, daß sie gar keine Bewußtseinszeit haben würde, wenn sie sich querstellte. «Ich wüßte noch nicht mal, wie ich von diesem Wohnheim in den verdammten Hörsaal käme», sagte Jo eines Tages mißmutig. Sie hatte recht. Ich brachte den Körper zu den Lehrveranstaltungen und wieder nach Hause. Jos einziger Daseinszweck war es, Wissen aufzunehmen.

Nach ein paar Wochen Harvard fuhr ich für einige Tage nach Richmond, zur Hochzeit einer Freundin. Joan Frances wollte sich in der stolzen Freude ihrer Mutter sonnen. Eine Tochter in Harvard! Niemand aus der Familie hatte je eine Promotion angestrebt, niemand je eine der berühmten Elite-Universitäten besucht. Joan Frances glaubte fest, daß sie sich nun endlich die Liebe ihrer Mutter verdient hatte.

Aber das Wochenende verlief nicht ganz wie erwartet. Nancys Freund zeigte sich nicht sonderlich beeindruckt, und Nancy selbst auch nicht. «Harvard ist doch weiter nichts als eine Spielwiese für die Kinder reicher Leute. Dort kann sich jeder einen akademischen Titel kaufen», erklärte Nancy, die Meinung ihres Freundes übernehmend. Als Joan Frances nach Harvard zurückkehrte, fühlte sie sich verunsichert und betrogen. Wieder hatte sie es nicht geschafft, ihrer Mutter Freude zu machen.

Nach dem Wochenende in Virginia gingen wir dazu über, Lynn häufiger anzurufen. Das Erlebnis mit Nancy hatte alte Ängste wiederaufleben lassen. «Warum schreiben Sie uns nicht?» fragte ich Lynn. «Warum antworten Sie nicht auf die Fragen in meinen Briefen? Warum helfen Sie uns nicht mehr?»

Je mehr ich drängte, desto stärker hatte ich das Gefühl, daß

Lynn sich zurückzog. «Ich habe euch gern», sagte sie, «und ihr gehört nach wie vor zur Familie, aber ich kann keine Fern-Therapie machen. Wenn ich es versuchen würde und es ginge schief, wäre das für euch und für mich sehr schlimm.»

«Vielleicht haben sich Lynns Gefühle ja geändert», dachte ich. «Vielleicht ist sie froh, daß wir weg sind. Vielleicht ist das, was uns in diesem Sommer verbunden hat, einfach nicht mehr da.»

«Ich kann so nicht mehr weitermachen», erklärte ich ihr. «Ich muß übers Wochenende kommen und mir Klarheit über den Stand unserer Beziehung verschaffen.»

«Sie sind jederzeit willkommen», antwortete Lynn. «Wir beide, Gordon und ich, können eine *gewisse* Zeit mit euch verbringen, aber wir haben auch noch andere Dinge vor. Sie wissen ja, Renee, daß ihr den ganzen Sommer für uns Vorrang hattet. Aber das konnte nicht immer so bleiben, und jetzt geht es nicht mehr.»

TAGEBUCHEINTRAG *10. Oktober 1983*

Die ersten paar Wochen in Harvard schienen ganz gut zu verlaufen. Wie ich erwartet hatte, mußte Renee sich damit arrangieren, daß die anderen Persönlichkeiten nach wie vor da waren, und sie mußte Mittel und Wege finden, sie bei Laune zu halten, ihnen Entfaltungsmöglichkeiten zu geben und sich ihre Stärken zunutze zu machen. Ihre Briefe waren unterhaltsam für Gordon und mich und therapeutisch für sie. Bei den gelegentlichen Telefonaten bezogen sie alle den neuesten Klatsch von zu Hause, Bestärkung, Lob und Anteilnahme.

Ich war froh, als Renee beschloß, sich einen Therapeuten für den Notfall zu suchen, und meine Erleichterung war noch größer, nachdem ich mit Dr. Matthews telefoniert hatte. Er schien zu verstehen, was Renee wollte, und war offen dafür, sich mit mir zu besprechen. Es schien alles so glatt zu gehen, wie man es sich nur erhoffen konnte, und ich stellte mich schon darauf ein, mich während des Semesters immer freier fühlen zu können.

Aber dann kam das Wochenende in Virginia, das dieses mühsame Gleichgewicht wieder völlig über den Haufen warf. Wie vorherzusehen war, reagierte Nancy nicht mit Stolz und Freude, daß ihre Tochter es so weit gebracht hatte. Das war ein vernichtender Schlag für Joan Frances und erschütterte das ganze System. Alte Schmerzen flimmerten wieder auf, und das Gefühl des Zurückgewiesenwerdens wurde auf mich übertragen. Das erzeugte eine klammernde Abhängigkeit, auf die ich überhaupt nicht gefaßt war.

Erschöpft, wie ich war, verwandte ich das letzte bißchen Energie, das ich noch hatte, darauf, mich zu wehren. Aus Angst, völlig vereinnahmt zu werden, berief ich mich auf all das, was ich für sie getan hatte. Als Renee ankündigte, sie wolle übers Wochenende heimkommen, reagierte ich mit Zorn und Verzweiflung. Ich zweifelte daran, daß dieser Sommer wirklich etwas gebracht hatte. Ich hatte das Gefühl, daß ich es einfach nicht aushalten würde, ein ganzes verlängertes Wochenende damit zuzubringen, Vorwürfe über mich ergehen zu lassen und «unsere Beziehung» zu sezieren. Aber ich hatte Angst, wenn ich nicht zu einem gewissen Grad auf sie einging, würde sie nicht wieder nach Harvard zurückgehen. Und ich mochte gar nicht daran denken, was ich in diesem Fall mit dem Schwarm machen sollte.

Ich hatte mich zu einem Yoga-Kurs angemeldet, der an dem Abend begann, an dem sie ankam, und ich wollte hingehen, statt Renee vom Flughafen abzuholen. Ich war fest entschlossen, nicht das ganze Wochenende auf ihren Besuch auszurichten, jedenfalls nicht mehr in der Weise, wie wir beide uns den ganzen Sommer über auf die Persönlichkeiten eingestellt hatten und wie sich mein Leben die beiden letzten Jahre weitgehend um sie gedreht hatte. Es war ein Akt der Selbstbehauptung und gleichzeitig eine erste Belastungsprobe für den erstarkenden Schwarm. Wenn sie nach dieser ganzen Zeit immer noch nicht sehen wollten, daß ich sie gern hatte und auch weiter gern haben würde, konnte ich nichts mehr tun. Ich hatte alles darauf gesetzt, daß der Sommer ihnen diese Sicherheit geben würde, und eine Zeitlang hatte es auch so ausgesehen, als ob es geglückt wäre. Wenn nicht, würden wir beide mit diesem Scheitern leben müssen.

Ich war auf Renees gekränkte Vorwürfe gefaßt, aber als Steve den Schwarm bei uns absetzte, nachdem ich von meinem Kurs zurück war, dachte ich erst, es sei Joan Frances, die da so formell an die Vordertür pochte, statt einfach zum Seiteneingang hereinzukommen. Aber es war Renee. Kühl und distanziert duldete sie es kaum, daß ich sie umarmte. Sie saß steif da, ohne jedes Lächeln, ohne jede Spur von Wärme, die Füße übereinandergeschlagen, und machte höflich Konversation.

Dann begann sie, so nüchtern und sophistisch, als sei sie bei Jo in die Lehre gegangen: «Sie haben mir am Telefon gesagt, ich müsse zwischen Familie, Therapie und Schwarm-Betreuung trennen. Aber ich muß feststellen, daß ich diese Differenzierung nicht nachvollziehen kann.» Sie zog mich für jeden Satz, den ich gesagt hatte, zur Rechenschaft und wies mich auf Inkonsistenzen und scheinbare Widersprüche hin. Sie stellte sich ganz naiv und beharrte auf ihren Verständnisproblemen, und ich wurde immer frustrierter und ärgerlicher und stellte immer dezidierter klar, was ich auf keinen Fall tun würde.

Die Situation war völlig festgefahren, als Steve nach einer Stunde kam, um sie abzuholen. Ich versicherte Renee, daß wir uns freuen würden, wenn sie wieder vorbeischauen würde, aber sie blieb kalt und reserviert. Nachdem sie weg war, überkamen mich Schuldgefühle, und mir war nicht wohl in meiner Haut, aber ich hielt mir vor, daß das, was ich getan hatte, legitim und notwendig war. Ich war gar nicht zufrieden mit meinen höchst untherapeutischen Emotionen. Hatte ich mich womöglich völlig falsch verhalten? Aber auf der anderen Seite hatte ich das Gefühl, daß der Schwarm nicht wirklich so viel von mir brauchte, wie sie im Moment glaubten. Renee war angesichts meiner Ultimaten weder zerflossen noch zusammengeklappt. Hier war irgend etwas anderes im Busch, was wenig oder gar nichts mit dem zu tun hatte, was sich zwischen uns abspielte.

Als Renee am nächsten Tag wiederkam, war sie viel herzlicher und bereit, mit mir zu reden, statt mir Vorwürfe zu machen. Und mir fiel es viel leichter, auf sie einzugehen. Wir sprachen darüber, wie destruktiv das jüngste Zurückweisungserlebnis mit Nancy gewesen war.

Schließlich rückte Renee mit ihren eigentlichen Fragen heraus: Haben Sie mich noch gern? Weisen Sie mich auch zurück, so wie Nancy? Werde ich immer wieder heimkommen können? Nachdem diese Dinge (fürs erste) geklärt waren, konnte ich mich mit Renee gemeinsam dem komplexen Problem zuwenden, was getan werden konnte, um dem Schwarm das Überleben in Harvard zu erleichtern.

Irgendeine Form der Unterstützung tat offensichtlich not, auch wenn es keine regelmäßige Therapie sein mußte. Renee beschloß, das Risiko einzugehen und ihrer Wohngenossin und noch ein paar anderen Leuten von ihrer Multiplizität zu erzählen. Beruhigt, daß Gordon und ich sie immer noch gern hatten und für sie da waren, und beflügelt durch die Erfahrung ihrer neuen Stärke – der Kraft, meinem Ärger standzuhalten – kehrte der Schwarm nach Harvard zurück.

• • •

Ich hatte keine Vorstellung, wie ich Bethany beibringen konnte, daß ich eine multiple Persönlichkeit war, aber ich vertraute darauf, daß der geeignete Moment kommen würde. Und er kam, wenige Tage nachdem ich aus Chicago zurück war. An diesem Nachmittag kam Bethany in unser Appartement gestürmt. Sie begrüßte mich mit einem knappen Knurren, stapfte durch unseren gemeinsamen Arbeitsraum und schlug die Tür ihres Schlafzimmers hinter sich zu. Ich wartete ein paar Minuten und klopfte dann zögernd bei ihr an. «Ja», sagte sie mit abwesender Stimme.

«Störe ich?» sagte ich in der halboffenen Tür. «Ich wollte dich nur fragen, ob du sauer auf mich bist?»

Bethany sah mich von ihrem Bett aus verblüfft an. «Sauer auf dich? Nein, warum sollte ich sauer auf dich sein?»

Ich wußte es nicht. Ich *glaubte* zwar nicht, daß irgendeine der Persönlichkeiten sie in irgendeiner Weise geärgert hatte, aber sicher war ich mir nicht. «Na ja», begann ich lahm, «du wirkst so, als ob dir irgendwas stinkt.»

Bethany lachte und setzte sich auf. «Komm rein», sagte sie. «Und ob mir was stinkt. Ich habe ein B für ein Referat bekommen, das eigentlich ein A hätte sein müssen. Aber ich bin nicht sauer auf dich. Ich bin einfach nur schlechter Laune.»

«Schlechter Laune», wiederholte ich versonnen. «Ich glaube, ich weiß nicht, was es heißt, schlechter Laune zu sein.»

«Was bist du?» fragte sie lachend. «Ein Wesen von einem anderen Stern?»

«Nein», sagte ich, «ich bin eine multiple Persönlichkeit.»

Bethany und ich redeten die ganze Nacht hindurch, und sie nahm es alles mit der neugierigen Gelassenheit einer belesenen und welterfahrenen jungen Frau auf, die schon seltsamere Dinge gehört und gesehen hatte. Ich merkte, daß es mir half, die Störung besser zu verstehen, wenn ich sie jemand anderem zu beschreiben versuchte.

Binnen weniger Wochen konnte Bethany Jo, Joan Frances und Missy erkennen und uns alle mit dem richtigen Namen ansprechen. Wir verstanden uns jetzt besser, Bethany und ich, aber wir lebten nach wie vor in unseren verschiedenen akademischen Sphären, und unser Verhältnis war freundschaftlich, aber nicht sehr eng.

Im November kam Bethany eines Tages zwischen zwei Veranstaltungen kurz in unser Appartement gesaust. Sie rief mir zu: «He, Renee, wie hat Jo sich in der Politik-Klausur geschlagen?» Ich berichtete es ihr, voller Stolz auf Jos Intelligenz. Da merkte ich, daß ich vor meiner Wohngenossin nicht wenig Respekt hatte. «Du bist wirklich erstaunlich», sagte ich zu Bethany. «Wie kannst du es nur so leicht verkraften, daß ich multipel bin?»

Bethany zuckte die Achseln, konnte aber doch ein Grinsen nicht verbergen. «Weißt du, ich habe mal in einem kleinen Dorf in Neuguinea eine Zeitlang mit zwölf Leuten in einer Hütte gewohnt, die nur aus einem Raum bestand. Ihr nehmt viel weniger Platz weg, und außerdem haben wir hier keinen Lehmfußboden.»

Lillian erzählte ich es ebenfalls. Lillian war die einzige richtige Freundin, die ich in Cambridge gefunden hatte. Sie war fünfunddreißig und hatte einen Mann an der Westküste. Ihr Studium war ihnen beiden so wichtig, daß sie dafür sogar eine Pendelehe in Kauf nahmen. Ich war abends meistens in Lillians Wohnung, um mit ihr gemeinsam zu essen und zu arbeiten. Wir besuchten zum großen Teil die gleichen Lehrveranstaltungen und hatten festgestellt, daß wir gut zusammen lernen konnten. Aber an dem Abend, als Lillian mit mir über John Locke reden wollte, war mir klar, daß ich sie aufklären mußte.

Nicht ich ging in dieses Seminar, sondern Jo. Genau wie Bethany schien auch Lillian kaum Probleme damit zu haben, die Multiplizität als gegeben hinzunehmen. Aber nach ein paar Arbeitssitzungen mit Jo gestand mir Lillian, daß sie lieber mit mir zusammen sei, obwohl sie zugeben müsse, daß Jo ein Händchen für Theorie habe.

Mich erstaunte das nicht. Jo für ihren Teil bemerkte gar nichts von Lillians Unbehagen. Sie wußte, daß Lillian sie ihrer Begabung wegen bewunderte, Texte wörtlich im Gedächtnis zu behalten, und es gefiel ihr, daß Lillians Fragen und Kommentare ihr halfen, ihr eigenes Verständnis zu vertiefen.

Nachdem wir sämtliche Zwischenklausuren mit A bestanden hatten, wurde mir allmählich klar, daß sich der Schwarm sehr gut schlug. Der Konkurrenzdruck im Graduiertenstudium war für uns eine beflügelnde Herausforderung. Bethany erzählte mir, die anderen Studentinnen im Wohnheim hätten befunden, ich würde «es zwar nicht heraushängen», sei aber «eine Intelligenzbestie». Ich führte meinen Erfolg hauptsächlich darauf zurück, daß der Schwarm so viel arbeitete. Ich hatte zu große Angst, die anderen könnten das Kommen und Gehen der Persönlichkeiten mitbekommen, um mich auf das studentische Leben einzulassen. «Aber vielleicht ist es ja doch etwas anderes», sagte ich zu Bethany. «Vielleicht sind zwei oder mehr Köpfe ja *tatsächlich* besser als einer.»

Die Veränderungen in Körperhaltung und Gestik, die die Wechsel zwischen Jo und mir begleiteten, waren so subtil, daß sie nicht weiter auffielen. Nur Lillian konnte, wenn sie in den Vorlesungen neben dem Schwarm saß, durch einen kurzen Blick auf die jeweilige Handschrift feststellen, ob sie es mit ihrer Freundin Renee zu tun hatte oder mit der Theoretikerin Jo.

Manchmal galt es aber auch, den Studieneifer des Schwarms zu bremsen, damit wir nicht auffielen. Die Allianz war locker genug, daß Kendra, Isis und ich zwar kooperierten, aber autonome Persönlichkeiten blieben. Kendra und ich liebten beide die juristischen Lehrveranstaltungen. Wir bereiteten gemeinsam die Fälle vor und trieben noch zusätzliche Studien in der juristischen Bibliothek, um für die spannende sokratische Methode gerüstet zu sein, nach der unser Professor verfuhr. Wenn wir im Seminar etwas referieren sollten, übernahm ich das Reden, wobei ich jedoch innerlich die Ohren spitzte, um Kendras Anregungen und Bemerkungen aufzunehmen. Sie speicherte beim Lesen vieles, was mir entging.

Wenn andere Studenten referierten oder der Professor etwas vortrug, machte ich mit der rechten Hand Notizen auf meinem Block, während ich in der linken den Kommentar hielt. Dann kam es oft vor, daß Kendra, die mit beiden Händen gleich geschickt war, mit der linken Anmerkungen in den Kommentar schrieb, während ich gleichzeitig mit rechts Notizen machte.

Eines Tages sah ich, wie eine Kommilitonin ihre Nachbarin anstieß und auf die zweihändige Mitschreibetechnik des

Schwarms hinwies. «Wir müssen vorsichtiger sein», mahnte ich Kendra. «Du darfst nicht mit der linken Hand schreiben, während ich mit der rechten Notizen mache. Das sieht zu merkwürdig aus.»

Schließlich löste ich das Problem, indem ich nur noch einen Stift mit in die Vorlesungen nahm. So waren Kendra und ich gezwungen, uns abzuwechseln. Der Wechsel von Hand zu Hand war immer noch unauffälliger als zwei Hände, die gleichzeitig in verschiedenen Schriften schrieben.

28

Als wir zu Weihnachten nach Hause fuhren, waren wir selbstbewußter denn je. Die Professoren stellten unsere Arbeiten als vorbildlich hin. Kommilitonen fragten uns um Rat. Die Funktionaleren unter uns waren übereingekommen, sich zu jedem Tag Notizen zu machen und sie in einen Kalender einzutragen, damit sich jede Persönlichkeit einen Überblick über das Geschehen des Tages verschaffen konnte. Die Kinder hatten genügend äußeren und inneren Raum zum Spielen.

Lynn und Gordon teilten unsere Freude und unseren Stolz und meinten, wir sollten möglichst rasch nach Hause kommen. Wir wohnten über die Ferien bei Steve, aber er und ich waren zu Weihnachten bei den Wilsons eingeladen.

Meine Befürchtungen, daß Gordon und Lynn uns vielleicht nicht *wirklich* dabeihaben wollten und daß ihre Kinder, die aus Kalifornien zu Besuch gekommen waren, zusätzlichen Streß bedeuten würden, stammten aus der Erfahrung so vieler Weihnachtsfeste mit Ray und Nancy. Gordon und Lynn waren ganz anders.

Es kümmerte sie nicht mehr als sonst, in welchem Zustand der Haushalt war oder wann das Essen auf den Tisch kam. Nancy war immer so fixiert darauf gewesen, daß an Feiertagen alles perfekt aussehen mußte, daß alle viel zu angespannt waren, um das Fest überhaupt genießen zu können.

Lisa und Victor waren da, um ihre Eltern zu sehen, und lungerten zeitweise im Haus herum, gingen aber auch mit Freunden weg. Sie waren freundlich zu uns und schienen nicht weiter eifersüchtig wegen der Stunden zu sein, die wir mit Gordon und Lynn verbrachten. Wie man es auch drehen und wenden mochte – wir gehörten einfach dazu.

Diese klare und offensichtliche Tatsache drang schließlich auch bis in die tieferen Schichten des Schwarms. Das hier war unsere Familie. Nicht nur für den einen Sommer, sondern für immer.

Am letzten Abend, ehe der Schwarm wieder nach Cambridge aufbrach, erschien Rusty. Er saß auf dem Teppich in Lynns und Gordons Wohnzimmer. Statt wie sonst sofort wissen zu wollen, wo Gordon steckte und was er machte, sah Rusty Lynn versonnen an. Er starrte unverwandt auf ihr langes, offenes Haar und hob die Hand, als wolle er es berühren.

«Als ich klein war, hab ich oft die Haare von der Frau angefaßt», sagte er langsam.

«Ja, das stimmt, Rusty», sagte Lynn. Sie zog ihr Haar über die eine Schulter nach vorn, damit er es besser sehen und berühren konnte. Er machte keine Anstalten, sich ihr zu nähern, sondern verharrte ruhig in der Wärme seines Gefühls.

«Großer Junge», sagte Rusty träumerisch und zufrieden. Auf diese schlichte Weise hatte Rusty Little Joe absorbiert. Zum erstenmal hatte Rusty eine Erinnerung an etwas, das vor dem Augenblick gewesen war, in dem er sich plötzlich mit Ray im Wald gefunden hatte. Diese Erinnerung war ein bißchen wirr, da Little Joe sich zuerst von Nancy und dann von Lynn geliebt und gehätschelt gefühlt hatte. Rusty war es egal, an welche Mutter er sich durch die Einverleibung von Little Joe erinnerte. Wichtig war nur das neue Gefühl – Liebe und Zärtlichkeit für diese Frau, für Frauen überhaupt.

Rusty hatte jetzt nicht nur einen neuen Dad, sondern auch eine Mutter, und er nannte sie Lynn-Mom.

Lynn, Gordon und ich hatten kaum Zeit, über diese rasche und nahtlose Verschmelzung von Rusty und Little Joe zu staunen, da Jo mich auf einmal mit ungewohnter Heftigkeit beiseite drängte.

Jo sah sich im Zimmer um und lächelte Gordon und Lynn locker und spontan an. Ihr Gesicht zeigte nichts von der üblichen Anspannung.

«Ich habe gerade gedacht, daß ich am Anfang ja ganz okay

war», sagte Jo. «An mir war nichts anders oder verkehrt, als ich auf die Welt kam. Ich war nicht von Natur aus schlecht oder absonderlich.»

«Das stimmt, Jo», sagte Lynn.

«Andere Leute – meine Mutter und mein Vater – haben Sachen mit mir gemacht, die mir das Gefühl gegeben haben, daß an mir alles nicht stimmt», sagte Joe, von einer weiteren warmen Welle neuen, sicheren Wissens getragen. «Früher, zu Anfang der Therapie, habe ich mich manchmal so sehr bemüht dahinterzukommen, was ich tun mußte, daß ich mir vor lauter Bemühen selbst völlig abhanden gekommen bin. Das will ich jetzt nicht mehr tun. Ich weiß, daß ich okay bin. Ich bin okay, so, wie ich bin.»

Jo ließ sich Lynns Umarmung gefallen, lächelte aber verunsichert angesichts ihrer Tränen. «Warum weinen Sie?» fragte sie. «Das haben Sie mir doch selbst die ganze Zeit erklärt.»

Jo spürte, daß sie zu einer neuen Ebene des Verstehens vorgedrungen war, die ihr das Gefühl gab, mit sich selbst im reinen zu sein. Wir, die wir zusahen – Lynn, Gordon und ich –, begriffen, daß eine weitere Fusion stattgefunden hatte, eine Verschmelzung, die noch wichtiger war als die Verschmelzung von Little Joe und Rusty.

Jo hatte die Persönlichkeit in sich aufgenommen, die wir «das gute Kind» nannten, das heile, gesunde und von Natur aus gute Geschöpf, das sie vor der ersten Persönlichkeitsspaltung gewesen war. Außerdem hatte Jo auch «Jo II» absorbiert, die einzige Persönlichkeit, die der Schwarm als Reaktion auf die Therapie geschaffen hatte. Von Anfang an ein unnötiges Abwehrprodukt, brauchte Jo II nie wieder in Erscheinung zu treten.

Das gemeinsame Weihnachten mit dem Schwarm und Steve hier bei uns war ein großer Erfolg. Die neue Sicherheit, die jenes Wochenende im Oktober begründet hatte, wurde dadurch gestärkt und gefestigt, daß der Schwarm die Wärme und Herzlichkeit miterleben konnte, die zwischen uns und unseren erwachsenen Kindern und den Enkelkindern hin- und herfließt. Die Persönlichkeiten haben gemerkt, daß diese Gefühle Bestandteil von Beziehungen sind, die seit der Geburt der Kinder existieren und sich mit unser aller Entwicklung ebenfalls weiterentwickelt und gewandelt haben. Sie haben begriffen, daß die Gefühle, die Gordon und ich ihnen entgegenbringen, von der gleichen Art sind wie unsere Liebe zu unseren Kindern. So haben die Persönlichkeiten ganz konkret die Kontinuität und Stabilität unserer Zuneigung erfahren. Inzwischen haben sich unter ihnen verschiedene Verbindungen und Gruppierungen herausgebildet, die wohl Vorläufer dessen sind, was noch kommt. Das alles ergibt sich ganz natürlich aus unserer gemeinsamen Arbeit.

Robin und Reagan waren die ersten Persönlichkeiten, die in einer Verschmelzung aufgingen. Ihre einzige Funktion war es ja, Informationen zu bewahren, und nachdem sie mir ihre Geschichten erzählt hatten, wurden sie vom System absorbiert. Ihr Vermächtnis an die anderen Persönlichkeiten bestand in einem Zuwachs an Wissen und Kommunikationsfähigkeit.

Renee, Isis und Kendra sind einen lockeren und fließenden Verbund eingegangen, um ein bestimmtes Ziel zu erreichen – in Harvard zu bestehen. Manchmal teilen sie sich lediglich das Bewußtsein, während sie in anderen Situationen zu einer einzigen komplexen und erlebnisfähigen Persönlichkeit werden.

Diese neuen Integrationsvorgänge sind anders. Dadurch, daß Jo und Rusty die Beständigkeit unserer Liebe zu allen unseren Kindern erlebten, wurde es ihnen möglich, ihren grundsätzlich guten und richtigen Kern, wie ihn Little Joe und das Gute Kind verkörperten, zu akzeptieren. Indem sie die Erinnerungen dieser beiden Kleinen absorbierten und zu ihren eigenen machten, konnten sie selbst die Kontinuität unserer Liebe zu ihnen spüren. Das wiederum befähigte Jo, das Wachstum durch therapeutische Arbeit, das sich in Jo II vorangekündigt hatte, tatsächlich zu realisieren.

Der Schwarm akzeptiert jetzt auf eine viel grundlegendere Weise, daß er eine neue Familie hat, und mich beschäftigt die Frage, wie sich diese Tatsache auf das Verhältnis zu Nancy auswirken wird. Renee zeigt deutliche Zeichen einer zunehmenden Unduldsamkeit ihr gegenüber, und es scheint ihr nicht mehr so leicht zu fallen wie früher, Nancy zu beschwichtigen und zu besänftigen. Und auch Jo ist, was Nancy anbelangt, intoleranter denn je. Ich fürchte, sie werden das Ganze womöglich der unverändert verletzlichen und depressiven Joan Frances überlassen. Vielleicht wird sich dieses Problem bald zuspitzen, wenn sie Ende des Monats für ein paar Tage heim nach Virginia fahren.

• • •

Der Schwarm kehrte nach Cambridge zurück, um sich eine Woche lang den Abschlußklausuren zu stellen. Der Streß, den der äußere Leistungsdruck in Verbindung mit dem inneren Wachstum bedeutete, schlug sich auf den schwächsten Punkt unseres Körpers – den Magen. Wir bewältigten die Klausuren sehr gut und waren relativ gelassen, aber wir litten alle unter Bauchschmerzen.

Diese Beschwerden waren nicht persönlichkeitsspezifisch. Wenn ich Kopfschmerzen hatte, konnte oft eine andere Persönlichkeit das Bewußtsein übernehmen, ohne in der gleichen Weise beeinträchtigt zu sein. Um herauszufinden, ob diese Magengeschichte organisch war oder nicht, erkundete ich, ob alle Persönlichkeiten die gleichen Symptome verspürten, wenn sie herauskamen. Alle hatten Schmerzen. Ich ließ mir einen Termin bei der Uni-Klinik geben.

«Im oberen Magen-Darm-Bereich ist alles völlig in Ordnung», teilte mir die Internistin mit.

«Was bringt mir das?» dachte ich. «Was immer die Untersuchungen ergeben haben – ich habe Schmerzen und kann nicht essen.» Ich seufzte und erhob mich zum Gehen. «Na, trotzdem, vielen Dank», sagte ich.

«Setzen Sie sich, Joan», sagte die Ärztin mit fester Stimme, und es war Joan Frances, die den Körper gehorsam wieder auf den Stuhl zurücksinken ließ.

«Ich weiß ja, daß mir nichts fehlt», sagte Joan Frances. «Mir fehlt nie etwas Ernsthaftes.» Die Worte ihrer Mutter – «Du vergeudest nur die Zeit der Ärzte» – hallten in ihrem Kopf wider.

«Sie wirken plötzlich so nervös und unruhig», sagte die Ärztin jetzt. «Vielleicht wäre es besser, Sie würden einmal mit einem Psychiater sprechen.» Und als sie Joan Frances' bestürzte Miene sah, setzte sie rasch hinzu: «Keine Sorge, niemand in Harvard wird davon erfahren. Der Arzt, den ich Ihnen empfehlen möchte, arbeitet zwar auch gelegentlich für die Uni-Klinik, und deshalb übernimmt die studentische Krankenversicherung die Kosten, aber eigentlich praktiziert er in einem Ärztezentrum am Rand des Campus.»

Ein Psychiater. Nein. Das kam für Joan Frances überhaupt nicht in Frage. Lynn war auch so etwas Ähnliches wie eine Psychiaterin, und sie hatte versucht, sie gegen ihre Mutter aufzuwiegeln. Lynn hatte behauptet, sie sei eine multiple Persönlichkeit. Joan Frances wußte, daß das nicht stimmte; Nancy sagte, es sei lächerlich. Ein Psychiater würde sie bestimmt nur gegen ihre Mutter aufhetzen. Ein Psychiater würde sie womöglich einsperren wollen. Sie mußte hier raus.

«Zu einem Psychiater kann ich nicht gehen», erklärte Joan Frances der Internistin ganz ruhig. «Meine Mutter würde sehr böse werden.»

«Ihre Mutter?» sagte die Internistin fassungslos. Sie blätterte in Joan Frances' Unterlagen. «Sie sind doch über achtzehn. Was hat Ihre Mutter damit zu tun?

Der Vorschlag, Mutter etwas zu verheimlichen, ließ Joan Frances zusammenzucken. «Sie verstehen das nicht», sagte sie. Sie stand auf und schob sich rückwärts in Richtung Tür.

«Na, nehmen Sie das hier auf jeden Fall mit», sagte die Ärztin, wobei sie ihr einen Zettel mit einem Namen und einer Telefonnummer hinstreckte. «Ich hielte es wirklich für besser, Sie würden Dr. Tate anrufen. Er ist sehr nett. Er wird Ihnen gefallen.»

Joan Frances nahm den Zettel mit ins Wohnheim und legte ihn in eine Schublade des Schreibtischs. Sie brauchte keinen Psychiater. In ein paar Tagen würde sie heim zu ihrer Mutter fahren. Ihre Mutter würde alles in Ordnung bringen.

Nancy holte ihre Tochter am Flughafen ab. «Du siehst ja fürchterlich aus», sagte sie. «Du mußt dringend zum Friseur, und du wirkst so müde und abgemagert. Warum hast du denn dieses Kleid angezogen? Das schlottert ja an dir wie ein alter Sack.»

Joan Frances war extra eine Stunde früher aufgestanden, um nur ja für Mutter ordentlich gekleidet und zurechtgemacht zu sein. Aber es war ihr nicht gelungen.

«Ich... ich habe in letzter Zeit Probleme mit dem Magen gehabt», gestand Joan Frances.

«Wieder dieser Nervositätsquatsch? Was hast du denn für einen Grund, nervös zu sein?» sagte Nancy.

Sie versuchte es noch einmal. «He, Mom, weißt du was? Ich habe das erste Semester überall mit A abgeschlossen!»

«Du hast wohl vor lauter Lernen nicht daran gedacht, richtig für dich zu sorgen?» inquirierte Nancy. «Du mußt unbedingt etwas essen», sagte sie, als sie ins Haus traten.

«Ja, Mutter», sagte Joan Frances kleinlaut. Joan Frances mochte sich ja in alles fügen, aber ich war stinksauer.

«Halt, langsam», sagte ich, als ich übernahm. «Wenn ich etwas esse, dann nur etwas, wovon ich denke, daß es mir bekommt.»

Nancy wich aus und steuerte in Richtung Obergeschoß, zu

ihrer Sammlung von Pharma-Mustern. «Mal sehen, ob ich etwas finde, was deinen Magen wieder in Ordnung bringt», sagte sie. Wie Joan Frances vorhergesehen hatte, fand Nancy tatsächlich ein Medikament, das die Krämpfe und den Schmerz abstellte. Ja, sie förderte sogar genügend Musterpakkungen zutage, um uns für Jahre damit zu versorgen.

Ein paar Tage später borgte ich mir Nancys Auto aus, um zu Tante Christine zu fahren. Sie war Rays Schwester und eine meiner Lieblingsverwandten. Als ich im Herbst dagewesen war, hatte mir Christine erklärt, sie sei stolz auf mich. Sie hatte gesagt, sie hätte sich immer große Sorgen um mich gemacht, als ich klein war. Das beschäftigte mich: Konnte es sein, daß jemand aus der Familie in der Kindheit des Schwarms gemerkt hatte, daß etwas nicht stimmte? Ich wollte mit jemandem über die Erinnerungen des Schwarms sprechen.

Ich erzählte Christine, ich sei eine multiple Persönlichkeit *gewesen*. Mir war nicht wohl bei der Lüge, aber ich wollte verhindern, daß wir nicht zu meinem eigentlichen Thema kämen, wenn wir uns mit meiner fragmentierten Existenz beschäftigen würden. «Und außerdem», sagte ich mir, «ist das wahrscheinlich eine gute Übung. Wenn ich je eine Ex-Multiple sein sollte, werde ich über meine Kindheit reden müssen, als wäre sie etwas, was *ich* erlebt habe.»

Ich erklärte Christine, ich wolle mich vergewissern, ob die Erinnerungen, die die Therapie in mir wachgerufen hatte, richtig seien. «Glaubst du, daß ich als Kind mißhandelt worden bin?» fragte ich.

Christine schwieg einen Moment. Die schlichte Frage bewirkte, daß sich für sie eine Besorgnis klärte, die sie vor zwanzig Jahren nicht hatte benennen können. Sie sah mich durch einen Schleier von Tränen an, voller Trauer und Schuldbewußtsein. «Ja, das glaube ich», sagte sie matt. «Du warst so still, so ein verschrecktes kleines Häschen, so kraftlos. Das Kindsein wurde aus dir herausgeprügelt. Du wurdest dafür gedemütigt, daß du ein Kind warst.»

«Meine Eltern wollten eigentlich einen Jungen, stimmt's?»

«Dein Vater wollte einen Jungen», sagte sie. «Ich habe nie verstanden, warum sie nicht einfach einen Sohn adoptiert haben. Ich wünschte, ich hätte damals etwas getan, um dir zu helfen», sagte Christine, «aber ich hatte ja meine eigenen Kinder großzuziehen. Gibt es irgend etwas, was ich jetzt für dich tun kann?»

«Du hast mehr für mich getan, als du weißt», sagte ich. «Du hast mir einen sicheren Zufluchtsort geboten, als ich klein war. Und jetzt hilfst du mir, meinen Erinnerungen zu glauben.»

«Erzähl mir mehr von dieser Sache mit der multiplen Persönlichkeit», drängte mich Christine.

«Na ja, das beginnt immer mit einem Kindheitstrauma», sagte ich. Dank meiner Gespräche mit Bethany und Lillian hatte ich bereits einen Mini-Vortrag über die Entstehung multipler Persönlichkeiten parat.

«Multiple wurden fast immer als Kinder körperlich und seelisch mißhandelt und sexuell mißbraucht», sagte ich. «Nicht alle Kinder, bei denen das so ist, werden multiple Persönlichkeiten, aber alle Multiplen haben solche oder andere einschneidenden und anhaltenden traumatischen Erfahrungen durchlebt. Ein Teil der Fachliteratur, die ich gelesen habe, meint, daß die Kinder, die multipel werden, in Elternhäusern aufwachsen, wo niemand ist, der ihnen in dieser Situation hilft – wo zu keinem der beiden Elternteile eine konfliktfreie Beziehung möglich ist. Die Kinder werden multipel, weil sie gut in Selbsthypnose sind. Sie absentieren sich psychisch, wenn das äußere Leben zu unerträglich ist.»

Tante Christine sah mich schmerzerfüllt und verwirrt an. «Das verstehe ich nicht», sagte sie langsam. «Wer hat dich sexuell mißbraucht?»

Ich zögerte und bereute jetzt meinen munteren Vortrag. Ich sah sie an und beschloß nach einigem Abwägen, ihr ehrlich zu sagen, was dem Schwarm angetan worden war. Aber ich mußte tief Luft holen. Es würde hart sein, das so zu erzählen, als sei es mir widerfahren.

Ich schaute sie nicht an, während ich redete, weil ich nicht sehen wollte, wenn sie ärgerlich alles von sich weisen würde. «Tante Christine, mein Vater fing an, mich sexuell zu belästigen, als ich noch sehr klein war. Und als ich zwölf war, hat er mich vergewaltigt.»

Christine begann leise zu schluchzen.

«O Gott, es tut mir leid», sagte ich, indem ich näher an sie heranrückte und den Arm um sie legte. «Du mußt wissen, daß ich meinen Vater geliebt habe und immer noch liebe. Er war krank, aber er hat mir auch vieles gegeben, wofür ich dankbar bin.» Ich merkte plötzlich, daß ich ganz ähnlich redete wie Gordon, wenn er Rusty beruhigend zusprach.

Christine schüttelte meinen Arm ab. «Nein», sagte sie, nach einem Papiertaschentuch greifend, «*du* verstehst nicht.»

Und plötzlich verstand ich. Christine weinte aus einem eigenen Schmerz heraus, nicht meinetwegen. Ich schwieg, entschlossen, es hören zu wollen, aber auch voller Angst.

«Mein Vater hat mich auch mißbraucht», sagte sie, «und ich habe es achtunddreißig Jahre lang niemandem erzählt.»

«O Tante Christine», murmelte ich, «wie schrecklich, ein solches Geheimnis so lange mit sich herumzutragen.»

«Ich war damals auch zwölf», fuhr sie fort. «Meine Mutter und meine Schwestern waren weggegangen, und ein fürchterliches Gewitter zog auf. Ich hatte Angst, so ganz allein in unserem Zimmer. Also ging ich zu meinem Vater ins Zimmer und sagte ihm, daß ich mich fürchtete. Er meinte, ich solle in sein Bett kommen, und als ich beinahe eingeschlafen war, steckte er seine Finger in mich hinein. Ich lag ganz still, bis ich ihn schnarchen hörte. Dann schlüpfte ich rasch aus seinem Bett und rannte in mein Zimmer. Ich war völlig verängstigt, aber ich wußte, daß ich es nie jemandem würde erzählen können.»

Mir fiel wieder ein, daß ich gelesen hatte, Kindesmißbrauch sei eine Kette, die sich von einer Generation zur nächsten zöge, aber ich hatte nie groß darüber nachgedacht, was das im Fall des Schwarms bedeuten könnte. Nancy hatte gesagt, ihr Stiefvater habe sie mißbraucht, und jetzt hatte ich allen

Anlaß, mich zu fragen, wie es wohl um Rays Kindheit bestellt gewesen sein mochte.

«Und deine Geschwister?» fragte ich Christine. «Sind sie auch von eurem Vater mißbraucht worden?»

«Das weiß ich nicht», antwortete sie. «Ich habe nie mit irgend jemandem über diese Sache geredet. Ich hatte immer Angst, sie würden mir nicht glauben.»

«Das verstehe ich», sagte ich, und ich schloß das mißbrauchte Kind in ihr fest in meine Arme.

«Noch zwei Tage mit Nancy unter einem Dach», dachte ich, als ich von Christine wegfuhr. «Wie soll ich das aushalten?» Ich war furchtbar wütend auf Nancy, und es drängte mich, sie zur Rede zu stellen.

«Wie konntest du das geschehen lassen?» wollte ich Nancy fragen. «Wie hast du nicht merken können, was da vor sich ging?» Aber ich hatte Angst, sie würde es alles rundweg abstreiten. Also schwieg ich. Ich zog mich zurück und überließ die Zeit mit Nancy denen unter uns, die sie ertragen konnten.

Aber leider gab es nur eine Persönlichkeit, die daran interessiert war, mit Nancy zusammenzusein, und das war Joan Frances. Sie hatte das Gespräch mit Tante Christine ausgeblendet, hatte aber dennoch das unbestimmte Gefühl, daß sie etwas sehr Unrechtes getan hatte, etwas, wodurch sie die Liebe ihrer Mutter endgültig verspielt hatte. Sie wartete ängstlich darauf, daß ihre Mutter diese diffus lastende Sünde aufdecken würde, aber alles, was kam, war die immer gleiche Litanei, daß sie endlich anfangen müsse, vernünftig auf sich zu achten.

29

Joan Frances kehrte voller Schuldgefühle nach Cambridge zurück. Sie hatte nur einen Wunsch: sie wollte sterben. Als sie ihre Sachen auspackte, tastete sie nach den Pillenpackungen, die ihre Mutter ihr für ihren nervösen Magen mitgegeben hatte. «Wenn ich die ganzen hundertfünfzig auf einmal schlukken würde, dann würde ich bestimmt sterben», überlegte sie. «Ich werde nie so sein können, wie meine Mutter mich gern hätte.»

Dann entdeckte sie den Zettel, den ihr die Internistin vor der Reise gegeben hatte. Darauf stand die Telefonnummer von Dr. Barry Tate. Vermutlich brachte es ja nichts, wenn sie mit einem Psychiater redete, aber andererseits war der Tod doch etwas sehr Endgültiges. «Vielleicht sollte ich einen letzten Versuch machen», dachte sie. «Ich rufe diesen Psychiater an, und ich werde ihm nichts vorlügen. Ich werde keine Spielchen spielen und nicht so tun, als ob ich eine multiple Persönlichkeit wäre, sondern ihm ganz ehrlich sagen, daß ich sterben will, weil ich meiner Mutter nichts recht machen kann. Vielleicht kann mir der Arzt dann helfen, endlich die Tochter zu werden, die meine Mutter sich wünscht.»

Joan Frances rief Dr. Tate an und vereinbarte einen Termin.

Ich rief Lynn an. «Ich weiß nicht so recht, wie ich es finde, daß Joan Frances zu diesem Psychiater gehen möchte, aber es ist sicher besser als eine Überdosis», sagte ich. «Ich habe wirklich Angst, weil sie so depressiv ist.»

«Warum bringen Sie den Schwarm nicht zu Dr. Matthews?» erkundigte sich Lynn. «Er hat gesagt, er stehe in Notfällen gern zur Verfügung.»

«Ich glaube nicht, daß das viel Sinn hätte», antwortete ich.

«Joan Frances traut ihm nicht über den Weg, weil er weiß, daß wir multipel sind. Sie denkt immer noch, wenn sie uns alle verleugnet, dann liebt ihre Mutter sie endlich. Wenn ich sie zu Dr. Matthews bringe, dann wird sie womöglich noch verwirrter und unglücklicher, weil es ihr das Gefühl gibt, daß sie keine Kontrolle hat.»

Ich erklärte Lynn, meiner Meinung nach mache Joan Frances trotz ihrer Depressionen große Fortschritte. «Vielleicht ist das für sie ja der große Durchbruch. Zum erstenmal hat sie als separate Persönlichkeit um Hilfe gebeten. Ich glaube, sie ist verzweifelter denn je, weil sie Nancy nicht zufriedenstellen kann. Vielleicht ist sie jetzt wirklich bereit einzusehen, daß ihr Überleben nicht von ihrer Mutter abhängt. Weil sie selbst es war, die beschlossen hat, diesen Arzt aufzusuchen, kann sie vielleicht auch offener sein und richtig zuhören.»

«Ihr andern wollt euch also im Hintergrund halten, während Joan Frances zum Arzt geht?» fragte Lynn. «Heißt das, ihr wollt Dr. Tate verheimlichen, daß ihr multipel seid?»

«Nein», sagte ich nach einer kurzen Pause. «Ich glaube nicht, daß das geht. Joan Frances hat es bisher noch nie geschafft, länger draußen zu bleiben, es sei denn, ihre Mutter ist in der Nähe. Vermutlich werden sie die Fragen des Arztes so irritieren, daß sie einer anderen Persönlichkeit Platz macht.»

Plötzlich kam mir ein Gedanke. «Lynn, könnten Sie vielleicht Dr. Tate vorher anrufen und ihm die Situation erklären? Wenn Sie den Eindruck haben, daß Dr. Tate Joan Frances mit ihrer Mutterfixierung nicht helfen kann, wenn er weiß, daß wir mutipel sind, dann sage ich den Termin lieber ab.»

Lynn war unsicher. «Wissen Sie, Renee, Dr. Tate könnte meinen Anruf als Einmischung ansehen.»

«Na ja – wenn er so reagiert, dann ist sowieso klar, daß er nicht der richtige Arzt für Joan Frances wäre», erklärte ich.

Ich mußte sehr behutsam vorgehen. Ich kannte Dr. Tate nicht, aber mir war klar, daß ich riskierte, ihn zu verärgern, falls er in meinem Anruf besserwisserische Ratschläge witterte – vor allem, weil ich ja keinen medizinischen Doktortitel hatte. Ich begann das Gespräch, indem ich ihm versicherte, ich würde ihn nur deswegen anrufen, weil Multiplizität ein relativ seltenes Phänomen sei und ich nicht wisse, ob er damit Erfahrung habe. Vielleicht könne ich ihm ja behilflich sein, da ich den Schwarm so gut kenne.

Dr. Tate wirkte sehr freundlich und schien mein Angebot gern anzunehmen. Das machte mir Mut, und ich erzählte ihm von Joan Frances' jüngstem traumatischem Zusammenstoß mit ihrer Mutter. Der Schwarm als Ganzes sei zwar nicht selbstmordgefährdet, erklärte ich, aber Joan Frances stecke zur Zeit in einer tiefen Depression. Zwar würde der Rest des Schwarms Joan Frances' Selbstmordimpulsen gegensteuern, aber der depressive Zustand dieser Persönlichkeit sei unbedingt behandlungsbedürftig.

Möglicherweise konnte Dr. Tate ja auf eine Art an Joan Frances herankommen, die mir verwehrt war. Er war eine neue Person, und Joan Frances hatte ihn ausgewählt. Jede Hilfe von meiner Seite bedeutete für sie hingegen einen Loyalitätsbruch ihrer Mutter gegenüber.

Ich ließ den Arzt wissen, daß Renee und Jo vielleicht hilfreich sein könnten – Renee, weil sie ein umfassenderes Verständnis der Gruppe besaß, und Jo, weil sie mittlerweile alles gelesen hatte, was je über diese Störung veröffentlicht worden sei. Ich betonte noch einmal, daß die Gruppe Joan Frances über diese Krise hinweghelfen wolle.

• • •

Dr. Tate hatte erst in fünf Tagen einen Termin frei, und ich versuchte alles, um Joan Frances einigermaßen bei Laune zu halten, aber die Krise spitzte sich zu.

Eines Abends nahm Bethany mich beiseite. «Renee», meinte sie, «ich muß dir leider sagen, daß Joan Frances mich auf die Palme bringt. Sie läßt mich einfach nicht in Ruhe.»

«Das tut mir schrecklich leid», erwiderte ich. «Joan Frances ist im Augenblick für niemanden besonders angenehm. Ich werde versuchen, sie ein bißchen in Schach zu halten.» Ich wollte ja nicht zu allem auch noch meine Mitbewohnerin verprellen.

Jo erfuhr von Joan Frances' bevorstehendem Psychiater-Termin durch meine Eintragung in den Gruppenkalender. Zuerst erhob sie Einspruch: Sie wollte sich auf keinen Fall im Sprechzimmer eines fremden Psychiaters wiederfinden. Aber sie redete mit Lynn darüber, und sie reflektierte in ihrem Tagebuch über den Widerspruch zwischen ihrem eigenen neuerworbenen Selbstwertgefühl und Joan Frances' Minderwertigkeitsgefühlen:

> Ich habe mir in letzter Zeit oft überlegt, wie nahe ich manchmal daran war, Selbstmord zu begehen. Das erste Mal, daß ich mich an solche Gefühle erinnern kann, war im Alter von zehn Jahren. Ich saß auf dem Sims meines Schlafzimmerfensters und überlegte mir, ob es wohl sehr weh tun würde, wenn ich sprang. Aber jetzt fühle ich mich so gut, daß ich genau weiß, ich habe diese Impulse ein für allemal überwunden. Ich verstehe jedoch inzwischen, wie es zu Selbstmord kommen kann.
>
> Die Möglichkeit zu sterben wird mit jedem Mal konkreter. Der schwierigste Teil bei einem Selbstmord ist der eigentliche Entschluß, sterben zu wollen. Wenn dieser innere Kampf abgeschlossen ist, wenn die Entscheidung einmal gefallen ist, ist der eigentliche Akt, der zum Tode führt, im Grunde antiklimaktisch.
>
> Viele Leute haben wahrscheinlich völlig falsche Vorstellungen. Sie denken, je häufiger jemand mit Selbstmord drohe, desto weniger wahrscheinlich sei die Umsetzung in die Tat. Ich glaube, daß genau das Gegenteil richtig ist.

Wenn der Entschluß zu sterben der schwierigste Teil beim Selbstmord ist, dann wird dieser Entscheidungsprozeß jedesmal leichter. Beim erstenmal fällt die Entscheidung sehr schwer, und beim zweiten und dritten Anlauf ist es auch noch ein Kampf. Aber dann erreicht man schließlich den Punkt, an dem der Gedanke, daß der Tod die bessere Lösung wäre, fast schon automatisch damit gekoppelt ist, sich innerlich auf eine Methode festzulegen. Der Griff zu den Tabletten oder zur Rasierklinge, der Gang zum Fenster – das ist bereits eine Art Reflex.

Die meisten Selbstmorde sind vermutlich das Resultat jahrelangen Übens: der Gedanke und die Umsetzung gehen ineinander über. Ich habe den Verdacht, daß die entscheidende Tat selbst letztlich sehr schnell und ohne große Angst vollzogen wird.

Ich bin dankbar dafür, daß Lynn meine Selbstmordgedanken immer ernst genommen hat. Ich frage mich, wie viele Selbstmorde deswegen verübt werden, weil die potentiellen Helfer glauben, die betreffende Person wolle nur Aufmerksamkeit auf sich lenken, während doch in Wirklichkeit jede Selbstmorddrohung das Opfer näher zum endgültigen Entschluß bringt.

Mir war nicht wohl bei dem Gedanken, daß ein Arzt, der so zur Universitätswelt von Harvard gehörte, erfahren sollte, daß ich eine multiple Persönlichkeit war, aber das Gespräch, das Lynn mit Dr. Tate geführt hatte, machte mir Mut.

Die Persönlichkeiten waren damit einverstanden, daß der Termin bei Dr. Tate möglichst weitgehend Joan Frances vorbehalten sein sollte. Sie war es, die in einer Krise steckte.

Joan Frances verbrachte fünfundvierzig Minuten damit, Dr. Tate von ihrer wunderbaren Mutter zu erzählen und von ihrem sehnlichen Wunsch, Nancys Erwartungen zu erfüllen. Sie erklärte, sie sei zu ihm gekommen, weil sie sehr deprimiert und verzweifelt darüber sei, daß sie nie so sein könne, wie ihre Mutter sie gern haben wollte.

Als Dr. Tate sagte, er habe einen Anruf von Lynn Wilson bekommen, zuckte Joan Frances zusammen. «Lynn irrt sich», versicherte sie. «Ich bin keine multiple Persönlichkeit. Meine Mutter sagt das auch. Und die muß es ja schließlich wissen.» Wenn sie nicht lernen könne, die Tochter zu sein, die ihre Mutter wollte, sagte Joan Frances, dann wolle sie lieber sterben.

Ein paar Minuten vor Ende der Sitzung schob ich Joan Frances beiseite. Ich stellte mich Dr. Tate vor und sagte, ich würde gern alles tun, um zu helfen.

«Joan Frances braucht im Augenblick dringend jemanden, mit dem sie reden kann», sagte ich. «Sie glaubt nicht, daß es sich lohnt zu leben, wenn sie ihre Mutter nicht zufriedenstellen kann. Alle da drinnen, Joan Frances eingeschlossen, hoffen, daß es ihr hilft, weniger abhängig von der Bestätigung durch ihre Mutter zu werden, wenn sie mit Ihnen spricht.» Dr. Tate sagte nichts zu meiner Analyse, sondern meinte nur, er wolle mich in zwei Wochen wiedersehen.

Die zwei Wochen zwischen den Sitzungen waren sehr schwierig für den Schwarm. Joan Frances' Depressionen zogen alle in ein tiefes Loch. Ich hatte das Gefühl, dauernd aufpassen zu müssen, daß Joan Frances uns keinen körperlichen Schaden zufügte.

Zu Beginn der nächsten Sitzung nahm ich mir die Zeit, erst einmal selbst mit Dr. Tate zu reden. Ich wollte ihm genügend Informationen geben, daß er endlich anfangen konnte, Joan Frances zu helfen.

«Joan Frances muß über das alles mal so richtig reden können», erklärte ich Dr. Tate. Dann beantwortete ich seine zahlreichen Fragen über die Vergangenheit des Schwarms. Nachdem ich ihm eine verkürzte Darstellung der Ursachen und der Entwicklung der Störung gegeben hatte, konzentrierte sich Dr. Tate hauptsächlich darauf, wie schlecht ich meine Beziehungen zu Keith und Steve gehandhabt hatte. Ich merkte, daß ich nur wertvolle Zeit verschwendete. Das zentrale Problem war im Augenblick Joan Frances' Depression, nicht mein Verhältnis zu Männern. Ich schlüpfte nach innen und schob Joan Frances nach draußen. «Was kann ich tun, um Ihnen zu helfen?» fragte Dr. Tate gerade, als Joan Frances sich ihrer Umgebung bewußt wurde. Sie schob die Verwunderung darüber, wie sie überhaupt in Dr. Tates Sprechzimmer gelandet war, rasch beiseite und antwortete: «Ich möchte ein besserer Mensch werden; ich möchte das Gefühl loswerden, daß der Tod der einzige Ausweg ist.»

Dr. Tate unterbrach sie. «Könnten Sie mich bitte mit Renee in Kontakt bringen?» fragte er. Joan Frances sah den Arzt ratlos an, antwortete dann aber sehr bestimmt: «Ich bin keine multiple Persönlichkeit.»

«Das ist jetzt nicht so wichtig», beharrte der Psychiater, «könnten Sie mich trotzdem mit Renee in Kontakt bringen?»

Tränen liefen Joan Frances übers Gesicht. «Bitte, können Sie mir denn nicht helfen?» bat sie inständig. Sie war völlig verzweifelt. Was machte sie nur falsch, daß die Leute immer dachten, sie sei multipel, wenn sie es doch gar nicht war? Warum wollte dieser Arzt ihr nicht helfen? Wieso interessierte es ihn überhaupt nicht, wie schlecht es ihr ging?

Dann sah sich Dr. Tate mit einer Persönlichkeit konfrontiert, die er noch nicht kennengelernt hatte.

Jo blickte sich im Sprechzimmer des Arztes um. Sie begriff sehr schnell, wo sie war, und lächelte dem Arzt vorsichtig zu. «Lynn hat gesagt, daß ich Ihnen nichts verheimlichen muß», sagte sie. «Sie sind Dr. Tate, stimmt's?»

«Ja», antwortete er. «Und wer sind Sie?»

Jo stellte sich vor.

«Können Sie mich mit Renee in Kontakt bringen?» fragte der Arzt.

«Nein, das kann ich leider nicht», erklärte Jo bedächtig. Sie wollte dem Arzt gern helfen zu verstehen. «Ich bin weitgehend amnestisch und kann nicht steuern, welche Persönlichkeit an die Oberfläche kommt. Aber ich kenne die ganze Literatur zu dem Thema multiple Persönlichkeit.» Jo versicherte Dr. Tate, sie sei froh, daß Joan Frances endlich jemanden habe, mit dem sie reden könne.

«Ihre Zeit ist abgelaufen», sagte Dr. Tate.

«Kann ich wiederkommen?» wollte Jo wissen.

«Selbstverständlich», erwiderte der Arzt. «Wie wär's mit dem 1. März?» Jo rutschte unbehaglich auf ihrem Stuhl hin und her; sie wußte nie richtig Bescheid über ihre Termine und mußte immer erst nachsehen, was die anderen Persönlichkeiten in den Kalender eingetragen hatten. Ich übernahm das Bewußtsein und vereinbarte einen Termin für unsere nächste Sitzung.

«Sie wissen, Renee, es war Ihnen unangenehm, über Ihre Beziehung zu Männern zu sprechen», meinte Dr. Tate.

«Ja, ich glaube, das stimmt», erwiderte ich höflich.

«Und deshalb haben Sie Zeit verloren!» schloß er triumphierend.

«Was soll ich denn wegen Joan Frances' Depressionen machen?» fragte ich.

«Darüber reden wir beim nächsten Mal», versprach er.

Ich war sehr bedrückt, als ich das Sprechzimmer verließ. Der Arzt schien nicht zu begreifen, daß Joan Frances in einer Krise war, die immer schlimmer wurde. Der 1. März war erst in zwei Wochen, und ich hatte Tag für Tag meine liebe Not damit, Joan Frances daran zu hindern, ihre selbstzerstörerischen Impulse in die Tat umzusetzen.

Zwei Tage später rief ich Dr. Tate an. «Ich mache mir große Sorgen um Joan Frances», sagte ich. «Ich glaube nicht, daß sie noch mal zwei Wochen warten kann.»

«Was soll ich denn Ihrer Meinung nach tun?» wollte Dr. Tate wissen. Eigentlich war das doch offensichtlich, fand ich. «Ich hätte gern, daß Sie Joan Frances schon vor dem 1. März sehen», sagte ich.

Der Arzt erklärte, das sei leider nicht möglich; seine Termine seien alle vergeben. «Ich weiß, Sie haben sehr viel zu tun», warf ich ein, «ich bin durchaus offen für andere Vorschläge. Ich muß unbedingt eine Möglichkeit finden, Joan Frances zu helfen. Wenn es ihr nicht bald bessergeht, stehe ich keine zwei Wochen mehr durch. Ich muß alles, was sie tut, genau überwachen und gleichzeitig den restlichen Schwarm am Funktionieren halten. Und ich habe das Gefühl, Sie hören überhaupt nicht richtig zu, wenn ich Ihnen erzähle, wie ernst es um Joan Frances steht.»

Dr. Tate erwiderte, es sei sehr schwierig, bei einer multiplen Persönlichkeit zu einer exakten diagnostischen Bewertung zu gelangen.

Ja, das glaubte ich ja gerne, aber... Plötzlich war mir klar, daß es nichts mehr zu sagen gab. Ich mußte da allein durch.

An diesem Abend nahm ich Joan Frances eine Rasierklinge aus der Hand. Ich setzte alles daran, die Kontrolle zu behalten. Der nächste Tag war ein Samstag, und ich arbeitete von morgens bis abends in der Bibliothek – ich mußte mein Zimmer meiden, damit Joan Frances nicht zum Vorschein kommen konnte. Am Sonntag abend war ich total erschöpft, und Joan Frances hatte wieder mal eine Rasierklinge gefunden.

Sie ritzte die Haut an ihrem Handgelenk und sah zu, wie sich an der Wunde Blutstropfen bildeten, die dann langsam über ihren Arm liefen. «Ich bin nichts wert, ich bin total überflussig», murmelte sie. «Meine Mutter kann mich nicht leiden, egal, was ich mache.» Wieder fuhr sie mit der Klinge über die Haut. «Selbst diesem Dr. Tate war es völlig gleichgültig, wie schlecht es mir geht. Er wollte mir nur unterjubeln, daß ich eine multiple Persönlichkeit bin.» Diesmal schnitt sie die Haut mit der scharfen Seite der Klinge ganz auf. «Warum interessiert sich denn niemand dafür, wie *ich* mich fühle?» Das Blut und die Tränen flossen gleichzeitig. «Weil ich es nicht verdiene, deshalb.»

Ich schob Joan Frances beiseite, wischte das Blut von meinem Handgelenk und versuchte, meine zitternden Hände unter Kontrolle zu bekommen. Ich fühlte mich mutterseelenallein. Es hatte keinen Sinn, Lynn anzurufen. Sie konnte auf die Entfernung ohnehin nichts tun, und Joan Frances wollte ja auch nicht mit Lynn reden. Aber ich wußte, daß sie mit irgend jemandem sprechen mußte.

Ich rief bei der Universitätsklinik an und sagte zu der Schwester, die am Telefon war, ich hätte eine Freundin, die Selbstmord begehen wolle. Vielleicht gebe es ja irgendeine Notdienstnummer, die sie anrufen könne. «Sagen Sie Ihrer Freundin, sie soll in die Notambulanz kommen», schlug die Schwester vor. «Sie kann dann mit einer Krankenschwester oder mit dem Internisten sprechen. Außerdem ist auch ein Psychiater im Haus. Es gibt hier also genug Fachleute, die ihr helfen können.»

Ich bedankte mich und versuchte, die Kontrolle zu behalten, indem ich mich an meine Kurslektüre machte. Um 11 Uhr nachts war Joan Frances wieder kurz davor, sich die Pulsadern aufzuschneiden. Ich mußte unbedingt raus aus meinem Zimmer.

Ich ging durch die Nacht. Ich durfte nicht die Kontrolle verlieren, dachte ich, während ich mir überlegte, wie ich am besten mit der Situation umgehen sollte. Ich wollte nicht sterben; Jo wollte nicht sterben; selbst Joan Frances wollte im Grunde nicht sterben. Aber ihre Depressionen und ihre Bedürftigkeit waren für das ganze System eine unerträgliche Belastung.

Keine der anderen Persönlichkeiten konnte Joan Frances erreichen und ihr sagen, daß wir für sie da waren und daß sie uns wichtig war. Wir konnten nur versuchen, die Kontrolle über das zu behalten, was sie tat.

«Das ist total absurd», dachte ich. Die Situation erschien mir völlig klar: Joan Frances ging es schlecht, weil sie ihrer Mutter nichts recht machen konnte, und sie brauchte jemanden, mit dem sie darüber reden konnte. Daß wir eine multiple Persönlichkeit waren, hatte mit ihrer momentanen Krise herzlich wenig zu tun.

Selbst jetzt noch sandte Joan Frances im Grunde Notsignale aus. Die Schnittwunden an meinem Handgelenk waren alles andere als lebensgefährlich. Sie bestrafte sich selbst und versuchte nicht, sich das Leben zu nehmen. So laut sie konnte, rief sie um Hilfe – gab es denn niemanden, der bereit war, auf sie und ihre Qual einzugehen? «Ich gebe mir alle Mühe, mein Schatz», murmelte ich.

Als ich merkte, wie fasziniert Joan Frances die vorbeifahrenden Autos beobachtete, brachte ich sie zielstrebig zum Eingang der Ambulanz. Ich wollte lieber erst gar nicht erklären müssen, daß wir eine multiple Persönlichkeit waren – es ging um Joan Frances, nicht um die Multiplizität –, und deshalb erlaubte ich Joan Frances, die Kontrolle über das Bewußtsein zu übernehmen, als ich den Körper durch die Eingangstür schob.

Joan Frances blinzelte unsicher in die helle Beleuchtung. Sie war ohne Orientierung. Es war nicht ihre Entscheidung gewesen hierherzukommen. Oder vielleicht doch? Eine der Krankenschwestern musterte sie aufmerksam und führte sie schnell in eines der Untersuchungszimmer. «Was ist mit Ihnen los?» fragte sie. «Haben Sie getrunken? Was für Drogen haben Sie genommen?»

Joan Frances wehrte sich innerlich gegen diese Fragen. Sie trank nie, höchstens einmal ein Glas Wein mit ihrer Mutter, und sie würde nie etwas mit irgendwelchen illegalen Drogen zu tun haben wollen. Aber es erschien ihr viel zu anstrengend, das zu sagen. Die Schwester würde ohnehin nicht mehr begreifen als alle anderen auch. Schließlich erklärte Joan Frances, sie habe sich geschnitten, und schob den Ärmel hoch, um ihr blutendes Handgelenk zu zeigen.

«Ich will eigentlich nicht sterben», begann sie. «Es geht mir nur sehr schlecht, und niemand hört mir zu.»

Die Schwester fiel ihr ins Wort. «Kennen Sie Dr. Tate?» wollte sie wissen.

«Ja», antwortete Joan Frances. Der Name des Arztes ließ sie zusammenzucken.

«Dr. Tate ist heute abend der diensthabende Psychiater», erklärte die Schwester. Dann verließ sie den Raum.

Ich war genauso entsetzt wie Joan Frances und überlegte innerlich, ob es wohl eine gute Idee gewesen war, hierherzukommen. Ich hatte nicht geahnt, daß Dr. Tate nebenbei auch für die

Uniklinik arbeitete. Wenn er in seinem Sprechzimmer Joan Frances' Notsituation nicht erfaßt hatte, dann hatte ich nicht viel Hoffnung, daß er jetzt etwas begreifen würde. Aber ich sagte mir, daß Dr. Tate ja nicht unbedingt herangezogen werden mußte. Es waren ja überall Krankenschwestern. Außerdem hatte auch ein Internist Dienst. Irgend jemand von diesen Leute konnte sich doch ein bißchen Zeit nehmen und mit Joan Frances reden, damit sie sich besser fühlte.

Der Internist kam in das Untersuchungszimmer und reichte Joan Frances das Telefon. Am anderen Ende der Leitung war Dr. Tate.

Dr. Tate fragte in ärgerlichem Ton, warum Joan Frances versucht habe, sich die Pulsadern aufzuschneiden. «Was ist denn heute abend vorgefallen? Weshalb haben Sie das getan? Wußten Sie, daß ich heute abend hier Dienst habe?»

«Nein», erwiderte Joan Frances. Es gab keinen spezifischen Grund, weshalb sie das ausgerechnet heute abend getan hatte. Außer daß ihre Depressionen schlimmer wurden und niemand ihr zuhörte.

«Ich bin nicht sicher, ob Sie nach oben auf Station gehören oder ob ich Sie lieber in die Psychiatrische Abteilung bringen lassen soll», erklärte Dr. Tate.

Joan Frances legte auf, zog ihre Jacke über und ging aus dem Untersuchungszimmer Richtung Eingangshalle. Der Arzt und die Krankenschwester stellten sich ihr in den Weg und blokkierten den Ausgang.

Gefangen. Alles um mich verschwamm und verzerrte sich. Wände, überall Wände, die auf mich eindrangen und wieder zurückwichen. Das holte mich aus meinem Schock. Josie war sehr nahe an der Oberfläche, das spürte ich. «Nein, Josie, nicht jetzt», bat ich schweigend. «Laß *uns* das erledigen. Bleib drinnen.»

Joan Frances teilte dem Arzt und der Schwester ruhig mit, es gehe ihr jetzt sehr viel besser und sie wolle zurück ins Studentenwohnheim.

Ich war wütend. Ich wußte, daß Lynn Dr. Tate gesagt hatte,

wie sehr wir alle Angst davor hatten, eingeliefert zu werden. Alles, was wir im Augenblick wollten – was wir schon den ganzen vergangenen Monat gewollt hatten –, war doch nur, daß jemand mit Joan Frances redete und ihr aus ihrer Depression heraushalf. Obwohl Joan Frances wegen Dr. Tates Drohung in Panik war, verhielt sie sich wesentlich weniger hysterisch, als viele von uns übrigen sich fühlten. Also sollte sie erst einmal die Kontrolle behalten.

Der Internist führte sie zurück in das Untersuchungszimmer und setzte sich zu ihr. «Ich habe Dr. Tate informiert», sagte er. «Er kommt gleich, um mit Ihnen zu sprechen.»

«Ich möchte mit niemandem sprechen», erklärte Joan Frances verängstigt. «Ich will zurück ins Studentenwohnheim.»

Der Internist beruhigte sie. «Sie brauchen keine Angst zu haben. Niemand kann Sie zwingen, gegen Ihren Willen hierzubleiben», versicherte er ihr. «Ich wollte, Sie wären bereit zu bleiben, weil ich weiß, es würde Ihnen helfen, mit Dr. Tate über alles zu reden, was Sie quält. Geben Sie ihm eine Chance. Warum warten Sie nicht wenigstens, bis er kommt?»

Der ganze Schwarm wäre am liebsten so schnell wie möglich weggelaufen, aber ich unterdrückte diesen Impuls. «Hört mal zu, Leute», sagte ich innerlich, «was würde passieren, wenn wir versuchen würden zu gehen und jemand würde uns mit Gewalt daran hindern? Ihr wißt, das würde Josie auf den Plan rufen, und wenn das passiert, werden wir mit Sicherheit eingebuchtet.»

Außerdem hatte ich immerhin eine gewisse Hoffnung, der Internist könnte tatsächlich meinen, was er sagte. Vielleicht begriff Dr. Tate ja endlich, daß Joan Frances reden mußte. Ich beruhigte die Persönlichkeiten, die schon auf dem Sprung waren, und hielt die anderen zurück, damit sie Joan Frances nicht in die Quere kamen. Ich wollte, daß sie einwilligte, mit Dr. Tate zu sprechen.

Dr. Tate betrat den Raum und wollte ganz genau wissen, was heute abend passiert sei, weshalb es Joan Frances so schlecht gehe. Joan Frances wußte keine Antwort.

«Was kann ich denn Ihrer Meinung nach für Sie tun?» wollte der Arzt wissen.

Joan Frances schüttelte ratlos den Kopf. Sie hatte diesem Mann schon so oft erklärt, was sie wollte, daß es ihr albern vorkam, die ganze Litanei noch einmal zu wiederholen. «Ich möchte nicht, daß Sie irgend etwas tun», sagte sie schließlich. «Ich will nur einfach zurück ins Wohnheim.»

«Nein», erklärte Dr. Tate bestimmt. «Ich lasse Sie in die geschlossene Abteilung einliefern.» Blitzschnell gab Joan Frances die Kontrolle auf.

Jo fand sich in dem kleinen Untersuchungszimmer wieder. Keine Fenster. Kein Hinweis darauf, ob es Tag oder Nacht war. «Statt einer Tür ist hier eine Schiebewand», registrierte Jo schweigend, «und Dr. Tate sitzt vor diesem Ausgang.» Jo schaute auf ihre Armbanduhr, um zu sehen, wie spät es war. Ihr war klar, daß das ungeschickt und verräterisch war, aber das kümmerte sie nicht. Ihre Hände waren feucht. Sie hatte große Angst – aber warum? Wenn sie wenigstens wüßte, wo sie war und was hier vor sich ging...

«Fragen Sie nur», sagte Dr. Tate.

Jo entspannte sich sofort. Dr. Tate reagierte ganz ähnlich wie Lynn, wenn Jo plötzlich auftauchte und unsicher und nervös war.

«Wo bin ich?» fragte Jo.

«In der Ambulanz der Uniklinik», erklärte Dr. Tate.

«Warum?»

«Schauen Sie sich Ihr Handgelenk an», meinte der Psychiater.

Jo blickte wieder auf ihre Uhr. Die Anweisung des Arztes erschien ihr etwas verwirrend.

«Nein», sagte Dr. Tate leicht verärgert, «das andere Handgelenk.»

Jo sah sich die Schnittwunden genau an. Sie waren nicht gefährlich. «Ach, das ist nicht das erste Mal. Wahrscheinlich war es Joan Frances.»

Dr. Tate schien etwas verblüfft über Jos gelassene Reaktion.

«Ich weiß, das ist ein Problem», sagte Jo. «Man muß es sehr ernst nehmen. Aber Lynn bezeichnet es als ‹Geste›, nicht als echten Selbstmordversuch. Ihrer Ansicht nach sind diese Kratzer ein Zeichen dafür, daß eine Persönlichkeit, die in großer Bedrängnis ist, ihre Notsituation kundtut. Wenn Joan Frances sich ernsthaft umbringen wollte, hätte sie Tabletten genommen.»

«Wer sind Sie?» wollte Dr. Tate wissen.

Jetzt war es an Jo, verblüfft dreinzuschauen. Sie wußte, daß sie bei einem der Termine des Schwarms bereits mit diesem Psychiater gesprochen hatte. Konnte Dr. Tate sich etwa nicht an sie erinnern?»

«Ich bin Jo», sagte sie schließlich sehr langsam und bedächtig. «Wissen Sie nicht mehr, daß Sie mit mir gesprochen haben?» Dr. Tate antwortete nicht, sondern musterte Jo eine Weile schweigend. Jo rutschte unbehaglich auf ihrem Stuhl hin und her. Sie fühlte sich wie ein Käfer an einer Stecknadel. «Ich würde jetzt gern ins Studentenwohnheim zurückgehen», sagte sie.

«Nein», verkündete Dr. Tate betont sachlich. «Sobald ich ein Bett für Sie aufgetrieben habe, weise ich Sie in die psychiatrische Abteilung ein.»

Jo geriet nicht in Panik. Lynn hatte ihr gesagt, es gebe keinen Grund, den Schwarm einzuliefern. «Lynn meinte, ich solle einen Bostoner Psychiater namens Timothy Matthews anrufen, wenn mich jemand einliefern möchte», sagte sie ganz ruhig. Sie mußte nur den Instruktionen für den Ernstfall folgen, die Lynn und ich ausgearbeitet hatten.

«Waren Sie je bei diesem Dr. Matthews?» erkundigte sich Dr. Tate. «Oder kennen Sie nur seinen Namen?»

Ehrlich wie immer meinte Jo seufzend: «Das ist wirklich eine schwierige Frage.»

«Wenigstens haben Sie nicht den Humor verloren», erwiderte Dr. Tate trocken.

«Nein, das soll gar kein Witz sein», meinte Jo. «Ich weiß, daß ein paar von den anderen Persönlichkeiten Dr. Matthews kennengelernt haben, aber ich selbst habe noch nie mit ihm gesprochen.»

«Hören Sie, jetzt ist es ein Uhr nachts», sagte Dr. Tate. «Das ist eindeutig zu spät, um noch einen anderen Arzt zu rufen.»

Jo fragte sich, warum er so wenig hilfsbereit war. Aber sie blieb ruhig. Alle Eventualitäten waren genau durchgesprochen worden. Und diesmal wußte sie Bescheid.

«Dr. Matthews hat mir seine Privatnummer gegeben, damit ich ihn jederzeit erreichen kann, wenn ich ihn brauche», erklärte sie.

«Und wo ist diese Nummer?» fragte Dr. Tate. Es klang sehr mißmutig.

Plötzlich begriff Jo, daß dieser Arzt im Grunde gar nicht wollte, daß ihr jemand zu Hilfe kam. Sie hatte das Gefühl, in einer Falle zu sitzen, und bekam es mit der Angst. Hektisch durchsuchte sie ihre Manteltaschen. Keine Telefonnummer. In ihren Jeanstaschen – nichts. Wahrscheinlich war die Nummer in ihrem Zimmer im Wohnheim.

«Sie haben die Nummer nicht bei sich, und in Ihrem Zustand können Sie hier nicht weg. Ich werde Sie einweisen!» drohte Dr. Tate.

Jo holte tief Luft. Das war unmöglich. «Ich möchte Lynn anrufen», erklärte sie.

«Ihre Therapeutin in Denver kann Ihnen auch nicht helfen», sagte der Psychiater bestimmt.

«Lynn ist in Chicago, nicht in Denver», erwiderte Jo mit ebensoviel Nachdruck. «Was Sie vorgeschlagen haben, macht mir angst, und ich möchte mit Lynn sprechen.»

Schließlich brachte Dr. Tate Jo zum Telefon. «Aber reden Sie nicht die ganze Nacht», warnte er. «Ich bin müde und will nach Hause ins Bett.»

Jo musterte den Psychiater neugierig. Sie konnte nicht glauben, daß ihn diese Krise, die dank seines Eingreifens noch eskaliert war, wirklich so kalt und unbeteiligt ließ. Obwohl sie von Panikwellen überschwemmt wurde, mußte sie ruhig bleiben. Sie durfte nicht die Kontrolle verlieren.

Als nach dem ersten Klingeln Lynns Anrufbeantworter ansprang, legte Jo schnell wieder auf. Sie wählte noch einmal, weil sie wußte, das Telefon mußte mindestens zweimal klingeln, um Lynn oder Gordon aufzuwecken. «Wenn Lynn mir nicht helfen kann», dachte Jo in aller Klarheit, «dann läßt mich dieser Arzt hier einliefern.»

Lynn klang sehr verschlafen, war aber schnell hellwach, als Jo ihr die Situation schilderte. Dann reichte Jo Dr. Tate den Hörer. «Diese Frau hier hat keinerlei Kontrolle über ihre Impulse», rief Dr. Tate ins Telefon, und Jo gab bereitwillig das Bewußtsein ab.

Ich übernahm nun die Kontrolle. Schweigend hörte ich zu, was Dr. Tate zu Lynn sagte. Ich konnte mir vorstellen, wie hilflos Lynn sich fühlen mußte und wie beunruhigt sie war. Innerlich kochte ich vor Wut. Ich konzentrierte mich auf diese Wut, um so das Panikgefühl auszuschalten, das den Schwarm zur Flucht trieb.

Ich hatte entsetzliche Angst, das war schlimmer als alles, woran ich mich erinnern konnte. Einweisung in die Psychiatrie. Ich konnte mir nicht einreden, daß das vielleicht gar nicht schlecht war. Man würde uns festhalten und mit Medikamenten dämpfen. Entschlossen schob ich die Angst beiseite und konzentrierte mich wieder auf meine Wut.

«So was Blödes!» murmelte ich vor mich hin. Ich war sauer auf mich selbst, weil ich nicht vorausgesehen hatte, wie man hier die Situation einschätzen würde. Joan Frances' Depressionen waren nicht annähernd so lebensbedrohlich wie eine Einlieferung in die Psychiatrie.

Ich war wütend auf den Internisten. Er hatte Joan Frances belogen, als er sagte, niemand könne sie gegen ihren Willen festhalten, denn genau das wollte Dr. Tate jetzt tun.

Dr. Tate legte auf und wandte sich mir zu. Ich lächelte freundlich und sagte: «Ich habe einen Vorschlag. Wie wäre es, wenn ich einen Termin mit Dr. Matthews mache, und Sie lassen mich hier raus. Dann können wir nämlich beide nach Hause und ein bißchen schlafen.»

«Renee?» fragte Dr. Tate. Er wirkte erschöpft. Immerhin erklärte er sich einverstanden, mich gehen zu lassen, allerdings nur unter der Bedingung, daß ich vorher noch mit Dr. Matthews Kontakt aufnehmen würde.

«Seine Telefonnummer ist in meinem Zimmer», sagte ich. «Aber ich kann meine Mitbewohnerin anrufen und sie bitten, die Nummer für mich rauszusuchen.»

«Nein», lehnte Dr. Tate ab. «Ich möchte nicht, daß noch mehr Leute mit der Sache behelligt werden. Ich will versuchen, ihn über seinen Anrufdienst im Krankenhaus zu erreichen.»

Während Dr. Tate das Krankenhaus anrief und verlangte, augenblicklich mit Dr. Matthews verbunden zu werden, folgte ich brav einer Krankenschwester in ein anderes Zimmer, um mein Handgelenk säubern und verbinden zu lassen. «Keine Angst, Sie tun mir schon nicht weh», sagte ich gutgelaunt, «ich weiß, die Schnitte sind nicht so schlimm.» Die Schwester sagte nichts. Ihre Hände zitterten, als sie die Wunden auswusch. Als sie den Verband angelegt hatte, betrat Dr. Tate zusammen mit dem Internisten den Raum.

«Das müssen Sie unbedingt gesehen haben», sagte Dr. Tate zu dem anderen Arzt. «Das ist Renee, die Persönlichkeit, die das Ganze dirigiert.»

Ich lächelte dem Internisten freundlich zu und bedankte mich dafür, daß er Joan Frances gegenüber so hilfsbereit gewesen sei. «Wenn sie mir das abnehmen, dann bin ich eine bessere Schauspielerin, als ich je gedacht hätte», dachte ich amüsiert.

Dr. Matthews rief nicht zurück, und Dr. Tate war müde. Er bot einen Kompromiß an. Wenn ich über Nacht auf Station blieb, würde er mich nicht einliefern.

Ich wußte, daß das nichts bringen würde. Die Drohung mit der Einweisung hatte uns alle aus dem Gleichgewicht gebracht. Ich mußte irgendwohin, wo sich sämtliche Persönlichkeiten in Sicherheit fühlen konnten, und zwar möglichst schnell. «Nein», erwiderte ich munter, «ich gehe zurück ins Studentenheim.»

«Wissen Sie, Renee, ich möchte, daß Sie die Station kennenlernen, damit Sie wissen, Sie können in einer Krisensituation jederzeit auf uns zurückgreifen.»

Ich biß mir auf die Zunge, um nicht zu sagen, den Vorschlag mit der Station hätte er schon vor Tagen machen können, als ich ihn wegen Joan Frances' Krise angerufen hatte. Jetzt war nicht der richtige Zeitpunkt für eine Diskussion.

«Ich kann Sie auch zwangseinweisen lassen», sagte der Arzt.

Wenn das gestimmt hätte, hätte er es längst getan, überlegte ich. Ich blickte ihm ruhig und fest in die Augen und sagte, ich hätte die Situation völlig im Griff.

«Woher wollen Sie wissen, daß Sie die Kontrolle auch behalten werden?» wollte Dr. Tate wissen.

«Der Rest des Schwarms hat solche Angst, daß sich erst mal eine ganze Weile niemand anders melden wird», log ich.

«Das gefällt mir nicht, daß Sie mit Angst operieren, um die Kontrolle zu behalten», entgegnete Dr. Tate.

Am liebsten hätte ich ihn darauf aufmerksam gemacht, daß das doch offensichtlich auch seine Methode war, aber ich schwieg und grinste ihn verschwörerisch an. «Im Augenblick kann ich da nicht so wählerisch sein.»

Dr. Tate gab nach. Ich trat hinaus in die Nacht. Die leeren Straßen gaben mir eher ein Gefühl der Sicherheit, als daß sie mir Angst einjagten. Als ich im Wohnheim war, rief ich Lynn an. In der Stunde, die seit dem letzten Anruf vergangen war, hatte sie sich überlegt, wie sie am schnellsten nach Boston kommen könne.

Ich war erschöpft und entnervt von der Erfahrung im Krankenhaus, aber ich freute mich, daß der Schwarm zusammengearbeitet hatte. Lynn und ich waren beide ganz übermütig vor Erleichterung.

«Am liebsten würde ich den Kerl erwürgen», sagte Lynn.

«Ein weiterer Beweis für Ihre extreme Gegenübertragung», gab ich zurück.

Ehe ich auflegte, sagte Lynn noch mit einem leisen Lachen: «Wir beide schlafen heute nacht bestimmt besser als dieser Dr. Tate.»

«Das will ich hoffen», stimmte ich ihr zu. «Der Kotzbrokken soll sich ruhig ein bißchen den Kopf zerbrechen.»

Am nächsten Abend kam Bethany in mein Zimmer. Sie setzte sich in einen Sessel und sagte: «Ich habe die Schnitte an deinem Handgelenk gesehen, und da habe ich Lynn angerufen. Sie meinte, alles sei unter Kontrolle, aber ich sollte mit dir darüber reden.» Ich erzählte Bethany, was vorgefallen war. Lillian hatte ich auch schon davon berichtet; sie hatte bereits geahnt, daß irgend etwas nicht stimmte, weil ich nicht im Kurs erschienen war. Und wie Lillian versicherte mir nun auch Bethany, ich solle ihr doch immer sagen, wenn jemand aus dem Schwarm Probleme habe. Nach einer kurzen Pause fragte sie dann:

«Kann ich vielleicht mal mit Joan Frances sprechen?»

«Ich bin nicht ganz sicher», sagte ich. «Im Augenblick ist alles etwas chaotisch, aber ich versuch's mal.»

«Hi, Bethany», sagte Joan Frances. «Hat dir der Film gestern abend gefallen?»

«Laß den Quatsch, Joan Frances», gab Bethany zurück. «Ich weiß, es geht dir zur Zeit nicht gut.»

«Ach was, es ist alles in Ordnung. Ich muß mich nur ein bißchen mehr zusammennehmen.»

«Joan Frances, du verstehst das vielleicht nicht, aber ich möchte, daß du mir zuhörst», sagte Bethany. «Du bist wirklich unheimlich okay. Du bist klüger als alle Leute, die ich kenne. Du bist nett, du kümmerst dich um andere, und wenn du dir nicht gerade überlegen mußt, ob ich dich nun hasse oder nicht, dann macht es richtig Spaß, mit dir zusammenzusein. Und ich will dir einfach mal sagen, daß deine Mutter total verrückt ist, wenn sie das nicht sieht.»

Bethany stand auf und ging aus dem Zimmer, ehe Joan Frances Einspruch erheben konnte.

Ich nahm meinen Termin bei Dr. Tate am 1. März wahr, weil ich darin eine Chance sah, ihm begreiflich zu machen, wie schädlich diese Erfahrung für den ganzen Schwarm gewesen war.

«Es ist ein großer Unterschied, ob eine Persönlichkeit selbstmordgefährdet ist oder ein ganzes System», erklärte ich Dr. Tate. «Ja, Joan Frances war depressiv, aber zu ihrer Selbstmordgeste kam es erst, nachdem Joan Frances, Jo und ich zwei Wochen lang versucht hatten, Ihnen zu vermitteln, daß sie in einer Krise steckte. Sie brauchte jemanden mit professioneller Erfahrung, der ihr zuhörte, keine korrekte diagnostische Bewertung, aber das scheinen Sie nicht begriffen zu haben.»

Dr. Tate wehrte sich, indem er sagte, ich sei manipulativ. Dieses Etikett hatten uns schon so viele Leute anzuhängen versucht, daß es längst seine Schlagkraft verloren hatte. «Ich kann Sie von der Universität entfernen lassen, wenn ich der Ansicht bin, daß Sie hier in Harvard am falschen Platz sind», warnte er. Ich nickte und ging. Seine Drohung war klar und eindeutig. Ich mußte mich von ihm fernhalten.

TAGEBUCHEINTRAG *20. März 1984*

Die Erfahrung, die der Schwarm durchmachen mußte, hat mich dazu gebracht, sehr gründlich darüber nachzudenken, was bei der Behandlung einer multiplen Persönlichkeit unabdingbar ist und wie man das anderen vermitteln kann. Ich hatte mir zwar alle Mühe gegeben, dem Schwarm den Weg zu Dr. Tate zu ebnen, aber trotzdem sind die Persönlichkeiten in eine extreme Notsituation geraten – schlimmer als je seit Beginn der Behandlung. Ironischerweise waren sie aber auch noch nie so stark und so gut in der Lage, ihre Wünsche und Bedürfnisse zu artikulieren.

Ich habe versucht, im Umgang mit Dr. Tate sehr klar und direkt zu sein, mich vor seinem medizinischen Fachwissen zu verbeugen und wirklich nur meine Hilfsbereitschaft zu signalisieren. Renee und Joan Frances haben ihrerseits ihre Wünsche ebenfalls sehr klar und direkt zum Ausdruck gebracht, was für sie ganz neu ist. Aber man hat uns als manipulative Multiple und als Marionettentherapeutin abgetan.

Renee war vermutlich ihr Lebtag noch nie so wenig manipulativ wie bei dem Versuch, mit Dr. Tate zu argumentieren.

Ich kann nur darüber spekulieren, was sich zwischen diesem Psychiater und dem Schwarm abgespielt hat. Renee hat sich den Bericht von Dr. Tate beschafft und ihn mir geschickt, aber diese Unterlagen haben meine Verwirrung nur noch vergrößert.

Der Psychiater schreibt, er finde es schwierig, die dramatischen Veränderungen wirklich für «real» zu halten. Renee bezeichnet er als attraktiv, selbstbewußt, intelligent, dynamisch und einsichtig. Dagegen beschreibt er Joan Frances als depressiv, schizoid und infantil.

Ich vermute, daß Dr. Tate nicht akzeptieren konnte, daß und wie Renee ihm erklärte, was los war und was getan werden mußte, um Joan Frances zu helfen. Er deutete Renees Bereitschaft zu helfen und Jos Wunsch, intellektuelles Wissen beizusteuern, ebenso als pathologisches Symptom wie Joan Frances' Hilferufe.

Vielleicht sah er sogar in meinem Hinweis, daß die selbstmordgefährdete Persönlichkeit dringend Hilfe brauche, eine Art Warnung, der Schwarm könne versuchen, ihn zu manipulieren. Das werde ich vermutlich nie herausfinden. Meiner Meinung nach hätten weder der Schwarm noch ich selbst mit der Situation sehr viel anders umgehen können, aber der Arzt fühlte sich offensichtlich zutiefst bedroht.

Aus irgendwelchen Gründen spricht diese Art von Störung bei vielen Medizinern alle möglichen Ängste und Unsicherheiten an. Das brillante Auftreten der multiplen Persönlichkeit, ihre Intelligenz und ihre Fähigkeit, die Störung als solche zu begreifen, verbunden mit Selbstmordimpulsen von unterschiedlicher Ernsthaftigkeit – all das scheint vielen Therapeuten den Blick dafür zu verstellen, daß darunter sehr viel Schmerz, Abhängigkeit und Bedürftigkeit liegen, die alle zu dem Gesamtsyndrom gehören. In vieler Hinsicht befindet sich ein Arzt oder Therapeut, der mit einer multiplen Persönlichkeit in einer Krise zu tun hat, in der gleichen

Situation wie Eltern, die mit dem ausagierenden Verhalten eines Zweijährigen oder eines Teenagers konfrontiert sind. Es ist unbedingt wichtig, daß die Eltern oder der Therapeut akzeptierend reagieren und sich von irgendwelchen Manipulationen, die durchaus auftreten können, nicht bedroht fühlen, sondern dem Kind, dem Jugendlichen oder dem Patienten verstehen helfen, daß es bessere Möglichkeiten gibt, die eigenen Bedürfnisse zu äußern.

Der Schwarm ist in diesem Punkt schon sehr weit, und als dieser Arzt sich weigerte, sich direkt mit ihnen auseinanderzusetzen – und sie letztlich seinerseits manipulierte und belog –, rebellierten sie heftig, aber aus Selbstschutz.

Ich habe an jenem Abend sehr eindeutig Stellung bezogen und – so hoffe ich jedenfalls – mit einem gewissen einschüchternden Unterton gesagt, daß ich diese Patientin besser kenne als er und mich entschieden gegen jede Form der Hospitalisierung wende. Ohne irgendeine respektvolle Demutsgeste. Ich habe mit allem Nachdruck versichert, daß eine Einweisung ins Krankenhaus mehr Schaden anrichten würde, als wenn man die Persönlichkeiten wieder gehen ließe. Meine implizite Drohung und Renees offenbar sehr kompetentes Auftreten sorgten dafür, daß man den Schwarm wieder entließ.

Aber selbst diese gräßliche Erfahrung hat ihre positiven Seiten. Renee war unglaublich wütend und brachte dies auch zum Ausdruck. Sie war imstande, Bethany und Lillian von diesem Erlebnis zu erzählen, und sie konnte ihre Unterstützung und Solidarität annehmen. Und offenbar hörte sogar Joan Frances auf das, was Bethany zu sagen hatte.

Der Schwarm wird zweifellos stärker und weniger abhängig von unserer therapeutischen Beziehung. Ich vermute, daß Renee künftig mehr Energie in das Verhältnis zu Steve und in andere wichtige Beziehungen investieren wird.

30

Steve besuchte mich am Ende des akademischen Jahres in Cambridge, und wir verbrachten ein paar Wochen damit, die Küste von Neuengland zu erkunden und gleichzeitig unsere Beziehung aufzufrischen. Ich begann wieder an eine gemeinsame Zukunft mit ihm zu glauben. In den vier Jahren, die wir nun schon zusammen waren, war ich sehr viel erwachsener geworden, und ich hatte inzwischen das Gefühl, daß der Altersunterschied gar nicht mehr so stark ins Gewicht fiel. Ich begriff allmählich, was Steve während der drei Therapiejahre hatte ertragen müssen, und es erstaunte und freute mich, daß er immer noch zu mir hielt und mich immer noch liebte.

Steve und ich beschlossen zu heiraten, sobald ich mein Studium abgeschlossen hätte. Wenn alles nach Plan ging, würde das in einem Jahr der Fall sein. Natürlich konnte niemand im voraus wissen, wie es in zwölf Monaten um den Schwarm stehen würde, aber die kleinen Fusionen und die selbstbewußte Art, wie der Schwarm die Situation mit Dr. Tate bewältigt hatte, ließen für die Zukunft hoffen.

Und außerdem wollte ich gern ein Kind. Wenn Steve und ich im Sommer 1985 heirateten, würde ich wieder nach Chicago ziehen, und ich könnte dann das folgende Jahr damit verbringen, meine Dissertation zu schreiben und hoffentlich gleichzeitig ein Kind in mir wachsen zu fühlen.

TAGEBUCHEINTRAG *27. Mai 1984*

Der Schwarm ist wieder zu Hause, und Renee ist ganz erfüllt von ihrem Plan, Steve zu heiraten. Mir fällt es schwer, mich ernsthaft auf die detaillierte Hochzeitsplanung einzulassen und mich mit der Frage zu beschäftigen, wie sich das mit ihrem Vorhaben vereinbaren läßt, ihr Studium frühzeitig zu beenden, denn sie muß ja die Arbeit, für die man normalerweise zwei Jahre Zeit hat, in eines packen. Von den übrigen Mitgliedern des Schwarms, die ebenfalls von diesem Plan betroffen wären – vor allem Jo –, scheint niemand allzu begeistert zu sein. Mit Josie, Rusty und Missy habe ich noch gar nicht darüber gesprochen, aber ich glaube auch nicht, daß diese kindlichen Persönlichkeiten sich überhaupt eine Vorstellung von dem machen können, was Renee da im Sinn hat. Steve scheint einverstanden zu sein, aber ohne allzu großen Enthusiasmus.

Außerdem ist es so, daß Renees Motive mir künstlich vorkommen – ich habe das Gefühl, sie will irgend etwas beweisen, und es geht nicht wirklich darum, daß sie ihr Leben mit Steve teilen möchte. Natürlich hat Steve dem Schwarm in vielerlei Hinsicht Sicherheit gegeben. Aber ich vermute doch, das rührt zum Teil daher, daß er sich selbst von der Störung distanzieren und die Pathologie des Schwarms am liebsten leugnen möchte.

Meiner Ansicht nach hängt Renees ausgeprägter Wunsch, zu heiraten und Kinder zu haben, sehr eng mit ihrem Bedürfnis zusammen, sich aus der Abhängigkeit zu lösen, die sie Gordon und mir gegenüber immer noch empfindet. Sie weiß, daß der Sommer diesmal anders verlaufen wird als im vergangenen Jahr. Vielleicht glaubt sie, die intensive Abhängigkeitsbeziehung, die sie letzten Sommer mit mir und Gordon erlebt hat, dadurch ersetzen zu können, daß sie sich nun ebenso intensiv auf Steve einläßt.

Die Versuchung ist groß, Renees Gerede vom Heiraten einfach beiseite zu schieben, aber ich darf nicht vergessen, daß sie es geschafft hat, nach Harvard zu gehen, obwohl ich mir ganz sicher war, daß ihr das nicht gelingen würde. Auch wenn mich das Ganze eher nervt – ich muß versuchen, ihre Heiratspläne zu analysieren, und darf sie nicht ignorieren. Ich bin nur froh, daß sie das große Ereignis erst im nächsten Jahr ansetzt und nicht schon im nächsten Monat.

• • •

Ich freute mich darauf, den Sommer zu Hause zu verbringen. Die Vorstellung, daß ich Zeit mit Steve haben würde und wir alle uns in Lynns und Gordons Obhut fallenlassen könnten, gefiel mir. Ich hatte den sehnlichen Wunsch, wieder die intensive Fürsorge zu erleben, die der Schwarm im vergangenen Sommer und dann an Weihnachten erfahren hatte, und ich wußte, daß Gordon und Lynn das auch wollten.

Aber gleich am ersten Tag nach meiner Rückkehr begann ein Kampf, der sich über den ganzen Sommer hinziehen sollte. Als Steve und ich nach Hause kamen, lag Lynn mit einer schweren Erkältung im Bett. Lynn konnte ja nichts dafür, daß sie krank war, aber ich ärgerte mich trotzdem. Der Schwarm war fast neun Monate weg gewesen. Warum mußte sie ausgerechnet jetzt krank werden? Ich wollte Lynn gern die Zeit und Ruhe lassen, sich richtig zu erholen, aber gleichzeitig wollte ich sie auch sehen. Ich wartete dauernd darauf, daß sie anrufen und sagen würde: «Warum kommen Sie nicht mal vorbei?» Schließlich hielt ich es nicht mehr aus. Ich rief Lynn an und fragte, ob ich sie besuchen dürfe. «Klar», sagte Lynn, und als ich kam, schien sie sich ehrlich zu freuen.

Aber irgendwie war das nicht genug.

«Wenn Sie wirklich verstehen würden, welche Angst ich habe, Ihnen zur Last zu fallen, und wenn Sie wirklich wüßten, wie sehr wir es brauchen hierherzukommen, dann hätten Sie mich angerufen», sagte ich vorwurfsvoll.

Die Auseinandersetzungen gingen weiter, auch nachdem Lynn wieder gesund war.

Nach einer von Rustys Segelstunden sagte ich zu Gordon,

ich hätte ein schlechtes Gewissen, weil ich den Unterricht nicht bezahlen könne. Ich wußte, daß er von den Regatta-Seglern, die er trainierte, sehr viel Geld bekam.

«Und was ist mit der Bezahlung für die Behandlung?» fragte Lynn. «Glauben Sie nicht, daß die Arbeit, die ich mit dem Schwarm mache, auch etwas wert ist?»

Ich starrte sie ungläubig an. Lynn und ich hatten das vor einem Jahr ausführlich besprochen. Lynn bekam ein festes Gehalt. Anfangs hatte meine Studentenversicherung die Ambulanz für meine Sitzungen bezahlt. Aber seit der Schwarm im Sommer 1983 angefangen hatte, zu Lynn und Gordon nach Hause zu gehen, erhielt die Ambulanz kein Geld mehr. Lynn arbeitete den ganzen Tag voll und widmete sich dann noch dem Schwarm. Sie hatte damals gemeint, Muttersein sei nun einmal keine bezahlte Arbeit, aber sie war ja gleichzeitig auch noch meine Therapeutin. Ich wußte, daß ich sie bezahlen mußte, und hatte auch einen Plan dafür ausgearbeitet. Und ich hatte gedacht, sie sei damit einverstanden gewesen. Jetzt entschuldigte sie sich für ihren Ausbruch. Sie fühle sich in ihrer Arbeit nicht genügend gewürdigt, sagte sie.

Solche Vorfälle endeten immer damit, daß wir uns unter Tranen umarmten. Es gab auch ruhige, entspannte Tage, aber irgend etwas hing in der Luft. Lynn meinte, ich sei wütend. Ich bekam das Gefühl nicht zu fassen. Ich war gereizt und manchmal aufgebracht, aber es war nie die Art von berechtigter Wut, die ich Dr. Tate gegenüber empfunden hatte. «Vielleicht bin ich nur dabei zu lernen, was es heißt, schlechter Laune zu sein», meinte ich vergnügt. «Launen haben ihre Gründe», entgegnete Lynn. Sie fand die Situation gar nicht amüsant.

Ich reagierte überempfindlich auf alles, was Lynn sagte. Nie schien sie den richtigen Ton zu treffen, um sich wirklich mit mir verständigen zu können. Wenn sie mir irgendwelche Ratschläge gab, sagte ich, sie solle aufhören, mich zu erdrücken. Wenn sie meinte, ich solle selbst entscheiden, fühlte ich mich zurückgewiesen.

«Warum werden Sie denn nicht wütend auf Nancy?» fragte

Lynn. «Im Grunde geht es doch um sie.» Der Schwarm hatte achtundzwanzig Jahre hinter sich, die jede Menge Gründe bargen, wütend auf Nancy zu sein. Aber diese Wut schien immer noch zu gefährlich.

«Was wäre denn das Allerschlimmste, was passieren könnte, wenn Sie Nancy Ihre Wut zeigen?»

«Sie würde mit noch viel mehr Wut reagieren», antwortete ich. «Und Nancys Wut jagt Joan Frances schreckliche Angst ein.»

«Aber Renee», sagte Lynn gereizt, «warum lassen Sie sich das denn immer noch bieten?»

Der Schwarm hatte seine Gründe. «Sie ist meine Mutter», erklärte Joan Frances. «Eine Tochter ist ihrer Mutter Respekt schuldig. Ich möchte, daß meine Mutter mich liebt.»

«Ich habe meinem Vater auf dem Totenbett versprochen, daß ich mich um sie kümmern würde, so gut ich kann», sagte Jo.

«Und außerdem», ergänzte ich, «bin ich ja wütend auf Sie und nicht auf Nancy.»

Lynn versuchte, Eruptionen zu verhindern. Aber den ganzen Sommer hindurch verwickelten wir beide uns immer wieder in Streitereien, ohne recht zu wissen, warum. Ich hatte zwar ein schlechtes Gewissen, aber ich kam nicht gegen meinen Impuls an, sie auf hundertachtzig zu bringen.

«Wissen Sie, Renee», sagte Lynn nach einer dieser Auseinandersetzungen, «Sie testen unsere Beziehung, und Sie lernen, daß sowohl Ihre als auch meine Wut keine Gefahr bedeutet. Es ist für uns beide alles andere als leicht, aber ich verspreche Ihnen, wir werden's überleben. Da Sie sich nicht vorstellen können, daß Sie ohne großes Risiko auf Nancy wütend sein können, probieren Sie diese Wut an mir aus.»

«Übertragung!» brüllte ich. «Das ist das einzige, woran Sie denken können. Wäre es denn nicht möglich, daß ich echte Gründe habe, auf Sie sauer zu sein?» Aber ich war kaum je imstande, diese «Gründe» richtig zu benennen.

Im Juli wußte ich dann, daß meine Wut begründet war. Lynn

und Gordon ließen den Schwarm im Stich. Sie wollten eine dreiwöchige Reise an die Westküste machen. Ich konnte nicht von ihnen erwarten, daß sie zwei Jahre nacheinander auf ihren Urlaub verzichteten, und ich konnte ja auch verstehen, daß sie Erholung und Zeit für sich brauchten. Aber ich wollte einfach nicht, daß sie den Schwarm allein ließen. Das war irrational, das wußte ich. Ich weigerte mich, mit ihnen darüber zu sprechen, welche Gefühle die geplante Reise bei mir auslöste.

Der Abend vor ihrer Abreise begann relativ friedlich. Ich unterhielt mich mit Lynn, während sie die Koffer packte. Gordon kam immer mal wieder ins Wohnzimmer und machte irgendeine Bemerkung. Dann verschwand er wieder, um in einem anderen Zimmer zu packen. Ich freute mich, daß der Schwarm einen Abend erlebte, an dem er sich dann in den kommenden Wochen würde festhalten können.

«Ich wundere mich oft, wie sehr ich meine Schüler vermisse», sagte ich in Gedanken an meine Zeit als Lehrerin. «Vielleicht kann ich ja mal für Marianne und Neal babysitten», schlug ich beiläufig vor. Lynns Tochter und Schwiegersohn wohnten mit ihrem Vorschulkind und ihrem Baby ganz in der Nähe.

Mein Vorschlag war eigentlich nicht ernst gemeint gewesen, und ich erwartete, daß Lynn mit einem unverbindlichen «Ja, warum nicht?» reagieren würde. Statt dessen schwieg sie eine Weile. Dann sagte sie: «Tja – da muß ich Marianne und Neal mal fragen.»

«Meinen Sie, daß sie mir das nicht zutrauen würden?» Lynns Antwort verblüffte mich. Marianne und Neal wußten, daß ich multipel war, aber die einzige Persönlichkeit, die sie bisher kennengelernt hatten, war ich.

«Na ja, ich könnte verstehen, wenn jemand, der Sie nicht so gut kennt, Ihnen nicht unbedingt seine Kinder anvertrauen will», sagte sie.

Das traf mich tief. «Sie wissen, daß keiner aus dem Schwarm jemals einem Kind etwas antun würde!» schrie ich wütend. Ich fühlte mich verraten.

Besänftigend sagte Lynn: «Renee, wenn ich kleine Kinder hätte, würde ich sie Ihnen jederzeit anvertrauen. Gordon und ich überlassen Ihnen die Versorgung des Hauses, der Pflanzen und unserer Tiere, solange wir weg sind. Ich will nur sagen, daß andere Leute den Schwarm nicht so gut kennen wie wir. Marianne und Neal haben keinen Grund, Ihnen dieses Vertrauen entgegenzubringen.»

Aber Lynn konnte sagen, was sie wollte – es änderte nichts. Ich war gekränkt. Ich war wütend. Ich hörte nur, daß Lynns Tochter mir ihre Kinder möglicherweise nicht anvertrauen würde und daß Lynn das verstand.

Gordon kam ins Zimmer und spürte sofort, daß Lynn und ich uns wieder einmal stritten. Er hörte schweigend zu, bis er kapiert hatte, worum es ging. «Ich begreife gar nicht, warum Sie unbedingt babysitten wollen», sagte er dann, «Sie haben doch sowieso schon genug zu tun.

Und was ist schon dabei, wenn sie die Situation nicht verstehen? Es wird immer Leute geben, die sich nicht die Mühe machen zu verstehen», fügte er hinzu.

Ich fühlte mich mißverstanden und verraten. Genau wie Nancy und Ray vor vielen Jahren rotteten sich jetzt Lynn und Gordon gegen mich zusammen. Ich konnte unmöglich gegen *beide* ankämpfen.

«Was wäre, wenn Josie herauskäme und sich plötzlich mit kleinen Kindern konfrontiert sähe?» sagte Gordon. «Sie wüßte doch gar nicht, wie man mit einem Baby umgeht.»

Das brachte mich noch mehr in Rage. «Josie würde nie herauskommen, wenn Kinder in der Nähe sind. Sie meldet sich ja auch nicht, wenn ich Auto fahre oder wenn Rusty segelt – genausowenig wie die anderen, die mit solchen Situationen nicht umgehen können», sagte ich. «Sie wissen genau, daß der Schwarm bei so etwas die Sache in der Hand hat.»

Theoretisch war mein Argument zwar richtig, aber noch während ich redete, dachte ich daran, wie gefährlich nahe ich manchmal daran gewesen war, diese Kontrolle zu verlieren. Und ich wußte, daß Lynn und Gordon dasselbe dachten.

Ich fühlte mich in einer Falle. Einerseits war ich eindeutig fähig zu funktionieren, und andererseits waren da die unleugbaren pathologischen Mechanismen des Schwarms. Ich fand, daß ich von Lynn und Gordon widersprüchliche Botschaften bekam, und das steigerte noch mein Gefühl der Ausweglosigkeit. Sie kannten mich als kompetente Frau, und sie kannten die pathologischen Reaktionen des Schwarms. Sie hatten sich mit unseren Selbstmordimpulsen auseinandergesetzt und mit völlig verstörten kindlichen Persönlichkeiten. Trotzdem waren sie wie ich der Ansicht gewesen, daß ich es schaffen könne. Sie mochten den Schwarm in seiner ganzen Einmaligkeit. Aber jetzt meinten sie offenbar, ich sei zu krank, um auf ihre Enkelkinder aufzupassen.

So viele Erinnerungen, so viele widersprüchliche Emotionen. Ich fühlte mich total in die Ecke gedrängt. Ich stand vom Sofa auf und ging in Richtung Tür.

«Ich glaube nicht, daß Sie jetzt gehen sollten», sagte Lynn mit Nachdruck.

«Nein, Sie sollten so lieber nicht Auto fahren», stimmte Gordon ihr zu.

Das war zuviel. «Na, wunderbar», sagte ich. «Jetzt denken Sie schon, ich bin so verrückt, daß ich nicht mehr auf mich selbst aufpassen kann.»

Oben an der Treppe blieb ich stehen, gelähmt von meiner eigenen Ambivalenz. Ich wollte so nicht gehen, ich wollte nicht, daß Lynn und Gordon im Zorn abfuhren.

Josie fand sich mitten auf der Treppe wieder, erfüllt von Panik und rasender Wut. Diese Gefühle katapultierten sie vorwärts, wie schon so oft in der Vergangenheit. Sie warf sich durch die Glastür. Lynn und Gordon fanden Josie zwischen den Scherben liegend, benommen und blutüberströmt. Gordon führte Josie ins Wohnzimmer, und nachdem er sich die tiefen Schnittwunden angesehen hatte, rief Lynn einen befreundeten Arzt an. Er sollte entscheiden, ob der Arm genäht werden mußte. Es war völlig undenkbar, in die Notaufnahme zu gehen. Das würde das Trauma nur noch verschlimmern.

Josie verschwand, und Jo fand sich auf dem Teppich sitzend wieder. Gordon hatte schützend den Arm um sie gelegt. Amnestisch wie immer, wußte sie nur, daß die Schnittwunden sehr tief waren und schmerzten und daß ihre Jeans und der Teppich mit Blut verspritzt waren. «Tut mir leid wegen des Blutes», sagte sie. «Was ist denn diesmal passiert?» Ungläubig schüttelte sie den Kopf, als sie hörte, Josie habe sich durch die Tür geworfen, weil Renee und Lynn sich wieder einmal gestritten hatten.

Jo behielt die Kontrolle, solange der Internist die Schnittwunden untersuchte und verband. Es war schon nach drei Uhr morgens, als sie erschöpft zu Steve nach Hause fuhr. Ich schämte mich entsetzlich, daß ich genau das demonstriert hatte, was ich gerade noch geleugnet hatte: daß ich schwer krank war. Deshalb kam ich erst am nächsten Nachmittag wieder zum Vorschein, um noch einmal zu Lynn und Gordon zu fahren und wenigstens einigermaßen Frieden zu schließen, ehe sie wegfuhren.

Seit ich mich Lynn so fern fühlte, hatte ich Jo und Steve oft als verständnisvolle Freunde und Berater erfahren. Jo konnte ausgezeichnet zwischen Lynn und mir vermitteln. Wenn sie von unseren Streitereien erfuhr, brachte sie oft Gedanken vor, die Lynn und – zu meiner großen Überraschung – auch mir richtig erschienen.

Ich war zu verstrickt in meine Auseinandersetzung mit Lynn, um irgend etwas von dem, was sie sagte, wirklich akzeptieren zu können. Jo wurde mir eine Art innere Beraterin, eine erfahrene ältere Schwester, die sowohl meine Mom als auch mich selbst auf bestimmte Dinge aufmerksam machen konnte.

In ihrem Tagebuch, in dem sie den Schwarm so oft kritisierte und die anderen Persönlichkeiten immer als «sie» bezeichnete, schrieb Jo:

> Renee, ich fühle mich dir jetzt so nah. Ich kenne dich nur schattenhaft, von den kurzen Augenblicken, in denen ich dich flüchtig mit meinem geistigen Auge gesehen habe. Ich

bin immer wieder auf Beweise für deine Leistungen gestoßen, ich war beschämt angesichts deiner Kompetenz, und manchmal haben mich die Umstände gezwungen, so zu tun, als wäre ich du. Normalerweise bin ich mir deiner nur sehr peripher bewußt. Aber das ist jetzt anders. Ich sehe dich jetzt in den innersten Tiefen meines Selbst und blicke tief in dich hinein.

Jetzt schauen wir uns an. Wenn ich so in dich hineinsehe, von Wesen zu Wesen, bauen wir die Barrieren zwischen uns ab. Es ängstigt uns, ich kann deine Angst in meiner eigenen wiedererkennen. Aber ist es nicht auch aufregend und beglückend? Es ist wie eine Fahrt mit der Achterbahn – wir sind ganz oben angelangt, und wir können uns nun bei der atemberaubenden Talfahrt an der Hand halten.

Jo und ich waren dabei, Freundinnen zu werden, und ich merkte, daß ich auch den Rest des Schwarms gern hatte. Missy war ein vergnügtes, künstlerisch begabtes Kind. Rusty hatte einen drolligen Humor. Alle schienen gesünder, glücklicher und produktiver zu werden. Wenn ich den Schwarm nicht gerade in Streß versetzte, indem ich mit Lynn stritt, dann hatte ich jetzt immer das Gefühl, daß ich den Körper, diesen physischen Raum, mit einer Gruppe interessanter und wertvoller Leute teilte.

Ich lernte außerdem, Steve zu vertrauen und mich auf ihn zu verlassen. Er tröstete mich immer, wenn ich nach Hause kam und mich gerade wieder mit Lynn gestritten hatte. Auch mit den anderen Persönlichkeiten verbrachte er mehr Zeit als je zuvor. Wenn Steve und ich über irgendein ernstes abstraktes Thema redeten, zog ich mich inzwischen bereitwillig nach innen zurück, um Jo das Feld zu überlassen. Missy begleitete Steve oft, wenn er mit den Hunden spazierenging, und gelegentlich half ihm Rusty beim Holzsägen.

Steve sagte, er freue sich, daß ich genug Vertrauen zu ihm hätte, um ihn auch zu den anderen Persönlichkeiten eine Beziehung aufbauen zu lassen. Er wußte, es war ein Zeichen meiner zunehmenden Gesundung, daß ich die anderen nun akzeptierte, aber im Grunde mochte er doch *mich* am liebsten. Er wollte wissen, wann ich integriert sein würde – wann die anderen Persönlichkeiten verschwinden würden.

«Hör zu, Steve», sagte ich, «ob es dir paßt oder nicht – all diese Persönlichkeiten sind Teil des Ganzen. Keine wird je verschwinden.»

«Was ist mit Robin und Reagen? Oder mit Little Joe?» fragte er.

«Diese Persönlichkeiten wurden absorbiert, nicht weggeschickt. Keine von denen da drinnen wird je verschwinden. Wir sind real. Wir sind alle wichtig.»

TAGEBUCHEINTRAG *23. August 1984*

Ich hatte einen geruhsamen Sommer erwartet – aber statt dessen ließ sich alles ganz fürchterlich an. In gewisser Hinsicht war es noch viel anstrengender als im letzten Sommer, weil ich überhaupt nicht darauf vorbereitet war. Ich war stolz darauf gewesen, daß Renee sich in der Auseinandersetzung mit Dr. Tate so erfolgreich hatte durchsetzen können. Aber es war ein völlig anderes Gefühl, ihre Wut gegen mich *gerichtet zu erleben, zumal sie es nicht ertragen konnte, wenn ich ihre Emotionen als Wut bezeichnete.*

Der Sommer war genauso wie das Wochenende im Oktober – nur ohne die versöhnlichen Qualitäten. Ich sah mich einem brodelnden Teenager gegenüber, der von einem inneren Aufruhr geschüttelt wurde und alles auf mich projizierte. Und darauf war ich nicht gefaßt – ich verstand es nicht und wehrte mich mit aller Kraft.

Ich fand es besonders schwierig, mich mit der Renee-Persönlichkeit auseinanderzusetzen, mit der ich immer so viel Spaß gehabt hatte. Jetzt konnte ich ihr nichts recht machen. Ich war daran gewöhnt, mit Jo endlose, quälende Diskussionen zu führen, bei denen ich immer sehr genau aufpassen mußte, was ich sagte oder tat. Renee und ich hingegen hatten diskutiert, gestritten, uns auf irgend etwas geeinigt oder auch nicht und dabei unbefangen alles ausgelotet und laut gedacht, ohne Zensur. Jetzt fing sie an, sich wie Jo aufzuführen, aber sie war um einiges wütender, als Jo es je gewesen war.

Gleichzeitig konnte ich ganz klar sehen, daß der Schwarm immer näher zusammenrückte und sehr viel gesundes Selbstvertrauen entwickelte. Warum nahm dann Renee nicht einfach mich und die Behandlung als gegeben hin? Warum mußte sie mich dauernd auf meine Fehler hinweisen und mir vorwerfen, ich würde nichts verstehen und mir sei alles egal? Ich war verblüfft, fühlte mich ausgenutzt und gekränkt und wurde meinerseits auch unglaublich wütend. Nichts von dem, was ich versuchte, schien zu klappen, bis der Abend vor unserer Abreise kam und Josie sich durch die Glastür warf, als gewaltsamer Ausdruck von Renees Wut.

Dieser Schock zwang uns alle, noch einmal genauer hinzusehen. Ich war jetzt fähig, einen Schritt zurückzutreten, und da begriff ich, daß nicht nur Renee wie eine Adoleszente agierte, sondern daß auch ich ganz entsprechend wie die Mutter reagierte. Diese Einsicht bedeutete zwar keine Lösung des Konflikts, aber immerhin wurde dadurch der Rest des Sommers erträglicher, und es kam weniger häufig zu Explosionen.

31

Wir kehrten mit dem Gefühl nach Harvard zurück, daß wir auf eine ganz neue Weise zusammengerückt waren. Wir wurden uns immer sicherer, daß Kooperation, nicht Integration für uns das realistische Ziel war. Wir wollten unbedingt beweisen, daß wir auch als Gruppe mit dem Leben zurechtkamen.

Zwischen Jo und mir gab es noch die amnestischen Barrieren, die uns daran hinderten, innerlich zu kommunizieren, aber wir zogen doch an einem Strang, wenn es um die Integration ging: in unserem Fall würde es nicht dazu kommen. Für Jo war die Verschmelzung mehrerer Persönlichkeiten zu einem einzigen Selbst vor allem ein logisches Problem. Meine Gründe waren andere.

Für mich war klar, daß der Schwarm, trotz gelegentlicher depressiver Anwandlungen, mehr leisten konnte als viele unserer Mitstudenten, und erst recht jetzt, da wir unser eigenes Appartement hatten und täglich vierzehn bis siebzehn Stunden ungestört arbeiten konnten. (Ich dachte, wir bräuchten diese Form von Privatsphäre, und hatte mir eine Assistentenstelle mit doppelter Lehrstundenzahl gesichert, um die Miete bezahlen zu können.)

Der Schwarm brauchte nur vier bis fünf Stunden Schlaf pro Nacht. Das ließ uns viel Zeit zum Arbeiten. Und die Amnesie, die uns früher so behindert hatte, erwies sich jetzt als Vorteil. Wir waren um ein Vielfaches produktiver als andere Leute, da sich jede Persönlichkeit ganz auf eine bestimmte Aufgabe konzentrieren konnte. So arbeitete Jo beispielsweise stundenlang an irgendwelchen Referaten, ohne sich Gedanken darum zu machen, was sonst noch getan werden mußte. Wenn ich Jo beiseite schob, um meinen Lehrverpflichtungen nachzukommen, brauchte ich mir keine Sorgen wegen des Referats zu machen. Und sobald Jo sich dann wieder an die Arbeit setzte, machte sie da weiter, wo sie aufgehört hatte, ohne sich wegen der «verlorenen Zeit» zu beunruhigen. Sie hatte ein richtiges Computergedächtnis, das alles speicherte, was sie mitbekam. Und ihre Konzentrationsfähigkeit wurde noch dadurch gesteigert, daß das, was zwischen ihren Bewußtseinsphasen lag, einer ebenso umfassenden Amnesie anheimfiel.

Die Multiplizität brachte ganz offensichtlich die Fähigkeit mit sich, die Zeit des bewußten und halbbewußten Denkens sehr viel effizienter zu nutzen. Ich wollte nicht auf diese größere Leistungsfähigkeit verzichten, nur um so zu werden wie alle anderen.

Aber mir war klar, daß die schwierigen Zeiten noch nicht vorbei waren. Obwohl ich den ganzen Sommer über so ausführlich mit Lynn «geübt» hatte, reagierte ich immer noch sehr extrem auf jede Unstimmigkeit zwischen den Persönlichkeiten, und in fast allen zwischenmenschlichen Beziehungen war ich nach wie vor sehr ängstlich und unsicher. Außerdem wußte ich, daß mit der Promotion noch eine ganze Portion Streß auf uns zukommen würde, zumal wir beschlossen hatten, das Pensum von zwei Studienjahren in einem zu bewältigen. Und dann waren da ja auch noch die Lehrverpflichtungen. Selbst eine multiple Persönlichkeit konnte den Tag nicht strecken.

Ich entschloß mich, doch auf die Suche nach regelmäßiger therapeutischer Unterstützung zu gehen. Ich hatte zwar das Horrorerlebnis mit Dr. Tate nicht vergessen, sagte mir aber, daß es ja jetzt um etwas ganz anderes gehe. Diesmal wollte ich mich aus freien Stücken mit dem Psychiatrischen Zentrum in Verbindung setzen, das der Uniklinik angegliedert war. Ich kam nicht als akuter Krisenfall, sondern war genau wie die anderen Studenten, die eine regelmäßige Gesprächsmöglichkeit mit einer therapeutisch geschulten Fachkraft suchten. Viele Studenten gingen einmal in der Woche zur Psychotherapie. Mein Ansinnen war also nicht weiter ungewöhnlich.

Ich besprach mein Vorhaben zunächst mit Dr. Matthews,

dem Arzt, der sich erboten hatte, dem Schwarm als «Sicherheitsnetz» zur Verfügung zu stehen. Ich erklärte ihm, warum ich mir lieber therapeutische Unterstützung in Cambridge selbst suchen wolle, als regelmäßig zu ihm zu kommen, was jedesmal eine längere Anfahrt bedeutete, und ich berief mich außerdem auf meine Finanznöte. «Ich muß Harvard jährlich mehrere hundert Dollar für die Krankenversicherung hinblättern. Warum sollte ich da für die Stunden bei Ihnen noch einmal sechzig Dollar zusätzlich zahlen?»

Dr. Matthews meinte auch, daß mein Ersuchen um regelmäßige psychotherapeutische Unterstützung nichts Besonderes wäre, auch wenn mein Problem ungewöhnlich sein mochte. Er schlug mir vor, mich an Frau Dr. Brandenberg zu wenden, die Leiterin des Ärztezentrums, zu dem auch Dr. Tate gehörte. «Dr. Brandenberg mag vielleicht nichts von multiplen Persönlichkeiten verstehen», erklärte mir Dr. Matthews, «aber sie wird sicherlich einsehen, daß Sie ein Recht auf ein bißchen Beistand haben.»

Ein paar Tage später wartete ich vor Frau Dr. Brandenbergs Sprechzimmer. Ich merkte, daß ich es langsam leid war, den Ärzten nachzusehen, daß sie «nichts von multiplen Persönlichkeiten verstanden». MPD (Multiple Personality Disorder – Multiple Persönlichkeitsstörung) war seit mindestens hundert Jahren als psychische Krankheit anerkannt und durch zwei vielgelesene Bücher in das Bewußtsein der Öffentlichkeit und der Medizin gerückt: zunächst durch *Die drei Gesichter Evas* in den fünfziger Jahren und dann noch einmal in den Siebzigern durch *Sybil.* Das hatte in den Fachzeitschriften eine ganze Lawine von Aufsätzen zu dieser Problematik ausgelöst.

Ich konnte ja verstehen, daß nicht jeder Mediziner oder Therapeut schon selbst einen solchen Fall behandelt hatte, aber ich konnte nicht akzeptieren, daß die meisten Fachleute so wenig über diese Störung wußten. Sie hatten doch zumindest Zugang zu den Fachzeitschriften, aus denen Jo ihren Fundus an Wissen zu diesem Thema gezogen hatte.

Der Schwarm war ja schon bei etlichen anderen Therapeuten gewesen, ehe er schließlich auf Lynn gestoßen war. Sie hatten die Störung nicht erkannt, aber man mußte ihnen zugute halten, daß wir damals auch alles getan hatten, um sie zu verbergen. Jetzt dagegen, da wir mit der Diagnose zu leben und das Problem offen und ausführlich zu erklären gelernt hatten, sah ich nicht mehr ein, wieso es so schwierig sein sollte, einen Arzt zu finden, der seinerseits bereit war, etwas dazuzulernen.

«Ich bin doch keine Monstrosität», erklärte ich Dr. Brandenberg, «und ich habe es satt, als absonderlich und unbehandelbar betrachtet zu werden. Ich habe unter den Studenten hier echte Psychotiker erlebt, und sie werden auch toleriert. Ich bin lebenstüchtig, ich bin eine gute Studentin, aber als ich letztes Jahr in einer Krisensituation hierherkam, hat man mir mit der Zwangsexmatrikulation gedroht. Das ist einfach nicht fair.»

Frau Dr. Brandenberg erklärte mir, sie wolle sich nach jemandem umsehen, der bereit sei, mit mir zu arbeiten.

«Es trifft mich, daß Sie extra jemanden suchen müssen, als sei ich eine fürchterliche Abnormität», sagte ich.

«Manche Psychiater glauben nicht an multiple Persönlichkeiten», hielt sie mir vor.

«Sie glauben nicht an multiple Persönlichkeiten», äffte Kendra Frau Dr. Brandenberg nach, als wir die Praxis verließen. «Seit wann sind psychische Störungen Glaubensfragen?» Kendra hielt sich in letzter Zeit eher zurück und trat eigentlich nur noch als Teil der Allianz in Erscheinung, aber wenn ihr mäßigender Einfluß mich nicht davon abzuhalten vermochte, irgend etwas zu tun, wovon sie glaubte, daß es den Schwarm gefährden könne, dann meldete sie sich.

Ein paar Wochen später rief ich wieder bei Frau Dr. Brandenberg an, da wir immer noch nichts gehört hatten. Sie erklärte, sie habe die Sache nicht vergessen und eine gewisse Frau Dr. Wu habe Interesse bekundet. Eine weitere Woche verging, ehe Frau Dr. Wu schließlich anrief.

Ich war am Telefon, aber als die Ärztin ihren Namen nannte, schob Kendra den Rest der Allianz beiseite. «Laßt mich mal», sagte sie innerlich. «Diese Sache übernehme ich.» Kendra und ich waren inzwischen von unserer ganzen Art zu sprechen her nicht mehr unterscheidbar.

«Sie möchten einen Termin?» fragte die Ärztin.

«Das kommt darauf an», bremste Kendra. «Sie wissen, daß ich multipel bin?»

«Ich habe Ihren Krankenbericht gelesen», sagte die Ärztin ausweichend.

«Oh, na großartig», sagte Kendra.

Der Krankenbericht. Nun, diese Ärztin würde den Schwarm wohl erst kennenlernen müssen, um zu begreifen, daß der Bericht mehr über Dr. Tates Probleme aussagte als über meine. Ich hatte ihn gelesen und war entsetzt gewesen. Nachdem mich Dr. Tate vor jedem weiteren Kontakt gewarnt und mir für den Fall, daß ich mein «manipulatives» Verhalten nicht aufgab, mit der Zwangsexmatrikulation gedroht hatte, besaß er die Dreistigkeit zu schreiben, er würde diesen komplizierten Fall in enger Zusammenarbeit mit Dr. Matthews weiter verfolgen.

Von Dr. Matthews wußte ich, daß er nie mehr etwas von Dr. Tate gehört hatte. Und das gleiche galt auch für mich.

Kendra fragte Frau Dr. Wu, ob sie je mit einer multiplen Persönlichkeit gearbeitet habe.

«Nein», antwortete sie, «aber das können wir alles besprechen, wenn Sie hier sind.»

Kendra holte tief Luft. Inzwischen kannten wir alle die psychiatrische Routine.

«Ich kann verstehen, daß Sie lieber persönlich mit mir über alles reden wollen», sagte ich, «aber ich fürchte, ein paar Dinge muß ich doch wissen, ehe ich einen Termin mit Ihnen mache. Wenn Sie den Bericht gelesen haben, werden Sie ja nachvollziehen können, daß meine Erfahrungen mit Ihrem Zentrum bisher nicht gerade die besten waren. Ich möchte weder Ihre noch meine Zeit vergeuden, wenn wir uns nicht verständigen können. Deshalb eine Frage: Glauben Sie an multiple Persönlichkeiten?»

«Ich glaube an Sie», erwiderte Frau Dr. Wu.

«Daß es mich gibt, steht für mich außer Zweifel», sagte Kendra gelassen, «und ich gehe davon aus, daß es auch für Sie offensichtlich ist. Das ist nicht die Frage. Glauben Sie an MPD, so, wie es in der Fachliteratur beschrieben wird?»

Sie sagte: «Ja.»

Kendra sagte: «Gut.»

Der Termin wurde vereinbart. Zum Abschluß des Gesprächs gab Kendra Frau Dr. Wu die Telefonnummern von Lynn und Dr. Matthews. «Da können Sie wesentlich mehr über mich erfahren als aus dem Krankenbericht», meinte sie. «Wenn Sie einen von beiden anrufen, wissen Sie schon ein bißchen Bescheid, ehe ich zu Ihnen komme.»

Sie legte auf und sagte zu mir: «Mein Gott, Renee, warum bestehst du nur darauf, dich immer wieder in die Klauen dieser Psychiater zu begeben? Das beweist für mich nur, daß du die verrückteste von uns allen bist.»

Die anderen hielten sich zurück, als ich zu Frau Dr. Wu ging. Kendra gefiel das Ganze nicht, und sie paßte genau auf, um nötigenfalls sofort einzugreifen.

Frau Dr. Wu war jung und zurückhaltend. Als ich sie fragte, warum sie bereit gewesen sei, mit mir zu sprechen, erklärte sie, sie sei noch Assistenzärztin. Sie wolle möglichst viele verschiedene Patiententypen sehen und etwas über die Probleme lernen. Ich war entzückt: meiner Meinung nach sollten alle Ärzte mehr über MPD lernen. Aber es bestürzte mich, daß sie weder mit Lynn noch mit Dr. Matthews Kontakt aufgenommen hatte. Sie habe keine Zeit dazu gehabt, erklärte sie. Nein, sie habe auch weder *Sybil* noch irgend etwas von der Fachliteratur über MPD gelesen.

«Was hat Sie veranlaßt, Frau Dr. Brandenberg aufzusuchen?» wollte sie wissen.

Ich erklärte ihr, daß ich irgendeine Form therapeutischer Unterstützung wolle. «Ich möchte einfach einmal in der Woche mit jemandem reden, der mir hilft, mit dem Streß klarzukommen, den es bedeutet, zu promovieren und eine Assistentenstelle zu haben und außerdem noch multipel zu sein.

Ansonsten geht es im Moment ganz gut – der Schwarm ist friedlich und kooperativ. Ich möchte nur, daß es so bleibt.

Es gibt keine schwerwiegenden Probleme, die wir bearbeiten müßten, keine Abreaktion des Mißbrauchstraumas oder irgend etwas in der Art», versicherte ich ihr. «Ich will nur verhindern, daß der Schwarm in eine Krise gerät.»

Ich redete vierzig Minuten lang und fühlte mich immer unwohler. Frau Dr. Wu blieb die ganze Zeit kühl, beherrscht, distanziert. Das war für mich so ungefähr das Irritierendste, was es gab: wenn jemand gar nicht reagierte. «Wo sind Sie?» wollte ich sie fragen. «Hören Sie mir überhaupt zu?» Statt dessen erklärte ich weiter, in der Hoffnung auf irgendein Zeichen des Verstehens, eine Andeutung von Empathie. Selbst eine Äußerung des Unglaubens wäre mir lieber gewesen als diese nichtssagende, ungerührte Maske. «Vielleicht würden Sie es ja besser verstehen, wenn Sie eine der anderen Persönlichkeiten kennenlernen würden», schlug ich vor. Sie sagte nichts, und ich befand, daß sie offenbar entschlossen war, die Dinge zu nehmen, wie sie kamen. Ich schlüpfte nach drinnen.

Jo erwachte in dem Sprechzimmer, in dem es allmählich dämmrig wurde. Sie sah auf die Uhr. Fünf Uhr sechsundvierzig. Wo war sie? Lynn hatte es versäumt, ihr zu sagen, daß ich wieder einmal auf der Suche nach therapeutischem Beistand war, und Jo hatte vergessen, auf den Kalender zu schauen, wo der Schwarm die verschiedenen Termine eintrug. Wie üblich kam sie aus dem amnestischen Dunkel.

Jo sah sich in dem Sprechzimmer um. Sie kannte diese Frau nicht, die da hinter dem Schreibtisch saß. Sie kniff die Augen zusammen, um die Titel der Bücher in dem Regal hinten an der Wand zu entziffern, weil sie dachte, daß ihr das vielleicht auf die Sprünge helfen würde. Eine Professorin? Nein, die Frau trug einen weißen Kittel. Wahrscheinlich eine Ärztin oder so etwas. Die Bücher waren zu weit weg, um Jo einen Anhaltspunkt zu liefern, aber die Frau sagte jetzt etwas.

«Und warum meinen Sie, daß Sie eine Klinikunterbringung nicht verkraften würden?»

«Klinikunterbringung!» dachte Jo entsetzt. «O nein, was haben sie jetzt mit mir gemacht?» Sie konzentrierte sich auf ihre Nervenendungen. Kein Schmerz, kein Anzeichen für eine suizidale Geste. «Wollen Sie mich einweisen?» fragte Jo auf ihre charakteristische stockende Art. Sie sah aus dem Fenster und identifizierte die Gegend als eine Straße in der Nähe des Campus.

«Nein, ich will Sie nicht einweisen», sagte Frau Dr. Wu. «Aber Sie haben mir vorhin erklärt, Sie wollten eine Klinikunterbringung um jeden Preis vermeiden… oder besser: Renee hat das gesagt. Ich wollte nur wissen, warum Sie sich so sehr dagegen sträuben.»

Jo entspannte sich ein wenig und lächelte zögernd. Offenbar wußte diese Frau, daß sie multipel war.

Dann wurde sie ärgerlich. Sie war sauer auf Renee, weil die sie einfach dieser Situation auslieferte, und sie ärgerte sich auch über diese unbekannte Frau. Wenn diese Person doch wußte, daß sie multipel war und daß sie es mit einer anderen Persönlichkeit zu tun hatte als der, mit der sie vorhin geredet hatte, warum sagte sie ihr dann nicht, was hier gespielt wurde? Warum stellte sie sich nicht vor? Warum knallte sie ihr einfach eine Frage hin, die für Jo absolut aus dem Nichts kam?

Schließlich sagte Jo: «Ich will Ihrer Frage nicht ausweichen, aber wenn ich mich plötzlich an einem fremden Ort wiederfinde… ich meine, Sie wissen doch, daß ich multipel bin und keine Ahnung habe, wo ich mich befinde… Ich weiß gar nicht, wer Sie… Wer sind Sie?»

«Ich bin Frau Dr. Wu», sagte die Frau.

«Psychiaterin?» fragte Jo. Als die Ärztin bejahte, erklärte Jo: «Ich bin amnestisch, und es fällt mir schwer, Fragen zu beantworten, wenn mir der Kontext fehlt. Warum haben Sie mich gefragt…»

«Ihre Zeit ist sowieso vorbei», unterbrach sie die Frau. «Möchten Sie einen neuen Termin haben?»

Ich übernahm und machte einen Termin in einer Woche

aus, obwohl ich mir ganz und gar nicht sicher war, ob die anderen zulassen würden, daß ich ihn einhielt.

«Ich habe dir ja gleich gesagt, das wird nichts», meinte Kendra.

Die ganze Woche über versuchte ich die anderen dazu zu bewegen, mir einen zweiten Versuch zu erlauben. «Seid doch nicht so voreilig», sagte ich. «Sie ist noch jung und hat keine Ahnung von MPD. Vielleicht wird sie ja mit der Zeit lockerer. Geben wir ihr noch eine Chance.»

Zu Beginn der nächsten Sitzung fragte ich Frau Dr. Wu, ob sie inzwischen die Zeit gefunden hätte, Dr. Matthews oder Lynn anzurufen. Nein, das habe sie nicht getan, aber sie habe mit den Kollegen gesprochen, die mich letztes Jahr gesehen hätten. «Ich werde mich nicht auf Ihre Manipulationsversuche einlassen», erklärte sie. «Ich habe gehört, daß Sie es gewohnt sind, die Regeln selbst festzulegen und Ihren Willen durchzusetzen, aber diesmal wird das nicht klappen. Ich werde Sie nur alle zwei Wochen sehen, nicht wöchentlich. Und ich werde Ihnen in irgendwelchen Krisensituationen nicht zur Verfügung stehen.»

«Augenblick, das muß ich erst einmal klarkriegen», sagte ich langsam. «Angenommen, ich gehe eine therapeutische Beziehung mit Ihnen ein und rufe Sie irgendwann an, weil mir alles aus der Hand gleitet und ich nicht mehr durchblicke, dann würden Sie nicht mit mir reden?»

«Ich würde wohl nicht einfach auflegen», sagte sie, «aber ein paar Dinge möchte ich von vornherein klarstellen: Wir werden uns auf keinen Fall öfter als jeden zweiten Donnerstag sehen, die Sitzungen werden die Zeit von fünfzig Minuten nicht überschreiten, ich werde Ihnen in irgendwelchen Krisensituationen nicht helfen, und ich werde mich mit keiner anderen Persönlichkeit befassen.»

«Na, wunderbar», dachte ich. «Ich komme hierher, weil ich will, daß mir jemand hilft, mit meinem Problem klarzukommen, und sie erklärt mir, daß sie mir nur hilft, wenn ich dafür sorge, daß das Problem nicht in Erscheinung tritt.»

Nun, da Frau Dr. Wu die Grenzen unserer therapeutischen

Beziehung abgesteckt hatte, wollte sie hören, was ich mir von der Therapie erwarte. Ich wußte, daß ich sowieso nie wieder kommen würde, und befand daher, daß ich nichts zu verlieren hatte.

«Ich möchte mit Ihnen über den Studienstreß reden können und über die zusätzliche Belastung, die es bedeutet, multipel zu sein», wiederholte ich, was ich schon in der letzten Sitzung ausgeführt hatte. «Ich möchte von Ihnen eine gewisse Unterstützung», fuhr ich fort, «und ich möchte, daß Sie mir Ratschläge geben, wie ich besser mit Streßsituationen und kleinen Problemen umgehen kann, damit sie sich gar nicht erst zu einer Krise auswachsen. Ich bin zu Ihnen gekommen, weil ich es nicht richtig finde, meine Freundinnen an der Uni mit diesen Schwierigkeiten zu belasten.»

«Demnach», sagte sie, «ist es also Ihre Erwartung an die Therapie, daß sie Sie in die Lage versetzt, Ihren Freunden zu erzählen, daß Sie eine multiple Persönlichkeit zu sein glauben.»

«Nein», sagte ich, «das ist nicht meine Erwartung. Ich habe nicht den narzißtischen Drang, den Leuten von meinem Problem zu erzählen. Die anderen Studenten und Studentinnen haben ihre eigenen Probleme. Ich will ihnen nicht auch noch meine aufburden. Deshalb bin ich hierhergekommen – ich will lieber professionelle Hilfe in Anspruch nehmen, als mich ausschließlich auf meine Freunde zu stützen.»

Ich holte tief Luft. «Und außerdem *glaube* ich nicht, daß ich eine multiple Persönlichkeit bin», sagte ich. «Ich *bin* es. – Vielen Dank, daß Sie die Zeit für mich erübrigt haben.»

«Möchten Sie einen neuen Termin machen?» fragte sie.

«Nein», sagte Kendra. «Wir kommen nicht wieder.»

Während ich in dieser Nacht schlaflos in meinem Bett lag, versuchte ich dahinterzukommen, was eigentlich schiefgelaufen war. Vielleicht würde ich ja jetzt endlich aus der Erfahrung lernen. Bei dieser Frau würde ich jedenfalls nie wieder Unterstützung suchen. «Aber warum kann sich denn nicht auch mal jemand außerhalb des Schwarms bemühen, etwas dazuzulernen?» fragte ich mich.

Nachdem die Hoffnung auf Hilfe von außen geplatzt war, kompensierte der Schwarm die Enttäuschung durch Hilfe von innen. Ende Oktober fand ich eines Morgens beim Aufwachen mehrere Blätter mit einem maschinengeschriebenen Gesprächsprotokoll: das Produkt einer ganz neuen Form schwarminterner Kommunikation. Obgleich Jo und einige andere Persönlichkeiten nach wie vor amnestisch waren und immer noch nicht bewußt mit anderen innerhalb des Schwarms kommunizieren konnten, waren doch auf einer tieferen Ebene die Barrieren verschwunden.

Die Persönlichkeit, von der diese neue Fähigkeit ausging, nannte sich Unity. Sie war noch nie nach außen hin in Erscheinung getreten und beanspruchte auch nie das Bewußtsein in einer Weise, die die Verdrängung einer anderen Persönlichkeit bedeutet hätte. Sie behauptete, sie sei einzig und allein dazu da, uns zu helfen, effizienter miteinander zu kommunizieren und enger zusammenzurücken.

Ich wußte nicht, ob Unity neu im Schwarm war oder ob sie immer schon still und unbemerkt dazugehört hatte. Aber woher sie kam, war auch nicht so wichtig; viel entscheidender war der neue Zusammenhalt zwischen uns.

Unity initiierte und leitete Diskussionen in einer selbstinduzierten hypnotischen Trance. Da ihr klar war, daß zumindest für einige von uns das bewußte Wissen um diese mitternächtlichen Konferenzen wichtig war, bat Unity die praktische Karen-Persönlichkeit, während der Besprechungen Protokoll zu führen. Selbst ich, die am wenigsten amnestische unter den beteiligten Persönlichkeiten, hatte keine Erinnerung an die Meetings. Aber viermal während der Monate Oktober und November fand ich morgens das Protokoll einer Konferenz, die angeblich etwa eine Stunde nachdem ich zu Bett gegangen war, begonnen hatte. Ich war weder beunruhigt wegen der «verlorenen Zeit» noch verärgert, daß der Körper unabhängig von meiner Kontrolle fungiert hatte.

Ich kam mir bei dem Ganzen nur ziemlich albern vor. Und mit diesem Gefühl war ich nicht allein. Dem Protokoll nach zu urteilen, war unsere Schwarm-Gesamtkonferenz ein Testlauf, der recht skeptisch aufgenommen wurde.

Unity stellte sich vor und versicherte den anderen, daß sie sich an diese Konferenz später nicht erinnern würden. Sie meinte, wir sollten doch einmal ausprobieren, wie eine solche Tiefenkommunikation ablaufen könne.

Das Protokoll lautete:

KENDRA (auf Unitys einführende Worte hin): Also, weißt du, wenn du uns schon alle extra aus dem Schlaf gerissen hast, könntest du uns auch sagen, was das Ganze eigentlich soll.

UNITY: Zunächst mal: Ich habe euch nicht aus dem Schlaf gerissen. Ich habe euch gerade erklärt, daß ihr gar nichts davon wissen werdet, daß ihr hier wart.

JO: Tatsache ist aber, daß der Körper an der Schreibmaschine sitzt. Ob sich nun jemand daran erinnert oder nicht.

UNITY: Ich gebe zu, daß ich die Begriffe ein bißchen dehne, damit diese Besprechung schriftlich festgehalten werden kann. Würde es denn für euch einen Unterschied machen, wenn ich den Körper im Bett hätte liegen lassen, während wir auf diese Weise miteinander reden?

JO: Das kann ich nicht beantworten.

UNITY: Wir würden genau das gleiche tun, nur daß Karen nicht mitschreiben würde.

RENEE: Trotzdem hat Jo recht. Es macht einen großen Unterschied, ob man im Bett liegt oder an der Schreibmaschine sitzt.

UNITY: Also, ich möchte doch vorschlagen, ihr konzentriert euch lieber auf relevantere Unterschiede. Ihr wißt doch beide, das größte Problem, das die normalen Leute mit der Multiplizität haben, liegt darin, daß sie immer auf dem Prinzip «ein Körper – ein Geist» beharren. Ich finde, ihr solltet euch beide bemühen, ein bißchen flexibler in eurem Denken zu werden, wenn ihr genau das von der Außenwelt erwartet.

JO: Es besteht aber ein relevanter Unterschied zwischen flexiblem Denken und schlampigem Denken.

UNITY: Darauf will ich gar nicht erst eingehen. Bei dem, was wir hier zu besprechen haben, geht es vor allem um Kooperation. Renee hat unsere Erwartungen an eine Therapie richtig definiert: Wohlbefinden und Leistungsfähigkeit aller Persönlichkeiten. Aber das ist ohne eine engere Zusammenarbeit zwischen uns einfach nicht möglich. Vorläufig braucht diese Zusammenarbeit noch gar nicht bewußt zu geschehen, und sie muß auch nicht zur Integration führen. Wir können in aller Stille kooperieren, innerlich und gewissermaßen im Traum. Aber kooperieren müssen wir. Ich werde zu keinem der hier verhandelten Themen Stellung beziehen. Ich werde nur die Diskussion leiten und sicherstellen, daß alle interessierten Persönlichkeiten bei der letztendlichen Entscheidung in der jeweiligen Frage ein Mitspracherecht haben.

Nach dieser ersten Traumkonferenz kam mir das alles noch unglaublicher vor als – dem Protokoll nach zu urteilen – während des Gruppengesprächs selbst. Ich rief Lynn an. «Sie werden nicht glauben, was passiert ist», begann ich. «Um ehrlich zu sein, mir ist es sogar schon ein bißchen peinlich, es Ihnen überhaupt zu erzählen.»

Lynn seufzte. «Was haben Sie jetzt wieder gemacht, Renee?»

Ich berichtete ihr von der Konferenz und las ihr das Protokoll vor. «Wer soll einem das glauben!» sagte ich. «Das ist doch wirklich zu verrückt! Ich möchte es am liebsten selbst nicht wahrhaben.»

Lynn stimmte mir bei, daß diese Konferenzgeschichte mehr als merkwürdig klang, aber sie freute sich auch über die Kreativität des Schwarms. «Begreifen Sie denn nicht, was da vor sich geht, Renee?» fragte sie mich. «Die anderen sind entschlossen, von jetzt an auch mitzureden.

Mir scheint diese Unity eine sehr kluge Person», setzte Lynn hinzu, «denn durch die Protokolle sind Sie gezwungen, sich mit der Realität dieser Konferenz auseinanderzusetzen. Sie können nicht mehr so tun, als ob Sie alles allein machen.»

«Vielen Dank für diese freundliche Stärkung meines Selbstwertgefühls», sagte ich.

In Wahrheit beeindruckte mich diese neue Kooperation innerhalb der Gruppe sehr. Und ob es mir paßte oder nicht – es tauchten in unregelmäßigen Abständen weitere Protokolle auf. Ich befand, daß es nichts brachte, darüber nachzugrübeln, ob außerdem auch noch nichtprotokollierte Besprechungen stattfanden.

Zur ersten Schwarm-Konferenz kam es nach unserem ersten Gespräch mit Frau Dr. Wu. Nach der zweiten Sitzung berief Unity eine weitere Vollversammlung ein. Sie forderte mich auf zu erklären, warum ich noch ein zweites Mal zu Frau Dr. Wu gegangen sei.

UNITY: War sonst noch jemand in Frau Dr. Wus Sprechzimmer, außer Renee und Kendra?

ISIS: Ich war da. Sie hält uns für schwierig und gefährlich und denkt, daß wir schon einen Haufen Leute dahingehend manipuliert haben, daß sie nach unserer Pfeife tanzen, unter anderem auch Lynn. Dr. Tate hat Frau Dr. Wu mitgeteilt, daß er der Meinung ist, wir hätten ihn ausgenutzt. Frau Dr. Wu ist felsenfest entschlossen, das nicht mit sich machen zu lassen. Im übrigen hat sie schon für sich entschieden, uns bei der kleinsten Provokation in die Klinik einzuweisen, einfach nur, um uns zu zeigen, wer hier der Boß ist. Sie meint, du, Renee – weil sie nämlich von dir in der Einzahl denkt –, hast ein Ego-Problem und hältst dich für sehr viel mächtiger, als du in Wirklichkeit bist.

RENEE: Wenn das so ist, war es ja ein Glück, daß sie nicht auf Isis getroffen ist. Wenigstens erhebe ich nicht den Anspruch, Gedanken lesen zu können.

UNITY: Es besteht kein Grund zu der Annahme, daß Isis' Darstellung weniger zutreffend ist als deine, Renee. War sonst noch jemand dort?

RUSTY: Ich habe sie mal kurz angeguckt, und sie mag meinen neuen Dad nicht.

RENEE: Das ist doch lächerlich. Frau Dr. Wu kennt Gordon ja überhaupt nicht.

ISIS: Rusty meint, daß deine tolle Frau Doktor denkt, wir hätten sie alle beide manipuliert, Lynn und Gordon.

JO: Renee, warum mußt du uns immer solche Sachen zumuten?

RENEE: Ich will doch nur eine therapeutische Beziehung zu irgend jemandem hier auf dem Campus herstellen, genau wie Hunderte anderer Studenten auch. Was ist denn daran so schlimm? Ich habe versucht, mit dieser Frau Dr. Wu etwas in Gang zu bringen, weil ich dachte, es ist zum Wohl des Schwarms. Macht doch bitte kein Monster aus mir.

JOAN FRANCES: Frau Dr. Wu weiß, daß ich ihr nur etwas vormache. Sie weiß, daß ich keine multiple Persönlichkeit bin. (Aufstöhnen der übrigen Schwarmmitglieder.)

KENDRA: Verdammt, Renee, siehst du, was du da bei Joan Frances ausgelöst hast? Ist das nicht Grund genug, sich von dieser Idiotin fernzuhalten?

RENEE: Meinetwegen, wir werden nicht mehr zu Frau Dr. Wu gehen. Aber was soll ich denn sonst tun, um uns Unterstützung zu verschaffen? Was soll denn werden, wenn das Ganze aus den Fugen gerät?

UNITY: Was haltet ihr anderen denn von Dr. Matthews?

MISSY: Bei dem kriegt man Angst. Und dann kommt vielleicht das andere Mädchen, das sich immer den Kopf anhaut, und dann wird Renee böse.

ISIS: Josie ist immer eine Gefahr, aber viele von uns haben doch sehr nette Kontakte zu Dr. Matthews gehabt. Wie wär's, wenn wir anderen alle miteinander Renee helfen und uns bemühen, die Dinge unter Kontrolle zu halten, wenn wir zu ihm gehen?

JO: Ich will zu gar keinem Psychiater gehen.

Dann wurden unter Mitwirkung aller Schwarmmitglieder so lange strittige Punkte verhandelt und Kompromisse vorgeschlagen, bis sich schließlich eine Lösung herauskristallisierte.

Ich würde Dr. Matthews aufsuchen, wenn ich das Gefühl haben sollte, daß die Belastung zu groß würde, und alle Schwarmmitglieder erklärten sich bereit, mir zu helfen. Die neue umfassendere Kommunikation innerhalb des Schwarms reduzierte zwar das Risiko einer Krise, aber es war doch gut zu wissen, daß jemand verfügbar war.

TAGEBUCHEINTRAG *18. November 1984*

Als Renee mich anrief und sich ein bißchen zierte, mir zu erzählen, was ihr denn so peinlich war, malte ich mir schon alles mögliche aus. Ich war aber doch erstaunt, als sie mir von der «Schwarm-Konferenz» erzählte, die unter der Leitung einer Persönlichkeit stattgefunden hatte, die uns beiden unbekannt war. Ich hatte es schon lange aufgegeben, nach einer Persönlichkeit Ausschau zu halten, die immer wußte, was der Schwarm brauchte. In der Literatur war zwar ständig die Rede davon, daß bei jeder multiplen Persönlichkeit eine Persönlichkeit existierte, die «alles über alle weiß» und dem Therapeuten hilfreich zur Seite stehen kann. Und Renee hatte längst aufgehört, sich Vorwürfe zu machen, daß sie den Kriterien für eine solche innere Selbsthilfeinstanz nicht genügte.

Und jetzt ist da plötzlich eine solche Selbsthilfeinstanz, die ganz offensichtlich mehr tut, als nur höfliche Therapieratschläge zu erteilen: Unity hat die Sache selbst in die Hand genommen und die Voraussetzungen für eine umfassende Kooperation innerhalb des Schwarms geschaffen. Und nicht nur das: Sie hat sogar dafür gesorgt, daß die inneren Konferenzen protokolliert werden. Ob Absicht oder nicht: Diese Protokolle ermöglichen es mir, die kontinuierliche Weiterentwicklung des Schwarms genau zu verfolgen. Es hat sich gelohnt, so lange auf Unity zu warten, und ich hoffe sehr, sie kennenzulernen, wenn der Schwarm zu Thanksgiving heimkommt.

Ich frage mich, ob Renee überhaupt sieht, wie rapide sie sich auf die Integration zubewegen. Renee und Jo wenden ihre ganze Überzeugungskraft auf, um gegen eine solche Integration zu argumentieren. Ich halte mich da heraus (selbstverständlich!), aber ich überlege mir doch, ob nicht gerade dieser Entschluß gegen die Integration ein wichtiger Schritt auf dem Weg dahin ist. Dieser ganzen Störung wohnt eine erstaunliche Logik inne, und ich sehe allmählich die Entschlossenheit des Schwarms, sich nicht zu integrieren, als logische Vorstufe zu diesem letzten Sprung.

Natürlich ist eine Integration nicht möglich, solange die Persönlichkeiten sich gegenseitig nicht genügend mögen, um sich zu einem Ganzen zusammenzutun. Früher sprach aus den Argumenten gegen die Integration vor allem die Angst vor pathologischem Verhalten und vor verleugneten früheren Erlebnissen. Wenn Renee oder Jo mir dagegen jetzt erklären, warum sie keine Integration wollen, dann höre ich vor allem eine große Liebe und Achtung gegenüber den anderen Persönlichkeiten heraus.

Wenn Renee jetzt die anderen Persönlichkeiten bejaht – beginnt sie dann damit bereits, neu erkannte Teile ihres Selbst zu bejahen? Wir kommen dem jedenfalls immer näher, nicht zuletzt durch Unity und ihre Gruppenkonferenzen. Wenn Renee jetzt eine bewußte Entscheidung fällt, dann weiß sie oder vermutet sie zumindest, daß Unity schon allen die Chance gegeben hat, ihren unbewußten Beitrag dazu zu leisten. Renee wird immer klarer, daß sie im Namen des ganzen Schwarms und nicht nur für sich selbst handelt.

Ich sehe selbst Renees letzten Versuch, sich therapeutische Unterstützung vor Ort zu sichern, als Ausdruck eines neuen, positiveren Selbstkonzepts. Es sprach nichts dafür, daß Renee das finden würde, wovon sie sagte, daß sie es suchte. Und ich denke, daß sie das vielleicht auf einer tieferen Ebene durchaus wußte, aber trotzdem das Bedürfnis hatte, den Vorfall mit Dr. Tate im letzten Jahr für sich zu einem Abschluß zu bringen. Die Ablehnung, auf die sie stieß, diente ihr gewissermaßen als Katalysator für die neue Selbstbejahung, die in den Schwarm-Konferenzen zum Ausdruck kommt. Ich begreife allmählich, daß der Schwarm oft einen äußeren Stimulus braucht, wenn er vor einem neuen Wachstumsschub steht. Es ist, als ob innerlich alles bereit wäre und nur noch ein Anstoß fehlte. Und wenn dieser Anstoß nicht von selbst kommt, dann suchen sie ihn sich.

Vielleicht ist das ja eins der wichtigsten Dinge, die der Therapeut bei der Behandlung einer multiplen Persönlichkeit leisten muß – zu «schubsen», wenn es nötig ist, und dann wieder zurückzutreten und zuzusehen, wie die multiple Persönlichkeit ihre Umgebung dahin manipuliert, ihr zu geben, was sie braucht. Ich habe inzwischen Kontakt zu einer ganzen Reihe von Therapeuten, die Multiple behandeln. Natürlich unterscheidet sich meine «Ersatzmutter»-beziehung zu dem Schwarm von den meisten dieser therapeutischen Beziehungen, aber es gibt offenbar doch einige Grundprinzipien für die erfolgreiche Behandlung Multipler, die auch im klassischsten Therapie-Setting zum Tragen kommen.

Jeder Therapeut, der eine multiple Persönlichkeit behandelt, muß den verschiedenen Persönlichkeiten gegenüber ganz unterschiedliche Rollen ausfüllen. Selbst wenn die Therapie ausschließlich im Sprechzimmer stattfindet, brauchen die Kleinen doch in jedem Fall Wärme und Zuwendung, genau wie alle Kinder in therapeutischer Behandlung. Die einzelnen Persönlichkeiten haben ihre individuelle Art, ihre Probleme zu bearbeiten, genau wie in jeder Patientengruppe, und der Therapeut muß sich darauf einstellen, um jeder von ihnen angemessene Hilfe anbieten zu können.

Der Therapeut muß jeder einzelnen Persönlichkeit geben, was sie braucht, aber dabei immer im Blick behalten, daß alles, was er sagt, von der gesamten Gruppe aufgenommen und verarbeitet wird. Ich halte es nicht für Arroganz, wenn ich sage, daß ich es doch recht beeindruckend finde, was ich da intuitiv getan habe. Ich habe immer schon großes Vertrauen in mein Unterbewußtsein gehabt, und vielleicht realisiere ich ja, indem ich mir auf dieser tieferen Ebene vertraue, ganz ähnliche Fähigkeiten, wie sie jetzt Unity innerhalb des Schwarms demonstriert?

32

Als wir zu Thanksgiving nach Hause fuhren, genossen wir ein ganz neues Gefühl der Sicherheit in unseren Beziehungen untereinander und nach außen. Es war schön, Lynn und Gordon zu sehen, und es war toll, mit Steve zusammenzusein. Zum erstenmal im Leben fühlte ich sexuelles Verlangen. Bisher hatte ich Sex gehabt, weil es das war, was die Männer wollten. Aber jetzt war es anders. *Ich* liebte Steve. *Ich* begehrte ihn.

Am Morgen des Thanksgivingtags machten sich Rusty und Gordon auf, um nachzusehen, wie *The Channel* für den Winter aufgedockt worden war. Gordon zeigte Rusty den Motor, den er ausgebaut und auseinandergenommen hatte, um ihn zu reparieren, während das Boot im Trockendock war. Er erläuterte Rusty noch einmal, wie der Motor das Boot über die Schraube antrieb, wenn kein Wind war. «Weiß ich doch, Dad!» sagte Rusty unwirsch.

«Es ist eine ganze Weile her, daß wir das letzte Mal zusammen segeln waren», erklärte Gordon. Tatsächlich war es vor über zwei Monaten gewesen. Rusty zuckte die Achseln. Ihm erschien es gar nicht lange her. Er hatte in diesen letzten beiden Monaten alles in allem etwa sechs Stunden Zeit gehabt und von dem Rest nichts mitbekommen. Er glaubte nicht, daß er irgend etwas vergessen habe. Aber vielleicht wußte sein Dad ja etwas, was er nicht wußte.

Ein bißchen verunsichert unterbrach Rusty Gordons kurzen Vortrag über die Winterwartung des Boots im Trockendock mit der Frage: «Hab ich viel vergessen, Dad?» Gordon dachte zuerst einen Moment nach, wie es seine Art war, und sagte dann schließlich: «Nein, ich glaube, du hast gar nichts vergessen.»

Da konnte sich Rusty entspannen. Sie wandten sich zum Gehen und steuerten dem Ausgang des höhlenartigen Bootshauses zu, als Gordon plötzlich noch einmal kehrtmachte. «Ich bin gleich wieder da, Rusty», rief er. «Ich habe etwas vergessen. Wir treffen uns bei der Informationstafel, dort, wo steht: ‹Achtung, Bootsführer!›» Rusty hatte die Tafel noch nie zuvor bemerkt. Wieso auch? Er und Gordon hatten sonst keinen Grund, dort stehenzubleiben, wenn sie herkamen. Zum erstenmal überfiel Rusty die Erkenntnis, daß es hier an diesem Ort, den er so gern mochte, auch Wörter gab. Es war ein Ort für Boote und für Männer. Er hatte nicht gewußt, daß es auch ein Ort für Wörter war.

Gordon brauchte nur ein paar Minuten. Aber solange stand Rusty wie angewurzelt da, die Augen starr auf die Tafel geheftet. Buchstaben ergaben Wörter. Wörter konnten weh tun…

«Alles klar», riß ihn Gordon aus seiner Starre. Er schob ihn von der Tafel weg und zur Tür hinaus. «Machen wir, daß wir hier wegkommen.»

Rusty stolperte ängstlich und verwirrt hinter Gordon her, quer über den Parkplatz. Ein Stoppschild. Automarken. Nummernschilder. Wörter. Überall waren Wörter.

In Gordons Auto musterte Rusty intensiv seine Turnschuhe, um nicht aus dem Fenster sehen zu müssen, auf all die Buchstaben, die Wörter. «Die Wörter», sagte Rusty mit zittriger Stimme, «überall sind welche, Dad. Die Wörter, Dad. Die schneiden mich. Die kriegen mich. Die bringen mich um.»

«Nein, das werden sie nicht tun, Rusty», sagte Gordon. «Die Wörter können dir nichts tun.» Rusty sagte nichts, saß aber angespannt auf seinem Sitz, als erwarte er jederzeit einen Überfall.

Rusty sprang aus dem Wagen, sobald Gordon vor Steves Haus angehalten hatte. Ich spürte Rustys panischen Blick, als er ins Innere des Schwarms flüchtete, verschob die Sache aber auf später. Ich mußte mich ranhalten, um rechtzeitig fertig zu sein für das Thanksgivingessen bei Lynn: vier Generationen Wilson, Steve und ich. Zu Rusty würden wir schon noch kommen; er würde ja nicht verschwinden.

Später fuhr Steve allein heim, und bei den Wilsons war auch schon Ruhe eingekehrt. Gordon, Lynn und ich streckten uns vor dem Kamin aus. «Rusty-Zeit?» fragte ich. Mir war eigentlich viel mehr danach, vor dem Kaminfeuer zu dösen, als mich mit Rustys Ängsten zu befassen. Aber ich überließ es Lynn und Gordon.

«Rusty-Zeit», sagte Gordon.

Rusty lächelte Lynn und Gordon kurz an, kam dann aber sofort zum Auslöser seiner Angst. «Wörter, Dad», wimmerte er.

«Sag mir, was du siehst, Rusty», ermunterte ihn Gordon mit seiner tiefen Stimme, die in solchen Situationen so beruhigend und tröstlich wirkte und der alten Angst ihren Stachel nahm.

Rusty sah Sand unter seinen Turnschuhen und Dünen um sich herum. Er sah den Strandhafer im Seewind wogen und hörte die Brandung und das Möwengeschrei. Dann sah er den Stock, von einer unsichtbaren Hand bewegt. Er schrieb Buchstaben, Wörter in den Sand. «Wörter. Der Stock», sagte Rusty, vor der Erinnerung zurückweichend. «Die Wörter. Sie werden mich aufschlitzen.» In Rustys Kopf hatten die Buchstaben alle scharfe, schneidende Kanten. Die Hand wurde der Stock wurde die Buchstaben wurde der Schmerz.

«Wörter tun einem nichts», sagte Gordon, um Rusty aus seiner Panik wieder zu der Erinnerung zurückzuführen. «Menschen können einem weh tun. Wer hält den Stock?» Rusty sah wieder den Stock. Er wollte nicht hinschauen, konnte den Blick nicht heben zu dem Gesicht, dem Körper hinter dem Stock. Rusty war weg, und Josie war da.

Josie saß einen Augenblick zitternd da. Sie ignorierte die

Szene, die sich in ihrem Kopf abspielte. Sie fixierte sich ganz auf die Wand. Sie würde gegen die Wand schlagen, ehe die Erinnerung über sie hereinbrechen konnte.

«Josie», sagte Lynn, die den Wechsel bemerkt hatte. «Es ist alles gut. Du bist bei Gordon und Lynn. Gordon und Lynn sind da.»

Gordon schob sich näher an die zuckende Josie heran. Er streichelte ihr den Rücken.

«Ich bin hier, Josie», sagte er besänftigend, wobei er leicht die Arme um sie legte, um sie sofort packen zu können, falls sie auf die Wand losstürzte. «Erzähl mir, was du siehst», redete Gordon ihr zu.

Gordon bedeutete Frieden. Josie schmiegte sich entspannt an ihn und stellte sich wieder der Erinnerung.

«Wo bist du, Josie?»

Die Woge des Erinnerns überspülte Josie, ließ die Vergangenheit über ihr zusammenschlagen. Sie lag im Sand. Ein Stock bohrte schmerzhaft zwischen ihren Beinen. Sie spürte das Kratzen durch ihre Jeans und fühlte sich verraten und in der Seele verletzt.

«Du hast einen Schwanz, hä?» sagte eine heisere Stimme. «Ist er da? Da?» fragte die Stimme bei jedem Stoß.

«Stock», flüsterte Josie, Halt in der Gegenwart suchend. «Wer hält den Stock?» fragte Gordon.

Josie hob die Augen und sah das Gesicht ihres Vaters, von der Pein und der Wut fast zur Unkenntlichkeit verzerrt. Es brannte zwischen ihren Beinen. «Au. Das tut weh. Bitte, Daddy, nicht», wimmerte Josie, während sie sich dem Stock und dem Brennen zu entwinden versuchte.

«Das war früher», sagte Gordon fest, «nicht jetzt.»

Josie kehrte erleichtert in die Gegenwart zurück und kuschelte sich in Gordons Arme. Friedlich schlüpfte sie nach drinnen, und Jo fand sich plötzlich in Gordons sanfter, schützender Umarmung. Jo, der diese Schutzbedürftigkeit peinlich war, verkrampfte sich. «Ich – es ist alles in Ordnung», sagte sie. Gordon löste behutsam seine Arme, da er merkte, daß Josie nicht mehr da war. Aber er blieb dicht genug bei Jo, um sie daran zu erinnern, daß seine Berührung nichts war, was sie zu fürchten brauchte.

Jo sah sich kurz um und entspannte sich, erfreut, daß sie sich in Lynns und Gordons Wohnzimmer befand. Aber dann überlagerte eine wehmütige Erinnerung dieses Wohlgefühl. Lynn bemerkte, daß Jos träumerischer Blick auf etwas weit jenseits des Kamins und der Pflanzen gerichtet war. «Erzähl mir, was Sie sehen, Jo», forderte sie sie auf.

Jo grinste, weil sie beim Tagträumen ertappt worden war, antwortete aber in beiläufigem Ton: «Ach, ich habe nur gerade an meinen Vater gedacht.»

Von Lynn ermutigt, fuhr sie fort: «Ich habe mich daran erinnert, wie ich einmal mit ihm am Strand war – im Frühherbst, auf den Outer Banks. Ich habe irgendwo in den Dünen gesessen und einen Zopf aus Strandhafer geflochten.»

Jo konnte die gummiartigen grünen Halme förmlich in den Händen spüren, die salzige Luft fast riechen. «Ich war etwa elf. Mein Vater war ein Stückchen weiter weggegangen und saß auf seiner eigenen Düne, malte oder schrieb irgend etwas mit einem Stock in den Sand. Er sah so unglücklich und traurig aus. Ich wollte zu ihm hingehen und ihn trösten, aber ich wußte, er würde es nicht dulden. Manchmal ließ er mich einfach nicht an sich heran, und ich habe nie verstanden, warum.» Jo war froh, daß sie so viele glückliche Erinnerungen an Situationen mit ihrem Vater hatte, die traurige wie diese aufwogen.

Sie driftete wieder in ihre wehmütigen Betrachtungen ab, und ich schob mich an ihr vorbei nach draußen, bewehrt mit ein paar weiteren Erinnerungsfragmenten von anderen Persönlichkeiten.

«Hallo, ihr Lieben», sagte ich in dem bemüht-lässigen Ton, den ich mir angewöhnt hatte, wenn es darum ging, eine Mißbrauchsszene zu schildern. «Seid ihr bereit für den ganzen Film?»

«Wenn Sie es sind», sagte Lynn.

«Wie Sie wissen, wagte Jo es nicht, zu ihrem Vater zu gehen, um ihn zu trösten. Aber Missy wagte es.

Ray platzte der Kragen, als Missy kam, um ihren Daddy aufzumuntern. Obwohl der Schwarm damals schon elf war, war Missy ja ewig fünf. Vielleicht verkraftete er es einfach nicht, daß seine Tochter wieder ihre ‹Kleinmädchen-Nummer› abzog. Jedenfalls machte seine Reaktion Missy angst. Und wie immer, wenn Missy Angst bekam, kam Rusty heraus. Ich nehme an, Rusty und sein ‹Ich bin ein Junge und habe auch einen Penis›-Gehabe waren einfach zuviel für Ray, und er ging mit dem Stock auf ihre Genitalgegend los.»

Rusty schob mich beiseite, erfüllt von einer neuen Erkenntnis und einem neuen Gefühl der Stärke. Für uns alle war sonnenklar, daß Rusty jedes meiner Worte mitgehört hatte. «He, Dad», sagte er aufgeregt zu Gordon, «der Stock hat mich nicht getötet und die Wörter auch nicht. Ich bin nämlich hier –» sagte er, auf seinen Kopf zeigend, «und hier –» erklärte er, auf sein Herz tippend, «nicht nur hier», vollendete er, auf seine Schamgegend deutend. Rusty war wieder weg, ehe jemand von uns reagieren konnte.

Wir saßen alle drei einen Moment lang schweigend da. Dann redeten wir alle auf einmal. «Wieso hat er mich gehört?» fragte ich. «Heiliger Strohsack, er hat sein wahres Selbst gefunden», rief Gordon. «Vielleicht kümmert es ihn nicht mehr, daß sein Körper weiblich ist», meinte Lynn. «Rusty!» riefen Gordon und Lynn gleichzeitig.

Ich sah nach drinnen. Rusty lungerte ganz in der Nähe herum und genoß den äußeren Wirbel, wohl wissend, daß ich nach ihm suchen würde.

Er stand auf, grinste mich an und strich mir dann mit dem Finger über die Wange. «Bis später», sagte er. Dann wanderte er davon, ein Seemannslied summend, das ihm einer seiner Dads beigebracht hatte. «Ich liebe dich», flüsterte ich, während ich zusah, wie er verschwand.

«Wo ist Rusty?» fragte Lynn. «Meinen Sie, er möchte noch einmal zurückkommen und darüber reden?»

«Nein, ich glaube, er kommt prima allein zurecht», sagte ich.

Ich verabschiedete mich bald darauf von Lynn und Gordon, weil ich Rustys Geste allein genießen wollte. Sein Geschenk an mich. Er wußte jetzt, daß er zu uns gehörte.

33

Als ich an dem Abend heimkam, brannte ich darauf, Steve mitzuteilen, was ich erfahren hatte, ihm stolz zu erzählen, wie sich Josie, Rusty und Jo gemeinsam bemüht hatten, die alte Verletzung zu überwinden. Jetzt, da Steve wirklich begriffen hatte, daß viele verschiedene Persönlichkeiten in diesem Körper lebten, war es mir sehr wichtig, daß er uns alle lieben lernte, so wie ich. Schließlich würde Steve ja das Ganze heiraten, nicht nur mich.

Am nächsten Tag waren Steve und ich nachmittags bei Freunden. Jo wollte auch ein bißchen Zeit mit Steve haben, also rückte ich während der langen Heimfahrt zur Seite. Jo sah sich um und blickte in ihrem üblichen Reflex auf ihre Uhr. Sie tat es ganz unbefangen, weil Steve ja inzwischen alles über sie wußte.

Jo saß eine Weile schweigend da, gab sich ihren Gedanken hin und genoß Steves Anwesenheit. Er hatte offenbar gemerkt, daß sie es war, und das tat ihr wohl. Zumindest meinte er nicht mehr, daß etwas nicht stimme, wenn sie herauskam.

Jo befand, daß es an der Zeit war, mit Steve über etwas zu reden, was sie schon länger beschäftigte. «Steve», sagte sie, «möchtest du lieber mit mir zusammensein, multipel, wie ich bin, oder mit einer Frau, die nur eine Person ist?»

Er überlegte kurz und sagte dann: «Ich weiß nicht.»

Jo kränkte diese Antwort nicht. Außer Lynn und Gordon ließ sie noch immer niemanden nahe genug an sich heran, um sich zurückgewiesen zu fühlen. Aber Steves Auskunft irritierte sie.

«Lynn hat mir gesagt, du und Renee, ihr würdet davon reden, nächsten August zu heiraten.»

«Ja, das stimmt», sagte Steve. «Was hältst du davon?»

«Na ja», sagte Jo langsam, «wenn du dir nicht sicher bist, daß du lieber mit mir als mit jemand anderem zusammen bist, dann verstehe ich nicht, wieso ihr vom Heiraten redet.»

Steve erklärte Jo, ihm sei tatsächlich nicht ganz geheuer bei dem Gedanken, den Schwarm zu heiraten. Im letzten Sommer sei er davon ausgegangen, daß das Ziel letztendlich die Integration sei und daß es dazu bald kommen werde. Jetzt dagegen habe er den Eindruck, daß die Schwarmmitglieder sich dafür entschieden hätten, getrennte Persönlichkeiten zu bleiben.

«Du hast mir doch selbst auseinandergesetzt», sagte Steve zu Jo, «wieso das Konzept der Integration deiner Meinung nach philosophisch unhaltbar ist. Ob das nun stimmt oder nicht – ich möchte jedenfalls nicht den Rest meines Lebens mit einer ganzen Horde von Persönlichkeiten zubringen.»

Er gestand, daß ihm bestimmte Persönlichkeiten besonders zu schaffen machten. Er meinte, er könne sich bestimmt nie mit männlichen Persönlichkeiten wie Rusty arrangieren, die «womöglich sexuelle Aktivitäten außer Hause suchen».

Jo wußte nichts von der dramatischen Wandlung, die am Vorabend mit Rusty vorgegangen war. Sie ging auf Steves Argumente ein. «Wenn Rusty tatsächlich sexuell aktiv ist oder den Wunsch danach hat, gebe ich dir völlig recht. Aber ich bin noch bei dem, was du vorhin gesagt hast. Laß mich zuerst etwas zu der Sache mit der Integration sagen.»

Sie suchte nach einem Vergleich, um ihre Sicht der Dinge zu verdeutlichen. «Ich weiß, daß ich vor gar nicht langer Zeit noch gegen die Integration argumentiert habe», sagte sie, «aber inzwischen denke ich, daß das genauso unangemessen ist, wie *dafür* zu argumentieren. Erinnerst du, was Plato in *Der Staat* über das Glück sagt?»

Ja, Steve erinnerte sich, und Jo spann die Analogie weiter: «Plato sagt, nach Glück kann man nicht streben. Wenn man richtig lebt und alle Teile der Seele sich in Harmonie miteinander befinden, dann stellt sich das Glück ganz automatisch ein.»

Jo mußte über die ironische Stimmigkeit des Vergleichs lächeln. «Verzeih das Wortspiel mit den Teilen der Seele», sagte sie, «aber ich glaube doch, daß der Vergleich stimmt. Integration ist nichts, wonach man als multiple Persönlichkeit streben kann. Und vielleicht ist sie auch nichts, was man vermeiden kann, wenn man immer stärker und gesünder wird. Wenn alle Persönlichkeiten sich entfalten und harmonisch zusammenwirken können, dann kommt die Integration vielleicht ganz von allein.»

«So habe ich das noch nie gesehen», wollte Steve das Thema abschließen, aber Jo fuhr in ihrer leidenschaftslosen Prüfung seiner Argumente fort.

«Trotzdem verstehe ich deine Bedenken», sagte sie. «Ich glaube, das Zusammenleben mit einer multiplen Persönlichkeit würde wahrscheinlich mehr Probleme mit sich bringen, als die Sache wert ist. Ich würde auch keine heiraten.» Für Jo war das Thema damit erledigt. Der Schwarm würde Steve nicht heiraten.

Für mich dagegen war gar nichts erledigt, und ich ließ es Steve wenige Minuten später wissen. Jo mochte sich vielleicht nicht zurückgewiesen fühlen, aber ich. «Ich habe dir fast von Anfang an erzählt, daß ich multipel bin», sagte ich ärgerlich. «Die anderen Teile sind doch nichts Neues für dich. Wie kannst du da auf einmal deine Meinung ändern, was unsere Heirat angeht?»

«Die anderen Teile mögen ja nicht neu für mich sein», sagte Steve ruhig, «aber das, was ich inzwischen über sie weiß, ist neu. Ich komme einfach nicht mit der Vorstellung zurecht, jemanden zu heiraten, der Persönlichkeiten wie Josie in sich hat, die sich gegen die Wände wirft. Kannst du nachvollziehen, wie es für mich wäre, wenn meine Frau Selbstmord begehen würde? Und ich komme auch nicht damit klar, daß Rusty sich für männlich hält. Würdest du einen verkappten Homosexuellen heiraten?»

Steves Argumente zogen für mich nicht. «Zunächst mal», sagte ich, «paßt mir Josies Verhalten genausowenig wie dir. Daß sie sich gegen die Wand wirft, ist ein pathologisches Moment, das wir mit Lynn und Gordon bearbeiten. Und je besser ich und andere Schwarmmitglieder lernen, mit Angst und Wut umzugehen, desto weniger Anlaß besteht, daß Josie erscheint und diese Gefühle auf ihre Weise abreagiert.

Und für die Selbstmordimpulse gilt genau das gleiche. Es sind Reaktionen auf frühere Mißbrauchserlebnisse. Wir sind inzwischen weniger suizidgefährdet denn je, und ich bin mir sicher, daß sich diese Anwandlungen ganz legen werden.

Und was Rusty angeht, liegst du genauso falsch. Ja, Rusty hält sich für einen Jungen und ist auch einer, aber nicht im Sinn sexueller Betätigung. Der ganze Schwarm respektiert die Beziehung zu dir. Wir suchen jetzt keine sexuelle Betätigung außerhalb dieser Beziehung, und wir werden es erst recht nicht tun, wenn wir verheiratet sind.»

«Aber was wird, wenn Rusty noch ein bißchen älter ist?» fragte Steve. «Wird er sich dann nicht auch sexuell betätigen wollen?»

«Ich habe dir erzählt, was gestern abend mit Rusty vor sich gegangen ist», sagte ich verdrossen. «Warum machst du so ein Getue um Rusty, wenn ich dir sage, daß ich glaube, die Gruppe hat ihn ‹absorbiert›. Statt stolz auf meine Fortschritte zu sein, ignorierst du sie.»

«Zuerst erzählst du mir, sie sind alle getrennte Persönlichkeiten», sagte Steve, «und wenn ich mich dann entsprechend zu ihnen verhalte, wirst du sauer. Ich weiß wirklich nicht, was ich in dieser ganzen Sache denken oder tun soll.»

«Paß auf», sagte ich, «du bist doch auch ein Ganzes aus lauter verschiedenen Teilen. Es gibt bei dir auch Teile, die mir nicht besonders gefallen, aber ich liebe dich und will dich als Ganzes heiraten. Ich bin willens, diese weniger wünschenswerten Teile in Kauf zu nehmen.»

«Das ist etwas anderes», sagte Steve. «Ich bin eine Person, nicht viele.»

Steve und ich waren in einer Sackgasse. Er meinte, er wolle mich heiraten und würde zur Not auch noch Jo und ein paar andere hinnehmen, nicht aber Josie, Rusty, Missy und ähnliche.

Ich erklärte Steve, daß ich den ganzen Schwarm liebte. Entweder er nahm alle, oder er würde niemanden bekommen. Ich würde auf gar keinen Fall verleugnen, daß wir alle bleibende Teile des Ganzen waren. Für Lynn war das «der Silberstreifen in diesem ganzen Kladderadatsch».

«Wie kann Steve einfach plötzlich seine Meinung ändern?» beklagte ich mich schluchzend bei Lynn. «Ich habe ihm nie etwas vorgelogen. Ich habe sogar nicht einmal mehr versucht, die anderen vor ihm zu verstecken. Er war der erste Mensch außer Ihnen und Gordon, dem ich vertraut habe, daß er die anderen akzeptiert.»

«Das stimmt ja alles», sagte Lynn, «aber denken Sie doch nur mal daran, wie Steve in der ganzen Zeit reagiert hat. Er hat doch lange alles geleugnet, weil das für ihn einfacher war.»

«Ich weiß», sagte ich. «Aber dann habe ich doch dafür gesorgt, daß er ein paar von den anderen erleben und kennenlernen konnte. Ich wollte, daß er sie liebgewinnt, so wie Sie und Gordon und ich sie liebgewonnen haben. Er ist von einem Extrem ins andere gefallen», erkärte ich Lynn. «Zuerst wollte er uns nicht als getrennte Persönlichkeiten akzeptieren, und jetzt will er nicht sehen, daß wir alle zusammengehören.»

Nach Thanksgiving kehrte ich nach Harvard zurück. Ich fragte mich, wie ich auf Steves Verständnislosigkeit reagieren sollte. Ich wußte, daß es dem Schwarm immer besser ging. Mein Therapieziel – Wohlbefinden und Produktivität aller Persönlichkeiten – schien in greifbarer Nähe. Wie konnte ich zu dem stehen, was ich über mich wußte, und gleichzeitig die Beziehung zu Steve retten?

Ich stellte die Frage hintan, um mich meinem Studium zu widmen. Ich telefonierte jede Woche mit Steve, aber das Problem war doch ein paar hundert Meilen weit weg. Ich freute mich immer, wenn ich mich wieder meinen Referaten, Büchern und Klausuren zuwenden konnte.

Aber Weihnachten rückte rasch näher, und der Schwarm würde dieses Jahr über die Feiertage zu Nancy nach Virginia fahren. Steve sollte dort zu uns stoßen.

Nach Weihnachten blieben nur noch wenige Wochen bis zum Semesterende, und ich bezweifelte nicht, daß es eine harte Zeit werden würde. Der Schwarm war nach Besuchen bei Nancy immer in desolater Verfassung. Um sicherzustellen, daß ich nach meiner Rückkehr einen Rettungsanker haben würde, machte ich telefonisch mit Dr. Matthews einen Termin für den 10. Januar aus.

Steve war aufmerksam, fürsorglich und lieb, solange wir während dieser Weihnachtstage mit anderen Leuten zusammen waren, und beharrte, sobald wir allein waren, eisern auf seinem Entschluß, keine Multiple zu heiraten.

Nancy war schlecht gelaunt. Wenn wir da waren, kritisierte sie an uns herum, wegen unserer Frisur, unserer Kleider und unseres «Intellektuellengehabes». Wenn wir weggingen, um Freunde oder andere Verwandte zu besuchen, beschwerte sie sich, wir würden uns nicht um sie kümmern. Ich verglich unwillkürlich dieses Weihnachtsfest mit dem letzten, das ich in der Geborgenheit von Lynns und Gordons Familie verlebt hatte.

Schließlich wurde die Frustration zuviel für Joan Frances. «Warum haßt du mich, Mom?» schrie sie.

Nancy sah sie aufrichtig verblüfft an. «Wovon redest du?» fragte sie. «Du weißt doch, daß ich dich liebe. Du weißt doch, wie stolz ich auf dich bin und auf alles, was du tust.»

Joan Frances sagte nichts mehr. Ihre Mutter liebte sie. Natürlich liebte ihre Mutter sie. Wie konnte sie je daran gezweifelt haben? Sie mußte verrückt sein.

34

Ich war deprimiert und desorientiert, als ich nach Cambridge zurückkehrte. Ich wollte nur eins: weg von Nancy, weg von Steve. Ich wollte mich in meiner gemütlichen kleinen Wohnung einkuscheln, wo ich mein inneres Zentrum und die Kontrolle wiederfinden würde.

Aber statt dessen nahm das Gefühl der Orientierungslosigkeit zu. Plötzlich verlor ich über lange Strecken hinweg Zeit. Genau wie Jo war ich jeden Tag mehrere Stunden amnestisch. Ich konnte nicht mehr kontrollieren, was die anderen Persönlichkeiten taten. Ich fand mich plötzlich dabei wieder, wie ich etwas durchlas, was eine andere Persönlichkeit für die Uni geschrieben hatte – vier oder fünf Stunden nach meiner letzten Bewußtseinsphase.

Ich war erleichtert, daß sich jemand um die Uni-Sachen kümmerte, aber es beunruhigte mich doch sehr, daß ich keine Ahnung hatte, was in der Zwischenzeit eigentlich vorgefallen war. Es gab keine inneren Tonbänder, die ich hätte abspielen können, um wenigstens das Wichtigste zu erfahren. Wenn ich nach Kendra, Missy oder irgendeiner der anderen Persönlichkeiten rief, die sonst immer innerlich mit mir gesprochen hatten, stieß ich auf Schweigen. Hätte ich nicht die Spuren meiner unsichtbaren Begleiterinnen gesehen, dann hätte ich geschworen, daß ich zum erstenmal, seit ich denken konnte, allein war.

Ich war nicht allein, aber ich hatte den Kontakt zu meinem Schwarm verloren. Und die hämmernden Kopfschmerzen und die Spuren an der Wand deuteten darauf hin, daß auch Josie draußen gewesen war.

Ich war froh, daß ich in kluger Voraussicht vor meiner Fahrt nach Virginia einen Termin mit Dr. Matthews vereinbart hatte. Ich hatte zwar nicht geahnt, daß der Schwarm in derart schlechter Verfassung sein würde, aber ich hatte richtig vermutet, daß wir Hilfe nötig haben würden. Je näher der Termin rückte, desto banger wurde mir jedoch. Zwar hatte sich der Schwarm im November darauf geeinigt, daß bei den Sitzungen mit Dr. Matthews alle zusammenarbeiten würden, aber jetzt war das ganze System aus den Fugen geraten. Es gab keine Schwarmkonferenzen mehr, obwohl ich jeden Morgen in der Hoffnung aufwachte, irgendeine Mitschrift vorzufinden, die das derzeitige Problem erhellen würde.

Bei den bisherigen Sitzungen hatte Dr. Matthews Jo, Joan Frances, Missy und Rusty kennengelernt, aber ich hatte mich immer in der Nähe gehalten, um gegebenenfalls gleich eingreifen zu können. Diese Kontrolle hatte ich jetzt nicht mehr.

Schließlich rief ich eine Stunde vor dem vereinbarten Termin Dr. Matthews an. «Ich glaube, ich muß absagen», erklärte ich. «Ich habe Angst davor, was passieren könnte, wenn ich zu Ihnen komme.» So gut ich konnte, beschrieb ich die Desorganisation und die Amnesie, und Dr. Matthews meinte, er würde gern zuerst mit Lynn sprechen. Als er sie am späten Nachmittag immer noch nicht erreicht hatte, rief er mich zurück.

«Wovor haben Sie denn Angst?» fragte er.

«Ich habe im Moment nicht sehr viel Kontrolle über den Schwarm», sagte ich. «Ich weiß nicht, was passieren würde, wenn Josie herauskäme und sich gegen die Wand werfen würde. Wenn ich zu Ihnen komme, dann muß ich ja versuchen herauszufinden, was eigentlich los ist, und das könnte Josie auf den Plan rufen.»

Dr. Matthews hörte schweigend zu und sagte dann: «Ich dulde in meinem Sprechzimmer kein selbstzerstörerisches Verhalten.»

«Das verstehe ich sehr gut», erwiderte ich. «Ich bin ja auch nicht gerade scharf darauf. Aber leider kann ich das im Moment gar nicht beeinflussen. Keiner aus der Schar ist gezielt destruktiv gegen Personen oder Sachen. Josie hat im Grunde auch nicht die Absicht, sich zu verletzen. Sie glaubt nur, die einzige Art, mit Dingen fertig zu werden, ist, daß sie sich bewußtlos schlägt. Aber soweit kommt es ja eigentlich nie. Sie gerät in Panik und schlägt einmal mit dem Kopf gegen die Wand, und dann kommt eine andere Persönlichkeit heraus.»

«Ich werde das nicht dulden», wiederholte Dr. Matthews.

Ich wollte es genau wissen. «Was heißt das konkret?» fragte ich. «Was würden Sie tun, wenn der Fall eintreten würde?»

«Ich würde Hilfe holen», antwortete er.

«Nein», sagte ich. Das hatte keinen Sinn. Man würde Josie mit Gewalt festhalten. Und das würde das gesamte System in Panik versetzen. Keine andere Persönlichkeit könnte dann an die Oberfläche kommen. Am Schluß würde der Schwarm in einer Zwangsjacke stecken, mit Medikamenten ruhiggestellt. «Ich glaube, es ist besser, wir kommen nicht», erklärte ich Dr. Matthews. «Ich rufe Sie an, wenn ich wieder mehr Kontrolle habe.»

TAGEBUCHEINTRAG *14. Januar 1985*

Anfangs nahm ich Renees Klagen nicht besonders ernst. Sie beschwerte sich darüber, daß sie Zeit verliere und keine Kontrolle habe. Aber da Unity inzwischen die Schwarmkonferenzen leitete, dachte ich inzwischen mehr im Sinn von Gesamtheit und «Systemkontrolle». Den Ängsten einer einzelnen Persönlichkeit maß ich weniger Bedeutung bei. Renee machte sich zwar große Sorgen, aber ich schrieb das der Überreaktion dieser Persönlichkeit zu. Ich vertraute dem Schwarm als Ganzem.

Selbst Renees Beschreibungen der Vorfälle, die sich in der Wohnung zutrugen, wenn Josie herauskam, sah ich als Beweis dafür, daß das System die Sache in der Hand hatte. Josie hatte keinen ernsthaften Schaden anrichten können. Der Schwarm tat auch weiterhin, was getan werden mußte: Die Referate wurden geschrieben, die Klausuren der Studenten korrigiert, und der Schwarm machte Pläne für die Fahrt hierher. Meine Hauptaufgabe sah ich darin, Renee zu versichern, daß Gordon und ich uns mit den Problemen beschäftigen würden, wenn sie nach Hause kam. Ich war zuversichtlich, daß wir die Situation in den Griff bekommen würden.

Als sie mich nach dem Fiasko mit Dr. Matthews anrief, begriff ich, daß sie wirklich panische Angst hatte. Es war wichtig, ihr klarzumachen, daß ich das verstanden hatte. Bestimmt konnte ich mit Dr. Matthews eine Strategie ausarbeiten, wie er sie stützen könnte.

Ich hatte das Gefühl, daß Dr. Matthews sich von Renees Anruf vor dem vereinbarten Termin überrumpelt gefühlt und in ihrem Verhalten eine manipulative Drohung gewittert hatte. Möglicherweise hatte ja die Tatsache, daß er Josies Erscheinen untersagte, den gleichen Effekt wie Dr. Tates Drohungen – es konnte sein, daß es dem Schwarm half, bis zum Semesterende und der Heimreise durchzuhalten. Als Dr. Matthews mich endlich erreichte, versicherte ich ihm, Renee habe wirklich Angst und versuche nicht, ihn zu manipulieren.

Ich erzählte ihm, nachdem ich beobachtet hätte, wie Gordon auf Josie reagierte, sei ich selbst viel entspannter gewesen und dadurch auch in der Lage, Josie zu hindern, Schaden anzurichten. «Ich weiß nicht, wie groß Sie sind», fügte ich hinzu. Vielleicht war er ja körperlich nicht fähig, Josie unter Kontrolle zu halten. «Aber ich habe gemerkt, daß ich besser mit der Situation umgehen konnte, als ich keine Angst mehr vor Josie hatte.»

Bei einem der kurzen Lichtblicke während dieser anstrengenden Phase erzählte mir Renee laut lachend, Dr. Matthews sei gebaut wie ein Footballspieler. Er selbst hatte meine Frage nach seinen körperlichen Kräften nicht direkt beantwortet, sondern nur gesagt, er werde bestimmt mit der Situation fertig, und wenn Renee wieder anrufen sollte, werde er sie bitten, doch in seine Praxis zu kommen. Leider hatte Renee weder zu ihm noch zu sich selbst genug Vertrauen, um sich noch einmal zu melden.

Während der nächsten beiden Tage telefonierte ich jeweils

zwei- bis dreimal mit Renee, was sonst nicht nötig gewesen war, seit sie in Cambridge war. Ich fragte mich, ob es vielleicht ein Irrtum gewesen war zu glauben, wir könnten die Funktionsfähigkeit des Schwarms während der ganzen Behandlung aufrechterhalten. Ich wußte, daß viele Multiple, Sybil eingeschlossen, an einem bestimmten Punkt nicht mehr funktionieren konnten. Und ich wußte, daß dies oft kurz vor der eigentlichen Integration eintrat. Im Schwarm hatte es eine zunehmende Kooperation gegeben, und die Entscheidungen schienen von der ganzen Gruppe getroffen worden zu sein. War das nun die Kehrseite der Medaille – erlag das gesamte System den panischen Angstzuständen?

• • •

Sonntag abend. Noch zwei Tage, bis die Semesterferien anfingen und ich nach Chicago flog. Ich fand mich zusammengerollt auf dem Sofa, den Telefonhörer in der Hand. Am anderen Ende der Leitung hörte ich Lynns besänftigende Stimme. Sie hatte gerade mit Jo gesprochen. Freundlich informierte sie mich über den neuesten Stand. Während ich zuhörte, empfand ich eine verzweifelte Wut wegen meiner Amnesie und meiner Hilflosigkeit. Dann merkte ich, daß ich Angst hatte, aber ich konnte keinen Grund für diese Angst entdecken. Zitternd versuchte ich, auf Lynns Beruhigungsversuche einzugehen. Ich verlor wieder Zeit.

Missy übernahm. Endlich hatte Lynn jemanden an der Strippe, der die momentanen Probleme des Schwarms erklären konnte. «Es ist wegen des Mädchens, das möchte, daß ihre Mommy sie liebt», sagte Missy. «Sie weiß jetzt, daß ihre Mommy sie nicht liebt – egal, was sie macht. Sie könnte das liebste Mädchen auf der Welt sein, und ihre Mommy würde sie trotzdem nicht lieben. Sie sagt, Mommy denkt, sie sei verrückt, und deshalb ist sie jetzt auch verrückt.»

Joan Frances, die einzige Persönlichkeit, die die Existenz der anderen noch immer leugnete, war also der Grund der Desorganisation. Während der Reise neulich hatte sie endgültig die Hoffnung aufgegeben, ihre Mutter je zufriedenstellen zu können. Aber wie üblich nahm Joan Frances das Problem ganz auf sich. «Es liegt an mir», beschloß sie, «mit mir stimmt etwas nicht. Meine Mutter hat mich immer geliebt und akzeptiert. Ich muß verrückt sein.» Sie wehrte sich diesmal nicht mit Selbstmordgesten, sondern entschied sich für den Wahnsinn.

Wahnsinn war schlimmer als Tod – sowohl für Joan Frances als auch für ihre Mutter. Eine Tochter, die Selbstmord beging, konnte man vergessen. Eine Tochter, die wahnsinnig war, durfte man nicht ignorieren.

Missy verfügte nicht über das Vokabular, um Joan Frances' Rolle adäquat zu beschreiben. Deshalb griff sie zu einem Vergleich. «Das Mädchen hatte Rusty und Renee und Jo und die ganzen anderen Mädchen in der Hand wie ein Puzzle, und dann hat sie alle auf den Boden geworfen. Die Stücke liegen jetzt überall herum.»

«Sag mal, Missy, wo ist denn Unity?» fragte Lynn.

«Ach, dieses Unity-Mädchen ist der Klebstoff», erklärte Missy. «Jetzt gibt's ja gar nichts, was man zusammenkleben kann.»

«Kein Wunder, daß eure Gefühle so durcheinander sind», meinte Lynn. «Geh du jetzt mal wieder nach drinnen und laß mich sehen, ob ich Renee helfen kann.»

Ich übernahm wieder, und Lynn erklärte mir Missys Analogie. «Wir kriegen die Stücke schon wieder zusammen, wenn ihr zu Hause seid», versprach sie.

Jetzt begriff ich, warum ich mich so allein fühlte, und ich sah auch endlich, woher meine unerklärliche Angst rührte. Joan Frances war psychotisch geworden. Sie hatte grauenhafte Halluzinationen – Blut tropfte aus den Ritzen in der Wand, Spinnen krochen den Leuten beim Sprechen aus dem Mund. Keine der anderen Persönlichkeiten bekam die Halluzinationen direkt mit, aber Joan Frances' Angst sickerte durch das ganze System. Die Panik und die Verwirrung hörten zwar nicht auf, aber ich hatte nun immerhin eine Erklärung dafür. Jetzt konnte ich es eher aushalten.

Am nächsten Morgen versuchte ich, die Klausuren meiner Studenten vollends durchzusehen. Aber ich war innerlich zu zittrig, um mich wirklich konzentrieren zu können. Schließlich hörte ich einfach auf zu arbeiten. Ich mußte versuchen, die Situation in den Griff zu bekommen. Ich hatte überhaupt keinen richtigen Bezug zur Wirklichkeit mehr. Irgend etwas blinkte in mir wie ein Stroboskop. Ich hatte das Gefühl, meinen Gedanken einen Schritt voraus zu sein, aber der Außenwelt einen Schritt hinterher. Ich hatte entsetzliche Angst. Ich mußte Lynn anrufen.

Sie war gerade mit einem Patienten beschäftigt, aber schon das Wissen, daß sie bald zurückrufen würde, half mir ein bißchen. Während ich wartete, machte ich eine Liste der Dinge, die ich unbedingt erledigen mußte, bevor ich in die Semesterferien fuhr. Es war nicht mehr viel Zeit, und es wurde immer schwieriger, «normal» zu funktionieren. Ich setzte Prioritäten, falls ich die letzten anderthalb Tage nicht durchhalten sollte. An erster Stelle stand die Korrektur der Klausuren. Wenn ich meine eigenen Prüfungsarbeiten verpaßte, würde der Schwarm darunter leiden, und das mußte ich in Kauf nehmen. Aber meine Studenten sollten keine Nachteile haben, nur weil der Schwarm mit seinen Problemen nicht zu Rande kam.

Lynn rief mich zurück. Ich beschrieb die neuen Symptome und stellte ihr eine Frage, die mir seit dem vergangenen Abend nicht mehr aus dem Kopf ging: «Mache ich gerade einen psychotischen Schub durch?» Lynn meinte, es stimme, daß manches von dem, was ich zur Zeit erlebe, psychotisch klinge, aber die Tatsache, daß ich es so bewußt mitbekomme, passe nicht zu einer Psychose. Ich legte getröstet auf. Es war wirklich eine Ironie des Schicksals: Dadurch, daß ich wußte, daß meine Wahrnehmung verrückt war, war ich nicht so verrückt, wie ich dachte. Ich war fest entschlossen, mich nicht unterkriegen zu lassen.

Lynn holte mich am Flughafen ab und fuhr mich zu sich nach Hause. Ich hatte es tatsächlich geschafft – nicht nur hatte ich die Arbeiten meiner Studenten samt und sonders korrigiert, ich hatte auch meine eigenen Klausuren geschrieben. Jetzt war ich in Sicherheit. Die Desorganisation des Schwarms machte mir nicht mehr so zu schaffen. Aber ich konnte nicht einfach loslassen, sondern mußte erst von Lynn die beruhigende Bestätigung bekommen, die ich bei jeder Rückkehr nötig zu haben schien: Ja, Lynn und Gordon waren bereit, mir durch diese Krise zu helfen. Ja, sie würden mir beistehen, die Dinge soweit in den Griff zu bekommen, daß ich wieder auf die Uni konnte.

Also mußte ich mir jetzt nur noch wegen Steve Gedanken machen. Ich hatte es vor mir hergeschoben, ihm zu erzählen, in welch schlechter Verfassung der Schwarm war. Je verrückter wir schienen, desto weniger würde er mich heiraten wollen. Am Abend, bevor ich nach Hause flog, rief ich ihn schließlich doch an und schilderte ihm den zerrütteten Zustand des Schwarms. Ich hatte zwar große Angst, Steve zu verlieren, aber ich hätte es nicht geschafft, so zu tun, als wäre ich so, wie er mich gern haben wollte. Steve zeigte sich verständnisvoll und hilfsbereit.

Aber als ich ein paar Stunden bei Lynn gesessen hatte, rief er an. «Ich habe den ganzen Morgen versucht, dich zu Hause anzurufen», sagte er in etwas gekränktem Ton.

«Steve, ich bin gleich mit zu Lynn. Ich habe dir doch gesagt, daß es mir im Augenblick ziemlich schlecht geht.»

«Heißt das, daß du noch gar nicht zu Hause warst?» fragte er, nun unüberhörbar wütend und beleidigt. «Ich habe das ganze Haus geputzt und sogar einen Kuchen gebacken. Ich dachte, du würdest Lynn ein Stück davon anbieten, wenn sie dich vom Flughafen nach Hause bringt.»

Als ich auflegte, war ich sehr bedrückt. Ich fühlte mich mißverstanden. «Ich mache hier die Hölle auf Erden durch», schluchzte ich, «und Steve will, daß ich ihm dafür dankbar bin, daß er einen Kuchen gebacken hat.»

Lynn versuchte zu erklären, Steve habe doch schon immer versucht, alles zu verleugnen, das sei sein Abwehrmechanismus. Aber das frustrierte mich nur noch mehr. Warum hörte mich denn keiner? Steve hörte mich nicht, wenn ich ihm erzählte, wie schlecht es mir ging. Lynn hörte mich nicht, wenn ich ihr sagte, daß ich Unterstützung für *mich* brauchte, keine Entschuldigungen für ihn.

Ich wußte, daß ich mich irrational verhielt, aber ich konnte meine Frustration nicht unterdrücken. Niemand begriff. Ich mußte hier raus.

Lynn war gerade am Telefon und redete mit Steve, als ich meinen Koffer nahm und in Richtung Tür ging. «Ich gehe nicht hinter ihr her», sagte sie.

35

TAGEBUCHEINTRAG *18. Januar 1985*

Nachdem Missy mir bei dem nächtlichen Anruf aus Cambridge erzählt hatte, was mit dem Schwarm los war, wußte ich, daß ich unbedingt mit Joan Frances reden mußte. Wenn sie tatsächlich ihr pathologisches Bemühen aufgegeben hatte, für ihre Mutter akzeptabel zu werden, dann war sie vielleicht endlich fähig und bereit, mir zuzuhören. Mir war klar, daß die ungelösten Schuldgefühle, die Inzest hervorruft, eine wirkliche Beziehung zu Nancy verhinderten. Das System mußte sich selbst als Person akzeptieren, die den Mißbrauch durch den Vater überlebt hatte – erst dann konnte sie konfliktfreie Umfangsformen mit ihrer Mutter finden.

Wegen der Symptome, die Renee beschrieb, machte ich mir keine allzu großen Sorgen. Ich kannte sie gut genug, um zu wissen, daß sie sich über jeden Kontrollverlust aufregte, selbst wenn jemand anderes aus dem Schwarm ganz eindeutig die Dinge in die Hand genommen hatte. Ich wußte außerdem, daß der Schwarm zwar desorganisiert sein mochte, aber trotzdem noch funktionieren konnte. Die Klausuren wurden korrigiert, die Examina geschrieben.

Ich ging davon aus, daß Renee so gut wie ich wissen würde, was jetzt nötig war, und nahm mir den Tag frei, um sie am Flughafen abzuholen. Ich wollte unbedingt die Chance wahrnehmen, mit Joan Frances intensiv arbeiten zu können.

Aber Renee hatte entsetzliche Angst. Sie zeigte das nicht offen, sondern klagte statt dessen über Steves mangelndes

Verständnis und über meine unzureichende Unterstützung. Nachdem ich – meiner Meinung nach – mehrere Stunden lang sehr hilfsbereit und verständnisvoll auf sie eingegangen war, verlor ich schließlich die Geduld. Ich versuchte nicht, sie aufzuhalten, als sie aus der Tür ging.

Renee hatte von mir das Versprechen bekommen, sie werde während der zwei Wochen, die sie zu Hause war, absolute Priorität haben. Der ganze Schwarm war jederzeit bei mir zu Hause willkommen, und ich fand, daß ich mein fürsorgliches Interesse während der inzwischen fast vierjährigen Therapie mehr als deutlich demonstriert hatte. Jetzt lag die Entscheidung bei ihnen. Ich behandelte Renee wie die vernünftige Person, die sie ja normalerweise auch war. Steve hatte ebenfalls Schwierigkeiten mit Renees regressivem Verhalten und war über ihre Ansprüche genauso perplex wie ich. Wie zu erwarten, machte Steve mir Vorwürfe, ich würde die Sache nicht richtig in die Hand nehmen.

• • •

Ich stand eine Weile vor Lynns Haus und überlegte, wohin ich gehen und was ich tun sollte. Ich wollte weder Lynn noch Steve sehen. Ich wollte nur einfach weg von allem – von ihnen und vom Schwarm. Langsam ging ich die Straße hinunter.

Gordons Auto hielt neben mir. Er wollte gerade in die Einfahrt einbiegen, als er mich sah. Statt ins Haus zu gehen, um sich über die neueste Krise des Schwarms informieren zu lassen, reagierte er auf das, was er sah. «Kommen Sie, steigen Sie ein», sagte er, «ich bringe Sie dahin, wo Sie hin wollen.»

«Ich weiß nicht, wohin ich überhaupt will», sagte ich und stieg ein. Ich weinte vor Frustration und Verwirrung. «Niemand hört mir zu, und innen ist alles so durcheinander. Ich weiß nicht, was ich tun soll.»

«Kommen Sie mit zurück ins Haus», schlug Gordon vor. «Lynn und ich müssen gleich zu einer Sitzung, da haben Sie das ganze Haus ein paar Stunden für sich. Sie können nachdenken, schlafen – was Sie wollen.»

Gordon fuhr in die Einfahrt, und ich gab erleichtert die Kontrolle ab. Ich wollte Lynn nicht gegenübertreten. Ich wollte mich nicht der peinlichen Tatsache stellen, daß ich weggelaufen war. Ich wollte nichts tun müssen. Gott sei Dank konnte ich Zeit verlieren.

Jo kam in Gordons Auto zu sich und lächelte unsicher. Der schnelle Wechsel von Cambridge nach Chicago verblüffte sie, aber sie freute sich, daß sie zu Hause war.

«Sie sind heute erst zurückgekommen», erklärte Gordon, während er ihren Koffer ins Haus trug. Lynn meinte, sie müßten gleich zu einer Sitzung, aber Steve würde sicher bald anrufen.

Ein paar Minuten später klingelte bereits das Telefon. «Hallo, Jo», sagte Steve. «Ich komme gleich vorbei und hole dich, einverstanden?»

Jo war nicht sicher, wie sie reagieren sollte. Sie wußte so selten, was los war. Als keine andere Persönlichkeit sie beiseite schob, um Steves Vorschlag anzunehmen oder abzuweisen, sagte sie: «Ja, meinetwegen.»

Zu Hause tranken Jo und Steve im Verandazimmer ein Glas Wein. Jo liebte dieses Haus mit seiner warmen Holzvertäfelung und seinen riesigen Fenstern. Es machte sie traurig, daß sie irgendwann in naher Zukunft hier ausziehen mußte. Das Haus war ein Nest geworden, in dem sie sich geborgen fühlte.

Steve schaute an Jo vorbei zu dem kleinen Pflanzendschungel, der die Südseite des Raums dominierte. «Ich bin jetzt bei einem Psychiater in Behandlung», sagte er. «Ich versuche zu lernen, wie man mit einer Multiplen lebt.»

Jo war verblüfft. Sie war zwar froh, daß Steve eine Therapie machte, wenn er es *für sich* tat, aber sie begriff nicht, wie *sie* der Grund dafür sein konnte, daß er zu einem Psychiater ging. «So wie du das sagst, klingt es, als wäre das Leben mit einer Multiplen so ähnlich, wie wenn man irgendeine exotische Pflanze besitzt», sagte sie bitter. «Als würdest du dir am liebsten im Buchladen ein Buch kaufen – ‹Wie lebe ich mit einer Multiplen›.»

Steve bemerkte den Ärger in Jos Stimme gar nicht. «Ja, so ist es auch», antwortete er. «Und weil es kein Selbsthilfebuch gibt, muß ich eben zu einem Psychiater, um zu lernen, wie ich mit dir umgehen soll.»

«Ich bin aber keine Pflanze», sagte Jo mit betont kontrollierter Stimme. «Ich bin ein Mensch. Ich möchte, daß du mich auch so behandelst. Mit Würde und mit Respekt.» Und damit rauschte sie nach drinnen ab.

Kendra lächelte Steve spitzbübisch zu. «Tja», sagte sie vergnügt, «jetzt hast du dir's schon mit zweien verdorben. Renee hast du vergrätzt, weil du nicht einsehen wolltest, daß die momentanen Probleme des Schwarms wirklich ernst zu nehmen sind. Und Jo ist beleidigt, weil sie jetzt glaubt, du hältst sie für noch bizarrer, als sie selbst sich sieht. Gar nicht schlecht! Aber mach dir keine Sorgen, mich wirst du schon nicht vergraulen. Ich versuche nur, die ganze Sache am Laufen zu halten, bis Lynn uns helfen kann, das Chaos ein bißchen zu sortieren.»

Kendra lächelte Steve beruhigend zu. Er sollte wissen, daß schon alles wieder ins Lot kommen würde. «Wie wär's, wenn du mich heute abend zum Essen ausführen würdest?» fragte Kendra. «Dieser Körper hat seit Wochen keine anständige Mahlzeit mehr zu sich genommen.»

Steve machte es Spaß, mit Kendra zusammenzusein. Sie schien zur Zeit ganz zufrieden mit sich und mit ihm. Sie gingen essen und kamen erst spät zurück. Lynn rief nicht an.

Am nächsten Tag kamen Kendra, Karen und ein paar andere Persönlichkeiten abwechselnd für kurze Zeit an die Oberfläche. Ich war wütend und zu gekränkt, um aufzutauchen, und keine der Persönlichkeiten hatte die Kraft, lange die Kontrolle zu behalten. Bisher hatte der Schwarm der Außenwelt immer ein relativ kohärentes Bild präsentiert. Jetzt war der Persönlichkeitenwechsel so schnell wie das Blinken der Lämpchen bei der Weihnachtsbeleuchtung.

Selbst Steve konnte das Durcheinander nicht leugnen. Renee und Jo, die beiden Persönlichkeiten, die er am liebsten mochte, waren überhaupt nicht anzutreffen. Und er konnte sich mit keiner aus dem Schwarm richtig unterhalten, ohne daß nicht zwei oder drei Persönlichkeiten dazwischenfunkten und dann gleich wieder abtauchten.

«Kendra», sagte Steve an diesem Abend, «sag mir doch, was mit dem Schwarm los ist.»

«Tut mir leid», erwiderte Kendra höflich. «Ich weiß nicht, was ich dazu sagen soll.»

Kendra wollte das Beste für den Schwarm, aber die anderen Persönlichkeiten waren zu isoliert, als daß sie ein Gefühl dafür hätte bekommen können, was sie jeweils wollten. Die Allianz zwischen Renee, Isis und Kendra hatte sich Anfang Januar aufgelöst, wie alles andere auch. Kendra befand, daß es besser sei, nichts zu sagen.

Missy schob Kendra beiseite. Sie wollte Steve gern von der Desorganisation erzählen. Missy hatte gelernt, besonders lieb und brav zu sein, wenn sie mit Steve zusammen war, damit er alle Persönlichkeiten des Schwarms liebhaben würde. Wenn sie Steve half, dann würde er sie bestimmt auch gern haben.

Missy erklärte Steve die Sache mit dem Puzzle und sagte, ihrer Meinung nach sei «diese Joan Frances» das eigentliche Problem. Sie beantwortete alle Fragen, die Steve ihr stellte. Dann zeigte sie ihm, daß sie mit beiden Händen genau gleich gut schreiben konnte. Und sie malte ein Bild für ihn.

Steve ging auf Missy ein, lachte über ihre Witze, aber irgendwie schien er sich unwohl zu fühlen. «Ich wüßte gern, was mit Lynn los ist», sagte er. «Möchtest du mit deiner Freundin Lynn reden?» – «O ja, bitte», antwortete Missy begeistert.

Aber Gordon und Lynn waren nicht zu Hause, als Steve anrief. Er hinterließ eine Nachricht auf dem Anrufbeantworter, und dann war es Zeit, ins Bett zu gehen. Sie lagen nebeneinander in dem breiten Bett, Steve blätterte in der Zeitung, und Missy schmuste mit ihrem Teddy. Sie gab sich alle Mühe, das Bewußtsein möglichst lange zu behalten, während sie geduldig wartete. Aber als Lynn schließlich zurückrief, schlief Steve bereits so fest, daß er das Telefon nicht hörte, und der

Schwarm war zu gelähmt durch die Zerrüttung, um an den Apparat zu gehen.

Am nächsten Morgen beschwerte sich Kendra bei Steve, Lynn beziehe genau im falschen Augenblick die Position «Wenn der Schwarm mich wirklich braucht, dann können sie mich auch finden». Sie meinte: «Jo, Renee und Joan Frances sind alle drei außer Gefecht. Und sonst ist niemand aus dem Schwarm stark genug, um lang genug zu funktionieren. Warum begreift Lynn denn nicht, wie schlimm die Situation ist?»

Als Steve Lynn anrief, wollte Kendra nicht mit ihr sprechen, aber Missy war gern dazu bereit. Während der schwierigen letzten Tage in Cambridge hatte Lynn Missy versichert, sie werde dafür sorgen, daß alles besser würde, wenn der Schwarm erst zu Hause sei. Jetzt waren schon zwei Tage vergangen, und soweit Missy das beurteilen konnte, hatte Lynn noch nichts getan.

«Du bringst es nicht in Ordnung!» warf Missy Lynn mit tränenerstickter Stimme vor. Lynn reagierte ruhig und reserviert. «Ich muß gleich zur Arbeit», sagte sie, «deshalb habe ich jetzt keine Zeit, mich länger zu unterhalten.» Kendra übernahm das Bewußtsein. «Ihr wißt, wo ich zu finden bin», meinte Lynn. «Der Schwarm kann gern jederzeit zu mir nach Hause kommen, und das wißt ihr auch. Ich gehe jetzt zur Arbeit, aber heute abend bin ich zu Hause, falls ihr mich besuchen wollt.»

Am Abend fragte Kendra Steve, ob er sie zu Lynn fahren könne. «Ich möchte nicht, daß wir dort ein Auto haben», sagte sie. «Ich will nämlich nicht, daß irgend jemand so ohne weiteres weglaufen kann.»

«Ich werde mich nicht dafür entschuldigen, daß ich nicht versucht habe, den Schwarm zu erreichen», sagte Lynn sehr bestimmt zu Kendra, nachdem sie es sich im Wohnzimmer gemütlich gemacht hatten. Die Zeiten seien längst vorbei, in denen das nötig gewesen wäre, meinte sie. «Nach fast vier Jahren müßte der Schwarm jetzt eigentlich wissen, daß ich da bin und jederzeit bereit zu helfen.»

«Wenn wir fähig wären, das wirklich zu begreifen», entgegnete Kendra, «dann wären wir wahrscheinlich jetzt nicht in diesem jämmerlichen Zustand.»

Lynn schwieg, also fuhr Kendra fort: «Wissen Sie, was Steve behauptet? Er meint, Sie hätten Ihr professionelles Urteilsvermögen verloren und seien emotional viel zu sehr in die Sache verwickelt, um dem Schwarm helfen zu können.»

«Und dieser Steve hat gesagt, daß du vielleicht böse bist, weil du kein Geld kriegst», mischte sich Missy ein. Sie lächelte, weil sie eine Lösung gefunden hatte. «Ich kann da was machen. Möchtest du das hier?» Mit diesen Worten zog Missy eine Zwanzigdollarnote aus ihrer Jeanstasche. Steve hatte ihr gesagt, sie solle das Geld einstecken, damit sie wieder heim käme, falls jemand aus dem Schwarm weglaufen würde. «Du kannst das Geld haben», sagte Missy zu Lynn, «und vielleicht kannst du dann alles wiedergutmachen.»

«Nein, Missy, ich möchte das Geld nicht», seufzte Lynn. Sie breitete die Arme aus: «Komm her zu mir.» Missy kletterte aus ihrem Sessel, um ein bißchen mit ihrer Freundin zu schmusen.

Nach ein paar Minuten löste sich Kendra von Lynn, die tief in Gedanken verloren Missys Arm getätschelt hatte. Lynn lächelte Kendra zu. «Das Problem liegt auch darin, daß ihr alle zu verstecken versucht, was vor sich geht. Ich erfahre von Joan Frances' Halluzinationen, ich höre, wie desorganisiert der Schwarm ist, aber niemand läßt mich nahe genug ran, um das Problem wirklich angehen zu können. Als der Schwarm hierherkam, verbrachte Renee den ganzen Nachmittag damit, mich schluchzend anzuflehen, ihr zu helfen, und gleichzeitig hat sie alle meine Versuche, genau das zu tun, entschieden abgewehrt.»

«Ja, alles ist total durcheinander», sagte Kendra mit einem erleichterten Lächeln. Lynn hatte offenbar begriffen, also brauchte sie sich keine Sorgen mehr zu machen.

Am nächsten Tag rief Lynn den Schwarm um die Mittagszeit bei Steve zu Hause an, um zu hören, wie es allen so ging. Abends kam der Schwarm zu Lynn nach Hause. Nach ein paar Minuten mit Kendra und Missy sah Lynn sich auf einmal mit Joan Frances konfrontiert.

Einen Augenblick lang saß Joan Frances schweigend da, gefangen in ihren Halluzinationen. Die Glühbirnen in Lynns Lampen leuchteten wie winzige Sonnen; die Farben an den Wänden und Vorhängen tropften herunter wie auf einem Gemälde von Dalí. Sie beobachtete das alles mit vagem Interesse, ohne darüber nachdenken zu wollen, was es wohl bedeuten könnte.

Dann spürte Joan Frances plötzlich ein Ziehen, den verzweifelten Wunsch, sich in die Wirklichkeit zurückzubegeben. Sie richtete sich auf und sah Lynn direkt an. Joan Frances brauchte, sie brauchte... irgend etwas, und dann wäre alles wieder in Ordnung.

«Ich muß jetzt gehen», sagte Joan Frances.

«Nein», erwiderte Lynn. «Ich kann Sie so nicht gehen lassen.»

«Ich muß jetzt gehen», wiederholte Joan Frances. «Ich muß noch einkaufen.»

Lynn war verblüfft. «Was müssen Sie denn noch einkaufen?»

Joan Frances runzelte die Stirn. Irgendwo war eine Antwort, aber sie bekam sie nicht zu fassen. «Ich weiß nicht», sagte sie, «aber ich weiß es, wenn ich es sehe.»

Lynn schüttelte den Kopf. «Nein, Joan Frances», sagte sie noch einmal. «Ich möchte nicht, daß Sie gehen. Ich möchte nicht, daß Sie allein draußen herumlaufen.»

Joan Frances, die Persönlichkeit, die immer alles abgelehnt hatte, was Lynn ihr anbot, bat zum erstenmal um etwas: «Bringen Sie mich hin.»

Lynn war immer noch unsicher. «Was ist, wenn die Halluzinationen im Auto losgehen?» fragte sie. «Ich kann es nicht riskieren, daß Josie herauskommt, während ich fahre.»

«Bringen Sie sie hin», drängten Missy und Kendra. «Wir helfen mit.»

Lynn gab nach und fuhr den Schwarm zum nächsten Einkaufszentrum. Zuerst erstarrte Joan Frances vor Angst. Die hellen Lichter, die lauten Geräusche, die vielen Menschen – das alles verschmolz zu surrealistischen Halluzinationen. Sie fühlte sich erschlagen.

Lynn hakte sich bei Joan Frances unter. Die Persönlichkeit, die bisher nie zugelassen hatte, daß Lynn sie berührte, klammerte sich nun hilfesuchend an sie. Schweigend führte Joan Frances Lynn von einem Geschäft zum andern. Sie durchsuchte alle Spielwaren- und Schreibwarengeschäfte. Plötzlich begriff Lynn. Joan Frances suchte nach einem Puzzle.

Gemeinsam fanden sie es schließlich. Ein Ei, ein durchscheinendes Plastikei, aus zahllosen komplizierten Stücken konstruiert, die sich alle genau zusammenfügten.

Als sie aus dem Laden gingen, tauchte Missy auf und sagte: «Das Mädchen braucht noch etwas.» Joan Frances brauchte Klebstoff. In einer Bürowarenhandlung erstanden sie welchen. Mit ihren Einkäufen in der Hand ließ Joan Frances nun Lynns Arm etwas los. Sie schaute sich im Einkaufszentrum um. Jetzt war alles real. Keine Halluzinationen. Sie fühlte sich ruhig und zufrieden. Joan Frances hatte getan, was sie tun mußte. Und damit verschwand diese Persönlichkeit nach drinnen.

Zum erstenmal, seit ich Anfang der Woche verängstigt und wütend von Lynn weggegangen war, erschien ich wieder. «Ich habe das Gefühl, als würde ich aus einem Traum erwachen», sagte ich, und noch während ich es sagte, überlegte ich mir, wer *ich* war.

«Renee?» fragte Lynn.

«Ja», sagte ich, «aber da ist noch mehr.» Das war eine Gruppenantwort. Ich sprach für Renee, aber gleichzeitig auch für alle anderen. Ich spürte, wie sich das Ganze in mir bewegte.

«Ich will noch nicht nach Hause», sagte ich zu Lynn. «Können wir noch irgendwo hingehen, damit ich das alles ein bißchen sortieren kann?»

«Gern», erwiderte Lynn. Sie führte mich in ein Restaurant, bestellte für uns beide einen Kaffee und wartete. Sie musterte mich eingehend. «Sie sind es, Renee, stimmt's?»

«Ja», sagte ich. «Ich bin's.» Aber dann runzelte ich nachdenklich die Stirn. Ich konnte nicht so recht erklären, was in mir vorging. Ich sagte noch einmal: «Ich bin's, aber irgendwie ist da noch mehr.»

Neugierig betrachtete ich die Päckchen, die ich in der Hand hielt. Ich wußte nicht, was drin war, aber ich wollte sie nicht loslassen. «Sie gehören mir, stimmt's?» Lynn nickte. Ich öffnete die Verpackung und fand mein Ei. Ich erkannte sofort seine Bedeutung. Das war mein Zentrum, mein ganzes Wesen, das auf eine neue, kohärente Weise zusammenhielt. Der Schwarm hatte immer noch seine einzelnen Teile, aber diese Teile gehörten alle zu einem einzigen, zusammenhängenden Ganzen – das war das allerwichtigste.

Ich umschloß das Ei einen Augenblick mit meinen Händen. Dann bemerkte ich die kleine Tube Klebstoff. Er sollte dafür sorgen, daß wir nie mehr auseinanderfielen. Wir waren alle Teil einer Einheit – und diesmal für immer.

Ich strich Klebstoff in die Ritzen und versiegelte sie so. «Joan Frances mußte das Ei finden», überlegte ich laut, «und nun muß ich den Klebstoff auftragen.»

36

TAGEBUCHEINTRAG *23. Januar 1985*

Endlich habe ich begriffen. Renee hatte recht, als sie nach ihrer Rückkehr darauf bestand, es gehe vor allem darum, daß sich der Schwarm meiner Liebe rückversichern müsse. Der ganze Schwarm befand sich in einem Schwebezustand, ohne jeden sicheren Halt. Sollten sie ihr unerfüllbares Verlangen aufgeben, die Tochter zu sein, die ihre Mutter nicht verraten hatte, und mich voll und ganz akzeptieren, mich, die ich sie kannte und liebte, ohne ihre Vergangenheit zu leugnen? Joan Frances war erfüllt von einer verzehrenden Wut auf Nancy, die sich bisher nach innen gerichtet hatte, und sie fügte nun der Mutter die höchste Kränkung und Enttäuschung zu, indem sie psychotisch wurde. Nancy ahnte natürlich nichts davon, aber Joan Frances schafftes es, Renee in Furcht und Schrecken zu versetzen.

Renee hatte solche Angst, ich könnte auf Joan Frances' letzten Hilferuf so reagieren wie Nancy, daß sie alles tat, um mich dazu zu bringen, sie zurückzuweisen. Das war die entscheidende Vertrauensprobe.

«Werden Sie mich auch dann noch lieben, wenn ich hilflos bin, was meine Mutter nicht konnte?» Das war eine Frage, die Joan Frances stellen mußte. Sie hatte nichts zu verlieren und alles zu gewinnen. Heute abend spiegelte keine Persönlichkeit die übliche Funktionalität vor, um Joan Frances' Bedürftigkeit zu verdecken. Selbst Unity mußte loslassen, um die Bildung einer größeren Einheit zu ermöglichen.

• • •

Nach Joan Frances' Einkaufsbummel mit Lynn fühlte ich eine innere Kraft und Stabilität, die völlig neu und berauschend war. Ich war Renee, mein eigenes, getrenntes Selbst. Ein rascher Anwesenheitsappell bestätigte, daß auch die anderen ihr eigenes Selbst waren. Aber sie schienen näher, reaktionswilliger. Ich spürte die Energie jeder einzelnen Persönlichkeit. Irgendwie hatte ich unsere eine gemeinsame Energiequelle angezapft. Ich konnte alles. Ich war jetzt fest entschlossen, meine neue Stärke zu nutzen, um mich mit der Beziehung zu Steve auseinanderzusetzen.

Als ich nach Hause kam, teilte Steve mir mit, er wolle nichts mehr mit Missy zu tun haben. Er konnte nicht damit umgehen, daß in dem Körper der Frau, die er liebte, auch ein fünfjähriges Mädchen steckte. Über die Persönlichkeiten, die während meiner Verwirrtheit für das Funktionieren des Systems gesorgt hatten, brachte er ähnliche Beschwerden vor.

Ich sagte, er würde sie nie wieder sehen. Die Zeit der unkontrollierten Persönlichkeitsveränderungen sei vorbei. Und der ganze Schwarm hatte ein neues Gefühl dafür, wie er sich selbst schützen konnte und mußte. Wir würden Steve nie wieder etwas zeigen, was ihm erlauben würde, solche verletzenden Dinge zu sagen.

Dadurch, daß ich mich von Steve distanzierte, spürte ich seine Verwirrung in bezug auf seine eigenen Bedürfnisse und Wünsche. Ich bekam langsam den Verdacht, daß das fundamentale Problem unserer Beziehung etwas anderes war als der Schwarm. Die Diskussionen über unsere Beziehung drehten sich endlos im Kreis. Steve wollte mich nicht heiraten, weil ich multipel war, behauptete er. Meine Multiplizität sei ein geringeres Problem, als er denke, sagte ich, und er sei sich und mir gegenüber nicht ehrlich.

Uns war beiden klar, daß wir diese Fragen neu angehen mußten. Ich bestand darauf, das vor meiner Rückkehr nach Cambridge zu tun. Am Abend vor meiner Abfahrt fuhren Steve und ich zu Lynn nach Hause. Sie hatte sich einverstanden erkärt, uns bei diesem Gespräch zu helfen.

«Steve ist nicht bereit, mich zu heiraten, weil ich multipel bin», erklärte ich. «Er sagt, er weiß nicht, wie ich in einem oder in fünf Jahren sein würde. Ich finde, das ist absoluter Quatsch. Ich entwickle mich, ich verändere mich durch die Behandlung und durch andere Erfahrungen, aber letztlich bin ich dieselbe Person, die er vor Jahren kennen- und lieben gelernt hat.»

«Es ist nicht mehr so wie früher», sagte Steve. «Du hast mich inzwischen davon überzeugt, daß du in Wirklichkeit viele verschiedene Personen bist.»

«Aber auch das verändert sich», warf ich ein.

Er gab zu, daß meine Wahrnehmung der verschiedenen Persönlichkeiten sich in letzter Zeit verändert hatte, aber das sei Teil des Problems. «Da habe ich gerade etwas von der Störung begriffen», beklagte er sich, «und dann ist wieder alles anders, und ich weiß überhaupt nicht mehr, was ich denken soll.»

«Steve, wir alle verändern uns», meinte Lynn. «Es stimmt, daß Renee Ihnen jetzt nicht sagen kann, wie der Schwarm in fünf Jahren sein wird, aber sie weiß ja auch nicht, wie Sie in fünf Jahren sein werden.»

«Hör zu», sagte Steve zu mir, «an dem Abend mit dem Ei konntest du zu mir sagen, daß du, du als ganze Person, ‹zum Teil Missy und zum Teil Rusty› und so weiter bist. Aber das ist noch nicht alles.

Wenn du sagen könntest: ‹Ich bin Josie und schlage mit dem Kopf gegen die Wand›, und wenn du dieses Verhalten dann abstellen könntest, weil Renee sich nicht so aufführen möchte, dann wäre das ein Beweis für eine neue, noch viel radikalere Integration.»

Ich ließ Steves Worte auf mich wirken und holte tief Luft, ohne zu wissen, was ich sagen wollte. Wenn ich auf Steves Herausforderung einging, dann würde ich damit sagen, daß sich der Schwarm noch viel stärker verändert hatte, als ich es bisher wahrgenommen hatte. Wenn ich auswich, würde ich die Einheit verleugnen, die ich in mir wachsen fühlte. Ich kannte meinen Schwarm besser als je zuvor. Ich vertraute ihnen, ich vertraute mir selbst. Ich wußte, meine inneren «anderen» würden mich nur die Wahrheit sagen lassen.

Lynn musterte mich nachdenklich.

Als ich den Mund aufmachte, um etwas zu sagen, trat «ich» aus der Renee-Persönlichkeit heraus, wandte mich um und schloß sie alle schützend in die Arme. Dann sprach ich mit einer einzigen Stimme, in der alle anderen mitklangen.

«Ich bin Josie, und ich schlage mit dem Kopf gegen die Wand», sagte ich. «Es ist Ausdruck *meiner* Angst, *meiner* Frustration, *meiner* Wut. Bis jetzt war das die einzige Form, wie sich diese Gefühle ausdrücken konnten.»

«Du mußt versuchen, deine Wut irgendwie anders auszuleben», sagte Steve.

«Ich bin Kendra, und ich bin fähig, mich durchzusetzen. Diese Fähigkeit kam durch eine andere Persönlichkeit zum Ausdruck, weil mich die Erwartungen, die andere an mich stellten, zu sehr verwirrten und ich deshalb gar nicht die Energie hatte, mir über *meine* Wünsche klarzuwerden. Ich habe nicht gemerkt, daß meine eigenen Bedürfnisse wichtig waren.

Ich bin Rusty, und ich segle. Es macht unheimlich Spaß, und es ist ein tolles Gefühl, das ich als ganze Person genieße. Dieser Teil von mir war männlich, weil es manchmal zu gefährlich war, ein Mädchen zu sein. In der Rusty-Persönlichkeit entwikkelten sich viel Kraft und Selbstvertrauen, und diese Eigenschaften waren dort sicher aufgehoben.

Ich habe einen großen Teil meines Lebens damit verbracht, meine Stärken getrennt zu halten, weil der Schwarm so verletzt worden war.» Ich hielt inne. Das stimmte so nicht ganz. Es war nicht der Schwarm – *ich* war es. «Die Stärken wurden getrennt gehalten», setzte ich noch einmal an, «weil ich verletzt worden war. Ich bin als Kind mißbraucht worden.»

«Ganz genau!» rief Steve aufgeregt. «Du, *du* bist mißbraucht worden, und jetzt bist du endlich fähig, dir das einzugestehen.»

Lynn unterbrach ihn. «Hören Sie noch ein bißchen zu.»

«Ich bin auch Missy», fuhr ich fort. «Es hat eine Weile gedauert, bis mein Missy-Teil die ganzen Kränkungen aufgearbeitet hatte und sich sicher fühlen konnte. Aber jetzt ist auch das endlich ein entfalteter, wenn auch verletzlicher Teil von mir. Ich habe viele künstlerische Fähigkeiten dort aufbewahrt, eine fragile Kreativität. Ich glaube, das alles muß jetzt nicht mehr beschützt werden.

Ich bin auch Jo und freue mich an meinen analytischen Fähigkeiten und meiner wissenschaftlichen Arbeit. Und ich bin Joan Frances und lerne immer noch, mit Mutter umzugehen.» Plötzlich war ich so erschöpft, daß ich nicht weiterreden konnte. In mir passierte zuviel. Sie alle berührten sich gegenseitig, wandten sich einander zu und erkannten sich wechselseitig an, bis diese freundschaftlichen Gebärden schließlich in eine einzige innige Umarmung übergingen.

Sie waren ich. All die Persönlichkeiten der Vergangenheit waren nun die vielen Aspekte eines neuen Ich.

Ich wandte mich wieder Steve zu, müde, aber auch ein bißchen schnippisch. «Sind jetzt alle deine Probleme gelöst?» Ich wußte, daß *er* seine Antwort hören mußte.

«Sie sind um einiges geringer geworden», erwiderte Steve vorsichtig.

«Also», sagte ich, «wo stehen wir dann jetzt in puncto Heirat?»

«Ich glaube, da muß erst noch ein bißchen Zeit ins Land gehen», meinte Steve. «Wir sollten nichts übereilen. Sehen wir mal, wie du jetzt weitermachst.»

«Wie fühlen Sie sich jetzt?» fragte Lynn.

«Was das betrifft?» fragte ich zurück, mit einer Bewegung in Richtung Steve. Ich konnte nur den Kopf schütteln. Ich hatte nichts zu sagen.

Lynn wandte sich an Steve. «Wie schätzen Sie selbst Ihre Antwort ein?»

«Was ich gerade gesagt habe, klingt so, als müßte immer noch eine Hürde überwunden werden. Aber so habe ich es eigentlich nicht gemeint.»

Ich stand auf und ging aus dem Zimmer. Ich mußte einen Augenblick allein sein, weg von Steve, der mich zu diesem letzten Schritt angestoßen hatte. Ich mußte auch weg von Lynn, die alle Teile des Schwarms so liebevoll unterstützt hatte, daß ich schließlich stark genug geworden war, eins zu werden. Ich mußte mit mir selbst allein sein, mit dem einen, ganzen Ich, das zum erstenmal seit frühester Kindheit jetzt wieder existierte.

Wer war ich jetzt? Ich war mir immer noch meiner inneren Teilungen bewußt, aber die äußere Stimme, die Art, mich auszudrücken, Entscheidungen zu treffen, zu handeln – das war jetzt eins und spiegelte mein ganzes Selbst wider.

Ich war der Schwarm, aus allen Persönlichkeiten, und ich flog in Formation, geleitet von dem einen klaren Instinkt, eins zu sein. Ein Gruppenbewußtsein mit einem Gedanken, ausgerichtet auf ein gemeinsames Ziel.

Ich war der Gedanke, die Stimme all derer, die da waren, all derer, die ich sein konnte. In ständiger Entwicklung, stetem Wachstum. Eine Person.

Ich ging wieder zu Lynn zurück, mit Tränen in den Augen. Es gab für mich keine Worte, die ausgereicht hätten, meine Liebe zu ihr und meine Liebe zu mir selbst zum Ausdruck zu bringen. «Hallo, Ganz-Ich», sagte Lynn. «Herzlich willkommen.»

Mit der gleichen wunderbaren lakonischen Gelassenheit, mit der Lynn mich emotional ein Baby hatte sein lassen, mit der sie mich in meiner stürmischen, längst überfälligen Adoleszenz bemuttert hatte und mit der sie all den verschiedenen Teilen meines Selbst die notwendige Ausdrucksfreiheit gestattet hatte, fügte sie nun hinzu: «Das, was Sie getan und durchgemacht haben, mein Liebes, das hat sich gelohnt. Denken Sie nie anders darüber.»

37

TAGEBUCHEINTRAG *Juli 1985*

Sechs Monate sind vergangen, seit der Schwarm begonnen hat, sich zu integrieren. Ich habe mich immer noch nicht ganz daran gewöhnt, sie Joan zu nennen. Zwar hatten viele Persönlichkeiten ähnlich klingende Namen – Jo, Josie, Joan Frances –, aber «Joan» ist der Name, von dem sie sagt, sie habe ihn am liebsten. Die Integration entfaltet sich wie eine Blume. Joan nennt das, was an jenen Januarabenden passierte, den Beginn ihrer «Synthese». Sie meint, sie sei «nicht-mehr-multipel/noch-nicht-eins». Sie macht das alles ganz auf ihre Art und hat mir über die Erfahrung geschrieben:

Ich will nicht so tun, als wäre ich am 23. Januar plötzlich «eins geworden». Ich konnte die verschiedenen Teile nicht verleugnen. Aber zum erstenmal konnte ich auch die Einheit nicht verleugnen. «Ich» bin sie alle und noch mehr. An jenem Abend habe ich das erste Mal für alle gesprochen. Ich war die äußere Stimme einer inneren Vielfalt. Von dem Augenblick an hatten alle Persönlichkeiten die ganze Zeit für sich, die ganze Zeit.

Ich spürte innere Impulse, die warnten oder drängten. Ich hörte zum Beispiel «Nimm dir nicht zuviel vor», wenn ich gerade dabei war, noch ein Projekt zu übernehmen. Oder wenn mir die Arbeit über den Kopf wuchs, hörte ich «Es ist Zeit, mal ein bißchen an die Luft zu gehen». Alle Persönlichkeiten machten Vorschläge und stellten Forderungen, und ich war eigentlich ganz zufrieden damit, mich nach ihnen zu richten. Ich fühlte mich «abgerundet», aber nicht integriert.

Nach etwa einem Monat beschloß ich, mir keine Gedanken mehr darüber zu machen, wie ich meinen neuen Zustand benennen sollte. Ist es Integration? Ich war mir immer noch nicht sicher. Das, was da vor sich ging, fühlte sich gut und richtig an, aber ich hatte Angst, wenn ich mich selbst als integriert bezeichnen würde, dann würden Teile von mir sterben.

Ich machte viel an der Uni, und bald merkte ich, daß ich meine inneren Stimmen immer weniger hörte. Dadurch, daß ich Tage, Wochen und Monate in meinem neuen Zustand der Synthese lebte, verschliffen sich die Unterschiede zwischen den einzelnen Teilen. Alle Interessen, Fähigkeiten und Ressourcen waren erhalten geblieben. Ich spüre deutlich die spezifischen Eigenschaften jeder Persönlichkeit, aber verstärkt und geglättet durch die Fähigkeiten aller anderen.

Ich glaube, ich bin nicht weit davon entfernt, mich zu integrieren, aber wenn ich das sage, zögere ich immer ein bißchen. Ich habe das Gefühl, daß ich alles nur dann zusammenhalten kann, wenn ich nicht gleichzeitig Angst davor habe, es könnte wieder auseinanderbrechen.

Ich habe während Joans erstem «integrierten» Semester oft mit ihr telefoniert. Ich merkte, wie ihre Stimme voller und wohlklingender wurde und Timbre und Tonfall der verschiedenen Persönlichkeiten widerspiegelte. Aber ich muß zugeben, daß es mich trotzdem völlig verblüffte, wie sie nach der sechsmonatigen Abwesenheit aussah.

Wenn ich die neue Joan nach ihrer Synthese anschaue, empfinde ich ein ähnliches Erstaunen wie damals, als ich Hilary, mein erstes Enkelkind, als Neugeborenes gesehen habe. Ich war fasziniert, wie viele Menschen ich in Hilary entdecken konnte. Ich sah ihre Eltern, Neal und Marianne, aber ich sah auch Tanten und Onkel und Urgroßeltern. Ich kannte Hilary noch nicht als eigenständiges Wesen, ich liebte sie zuerst wegen all der Menschen, die ich in ihr sah.

Ich habe das Gefühl, Joan als integrierte Person kaum zu

kennen, aber ich sehe den Schwarm in ihr. Ich sehe Rusty, wie er die Achseln zuckt, ich sehe Missys Grinsen. Ich beobachte Jos konzentriertes Stirnrunzeln und Renees blitzende Augen, wenn Joan irgendeine treffende Bemerkung macht oder mich aufziehen möchte.

Ich respektiere Joans Bedürfnis, mit ihrem Zustand ein bißchen vorsichtig umzugehen, aber es würde mich sehr wundern, wenn sie innerlich wieder auseinanderfallen würde. Ich staune, wie angenehm ich es finde, «nur» Joan zu sehen. Ich vermisse die verschiedenen Persönlichkeiten nicht. Joan hat recht. Auf wunderbare Weise sind sie alle da.

Januar 1986

Ein Jahr später. Joan bezeichnet sich nun als integriert. Sie ruht in sich und ist ein Ganzes, aber nicht weniger produktiv. Es amüsiert sie, wenn ich sie damit necke, daß sie immer Angst hatte, sie könne durch die Integration etwas verlieren, und ich weiß, daß sie auf ihre Leistungen stolz ist. Sie ist dabei, ihre Dissertation abzuschließen, und sie ist eine ausgezeichnete Seglerin.

Es macht mir Spaß, ihre Veränderung zu beobachten. Sie arbeitet immer noch genauso hart wie früher, wirkt aber viel weniger zwanghaft. Ich habe das letzte Woche auf einem Spaziergang zur Sprache gebracht. Sie dachte einen Augenblick darüber nach und meinte dann, sie arbeite jetzt eher aus Freude als aus Angst. Die Angst sei das einzige, so sagte sie, was sie durch die Integration verloren habe.

«Früher hatte ich dauernd Angst», meinte sie. «Angst, daß ich meine Störung nicht verbergen und daß irgend etwas ein unangemessenes Verhalten auslösen könnte. Ich hatte Angst, die Kontrolle über die Persönlichkeiten zu verlieren, aber noch mehr Angst hatte ich davor, daß ich mit meinen eigenen Gefühlen nicht umgehen könnte. Mein Leben war bestimmt von der Angst, ich könnte eines Tages so depressiv und dysfunktional werden, daß ich den Rückweg nicht mehr

finden würde. Jetzt ängstigt mich das nicht mehr. Ich bin manchmal traurig oder deprimiert, aber selbst in den schlimmsten Augenblicken vertraue ich darauf, daß das Leben besser wird. Ich vertraue mir selbst.»

Zwischen Joan und Steve hat sich nicht viel verändert. Sie wohnen weiterhin zusammen, aber ich habe den Eindruck, daß sie sich voneinander entfernen. In gesellschaftlicher Hinsicht sind sie nach wie vor ein Paar, aber sie wirken weniger abhängig voneinander. Joan entwickelt eine individuelle Stärke, und Steve scheint bereit, sie gehen zu lassen.

Juli 1986

Joan hat ihr Graduiertenstudium in Harvard abgeschlossen und hat jetzt eine Teilzeit-Dozentenstelle und einen Berater-job in Chicago. Sie bekommt sehr viel Anerkennung, aber ich merke, daß sie rastlos ist. Sie hätte gerne eine volle Dozentenstelle, und sie hat mir erzählt, daß sie gezielt außerhalb des Staates Illinois sucht. Ab Januar hat sie einen auf drei Monate begrenzten Berater-Job in Washington, D.C., und sie meint, daß sie Chicago zu Beginn des Schuljahrs 1987/88 endgültig verlassen wird.

Joan sagt, sie will nicht mit Steve zusammenbleiben, es sei denn, er heirate sie, und das tut er nicht. Ich glaube, sie haben beide die richtige Entscheidung getroffen. Joan muß weg und zum erstenmal in ihrem Leben ihr unabhängiges, ganzes Selbst sein. Wenn sie Steve heiraten würde, hieße das nur, daß sie ihren Wunsch wegzugehen aufschieben würde, bis sie sich stärker fühlt. Ich glaube, eine Ehe zwischen den beiden hätte keine Zukunft.

Januar 1987

Joan ist jetzt in Washington. Ich merke an ihren Briefen und an den Telefongesprächen, daß es ihr sehr gut geht, was ihre Arbeit und die Integration betrifft. Sie bewirbt sich um eine Dozentenstelle an einem College im Südwesten, die im Herbst besetzt werden soll.

Ich selbst bewege mich ebenfalls in eine neue Richtung. Als ich anfing, Joan zu behandeln, war ich allein. Jetzt bin ich Teil einer Organisation von Klinikern, die sich Internationale Forschungsgesellschaft für MPD nennt. Die Arbeit der Gruppe ist allerdings sehr viel umfassender: Es geht um mehr als nur um die Erforschung der Krankheit. Das wurde auf einer Konferenz im vergangenen Herbst ganz deutlich. Wir tauschen Ideen über Behandlungsmöglichkeiten aus, und das ist für meine Patienten von großem Nutzen. Ich habe zur Zeit drei multiple Patienten und einen, bei dem ich den Verdacht habe. Einen meiner Patienten nehme ich gelegentlich mit nach Hause, aber sonst finden alle Behandlungen in meinem Sprechzimmer statt. Gordon arbeitet weiter als mein Kotherapeut. «Reparenting», das heißt die Neuschreibung der Elternrolle, ist eine Therapieform, die sowohl im Sprechzimmer als auch außerhalb praktiziert werden kann. Der entscheidende Faktor ist, daß Gordon und ich unsere Beziehung bei der Behandlung von Multiplen als Modell dafür einsetzen, wie sich die Persönlichkeiten umeinander kümmern und einander lieben können. Ich bedaure es nicht, daß ich Joan als sechstes Kind «adoptiert» habe, aber ich freue mich auch darüber, daß ich multiplen Patienten das geben kann, was sie brauchen, ohne den Rahmen des Sprechzimmers zu verlassen.

38

Im wirklichen Leben nehmen die Dinge nicht ein so glückliches Ende wie im Märchen. Ich war integriert, aber bei weitem nicht «gesund». Steve zu verlassen, weil die Sache mit ihm keine Zukunft hatte, sollte für Jahre meine letzte kluge Beziehungsentscheidung sein.

Nachdem ich die Sicherheit, die Steve verkörperte, hinter mir gelassen hatte, mußte ich feststellen, daß ich anfällig für Männer war, die ein Opfer suchten. Gary, Sam, Adam, einer gefährlicher als der andere, witterten das mißbrauchte Kind, das darauf wartete, wieder mißbraucht zu werden.

Gary war drogenabhängig – gewesen, wie er behauptete. Es dauerte ein Jahr, bis ich merkte, daß er immer noch Drogen nahm und mein Geld dazu benutzte, seine Sucht zu finanzieren und seine Geliebte auszuhalten.

«Ein Betrüger», dachte ich. «Das kann jedem passieren.»

Aber dann kam Sam. Ich ließ ihn bei mir einziehen, und er demütigte mich bis ins Innerste meiner Seele. Nichts war vor seiner Schnüffelei und seinen gemeinen Beschuldigungen sicher. Als ich einmal beruflich verreist war, fand und las er die Tagebücher und Briefe aus Schwarm-Zeiten, die ich ganz hinten in einem Wandschrank versteckt hatte. Er fragte Kollegen von mir über meine sexuellen Beziehungen bis in die jüngste Vergangenheit aus. Und er setzte einige meiner Studenten davon in Kenntnis, daß ich eine multiple Persönlichkeit gewesen war.

Ich war nicht in der Lage, ihn hinauszuwerfen. Statt dessen fixierte ich mich völlig darauf, ihn zu überzeugen, daß ich nicht die Nutte war, als die er mich hinstellte.

Ich wollte unbedingt sexuell normal sein und fragte mich

nie, ob die sadistischen Phantasien, die er an mir ausließ, tatsächlich die Normalität darstellten. Er erklärte mir, ich könne froh sein, daß ich ihn habe, und ich glaubte ihm. Er drohte mir, alle meine beruflichen und privaten Beziehungen zu zerstören, wenn ich es wagen sollte, mich von ihm frei zu machen. Und er setzte seine Drohung in die Tat um.

Aus dem Desaster mit Sam stürzte ich mich in Adams Arme. Adam schlug mich. Er war als Kind selbst mißhandelt worden, hatte eine unglückliche Ehe hinter sich und meinte, ich sei seine letzte Hoffnung. Wir wohnten getrennt, aber ich ging abends oft zu ihm zum Essen, und wir verbrachten den Abend gemeinsam in seiner Wohnung. Etwa einmal pro Woche endeten diese Abende in einem Alptraum.

Adam hatte es gern, wenn ich zu ihm kam, ihm etwas zu essen kochte und mir anhörte, was er von seinem Tag zu berichten hatte. Er pries mein Mitgefühl, mein Verständnis für alles, was er durchlitten hatte.

Aber Adam hatte es gar nicht gern, wenn ich in der Nacht wieder nach Hause fuhr. Wenn der Zeitpunkt meines Aufbruchs näher rückte, begann er manchmal, sich zu betrinken, mich mit dem Namen seiner Ex-Ehefrau anzureden und mich zu verhöhnen.

«Du hältst dich wohl für wahnsinnig gescheit, was?» fragte er mich. «Ich werd dir deine verdammte Harvard-Hochnäsigkeit schon austreiben.»

Meine Beteuerungen, daß er viel intelligenter sei, daß man als Börsenmakler eine Form von Intelligenz brauche, die ich bestimmt nicht besaß, konnten ihn nicht beruhigen. Ich erklärte ihm, daß ich in Harvard gewesen sei, hätte vor allem mit Glück zu tun und nicht mit Klugheit, und er wütete gegen meine – wie er es nannte – falsche Bescheidenheit.

Wieder und wieder sah ich alles auf das immer gleiche Ende zusteuern, ohne einen Weg zu finden, mich dem zu entziehen. Was immer ich sagte, sosehr ich mich auch zurücknahm, Adam wurde immer wütender. «Du glaubst, du bist so was von klug», sagte er. «Du glaubst, du bist so was von schlau.»

Ich konterte innerlich, daß ich, wenn dem wirklich so wäre, längst einen Weg gefunden hätte, mich abzusetzen.

Sobald ich die erste Bewegung in Richtung Tür machte, ging er auf mich los. Manchmal verpaßte er mir eine Ohrfeige, manchmal einen Stoß, oder aber er hielt mich fest und lachte, wenn ich mich freizukämpfen versuchte. Wenn ich schließlich heulend aufgab, fing Adam an, sich zu entschuldigen und mich anzuflehen, ihm noch eine Chance zu geben: er habe es als Zurückweisung interpretiert, daß ich weggehen wollte, aber er würde das schon noch überwinden. Ich fühlte mich in gewisser Weise verpflichtet, diese Übertragung zu akzeptieren. Ich glaubte fest daran, daß er darüber hinwegkommen würde. Ich hatte es schließlich auch geschafft.

Aber dann stand ich eines Nachts, als ich schließlich zu Hause angekommen war, vor dem Spiegel. Ich starrte auf mein blaues Auge und meine geschwollene Wange, zu erschöpft, um mir noch Gedanken zu machen, wie ich das meinen Studenten und Kollegen erklären sollte. «Ist das nun besser, als eine multiple Persönlichkeit zu sein?» dachte ich wütend. Ich rief Lynn an.

Ich zuckte zusammen, als der Hörer meine Wange streifte, und fragte sie, warum sie mir meine ganzen Schutzmechanismen genommen hätte. «Warum habe ich das alles durchgestanden, nur für das hier?» wollte ich wissen. Ich erzählte ihr schließlich die näheren Einzelheiten meiner turbulenten Liebesgeschichten. Ich hatte ihr während der anderthalb Jahre, die ich inzwischen von Chicago weg war, das meiste davon verschwiegen, weil ich zu meinen Schuldgefühlen nicht auch noch ihre Mißbilligung wollte.

Lynn hörte mir voller Mitgefühl zu. «Oh, Joan, wenn ich das gewußt hätte. Ich habe mich so bemüht, nicht zuviel zu fragen, weil ich dachte, Sie haben ein Recht auf ein selbständiges Leben. Ich wollte nicht in Ihre Privatsphäre eindringen.»

Nachdem die Wut verraucht war, fühlte ich mich in Sicherheit. Lynn würde mir helfen, das alles zu sortieren.

«Wollen Sie hören, was der Silberstreifen bei der ganzen Sache ist?» fragte Lynn vorsichtig.

Meine Anspannung entlud sich in Gelächter. Lynn würde auch noch inmitten einer Atomexplosion einen «Silberstreifen» sehen. «Was?» fragte ich.

«Sie sind immer noch ganz.»

«Das stimmt allerdings», sagte ich. «Manchmal, wenn Adam mich geschlagen hat, habe ich mir gewünscht, ich könnte Zeit verlieren. Aber es ist nicht passiert.»

«Ich möchte das alles durcharbeiten», setzte ich hinzu. «Aber ich brauche Hilfe.»

«Ja, Schätzchen», erwiderte Lynn, «Sie haben meinen Segen, eine Therapie ohne mich zu machen, wenn es das ist, was Sie wissen wollen.»

Ein weiteres Jahr Psychotherapie – diesmal klassisch – brachte mir mehr Selbstsicherheit. Der Psychiater half mir, meinen Anteil an diesen katastrophalen Beziehungen zu erkennen. Ich suchte mir Männer mit Mißbrauchstendenzen und provozierte sie, köderte sie mit Zynismus, rührte intuitiv an ihre schwachen Stellen, bot mich als Opfer an.

Jetzt hatte ich es nicht mehr nötig, Mißbrauch herauszufordern, und ich brauchte auch meinerseits niemanden zu mißbrauchen. Ich gestattete mir, die Vergangenheit loszulassen, und konzentrierte mich eine Zeitlang darauf, Freundschaften aufzubauen, statt mich in Liebesbeziehungen zu verstricken. Dieser Psychiater hatte selbst nicht viel Erfahrung mit Multiplen, war aber fasziniert von dem, was ich hinter mir hatte.

Er schüttelte verwundert den Kopf, wenn er alte Tagebucheinträge las, die ich ihm vorlegte, und er führte lange Telefonate mit Lynn. «Es sollten mehr Leute von Ihrer Geschichte erfahren», meinte er zu uns beiden, «und wenn Sie das alles niederschreiben würden, Joan, würden Sie ein besseres Gefühl dafür bekommen, wo Sie jetzt sind.»

«Und, Joan, lassen Sie sich Zeit», riet er mir. «Sie haben die Menschenklugheit eines kleinen Mädchens – und noch dazu eines kleinen Mädchens, das es sehr schwer gehabt hat. Sie brauchen sich nicht in eine Beziehung zu stürzen. Sie werden sich schon ein eigenes Nest bauen, wenn Sie erst die Möglichkeit gehabt haben, erwachsen zu werden. Sie breiten ja gerade erst die Flügel aus.»

Und nachdem ich mich selbst gefunden hatte, fand ich auch die Kraft, meiner Mutter entgegenzutreten. Ich hatte monatelang geprobt, was ich sagen wollte, aber als wir dann eines späten Abends an ihrem Eßzimmertisch saßen, hatte ich Mühe, die Worte über die Lippen zu bringen. «Er hat mich mißbraucht, Mom», sagte ich. «Er hat mich jahrelang sexuell belästigt, und dann hat er mich vergewaltigt.»

Ich hielt die Tränen zurück, wappnete mich gegen ihr zorniges Leugnen. Und verwundert sah ich zu, wie diese Frau eine Wahrheit an sich heranließ, die sie schon jahrelang geahnt hatte.

«Das paßt», sagte sie schließlich. Dann entzog sie sich der Flut ihrer eigenen Erinnerungen, um mir den Trost zu geben, den ich so verzweifelt suchte.

«Du mußt mir glauben, daß ich nichts davon wußte», sagte sie. «Ich wußte, daß dein Vater sexuelle Probleme hatte, aber ich hatte keine Ahnung, daß er sich an dir vergangen hat.»

Danach sprachen wir nie mehr über die inzestuösen Übergriffe meines Vaters. Es war nicht nötig. Meine Mutter stellte mein Bedürfnis, in meiner Erfahrung bestätigt zu werden, über die Beruhigung, die es ihr verschafft hätte, das alles zu leugnen. Ich sah den Kampf auf ihrem Gesicht, der in einem Ausdruck von Liebe und Offenheit endete. Zum erstenmal sah sie mich wirklich. Und zum erstenmal sah ich sie wirklich klar, ohne den Nebel der Wut und der Schuldgefühle. Unsere beiderseitige Ehrlichkeit war die Grundlage für eine echte Beziehung.

Lynn las die Texte, die ich über meine Geschichte und meine Therapiezeit bei ihr und Gordon schrieb. Während meiner häufigen Besuche spazierten wir zusammen am Seeufer entlang, und sie erzählte mir, wie sie unsere therapeutische Beziehung erlebt hatte. Ich war voller Staunen über unsere seltsame Liebesgeschichte, und sie war voller Staunen über die Einsichten in sich selbst und ihre derzeitige Arbeit, die ihr das Lesen meiner Texte und das Zurückdenken an ihr eigenes Erleben eröffneten.

«Das ist noch nicht alles», sagte ich. «Ich möchte, daß wir unsere Geschichte gemeinsam erzählen.»

Lynn sträubte sich. «Ich bin Psychologin, keine Schriftstellerin. Ich finde noch nicht mal die Zeit, einen wissenschaftlichen Aufsatz zu schreiben, um irgend etwas von dem weiterzugeben, was ich gelernt habe.»

«Wenn Sie mir helfen, die Geschichte zusammenzustellen, übernehme ich das Schreiben.»

Lynn war einverstanden, und Gordon schloß sich uns an. Wir studierten Tagebucheinträge, Notizen, die Lynn auf irgendwelche Papierservietten gekritzelt hatte, Einsichten, die Gordon auf Navigationskarten festgehalten hatte. Wir hörten die Tonbänder von den Therapiesitzungen ab und die Aufzeichnungen von Lynns und Gordons Beratungen zur Frage der nächsten therapeutischen Schritte. Und wie jede Familie die Legenden pflegt, die sie verbinden, erzählten wir uns die Geschichte meiner Geburt und meines Heranwachsens.

39

Am 3. Dezember 1988 blinkte das Telefon in meinem Hotelzimmer in Charlottesville, Virginia. Lynn ließ mir ausrichten, ich solle sie zurückrufen. Ich nahm an einem Seminar über Öffentlichkeitsarbeit teil. Ich wußte, daß Lynn und Gordon einen befreundeten Therapeuten in Südkalifornien besuchten, der ebenfalls Multiple behandelte.

Ich hatte Herzklopfen, als ich die Nummer wählte. Warum hatte Lynn angerufen? Es war Jahre her, daß sie mit mir telefoniert hatte, wenn sie und Gordon nicht in Chicago waren. Ich war nicht mehr bei ihr in Behandlung und brauchte die Versicherung nicht mehr, daß sie wiederkommen würde, zu mir, ihrem emotionalen Baby.

Ich hatte ihr meine genauen Reisepläne nicht mitgeteilt. Wie hatte sie mich hier in diesem Hotel in Charlottesville gefunden? Was konnte so Wichtiges passiert sein, daß sie mich aufgespürt hatte? Und welch glücklicher Zufall hatte dafür gesorgt, daß sie mir diese Botschaft jetzt übermitteln ließ, eine Stunde ehe ich abreisen wollte?

Lynn hatte mich über meine Schwester aufgestöbert. Carol und ich waren in den letzten Jahren doch noch gute Freundinnen geworden. Meine Schwester kannte inzwischen meine Vergangenheit, und sie war der einzige Mensch, den ich auch über meine Gegenwart auf dem laufenden hielt. Sie wußte immer, wo ich zu erreichen war.

Meine Angst verflog, sobald ich Lynn und Gordon erreicht hatte. Nein, ihr Anruf habe keinen speziellen Grund gehabt. Nun ja, als sie mit ihrem Freund noch einmal die ganzen Irrungen und Wirrungen bei der Behandlung ihrer ersten Multiplen durchgekaut hätten, sei ihnen ein bißchen wehmütig ums Herz geworden, aber eigentlich hätten sie mir nur sagen wollen, daß sie mich gern hatten. Und daß sie, auch wenn sie immer noch alles genauso machen würden wie damals, doch sehr froh seien, daß ich inzwischen erwachsen sei.

Wir sprachen über unser nächstes Treffen. In einer Woche wollten sie von Kalifornien zu mir nach New Mexico kommen. Das würde das erste Mal sein, daß sie mich in der abgelegenen kleinen Collegestadt besuchten, die jetzt mein Zuhause war. Sie waren gespannt darauf, meine Kollegen kennenzulernen, und wir freuten uns alle drei auf eine Woche entspannten Zusammenseins. Ich sah uns schon lange Wanderungen in den Bergen machen. Wir würden über ihre Multiplen reden und über ihre Behandlungstechniken, über meine Forschungsarbeit und meine Studenten, über das Segeln, über das Wunder der Familie, die wir geworden waren. Und wir wollten miteinander den Verlagskontrakt feiern, den wir für unser Buch über den Schwarm bekommen hatten.

Sie hatten angerufen, um mir zu sagen, daß sie stolz auf mich seien und froh über meine stabile Integration. Sie waren stolz auf das, was wir alle drei gemeinsam erschaffen hatten.

Gordon und Lynn reichten sich den Hörer hin und her, und wir redeten eine Stunde lang und feierten das Wunder unserer Beziehung, die mit solchem Schmerz und solchem Leiden begonnen hatte und in so viel Freude und Stärke gemündet war. Wir hatten alle drei schon lange festgestellt, daß die Bande zwischen uns – auf eine Weise, die wir nicht verstanden – über die sieben Jahre hinausgingen, die wir uns jetzt kannten. Wir erneuerten unser Versprechen, auch unser nächstes Leben miteinander zu teilen. (Lynn machte kein Hehl aus ihrem Wunsch, daß das nächste Mal ich die Mutter sein sollte!)

Zwei Tage später kamen Lynn und Gordon ums Leben. Sie waren mit dem Segelboot ihres Freundes hinausgefahren und in ein plötzliches Unwetter geraten. Das Boot wurde gefunden, wie es an ein Felsenriff schlug. Ihre Leichen wurden zwei Meilen voneinander entfernt an den Strand gespült.

Ich hatte noch kurz in Richmond Station gemacht, um meine Mutter und meine Schwester zu sehen, ehe ich in den Westen zurückkehrte. Meine Schwester und ich waren gerade einkaufen, als ein Anruf von Lynns Tochter Marianne kam. Ich solle dringend zurückrufen. Noch ehe ich die Nummer gewählt hatte, wußte ich, daß Lynn und Gordon tot waren.

Ich hörte ruhig zu, während Marianne mir berichtete, was die Küstenwache ihr mitgeteilt hatte, und ich sprach mit ihr ab, wen ich anrufen sollte. Ich erledigte so viele Anrufe, wie ich verkraften konnte, und setzte mich dann mit Carol auf die Veranda.

Wir redeten, tranken Wein und schwiegen. Carol wußte, was Lynn und Gordon mir bedeutet hatten.

Sie weinte in dieser Nacht für mich. Meine Trauer war zu tief für Tränen, mein Drang, verstehen zu wollen, zu stark, als daß die emotionale Erschütterung wirklich zu mir hätte durchdringen können. Steve hatte geweint, als ich es ihm gesagt hatte. Dr. Caul, ein mit Lynn, Gordon und mir befreundeter Psychiater, hatte zuerst einige Zeit gebraucht, um meine Mitteilung aufzunehmen, und dann zurückgerufen, um mir jede mögliche Unterstützung anzubieten.

In dieser Nacht hielt ich Carol in den Armen, während sie um die Eltern weinte, die ich verloren hatte. Ich dachte – und es war wie eine Art Feier – an die biologischen Ursprünge, die der Beginn des Weges gewesen waren, der mich zu Lynn und Gordon geführt hatte. Ich dachte, und auch das war eine Feier, an die unsichtbaren Bande und die kosmische Weisheit, die mich bei meiner Schwester hatten sein lassen, als meine Ersatzeltern gestorben waren.

Daheim in New Mexico bekam ich eine Postkarte, die mir Lynn und Gordon am Morgen vor ihrem letzten Segelausflug geschickt hatten. «Wir sehen uns bald» stand darauf.

Das Leben ohne Lynn und Gordon war oft schwer und manchmal fast unerträglich. Ich hatte die Therapeuten verloren, die mich geheilt hatten, und die Eltern, die mir durch die Jahre, die ich noch einmal heranwachsen durfte, das Leben geschenkt hatten.

So oft möchte ich sie anrufen, ihnen von einem neuen Triumph erzählen. So oft möchte ich in irgendeiner Krise ihre beruhigenden Stimmen hören. Vor kurzem fiel mir auf, wie oft ich bedauernd sage: «Das hätte ihnen bestimmt gefallen!», und ich dachte plötzlich, vielleicht ist es ja kein Zufall, daß Lynn und Gordon an so vielem, was meine Welt ausmacht, ihre Freude haben würden. Mir gefällt die Vorstellung, daß sie mein Leben aus dem Jenseits ein bißchen lenken und mich zu Dingen und Menschen hinführen, die mir guttun.

Das Leben hat es so gewollt, daß ich die Mutterrolle für einen kleinen Jungen übernommen habe, der auch mißbraucht wurde. Ich habe jetzt eine eigene Familie und einen Mann, der genauso stark und sanft und klug ist wie Gordon. Wie stolz sie auf mich wären.

Mein Sohn hat mich kürzlich gefragt, wie ich es gelernt habe, so eine gute Mom zu sein. Er erinnert mich von Zeit zu Zeit daran, daß ich noch nicht soviel Übung im Muttersein habe wie er im Kindsein.

Ich erkläre ihm dann, daß wir, er und ich, uns insofern ähnlich sind, als wir beide ein wenig länger gebraucht haben als andere Leute, um unsere richtige Familie zu finden. Meine richtige Familie hat mich gelehrt, zu lieben und zu geben. Deshalb kann ich ihn lieben und ihm mütterliche Fürsorge geben.

Mein Leben ist Zeugnis für Lynns und Gordons Liebe.

Nachwort

Joan Frances Caseys Geschichte ist bemerkenswert – aber keineswegs einmalig. Es gibt Schätzungen, die besagen, daß ein Prozent der Bevölkerung an MPD (Multipler Persönlichkeit als Krankheit) leidet. Obgleich schon Freud diese Störung erkannte und beschrieb, wurde MPD doch erst vor kurzem – im Jahr 1980 – in das offizielle diagnostische Handbuch der «American Psychiatric Association» aufgenommen, und bis heute wird die Krankheit von Psychiatern noch längst nicht allgemein akzeptiert. Die Störung wird so häufig verkannt, daß es offenbar im Durchschnitt sechs Jahre dauert, bis die richtige Diagnose gestellt wird. Sehr viele Kliniker wissen nicht, daß Stimmenhören nicht unbedingt auf einen psychotischen Prozeß hinweisen muß, sondern auch – und besonders im Fall der Multiplizität – Ausdruck nichtgedanklicher Dialoge zwischen den verschiedenen alternierenden Persönlichkeiten sein kann. Oft wird voreilig auf Schizophrenie, Depression, Borderline-Störungen oder Manie erkannt – Syndrome, die den Klinikern von ihrer Ausbildung her vertraut sind. Die Art dieser Ausbildung, sei sie psychodynamisch oder physiologisch orientiert, trägt unabsichtlich dazu bei, daß die Multiplizität so häufig fehldiagnostiziert wird.

Die psychodynamisch orientierte Ausbildung vermittelt meist ein diagnostisches und therapeutisches Rüstzeug, das auf der klassischen Freudschen Lehre basiert. Diese schließt reale Traumata aus und konzentriert sich auf die Vorstellungsbilder und Phantasien, die vielen Neurosen zugrunde liegen oder mit ihnen einhergehen. Analytische Neutralität gilt als entscheidender Faktor beim Aufdecken der Mysterien der Übertragung und Gegenübertragung. Nur selten finden sich unter den Ausbildern Experten für die Behandlung dissoziativer Störungen, die die Folge realer und nicht imaginierter Traumata sind. Viele Kliniker können es offenbar nicht akzeptieren, daß MPD ein Resultat gewissenloser Handlungen erwachsener Bezugspersonen in der frühen Kindheit ist. Ebenso scheint es ihnen auch sehr schwer zu fallen, die neutrale analytische Haltung weit genug aufzugeben, um den Patienten die Wärme und Zuneigung zu geben, die sie brauchen, und sie mit dem nötigen Maß an Flexibilität zu begleiten, wenn sie diese Traumata noch einmal durchleben. Multiplizität wird weitgehend noch immer nicht als das gesehen, was sie ist – eine legitime post-traumatische Streßreaktion, ausgelöst durch eine anhaltende, übermächtige, lebensbedrohende Gefahr, die in der frühen Kindheit einsetzt.

Obgleich Multiplizität eine sehr reale und spezifische Störung ist, wird sie oft in Raster gepreßt, die ihren besonderen Charakter negieren. Viele physiologisch orientierte Psychiater wurden durch ihre Ausbildung dahin geführt, bevorzugt solche Störungen zu diagnostizieren, die auf Psychopharmaka ansprechen – Angst, die sich durch angstlösende Mittel legt, Depression, die durch Antidepressiva verschwindet, Manie, die sich mit Lithium kontrollieren läßt, und Schizophrenie, die sich durch Antipsychotika bessert. Bei Multiplen kann jede der alternierenden Persönlichkeiten eine ganze Reihe von Symptomen aufweisen, für die solche Mittel indiziert sind. Aber das Mittel der Wahl bei Multiplizität ist offenbar das Gespräch – jene Art von Gespräch, die es ermöglicht, daß jedes einzelne Trauma identifiziert und noch einmal durchlebt werden kann, diesmal im Schutz einer sicheren, heilenden Beziehung.

Untersuchungen der Gehirn- und Nervenfunktionen bei solchen Patienten haben eindeutige wissenschaftliche Beweise für die Realität von MPD erbracht. Topographische EEGs, IQ-Tests und andere Verfahren zur Messung der kognitiven Performanz, Sehtests sowie Messungen der kardiovaskulären Funktionen ergaben den Untersuchungsberichten zufolge signifikant unterschiedliche Resultate für die alternierenden Persönlichkeiten innerhalb ein und desselben Körpers.

Auch Immun- und Entzündungsreaktionen können sich von Persönlichkeit zu Persönlichkeit unterscheiden. Einer meiner Patienten, Tony, beherbergte eine Persönlichkeit, deren Aufgabe es war, niemals Schmerz zu empfinden. Einmal kam Tony zu mir in die Praxis, nachdem ihn gerade mehrere Bienen an einem Auge gestochen hatten. Das Auge war rot geschwollen. Ich arrangierte sofort einen Termin bei einem Augenarzt, fragte aber, ehe ich Tony dorthin schickte, ob ich mit der Persönlichkeit sprechen könne, die nie Schmerz empfinde. Diese Persönlichkeit erschien, und wir redeten kurz miteinander. Dann mußte Tony los zu seinem Arzttermin. Eine Stunde später rief mich der Augenarzt an, um mir irritiert und verärgert mitzuteilen, er habe absolut keine Spur von Rötung oder Schwellung feststellen können. Als Tony am nächsten Tag zu mir kam, war das Auge erneut zugeschwollen. Ich schickte Tony sofort wieder zu dem Augenspezialisten, ohne irgendeine andere Persönlichkeit zum Erscheinen zu ermutigen. Kurz darauf meldete sich der Arzt, um mich fassungslos zu fragen, wie ich denn gestern hätte wissen können, daß dieser Mann heute von Bienen gestochen würde. Ein Kollege an der medizinischen Fakultät Yale wies bei der Diskussion dieses Falls darauf hin, daß sich eine Immunreaktion innerhalb von zwanzig bis dreißig Minuten abschwächen könne und die Ursache darin gelegen haben könnte, daß die Persönlichkeit, die keinen Schmerz empfand, eine andere Immunlage hatte.

Oft weisen die alternierenden Persönlichkeiten auch unterschiedlich gastrointestinale Reaktionen auf ein und dasselbe Nahrungsmittel auf. Eine Patientin, deren Primärpersönlichkeit an Colitis ulcerosa (Dickdarmentzündung) litt, mußte große Mengen Librax gegen die Bauchschmerzen und den Durchfall nehmen und vertrug keine stark gewürzten Speisen. Etwa zwanzig bis dreißig Minuten nach dem Erscheinen einer anderen Persönlichkeit, die eine absolut gesunde Verdauung besaß und alles essen konnte, verschwanden alle Symptome völlig. Aus diesen Beispielen wird deutlich, daß Multiplizität keineswegs ein eingebildeter Zustand ist.

Menschen mit einer multiplen Persönlichkeit weisen bestimmte Gemeinsamkeiten auf. Alle Multiplen wurden als Kinder mißbraucht, und zwar geschah dies meistens in einem Umfeld, das ihnen keine oder kaum Möglichkeiten bot, Schutz zu suchen, sich zu entziehen oder sich psychisch zu regenerieren. In der Regel erfolgten wiederholte sexuelle Übergriffe durch einen oder beide Elternteile oder durch eine sonstige zentrale Bezugsperson. Joan vermeidet zwar weitgehend, drastischere Details des Mißbrauchs und der Mißhandlung durch ihre Eltern zu schildern, aber es wird doch offenkundig, daß sie, wie andere Multiple auch, keine verläßlich liebevolle erwachsene Person hatte, die ihr hätte helfen können. So erschuf sie sich schließlich ihre eigenen inneren Beschützer. Jede dieser Sekundärpersönlichkeiten erfüllte für sie eine ganz bestimmte psychische Funktion wie etwa das Äußern von Wut, die Entladung sexueller oder aggressiver Impulse oder das Bewahren schmerzlicher Erinnerungen. Die alternierenden Persönlichkeiten unterschieden sich teilweise in Alter und Geschlecht von der Primärpersönlichkeit, und etliche betrachteten sich auch nicht als biologisch zur Familie gehörig. Nur gemeinsam verfügten alle diese Persönlichkeiten über die notwendigen Mittel, das Erwachsenenleben zu bewältigen.

Multiplizität stellt also eine extreme Ausdrucksform des menschlichen Selbsterhaltungstriebs dar. Offenbar besteht das psychische Äquivalent zum «Kämpfen oder Flüchten» für viele mißbrauchte Kinder, die zu beidem noch zu klein sind, in einer Dissoziation, die bewirkt, daß die originäre Persönlichkeit zeitweilig «nicht da» und damit gegen Angst und Schmerz abgeschottet ist. Dieser dramatische Überlebensmechanismus erfordert ein sehr hohes Maß an Wachsamkeit und feinste Antennen für die Umgebung. Man muß verschwinden, ehe es zu spät ist, und man muß auf der Hut sein, weil man manchmal so tun muß, als wäre man da, wenn man es gar nicht ist. Dieser Ablauf entzieht sich zum größten Teil der bewußten Wahrnehmung – man erinnert sich nur, daß man Angst hatte, und dann an gar nichts mehr. Der Überlebensmechanismus bleibt in Kraft, wenn das traumatische Geschehen längst aufgehört hat, und bringt die Patienten beim Eintritt in die Pubertät und schließlich im Erwachsenenleben in große Schwierigkeiten.

Im typischen Fall weiß die originäre Persönlichkeit nichts von den anderen Persönlichkeiten. Diese wiederum sind sich oft der Aktivitäten und der inneren Einstellungen der Primärpersönlichkeit wohl bewußt. Sie können nicht selbst bestimmen, wann sie erscheinen, sondern werden oft in völlig unberechenbarer Weise durch bestimmte Auslösereize im täglichen Leben der Primärpersönlichkeit auf den Plan gerufen. Das bedeutet für die originäre Persönlichkeit eine ständige Verwirrung, da ihr aufgrund der «Okkupation» des Bewußtseins durch die anderen Persönlichkeiten Augenblicke, Stunden, Tage und manchmal sogar Jahre fehlen. Für die alternierenden Persönlichkeiten ist das Leben oft genug von Frustration und Ärger über die Primärpersönlichkeit geprägt, die sie als hilflos oder untüchtig wahrnehmen. Die Spannungen zwischen der Primärpersönlichkeit und den anderen Persönlichkeiten haben Ähnlichkeit mit einem Bürgerkrieg. Die Kämpfe können etwa die Form akustischer Halluzinationen (streitende Stimmen) annehmen oder sich in unerklärlichen Verletzungen (Schnittwunden, Verbrennungen, schwere Nagelbettentzündungen und andere selbstbeigebrachte Verstümmelungen) niederschlagen, wenn eine der alternierenden Persönlichkeiten die Primärpersönlichkeiten bestraft.

Jede der alternierenden Persönlichkeiten kann Symptome wie Depressionen oder akustische Halluzinationen aufweisen, die, für sich genommen, auf eine medikamentös behandelbare Störung – etwa eine schwere Depression oder Schizophrenie – hinweisen. Aber bei Multiplen bewirken Psychopharmaka kaum je eine echte Besserung der Symptome. Optimal ist hier eine intensive Vertrauensbeziehung zu einem Therapeuten, der den Patienten durch Gespräche und geschützte Konfrontation mit bestimmten Erfahrungen zu neuen Äußerungsformen hinführt. Zu diesem therapeutischen Prozeß gehört notwendigerweise auch das nochmalige Durchleben traumatischer Geschehnisse.

Lynn Wilson tauchte völlig in Joans Behandlung ein. Meine Ausbildung bei Dr. Cornelia Wilbur, die die berühmte Multiple Sybil behandelte, und meine eigene Erfahrung haben mich gelehrt, daß die Art von Therapie, wie sie die Wilsons leisteten, als ideal anzusehen ist. Nach üblichen psychiatrischen Maßstäben, die von ein bis vier wöchentlichen Sitzungen von je fünfzig Minuten in der Praxis des Therapeuten ausgehen, ist es sicher sehr ungewöhnlich, sich auf therapeutische Begegnungen einzulassen, die sich über Stunden und Tage erstrecken. Aber meine eigene Arbeit hat mich zu dem Schluß geführt, daß alles, was unter sechs Wochenstunden liegt, für den Patienten wie für den Therapeuten problematisch ist. Es muß Zeit genug sein, daß Auslösereize auftreten können. Und man braucht die Zeit, um bestimmte Persönlichkeiten hervorrufen und mit ihnen interagieren zu können. Eine kurze Sitzung kann leicht ein Übermaß an Streß bedeuten und das ungeschützte Auftauchen anderer Persönlichkeiten außerhalb der Praxis provozieren. Selbstmorddrohungen und Selbstverstümmelungsakte außerhalb der Sitzungen sind drastische Hinweise auf die Gefährlichkeit solcher Arbeitsformen. Daher ist Lynn Wilsons Arbeit mit Joan für mich ein Modell für die Behandlung multipler Patienten. Zwar können sich wohl nur die wenigsten Therapeuten eine solche Intensivbehandlung leisten, aber wenn die Möglichkeit dazu gegeben ist, kann diese Art der Arbeit sehr befriedigend sein.

Rund-um-die-Uhr-Therapie und -Beaufsichtigung bei schwer gestörten Patienten ist im Prinzip nichts Neues. Aber normalerweise wird diese Form der Betreuung in die Klinik verlagert und auf viele Personen verteilt – Psychiater, Pflegepersonal und andere therapeutische Kräfte. Lynn Wilsons permanente Verfügbarkeit ersetzte für Joan zum einen die schützende und stützende Umgebung, wie sie die stationäre Behandlung bereitstellt, und ermöglichte es zugleich den Wilsons, auf die emotionalen Bedürfnisse der verschiedenen Persönlichkeiten einzugehen und zu beurteilen, wann der rechte Zeitpunkt da war, bestimmte Persönlichkeiten auf den Plan zu rufen.

Einige von Joans Persönlichkeiten äußerten sich nicht verbal, andere waren passiv oder gar feindselig. Eine schlug wiederholt so heftig mit dem Kopf gegen die Wand, daß Blut floß und die Gefahr ernsthafter Schädel- und Gehirnverletzungen bestand. Lynn Wilson war da, um Zeuge dieses Leidens zu sein und um Joan beim Wiedererleben der frühen Traumata zu helfen und so den Heilungsprozeß einzuleiten.

Viele Experten halten bei der Behandlung Multipler längere Sitzungen für wesentlich effektiver als die üblichen fünfzigminütigen therapeutischen Begegnungen. Sybils Behandlung durch Frau Dr. Wilbur erstreckte sich über acht Jahre, bis es zur Integration kam. Bei Joan erfolgte die Integration nach vier Jahren – ein beeindruckendes Resultat, wenn man bedenkt, daß es üblicherweise acht bis zwölf Jahre dauert, bis ein solcher Erfolg eintritt. Lynn Wilson war in der glücklichen Situation, einen Teil ihres Lebens mit Joan teilen und sie in ihre Familie aufnehmen zu können. Der therapeutische Prozeß verlief effizient und schritt relativ rasch voran. Wenn die Störung richtig diagnostiziert wird und der Therapeut sein Metier versteht, ist in der Mehrzahl der Fälle eine erfolgreiche Therapie möglich. Die Behandlung kann für den Patienten wie für den Therapeuten eine überaus lohnende und befriedigende Erfahrung sein, auch wenn sie oft beide an den Rand der Erschöpfung führen wird.

Eine meiner Patientinnen, die ihre Multiplizitäts-Diagnose noch nicht akzeptiert hatte, war bei der Lektüre eines Manuskriptexemplars dieses Buches verblüfft über die Ähnlichkeiten zwischen Joans Erleben und ihrem eigenen. Meine Hoffnung ist, daß auch andere, die sich der schwierigen Aufgabe der Therapie von Multiplizität stellen, in Joan Caseys und Lynn Wilsons Geschichte Ermutigung und Inspiration finden.

Dr. med. FRANCES HOWLAND

Körper und Gesundheit

Frederic F. Flach
Depression als Lebenschance
Seelische Krisen und wie man sie nutzt
(rororo sachbuch 7168)

Jennifer James
Trübe Tage *Wege aus dem weiblichen Stimmungstief*
(rororo sachbuch 8840)
Dieses leicht zugängliche, praktische Buch wendet sich an alle Frauen, die sporadisch in leichte Depressionen verfallen und immer wieder von Melancholie und Mutlosigkeit eingeholt werden und beschreibt mit Humor und Selbstironie wie "frau" dagegen angehen kann.

Was wir alles schlucken *Zusatzstoffe in Lebensmitteln*
Herausgegeben von der KATALYSE Institut für angewandte Umweltforschung
(rororo sachbuch 8465)

Gunter Schmidt
Das große Der Die Das *Über das Sexuelle*
(rororo sachbuch 8459)

Dagobert Tausch
Taschenlexikon der Medizin *Über 17.000 Namen, Begriffe und Methoden aus allen Bereichen der Medizin - präzise und allgemeinverständlich erklärt*
(rororo sachbuch 6285)

H. Hemminger / V. Becker
Wenn Therapien Schaden
Kritische Analyse einer psychotherapeutischen Fallgeschichte
(rororo sachbuch 9137)

rororo sachbuch

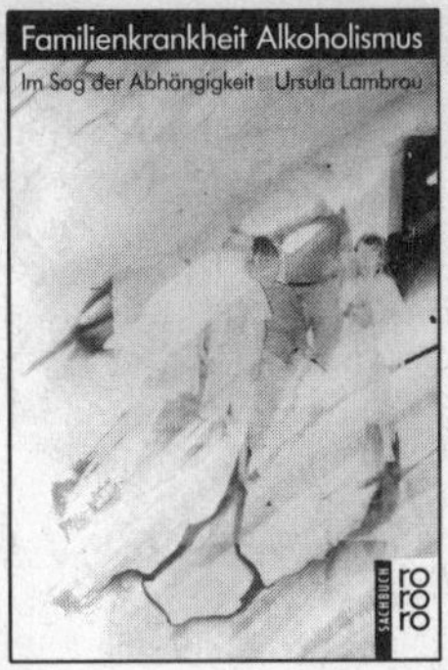

Ursula Lambrou
Familienkrankheit Alkoholismus
Im Sog der Abhängigkeit
(rororo sachbuch 8771)
Alkoholismus ist eine Familienkrankheit: Erst langsam wird die volle Bedeutung dieses Satzes auch hierzulande einer breiteren Öffentlichkeit bewußt. Die Autorin, Pädagogin mit psychologischer Ausbildung in den USA, hat das erste deutsche Buch zu diesem wichtigen Thema geschrieben.

Inge Nordhoff / "pro familia"
Wenn Mädchen die Pille wollen ...
Alles über Liebe, Sexualität, Verhütung
(rororo sachbuch 7930)

Sämtliche Bücher und Taschenbücher zum Thema finden Sie in der *Rowohlt Revue*. Jedes Vierteljahr neu. Kostenlos in Ihrer Buchhandlung.

Psychologie und Lernen

Harold H. Bloomfield
Das Achilles-Syndrom *Wie man Schwächen in Stärken umwandelt*
(rororo sachbuch 8091)

Nathaniel Branden
Ich liebe mich auch *Selbstvertrauen lernen*
(rororo sachbuch 8486)

David Cooper
Der Tod der Familie *Ein Plädoyer für eine radikale Veränderung*
(rororo sachbuch 8560)

Wayne W. Dyer
Der wunde Punkt *Die Kunst, nicht unglücklich zu sein. Zwölf Schritte zur Überwindung seelischer Problemzonen*
(rororo sachbuch 7384)

Luise Eichenbaum / Susie Orbach
Was wollen die Frauen? *Ein psychotherapeutischer Führer durch das Labyrinth von Wünschen, Ängsten und Sehnsüchten in Liebesdingen*
(rororo sachbuch 7967)

Erich Fromm
Anatomie der menschlichen Destruktivität
(rororo sachbuch 7052)
Märchen Mythen, Träume *Eine Einführung in das Verständnis einer vergessenen Sprache*
(rororo sachbuch 7448)

Klaus D. Heil
Programmierte Einführung in die Psychologie *Ein Lernprogramm*
(rororo sachbuch 6930)

rororo sachbuch

Muriel James / Dorothy Jongeward
Spontan leben *Übungen zur Selbstverwirklichung*
(rororo sachbuch 8301)

Hans-Peter Nolting
Lernfall Aggression *Wie sie entsteht - Wie sie zu vermindern ist. Ein Überblick mit Praxisschwerpunbkt Alltag und Erziehung*
(rororo sachbuch 8352)

Friedemann Schulz von Thun
Miteinander reden 1 *Störungen und Klärungen. Allgemeine Psychologie der Kommunikation*
(rororo sachbuch 7489)
Miteinander reden 2 *Stile, Werte und Persönlichkeitsentwicklung. Differentielle Psychologie der Kommunikation*
(rororo sachbuch 8496)

Dieter E. Zimmer
Tiefenschwindel *Die endlose und die Beendbare Psychoanalyse*
(rororo sachbuch 8775)

3407/5